Combattre pour le présent et pour l'avenir

CHARLES-PASCAL TOLNO

Combattre pour le présent et pour l'avenir

Du même auteur

- *Afrique du Sud, le rendez-vous de la violence* (Imprimerie Nationale Patrice Lumumba, Conakry 1984)
- *L'avenir de la Guinée entre les mains des Guinéens* (INPL, Conakry 1990)
- *L'Université, une tribune* (Editions Babylone, Paris-France 1993)
- *Colonialisme et Sous-développement en Afrique* (Editions la Cigogne, Lyon-France 1994)
- *La culture et la vie* (Editions Tolga Paris - France 1994)
- *De Gaulle et la communauté franco africaine* (Editions Tolga Paris 1994)
- *Vers l'Union Africaine* (Editions Romaroong-Conakry 1995)
- *Le Contrat de la Démocratie* (Edition Priminfor, Conakry 1998)
- *L'apartheid, des origines à nos jours* (Brazzaville, Rép du Congo 1987) (Editions Tolga, Paris 1994)
- *L'Afrique et l'Asie dans les Première et Seconde guerres mondiales* (INPL-Conakry 1984)
- *L'épée trahie* Récit, (INPL-Conakry 1984)
- *Sékou Touré et l'Afrique* (Editions La Colombe-Conakry 1995)
- *Face à la presse* (Inédit)
- *L'Afrique, illusions et réalités* (Inédit)

Grandes Figures d'Afrique

Collection dirigée par André Julien Mbem

Les acteurs de la vie politique, intellectuelle, sociale ou culturelle africaine sont les axes majeurs de cette collection. Le genre biographique autour de personnalités marquantes de l'histoire contemporaine du continent africain reste à promouvoir. Et pourtant, depuis l'accession des pays africains à l'indépendance, en Afrique ou dans sa diaspora, des personnages d'une importante densité occupent la scène du monde et la quittent parfois sans que soit mis en récit, au besoin avec leurs concours, leurs parcours. La collection **Grandes Figures d'Afrique** privilégie l'archive, le témoignage direct, en veillant autant que possible à l'authenticité du matériau historique.

5-7, rue de l'Ecole polytechnique ; 75005 Paris

http://www.librairieharmattan.com

diffusion.harmattan@wanado.fr

harmattan1@wanadoo.fr

ISBN : 978-2-296-077805

EAN : 9782296077805

L'HARMATTAN, ITALIA
Via Degli Artisti 15 ; 10124 Torino

L'HARMATTAN HONGRIE
Könyvesbolt; Kossuth L.u. 14-16
1053 Budapest

L'HARMATTAN BURKINA FASO
Rue 15 . 167 Route du Pô Patte d'oie
12 BP 226
Ouagadougou 12
(00226) 50 37 54 36

ESPACE L'HARMATTAN KINSHASA
Faculté des Sciences Sociales,
Politiques et Administratives
BP 243, KIN XI ; Université de Kinshasa

L'HARMATTAN GUINÉE
Almamya Rue KA 028
En Face du restaurant le cèdre
OKB agency BP 3470 Conakry
(00224) 60 20 85 08
harmattanguinee@yahoo.fr

L'HARMATTAN COTE D'IVOIRE
M. Etien N'dah Ahmon
Résidence Karl / Cité des arts
Abidjan-Cocody 03 BP 1588 Abidjan 03
(00225) 05 77 87 31

L'HARMATTAN MAURITANIE
Espace El Kettab du livre francophone
N°472 avenue Palais des Congrès
BP 316 Nouakchott
(00222) 63 25 980

L'HARMATTAN CAMEROUN
Immeuble Olympia face à la Camair
BP 11486 Yaoundé
(237) 458.67.00/976.61.66
harmattancam@yahoo.fr

La République de Guinée Conakry

PREMIERE PARTIE

LES PRELUDES

1. Naître en plein air

« Personne n'a le droit d'être heureux tout seul »
Raoul Follereau

Ma famille, c'est-à-dire mon père, ma mère et leurs proches, vit au village de Tomandou il y a un peu plus d'un siècle. A la fin du 19ème siècle mon père Tamba Tolno dit Bilimoto dut, avec sa mère Samou Sandouno rejoindre ses parents maternels à Tomandou suite à une brouille entre son père Fara Momo Koly et les conquérants français venus coloniser nos terres. C'était dans l'actuel Fangamadou-Ouendé Kénéma avec un prolongement en Sierra Léone. Mon grand-père dirigeait en ce moment les petites troupes de chez nous qui résistaient à l'invasion étrangère. Lorsque nos combattants, qui n'avaient que des armes réellement rudimentaires face aux artilleries européennes, furent vaincus, mon grand père fut emporté par les vainqueurs, pour, avaient-ils dit, lui montrer le grand et beau continent d'Europe.

Depuis, plus de nouvelles de lui. Toute une légende existe autour de son histoire. Lorsqu'on veut croire ce qui a été dit par les Français on peut penser qu'il a vu effectivement l'Europe et y est mort. Mais ce qui est vraisemblable c'est qu'on a dû le jeter à la mer et c'est tout. En tout cas, depuis des années des amis universitaires Suisses et Britanniques auxquels j'ai raconté cette mésaventure ont essayé de retrouver ses traces mais en vain. Jusqu'à ce jour tout au moins.

Ensuite ma grand-mère a rapporté qu'après le « voyage » de son mari on lui aurait commandé de ne jamais prononcer le nom de celui-ci et de ne jamais dire que mon père était le fils de Fara Momo Koly. Naturellement elle n'avait jamais respecté une telle consigne.

Elle était déjà venue à Tomandou auprès de son demi-frère Siaffa Sandouno qui, plus tard, deviendra chef du canton de Mangalla où se trouvait le village de Tomandou. Mon père grandit donc sous le contrôle de ma grand-mère et de son oncle Siaffa dont il deviendra le bras droit une fois majeur et surtout durant la gestion du canton de Mangalla. Sous l'ombre de son oncle il était l'homme de toutes les grandes missions.

Sept années avant la mort de Siaffa, pour des raisons de santé et d'autres, l'administration française, sans doute sur proposition de l'oncle de mon père, nomma celui-ci dans le titre de suivant du chef de canton. Ceci le confirmait de fait dans les fonctions de chef de canton qu'il exerçait déjà pleinement sur ordre de son oncle. L'acte fut signé le 11 septembre 1934. En ce moment Guekésou passait juste du statut de subdivision à celui d'un cercle du territoire français de Guinée. Mon père avait prospéré à Tomandou, au point qu'en 1950 il avait 14 épouses et 45 enfants des deux sexes. J'étais l'avant dernier des garçons avant Mougbé devenu Bernard par le baptême; et Ténè était la dernière des filles.

L'histoire de ma naissance est aussi simple que spécifique. En effet je suis né en pleine journée, probablement entre 10h et 12h. Si le jour, c'est-à-dire la date de ma naissance, est précis, l'heure quant à elle est approximative. Ma mère rapporte qu'au moment où cela est arrivé le soleil était juste au-dessus de sa tête. La date est sûre parce que dans mon village, presque tous les aînés sont allés à l'école française. Et parmi ces personnes il y en a toujours une qui est chargée de marquer la date de naissance de tous les enfants de Tomandou et de ceux des petits villages environnants. J'ai donc bénéficié de cette circonstance heureuse dans un contexte où on dit de chacun qu'il est « né vers » lorsqu'il n'est pas dans le cas de Tomandou ou dans un cas similaire.

L'heure, estimée par ma mère, n'est pas connue avec précision parce que la brave Mama Yaadou s'est arrangée toute seule pour me mettre au monde, sans autre assistance que ce qu'elle pouvait faire seule. Il en a été ainsi parce qu'elle était allée faire les cent pas comme on dit, hors du village le jour et à l'instant où je devais venir au monde. Je suis sûr qu'elle avait été surprise par l'événement en ce lieu, ce 12 février 1943. Heureusement qu'elle n'était pas à son premier geste et savait ce que veut dire donner la vie à un enfant. Autrement, elle n'aurait pas pris un tel risque, aussi bien pour sa sécurité que pour sauver son petit que je suis. Heureusement au final qu'elle s'était bien tirée d'affaire. Ainsi, partie en promenade toute seule, avec son ventre à terme, nous sommes revenus à deux au village, précisément dans le hameau de Dandou à un peu plus de trois kilomètres de Tomandou. Je ne sais rien de la suite à part ce qui me sera raconté plus tard.

Mais tout le monde autour de moi est informé aujourd'hui, surtout avec la presse qui parle de tout en bien ou en mal, que je ne suis né ni dans une maternité, ni dans un village comme les autres, mais bien en pleine brousse. Chez nous le mois de février est celui de la fin des récoltes et du début d'une série de réjouissances qui marquent la saison sèche.

C'est pour cela que plusieurs de mes amis d'enfance m'appellent encore « Pohonin » terme de la langue kissi qui se traduit en français par « homme des champs » ou « homme de la brousse »

2. La raison du père et l'insistance du maître d'école

Je suis entré à l'école primaire publique de Nongoa en janvier 1951 après un dur tiraillement entre deux hommes, mon père et mon premier maître d'école, Monsieur Toumani Sangaré. Le premier résistait à cette entrée pour des raisons à lui; peut-être ne voulait-il jamais se séparer de moi comme cela est de coutume dans notre contrée entre le chef de famille et les derniers garçons. Je suis, comme nous l'avons dit, l'avant dernier de ses nombreux fils à un moment où mon père avait 45 enfants. Le second me voulait à tout prix à l'école parce que convaincu que cela me rendrait de gros services dans la vie plutôt que de rester au village, bon ou mauvais cultivateur.

Mon père estimait que l'école des Blancs est celle des peuples qui ont emporté le sien, sans nouvelles, pour des raisons de guerre. Il m'aimait trop pour me livrer à leur culture, à leur esprit et à leur type d'éducation, c'est-à-dire pour me voir orienté vers ces gens que pendant longtemps, on appellera dans notre famille les barbares venus de l'autre côté des mers.

Et plus tard, il me dira pourquoi son hésitation alors qu'il voulait toutes les bonnes choses pour moi et pour ses nombreux autres enfants. Très tôt j'ai pu savoir que mon père préférait me voir évoluer auprès de lui pour m'initier au métier des armes, à la manière traditionnelle dans notre lignée, même si ce genre d'activités n'était plus d'usage depuis que l'armée des Européens a vaincu les troupes africaines et que l'art de la guerre par des moyens traditionnels se range désormais dans les tiroirs de l'histoire. Aujourd'hui on combat avec les armes modernes. Les premières étant la logique du social, du politique, du développement économique et celle de la coopération internationale qui ne peuvent être manipulées sans maîtrise de ce que l'école et l'université enseignent. Les nations qui ont une avance économique sur d'autres sont certaines de vaincre ces dernières en cas de conflit. C'est pour cela que dans la coopération on ne donne jamais les moyens à qui que ce soit pour le rendre aussi puissant ou plus fort que soi-même. Et c'est ainsi que va la vie.

Nous avons déjà parlé de ce qui précède en d'autres lieux, sous d'autres formes, dans d'autres écrits, notamment dans « L'épée trahie », récit qui rappelle comment mon grand-père, chef guerrier, après avoir été vaincu avec ses troupes par les Britanniques et Français dans notre petit coin de terre dont les nôtres refusaient la conquête coloniale, fut emporté par ces derniers, sans jamais plus de nouvelles.

3- La Forêt sacrée

Lorsque fut ouverte, le 19 janvier 1951, l'école primaire publique de Nongoa, j'étais, par coïncidence, à la fin de l'initiation traditionnelle connue sous le nom de « Forêt sacrée » où j'étais entré de façon précoce par une inadmissible témérité. Je le fis contre la volonté de mon père et surtout contre celle de ma mère. Celle-ci ne voulait vraiment pas de cette aventure à l'âge que j'avais alors, parce que j'étais son seul enfant resté vivant sur plusieurs gestes. Son souhait constant était que je ne précipite jamais les choses et que tout puisse se passer quand il le faut et comme il le faut, dans les règles de l'âge, de la méthode et des circonstances.

Je suis allé à la Forêt sacrée de cette façon par extrême et simple curiosité ; aussi et surtout par ce qu'on pourrait appeler, en exagérant, du courage.

En effet, dans notre type de société, on avait coutume de dire aux enfants de mon âge d'alors des choses étranges sur le séjour en Forêt sacrée, c'est-à-dire des choses pour leur faire peur afin de les empêcher d'y aller par eux-mêmes, avant l'âge requis. Souvent il s'agissait d'imaginations féeriques, bizarres, sorties de mille mystères inventés.

A moi, on avait dit plus de choses encore qu'aux autres, parce que, fils unique, on pensait que ma mère qui avait perdu tous ses autres enfants pouvaient mettre en péril sa lucidité si à l'âge que j'avais je prenais le risque d'y aller aussi jeune. Je ne pris aucun soin de ce côté. Je n'en avais aucune conscience.

On m'avait dit par exemple qu'en ce lieu, chaque catégorie sociale avait droit à une formation déterminée en fonction de sa classe et que pour les néophytes issus de familles féodales ou de chefferies guerrières les épreuves étaient particulièrement dures. C'était mon cas, me dira-t-on. On voulait donc m'empêcher de prendre le risque de jouer avec tant de choses sérieuses, avec en plus des fauves étranges et méchants.

Et une épreuve terrible parmi d'autres consistait pour cette classe, et selon le récit qui me fut fait, à donner la preuve du sang froid, celle de l'adresse dans le maniement des armes et dans la capacité du commandement des hommes.

Tout cela pour parvenir, selon cette analyse, à un art parfait de la gestion d'une responsabilité. On m'avait précisé que si j'allais en ce lieu, je devais avant d'en sortir, subir entre autres, l'épreuve du serpent pour marquer la capacité d'un homme de ma classe sociale, et adulte, à se maîtriser de façon absolue même face aux risques les plus grands.

Il s'agissait dans cette terrible épreuve de voir venir un serpent en pleine brousse, de se coucher sur son chemin et de le laisser passer sur soi, c'est-à-dire sur une partie quelconque du corps.

On sait que si le néophyte réagit, il sera mordu, mais il sera soigné immédiatement et les remèdes existent, puisqu'on ne le livre pas à la mort. Et l'opération sera reprise autant de fois qu'il sera nécessaire. Mais s'il ne réagit pas, le reptile passera naturellement sur lui, comme sur tout autre objet de la forêt. Alors le néophyte aura donné la preuve qu'il est maître de son sang et de ses sens. Il aura droit à des applaudissements et sa famille sera fière de lui. Comment arbitrer une telle expérience ? Tout cela est difficile mais il faut le faire, créer les circonstances et trouver le surveillant. Nous sommes donc dans le domaine du mythe. Quant à la réalité, il faut aller en Forêt sacrée pour en savoir plus.

On m'avait dit aussi qu'en arrivant dans la Forêt sacrée les néophytes sont avalés par un énorme monstre qui les garde pendant plusieurs mois dans son ventre durant la période de l'initiation. Que le monstre les recrachera instruits et correctement préparés pour affronter les épreuves de la vie en société.

Souvent, la connaissance des contraintes de cette initiation était au nombre des éléments du savoir qui marquent l'instruction élémentaire dans cette société rude.

Donc ma mère savait tout de la Forêt sacrée, aussi bien celle des filles que celle des garçons. L'instruction et l'esprit de l'homme mûr dans notre cadre traditionnel commencent encore aujourd'hui par la connaissance de ces rites. Ce travail primaire revient à la famille.

Dans tous les cas, ayant vécu cette initiation, je retiens sur la question le souvenir d'une affaire qui, globalement, s'est bien passée. J'ai suivi l'épreuve dans toutes ses dimensions réelles et non imaginaires, en tenant bon jusqu'au bout. Mon jeune âge n'a pas influencé le processus. Ce qu'on croyait m'effrayer m'avait plutôt plu, séduit et amusé parfois. Devant mes formateurs certains me rappellent encore que je présentais face aux exercices, parfois effectivement durs, une certaine élégance et un charme qui ne manquaient pas de surprendre, de faire la fierté des miens, notamment celle de mon père avant tout.

Mais lorsque je replace humblement ce goût de l'aventure dans le petit filon de ma vie, je ne revendique aucune fierté. J'ai plutôt honte d'avoir désobéi. J'aurais mieux fait d'agir d'une manière différente, car personne ne gagne en se plaçant à contre-courant des calculs de ses parents sur son éducation, surtout à cet âge : six ans ou moins là où les autres vont à 10 ou 12 ans ! Lorsque la société énonce une règle elle exprime une longue expérience au cours de laquelle les faits se sont affrontés aux faits pour déterminer des lignes données. S'opposer à cela est une dangereuse vanité !

Je n'avais vu aucune forme de colère chez mon père sur ma témérité juvénile. Est-ce la sorte de courage que j'avais montré qui lui avait fait un discret plaisir, malgré l'effet de surprise ? Je n'avais jamais parlé de cela avec lui ; ni pendant l'initiation, ni après. Lui non plus ne m'avait jamais confié son sentiment sur le problème ; ni pendant, ni après l'aventure.

Mais j'avais constaté, tout le temps que je suis resté avec lui, que mon père aimait voir les enfants se distinguer par des options positives, sérieuses, assorties d'une certaine bravoure. Il aimait donc les voir briller par l'équilibre de leurs choix et par la qualité du travail accompli à temps et comme il faut.

Je sais aussi qu'il aimait apprendre à ses enfants comment on forme un homme et surtout un chef guerrier, et cela dès la naissance. Lui non plus ne fit jamais de guerre. Mais ceci, avant lui, avait toujours été l'occupation fondamentale de notre lignée, c'est-à-dire une tradition de combattants au front.

Comme on le voit, la Forêt sacrée marque chez les peuples qui la pratiquent un genre de formation plus ou moins longue, une sorte de précieux séminaire avec un enseignement intense de plusieurs disciplines. Là, prédominent l'éducation physique et la pratique des activités culturales. Mais dans tous les enseignements on porte un œil particulier sur l'art de se conduire correctement en société. C'est pour cela qu'on pense chez nous que l'homme initié à la Forêt sacrée ne doit faire aucune faute sociale. Là, comme partout ailleurs, la force physique conditionne des tas de choses dans la vie courante. En particulier, on sait que l'homme fort, tout comme une femme à la fois belle et solide, sont plus aptes à réfléchir, à créer, à procréer et à entretenir l'équilibre humain que les autres non bénéficiaires de ces conditions physiques. Autrement dit, le cas d'Esope personnage semi légendaire, fabuliste grec, infirme et grand esprit, est plutôt une exception. Chaque communauté désire voir en sa jeunesse des esprits sains dans des corps sains.

Donc, l'éducation, dans sa recherche constante « d'un esprit sain dans un corps sain » est un tronc commun en Forêt sacrée. D'où la priorité donnée à l'éducation physique : saut en hauteur, à la perche, en longueur, course de vitesse et de fond, lancement du javelot, natation, résistance au soleil et à la pluie, lutte musculaire dans sa forme traditionnelle entre personnes de même sexe et de même génération,...

La formation porte aussi, dans un autre type de priorité, sur la vie quotidienne. Notre société étant axée sur la culture du riz, chacun de nous doit savoir tout sur cette activité et subsidiairement sur les autres cultures (coton, tubercules, bananiers, caféiers, ..). La Française Denise Paulme n'a –t – elle pas écrit que les Kissi sont ″Les gens du riz″ ?

Autre élément du tronc commun : chaque néophyte doit, avant sa sortie de l'initiation, pouvoir interpréter les rythmes musicaux et sons d'un certain nombre d'instruments, même entendus à distance. Chacun doit pouvoir déchiffrer le message donné par les instruments de musique.

Ainsi, à entendre certains sons, on doit comprendre qu'un état d'urgence s'impose à la communauté sociale ou que le décès d'une grande personnalité vient de se produire ou qu'il faut se réunir pour du bien ou pour une mauvaise situation, au village ou dans un endroit convenu pour des débats d'un certain genre ou d'un certain intérêt communautaire.

Pour le reste, après le tronc commun, chacun reçoit, comme nous l'avons rappelé, une formation spécifique liée à sa classe, car la société traditionnelle, contrairement à ce que certains ont pu penser, dire et écrire, était correctement structurée. Chacun connaissant sa place, affronterait tout le peuple, automatiquement, s'il se livrait à des ambitions débordantes en dehors du canal que lui réserve sa naissance et son talent dans certaines activités. Chez nous il faut reconnaître que la notion de caste n'est pas une grande donnée. Elle n'existe presque pas. Tous les hommes sont proches les uns des autres. Le talent joue le reste pour se donner un rang et une place de choix dans l'aventure humaine.

Par exemple, si tout le monde doit savoir lancer le javelot, tirer au fusil traditionnel et connaître les propriétés de la poudre à canon, tendre des pièges au gibier pour le prendre, le néophyte issu d'une famille de chasseur y recevra la même formation que les autres et beaucoup plus dans ce domaine en raison de la naissance. En langage moderne on dira que le coefficient affecté aux matières de spécialité est plus grand pour chacun dans les disciplines de sa classe. Ainsi, le fils du chasseur doit prendre, par exemple, des agoutis vivants, tirer au fusil sur un oiseau au vol et le prendre sans faute, abattre une biche à la flèche...

De même, le fils du forgeron apprendra beaucoup plus sur le métal et ses qualités particulières, donc sur la manière de forger pour fabriquer le sabre, la daba, le coupe-coupe,....

Le fils du chef apprendra, comme nous l'avons dit longuement, l'art du commandement, donc beaucoup plus que ce que les autres néophytes sont tenus de savoir avant leur sortie sur l'autorité, la fermeté, l'art de prendre la bonne décision, les méfaits de la faiblesse de caractère, le danger des excès en toute chose. On sera donc plus exigeant avec lui dans la conduite en tout genre, dans la priorité absolue qui doit être donnée à la juste mesure en tout, comme le souhaiterait la Reine Athéna de la mythologie grecque lorsqu'elle proclama qu'il faut tout faire avec la juste mesure.

Au prince, héritier du roi, on enseignera plus sur l'endurance, l'intérêt de supporter les lourdes charges publiques sans murmure, sur l'amour de la patrie, sur la manière d'accomplir les missions difficiles. Les enseignements sont toujours marqués pour lui d'une forte dose de formation morale et d'éthique. Il doit connaître à fond comment la société est structurée, savoir respecter la règle et la personne humaine.

L'un des principes de base est que l'homme ou la femme ayant fait la Forêt sacrée ne doit manquer de respect à personne, sinon il sera réputé comme n'ayant pas assimilé le message de la communauté organisée. Et dans ce cas il s'expose au verdict du peuple tout entier. Là-dessus il n'y a pas de pardon ; il n'y a pas de parenté ou de fraternité. Le délinquant doit être sanctionné, avec l'accord de tous, en commençant par les siens propres. Pour les sanctions, il existe une échelle qui varie selon qu'on passe d'un fait banal au crime en passant par les autres cas.

Au nombre des grands enseignements qui sont donnés dans ces lieux réellement durs, on retient l'inviolabilité des règles non négociables attachées à la discrétion et surtout à celle de la parole donnée. Le menteur doit être puni comme un grand malfaiteur, comme un tricheur. La solidarité est de rigueur. Le vol est impardonnable, car il traduit beaucoup de mauvaises choses. C'est pour cela que, jusqu'à un passé récent, la notion de cadenas n'existait pas chez nous, chacun ayant appris à voir l'objet d'autrui et à ne pas s'en approprier frauduleusement.

Le caractère secret d'une décision est scellé par la consommation collective du pain blanc fait de farine de riz en manière de serment. Si quelqu'un divulgue un tel secret, alors, c'est sa propre mère ou son propre enfant, ou encore son propre conjoint ou sa conjointe qui sera chargé de lui donner la sanction par des procédés consignés et retenus en commun. Il en est de même si on viole un principe sacré ; par exemple, si on cherche à surprendre les femmes dans leur retraite pour découvrir leur modèle spécial de la Forêt sacrée, alors on doit être puni et sévèrement.

Le courage de donner une telle sanction fait partie de ce qu'on apprend dans l'initiation avec l'explication que le traître n'a pas sa place dans une société organisée. Sa présence dans une famille à quelque rang que ce soit, déshonore celle-ci. Le traître peut faire perdre des guerres et étrangler la nation, dit-on couramment aux néophytes. Il ne doit s'approcher en aucune manière de l'homme honnête.

Mais il n'y a pas que cela comme métier difficile dans cette initiation. Apprendre à être sorcier, magicien,... sont aussi pour certaines familles un grand engagement. Et c'est là que résident les seuls aspects dérangeants de cette formation qui, au lieu d'être supprimée comme on tend à le faire, aurait pu être améliorée et qualifiée au bénéfice de l'encadrement de la jeunesse.

L'initiation à la Forêt sacrée exprime un tournant essentiel dans la vie des hommes et des femmes. Elle traduit le passage du contrôle familial du père, de la mère et des autres membres de la famille à la vie active de l'homme plein et de la femme qui doivent prendre soin de tout en essayant de ne jamais se tromper ni de rouler les autres.

Quel que soit son âge, celui qui n'a pas fait cette initiation est considéré chez nous comme un être incomplet, non mur pour réagir comme il faut dans la vie face aux épreuves qui permettent d'apprécier la valeur d'une personne.

La fin du séjour en Forêt sacrée est marquée par de grandes cérémonies qui se préparent minutieusement, aussi bien par les néophytes, dans la forêt, que par les parents et autres dirigeants de l'organisation. Chacun y joue son rôle. Nul ne doit se tromper ou sous-estimer la démarche.

Un des aspects essentiels de ces cérémonies est un majestueux ballet où on porte autant de soins à l'accoutrement des danseurs qu'à l'harmonie des pas.

Ce théâtre soigné sera promené dans toute la contrée pour montrer qu'à partir de rien, on est parvenu à des résultats importants avec les jeunes, tant on attache du prix au rythme des danses, à l'harmonie des pas, à l'interprétation des sons musicaux.

On attache surtout du prix à la pratique de la communication des messages par des styles de musique comme nous l'avons souligné plus haut. Souvent c'est par cela qu'on reconnaît les personnes ayant reçu cette éducation spécifique, caractéristique des valeurs de notre civilisation particulière.

Au cours de ces cérémonies, les meilleurs danseurs représentent le groupe des néophytes sur la scène ; et chaque famille cherche obstinément à y voir son enfant. Donc au moment de l'apprentissage chacun d'eux s'y met sans relâche et avec ardeur pour montrer son intelligence, son talent et sa capacité à se discipliner selon les enseignements de la formation.

Dans mon cas, le très jeune âge ne m'a pas empêché d'être, non pas au nombre des meilleurs, mais au nombre des sélectionnables, des réservistes. Je crois avoir tout fait pour être justement parmi les meilleurs, mais sans grands succès. Le jeu n'était pas simple. Je n'ai pas échoué mais je n'ai pas été admis pleinement. Des gens se sont montrés plus valables.

La sortie de la Forêt sacrée se fait habituellement en deux temps. D'abord, on organise une grande cérémonie à laquelle tout le groupe des néophytes est impliqué, bons ou mauvais danseurs. C'est une grande fête au cours de laquelle on mange bien et beaucoup, pour laquelle chacun porte ses plus beaux habits. Ce jour on danse au son de plusieurs instruments de musique. Après quoi chacun rejoint sa famille en fête, donc avec de beaux habits. Là j'étais vraiment heureux de retrouver les plats si bien faits de ma mère par rapport à la cuisine commune pour du grand monde et où il y avait trop de chefs pour que chacun puisse manger à sa manière. Ceci est surtout évident lorsqu'on est fils unique de sa mère, fut-ce d'une très grande famille comme la mienne où tout le monde mange au même moment en compagnie du père de famille. Puis après un, deux ou trois mois, les meilleurs danseurs, les acteurs du ballet sont rappelés pour la tournée dans le pays.

4. Mon entrée à l'école primaire de Nongoa

C'est entre le temps de la sortie générale et la reprise du ballet que j'ai fait la rencontre qui décida du reste de ma vie avec mon maître. C'était en fait la rencontre avec l'école des Blancs.

Je crois que Monsieur Sangaré Toumani, un ancien de l'école normale supérieure Williams Ponty, directeur fondateur de l'école primaire publique mixte de Nongoa, m'avait vu jouer dans cet intervalle de temps avec les autres enfants de Tomandou. Aurait-il remarqué quelques adresses particulières dans mes manières de manœuvrer ? Je n'en sais rien. Mais ce que je retiens, c'est qu'à partir de ce moment, il avait décidé d'insister auprès de mes parents pour qu'on m'inscrivît à l'école primaire coloniale de Nongoa en fin de construction, janvier 1951. Il n'y avait alors qu'une seule classe, un cours préparatoire première année. La salle en question était faite de murs épais, en briques de banco, bordés des deux côtés par des vérandas larges. Tout le sol était en ciment lissé et noir.

Il n'était pas facile de résoudre le problème posé par le maître d'école car mon père lui ne voyait pas les choses de la même manière. Malgré les longues explications de l'intellectuel de Ponty, fraîchement sorti de la formation occidentale, malgré l'effort fourni par les traducteurs entre les deux interlocuteurs, du Kissi notre langue maternelle au français et inversement, le langage restera pendant longtemps un débat de sourds. Chacun des deux hommes restant attaché inconditionnellement à sa thèse et à sa position.

Nongoa, localité de commerçants en majorité malinkés et soussous est situé à environ trois kilomètres de mon village, et le maître venait tous les soirs, à vélo, marque Peugeot, chez nous. En compagnie de nos frères et cousins qui, eux aussi, avaient fait l'école française, il passait des moments manifestement agréables, parlant de choses et d'autres. Je crois que finalement, mon père, égal à lui-même dans ce type de débat, était resté sur sa position sans jamais céder un pouce, ni m'associer au sujet. A son interlocuteur de ne plus en parler, découragé peut-être, déçu sans doute d'être incompris d'une personne qui ne voyait pas le bien que le jeune maître d'école lui proposait dans son seul intérêt ou celui de sa famille.

Un jour, quelqu'un par inadvertance, m'avait expliqué l'histoire et tout de suite je me pris à réaliser qu'entre les pas de danse dans le ballet de l'initiation traditionnelle qui, probablement séduisait mon père puisque j'étais sélectionnable un jour ou l'autre, et l'école, il fallait choisir cette dernière, et rapidement.

Je n'étais plus si jeune que cela, après la Forêt sacrée j'étais devenu plus raisonnable quoique ayant encore le plaisir de jouer avec les autres enfants de mon âge. Mais ce qui m'avait motivé dans mon choix aussi rapide, c'est que j'avais déjà vu très souvent des équipes d'infirmiers de Trypano du Docteur Georges Curtis qui venaient soigner la population dans les villages de la maladie du sommeil et d'autres grandes endémies. Ces hommes étaient toujours bien habillés, circulant dans de gros véhicules de la marque Renault, jouant le soir au banjo ou à la mandoline aux heures de repos, mangeant de bons repas...

Je les enviais toujours. J'aime encore la musique. Et je l'aimais déjà. Comme je savais que pour être dans un tel confort, il suffisait d'aller à l'école et d'y travailler comme il faut, alors je trouvais la position du maître trop heureuse pour être loupée. C'était une occasion dont il faillait se saisir et tout de suite.

Pour aller à la Forêt sacrée, j'avais décidé une nuit pour le faire et j'y suis allé malgré les risques qu'on m'avait présentés. Pour dire à mon père ce que je voulais, j'avais encore pris mon parti au cours d'une nuit.

Mon père était très autoritaire. Dans le pays on le craignait pour cela. Il n'y avait pas beaucoup d'hommes pour lui parler face à face. Je devais lui dire mon option le lendemain. Ma décision était prise.

Alors, tôt le matin je vins m'asseoir à la porte de sa case. Ma mère sortit la première. Elle ne comprenait pas cette attitude inhabituelle. Mais malgré tout elle ne refusa pas de m'annoncer à son mari.

Il m'avait suffi d'une explication pour que le vieux accepta ce qu'il avait refusé au maître d'école pendant si longtemps.

Aujourd'hui, en rappelant ces faits, alors que je suis presque mur d'âge, je sens que le goût du risque m'a toujours habité. Ceci n'est pas sage. Mais ici, ce type de risque m'a servi. Je peux lire et écrire en français et en anglais. Ceci est un privilège.

Mais notre entretien avait lieu à un moment où l'école avait déjà affiché complet. Il n'y avait plus de place. La réaction du maître quand il fut informé de l'accord tardif de mon père à m'inscrire à l'école était de faire savoir qu'il n'y avait plus de place en classe.

Pendant longtemps il avait prié mon père qui refusa obstinément d'entendre sa proposition ; maintenant il fallait le prier à son tour pour accepter de serrer les élèves sur un banc afin de m'installer. Le résultat fut obtenu mais pas de si tôt. Un des mes cousins, ami du maître, dut se déplacer plusieurs fois vers l'école avant d'arriver à l'accord tout aussi tardif de l'intellectuel de William Ponty.

Finalement je me retrouvai élève comme les autres, heureux, mais très timide au début, avant de m'intégrer au milieu scolaire et d'en apprécier le goût inoubliable et agréable.

S'il y a des choses qu'on n'oublie pas facilement, s'il y a des moments qu'on aime rappeler, ce sont les premiers instants vécus à l'école.

Mon propos ici n'est pas, malheureusement, d'insister sur mes sentiments du petit commençant de l'école primaire de Nongoa, mais je ne peux taire les circonstances de mon inscription à l'école des Blancs, ainsi que l'hommage qu'il me revient de rendre au distingué maître Toumani Sangaré. Il me plaît aussi de rappeler que cet homme aussi bien fait physiquement que moralement fut plusieurs fois et longtemps responsable public dans notre pays. Et les circonstances de sa tragique disparition, entre Conakry et Kindia une nuit de juillet 1985, suite à la tentative de coup d'Etat du Colonel Diara Traoré, blessent encore le cœur de plusieurs Guinéens ; et moi peut-être au nombre des tout premiers. Je suis sûr que Dieu le garde auprès de lui, au royaume de ceux qui aiment l'homme et le servent sans calcul. Manifestation peut-être de cette présence auprès du Seigneur, un de ses enfants, son premier fils, Kader Sangaré, est aujourd'hui le plus jeune ministre de notre gouvernement. Lui-même, mon maître donc, fut chargé de beaucoup de responsabilités : Premier administrateur de Guéckédou après les Français, plusieurs fois Ministre. Tout le temps jusqu'à la fin de la 1ère République le 3 avril 1984.

Kader est Ministre de la jeunesse, des sports et de la culture. J'espère que le vent qui souffle avec ses brouilles liées à la Féguifoot ne le renversera pas. Ce que je déplore c'est que Kader ne semble pas avoir le courage moral de son brillant père. Et même nous qui tenons beaucoup à ce dernier, Kader nous ferme la porte pour préserver un poste parce que nous sommes de l'opposition politique et que lui dépend du parti du pouvoir. Entre les deux positions il ne trouve pas la bonne mesure comme plusieurs autres ministres le font.

Une fois installé à l'école primaire française publique et mixte de Nongoa je crois que les choses se sont bien passées six années durant sous la direction de mon unique maître du primaire, Toumani Sangaré. Nul n'aura influencé ma formation, du début à la fin, c'est-à-dire à la fin de l'université, autant que ce brillant homme de la savane venu de Kankan, ville située au cœur des plateaux de la haute Guinée. En fait il était peulh du Wassoulou donc originaire de Mandiana. Mais pratiquement ce fut un distingué Malinké. Son père, agent de la santé, servit longtemps à Guéckédou, chez nous, avant de revenir finir ses jours à Kankan.

Je n'ai jamais oublié que sans cet élégant monsieur je ne serais jamais allé à l'école comme nous l'avons souligné plus haut. J'avais souvent vu des gens lui parler n'importe comment. En criant très fort. Mais lui ne répondait jamais sur le champ. C'est une qualité rare. Surtout qu'il répondait toujours d'une manière où d'une autre, un jour ou un autre ; avec calme et fermeté.

Ces valeurs d'homme, physiques et morales, restent claires dans mon esprit. Je décide de consommer seul, sur ce sujet, ce que la sélection de l'oubli m'a laissé et je prie toujours pour lui, maintenant qu'il nous a dévancé dans l'autre monde.

L'école primaire de Nongoa, ouverte le 1er janvier 1951 n'était mixte que par la présence d'une seule fille, Guinèmanguè, dont la timidité exceptionnelle n'a pu être corrigée par cette spécificité au milieu de tant de garçons parfois turbulents. Aujourd'hui je ne sais plus la retrouver, ni dire un mot d'elle parce qu'ayant disparu depuis notre départ de Nongoa. Je souhaite qu'elle soit encore en vie.

Entre temps d'autres filles vinrent donner du sens à ce mot et notre école devint réellement mixte.

Autre précision utile. Monsieur Sangaré, très tôt engagé dans le mouvement du RDA aux côtés de Sékou Touré et de Lansana Béavogui en vue de la reconquête de la souveraineté nationale ne faisait pas bon ménage avec l'administration coloniale. Ceci lui avait valu une brève mutation de Nongoa pour Dubréka. Pour deux mois seulement. Officiellement, Yoro Keita, vieil homme calme aussi, aux convictions fermes pour la souveraineté nationale et pour le RDA était le chef de ce mouvement dans le cercle de Guéckédou dont relève Nongoa. Ses capacités de gestion d'une telle formation étaient limitées parce que l'homme était illettré. En plus, il mourut très tôt. Avant l'accession du pays à l'indépendance. Une place publique de la localité porte aujourd'hui son nom.

Pendant la brève absence du maître fondateur de l'école de Nongoa, le cours moyen deuxième année, classe où on préparait le Certificat d'Etudes Primaires Elémentaires (CEPE) et le concours des bourses pour aller au collège, était tenu par Monsieur Avit Kolié. Cet cadre, tout aussi brillant enseignant, n'eut pas le temps de nous marquer de sa personnalité comme ce fut le cas avec son prédécesseur puis successeur.

5. Les cours normaux de Kankan, Macenta et Kindia

A la fin de l'année scolaire 1955-1956 je fus admis au cours normal des instituteurs de Kankan. D'où, après seulement un trimestre, les élèves venus des écoles primaires de la Guinée Forestière et qui suivaient leurs cours en 6ème et 5ème années du cours normal, furent envoyés à Macenta pour y constituer les première et deuxième années du nouvel établissement de formation des enseignants (moniteurs auxiliaires et instituteurs)

Les élèves des promotions suivantes, à la différence des deux premières, vinrent directement à Macenta, de presque toutes les régions naturelles du pays, notamment de Conakry et du reste de la Guinée Maritime, du Fouta, de la Haute Guinée, et naturellement de la Guinée Forestière. C'était l'occasion pour moi de rencontrer des amis Guinéens d'éducation et de conduites variées. Sékou Décazy Camara, Calawa Camara, Dabo Ousmane, Ahmed, Sagno Fassou, Guilavogui Pépé, Bah Thierno, Kourouma Diara, Mara Kabiné, Faman Traoré, Kourouma Siaka... Voilà des vocables dont la seule prononciation me rappelle automatiquement le cours normal de Macenta situé sur la route de Gbaou, petit village se trouvant vers le Libéria, à 3 ou 4 Km du centre-ville de Macenta.

La vie était belle dans cet établissement flambant neuf, réservé aux seuls garçons. On y jouait beaucoup, au foot Ball, au basket, au volley-ball, mais le travail y était toujours roi. Je n'étais pas très laborieux. Et comment ne pas le regretter ?

J'aimais plus jouer que travailler. On y mangeait beaucoup et bien, à supposer qu'on puisse comparer nos repas traditionnels de famille à ce qui nous y était servi. Je ne pense pas avoir été une seule fois en retard pour le réfectoire. Mes camarades avaient dû le constater. J'aimais la musique, même si je n'étais pas un brillant danseur et je jouais souvent au banjo et à la mandoline.

Lorsque le Rassemblement Démocratique Africain (RDA) introduisit ses activités politiques avec les organisations de jeunesse dans les écoles, je fus élu à la tête du premier Comité de Coordination du Cours Normal de Macenta. Je restai à ce poste toute la durée de mes études en ce lieu ; après plusieurs élections, au début de chaque année. Autant les élèves tenaient à moi, autant le directeur français André Fourtané Baylou ne voulait pas de ma présence à la tête du Comité. Est-ce parce qu'il me trouvait contestataire ? Et pourtant je voulais toujours être exemplaire dans ma conduite face à mes formateurs. Ou bien avait-il constaté que tout ce qui sonnait domination coloniale, violemment, me révoltait et en permanence ? Ceci était vrai.

Son prédécesseur, Lucien Corbel, lui aussi Français de Nantes en Normandie, avait fait cette même constatation avant Baylou quant à mon refus de la domination coloniale, et il le disait toujours. Mais ce dernier était très proche de moi. Premier directeur du Cours Normal, Lucien Corbel, ce Breton aux yeux blonds, allure de boxeur, marchant toujours comme un militaire, fut victime d'un grave accident de la circulation après seulement une année de service chez nous à Macenta. Il avait alors perdu l'usage de son bras gauche. Je fus peiné par ce malheureux événement. L'homme était adorable et chaleureux. Je n'eus plus de ses nouvelles depuis. J'espère qu'il vit encore quelque part.

Côté formateurs, si à Kankan Madame Follereau, professeur de sciences naturelles, était mon amie déclarée, et seule, parce qu'elle me trouvait brillant, à Macenta la liste était longue. Corbel Lucien, Jacques Boudillet et Madame, Diara Sidi, Chaikou Diallo, Hadia Diop, Fodé Keîta, Amara Fofana, étaient presque tous et toujours contents du travail que je faisais en classe. Si les trois premiers étaient français, les autres étaient tous des Guinéens encore jeunes auxquels, suite à notre choix pour l'indépendance nationale et au retrait de Guinée de tous les professeurs français, il avait été demandé d'enseigner un temps après les deux parties du baccalauréat avant de poursuivre leurs études supérieures au Sénégal ou en France.

A la fin de mes études à Macenta en 1959 avec le brevet élémentaire comme diplôme, je fus choisi par la direction de mon établissement pour une mission à l'étranger à la demande du Président William Tubman du Liberia, dans une équipe de 12 élèves qui se rendit en visite d'un mois dans ce pays alors synonyme de bonnes choses et de joie. Aujourd'hui il est malheureusement dévasté physiquement et moralement par une série de guerres civiles. Par l'invitation qui nous était faite, le Président Tubman voulait marquer son attachement à la Guinée. Celle-ci venait de reconquérir son indépendance ; donc au moment où plusieurs grandes nations tournaient le dos à Conakry pour mettre notre pays en situation difficile, le premier Libérien prenait une position différente.

La guerre entre la Guinée et le Liberia en l'an 2000 pouvait-elle avoir lieu si William Tubman était encore là ? Ou si Sékou Touré avait vécu ? Que s'est-il passé depuis leur disparition ? La fraternité entre les deux pays a-t-elle reculé ? Certainement pas. Les peuples restent toujours frères. Ce sont les régimes qui les gouvernent qui s'affrontent et tuent chaque jour avec une barbarie qui déshonore toute l'Afrique. Ce problème doit être réglé par la volonté de tous, dans l'intérêt supérieur de tous.

Quant à mes études, pour y revenir, je les poursuivis d'abord à l'Ecole Normale de Kindia ville située à environ 140 Km de Conakry où je préparai le baccalauréat première partie, sans faire la classe de seconde, c'est-à-dire immédiatement après le brevet élémentaire. C'était un choix volontaire. Je me suis exercé dans cette aventure, qui consiste à sauter une classe, avec un ami, Bah Ibrahima Victoria ou en abrégé BIV. Il venait de Kanfarandé, autre nom de l'île Victoria dans Boké. Homme intelligent, brillant et aimable, BIV, après de brillantes études, assuma de hautes fonctions publiques au service de notre pays en Guinée en tant que Directeur Général des Mines et de la Géologie, puis en Jamaïque et encore en Guinée comme Secrétaire Général du Ministère des Mines, ensuite Directeur Général de la Société des Bauxites de Kindia (SBK) avant de disparaître dans un accident de la circulation en pleine ville de Conakry en l'an 2000, à une cinquantaine de mètres de l'aéroport International Gbéssia. A moins de vingt mètres de son domicile.

En arrivant à l'école normale de Kindia, fin 1959, j'avais manqué le contact d'hommes célèbres et utiles pour ce que sont aujourd'hui mes convictions sociales et humaines pour ne pas dire humanitaires. Certains furent mutés peu avant en d'autres lieux, d'autres étaient partis définitivement de Guinée. Je citerai un seul cas, celui du poète David Diop, auteur de « Coups de pilon », un recueil de poèmes fortement engagés dans la lutte pour une Afrique indépendante et souveraine. Ce Sénégalais d'origine, né en France et ayant grandi en France, était, aux dires de ceux qui l'ont vu, d'une santé fragile. Mais il ne mourut pas de ses affections pulmonaires pourtant révélées. Il disparu plutôt de façon tragique dans un accident d'avion, dans l'océan Atlantique, alors qu'il rentrait en France pour des vacances.

A Kindia toutefois je rencontrai des hommes remarquables comme Bah Ibrahima Caba, professeur de physique et directeur de l'école normale qui me recevait, les professeurs français Crocq et Madame, Slovodan Karolac de Yougoslavie. Ce dernier était professeur de français dans notre école et, curieusement, ne pouvait pas faire une seule phrase en français sans une grave faute. Toutefois il connaissait le contenu de la littérature française et ses principaux animateurs sur plusieurs siècles, cette fois avec une extraordinaire précision. Il avait dû apprendre cela, et bien, dans son pays, en langue serbe.

On rencontrait plusieurs cas de ce genre dans notre pays peu après la proclamation de notre indépendance, principalement avec des Bulgares, des Vietnamiens, des Russes, des Tchèques...C'était, comme on le comprend, l'expression de l'extrême manque de professeurs en Guinée suite au retrait par la France des siens à part bien entendu ceux qui, comme Jean Suret Canale, Crocq, Helmann (communiste avéré connu sous le nom de plume de Yves Bénot, auteur de plusieurs ouvrages, ami personnel du Docteur N'Krumah Kwamé), ou encore Mademoiselle Christiane Grange, agrégée de sciences naturelles, qui tous deux étaient de gauche au pays du Général de Gaulle. Il y en avait qui se disaient libres penseurs et qui ne cherchaient qu'à gagner leur vie simple, jamais à s'enrichir au sens capitaliste du mot.

Ainsi j'obtins la première partie du baccalauréat à Kindia et parce que cette école n'avait pas de classe terminale préparant au deuxième baccalauréat en mathématiques élémentaires, je dus partir pour le lycée moderne de Donka à Conakry. Mon compagnon d'aventure dans le saut d'une classe, Bah Ibrahima Victoria ayant opté pour les sciences expérimentales, je le laissai dans le royaume du professeur Bah Ibrahima Caba à Kindia, au pied du Mont Gangan.

6. Le Lycée de Conakry

A Conakry, les Lycées technique, moderne et classique, tous ensemble au même endroit, à Donka, où j'avais souvent souhaité venir, constituaient un monde nouveau à apprendre, à supporter et à assumer. En effet, si à Kindia l'école normale était une institution calme, organisée au mieux, au regard de cela, les trois lycées étaient comme un grand marché où chaque marchand se perd dans un bruit indescriptible et où chacun se débrouille sans tenir compte de la présence du voisin. Les lieux, à cause des grands effectifs, ne pouvaient être aussi propres qu'à Kindia ou à Macenta qui, lui, était encore un établissement neuf. Il est vrai qu'à Conakry les lycées construits en 1947, pour remplacer l'Ecole Primaire Supérieure (EPS) coloniale, sont vieux. Ils avaient visiblement besoin d'une forte rénovation. Les moyens ayant manqué il fallait se serrer partout : en classe, au réfectoire, au dortoir.

Cette atmosphère était si dure que plus d'une fois j'avais risqué de prendre la décision de revenir au pied du Mont Gangan, dans la cité des fruits en toute saison, avec alors l'obligation de faire le baccalauréat deuxième partie en classe de sciences expérimentales. Mais il y avait tellement de conseils qui me poussaient à tenir bon vers les mathématiques avec une certaine teinte de flatterie que finalement je ne pris pas le risque du retour à Kindia. Même si j'ai toujours essayé de résister à la flatterie.

Par contre, à la place du malaise du grand monde des lycées pas assez organisés j'avais d'autres avantages sûrs : une foule de nouvelles figures, la possibilité de vivre dans Conakry la capitale, le contact avec des professeurs devenus déjà célèbres dans le pays. Sékou Mouké Yansané était le proviseur à la fois des lycées moderne et classique. L'homme qui ne riait jamais et qu'on a pu surnommer pour cela El Caïdo ou le caïde, toujours mis à quatre épingles était un formateur célèbre. Il régnait dans son petit royaume en tout-puissant. Ribard, remarqué pour son charme et son élégance vestimentaire, Gréga le Tchèque célèbre en physique, « Buthadien » en chimie, Kouyaté un censeur plus théâtral que sérieux, un autre Kouyaté l'économe du lycée et d'autres, déjà cités, étaient des compagnons permanents de notre vie quotidienne en ce lieu.

C'est là où je rencontrai Sassine Williams, un autre Camara Laye, différent, il faut le préciser, de l'écrivain connu sous le nom de « l'Enfant noir », Bokoum Mouctar, Bah Zaïnab, Christian et Pierre Lecor, Bah Aïcha, Soumah Joséphine, Demba Thérèse et Sakho Lansana, qui se marieront plus tard, Massandouno Théodore Danda avec son célèbre cahier de « narres » et craint de ceux qui parlaient beaucoup. Ce document à la fois amusant et provocateur était le relevé patient de toutes les fautes de français et dont les auteurs étaient dénoncés chaque semaine au réfectoire, les samedis. Si presque tout le monde en riait d'autres prenaient la chose au grand sérieux.
Les cours étaient quelques peu difficiles mais il fallait tenir et nous l'avons fait mes amis et moi. Le tout s'était traduit par l'obtention du 2ème baccalauréat en classe terminale de la série mathématiques, avec mention pour certains.

C'est là où nous avions vécu pour la première fois la situation d'un complot en Guinée. Celui dit des enseignants. Nous avions tous subi des chocs et avions été renvoyés dans nos villages suite aux grèves avant que le pardon du Président Sékou Touré ne nous ramenât au lycée.

Un complot c'est la volonté programmée et concertée de personnes visant à s'opposer à un régime et à le renverser si possible, par la violence ou par la ruse. Ce concept fut très employé dans le langage politique de notre pays sous la Première République. Le "non" en septembre 1958 au référendum du Général de Gaulle, piloté par le Président Sékou Touré, ayant conduit à notre indépendance, avait attiré à la Guinée des adversités et animosités permanentes. Le Général avait été irrité à Conakry le 25 août 1958. Tous ses amis en France et hors de l'Hexagone s'engagèrent à faire payer à la Guinée le prix de sa témérité. Des preuves furent faites par celle-ci pour montrer que des mesures étaient prises çà et là pour renverser le gouvernement guinéen et son indépendance avec pour principal artisan en France Jacques Foccart. Celui-ci était alors le chargé des affaires africaines auprès du Général de Gaulle. De gros moyens financiers et techniques furent mis en œuvre et de très nombreuses personnes et nations impliquées dans la manœuvre. Le gouvernement guinéen, l'armée et tous les secteurs importants de l'Etat étaient infiltrés. Conakry dès lors ne pouvait que se méfier pour ne pas dire prendre peur de voir l'indépendance remise en cause et les chefs du pays exposés à la liquidation physique pure et simple.

De très nombreux cadres guinéens vivant en Guinée et hors du pays furent accusés d'avoir cédé à la tentation devant l'argent en grande quantité et devant les perspectives de promotions politiques et administratives immédiates s'il y avait succès du complot. Entre ceux qui affirment encore aujourd'hui que toutes les victimes de la répression consécutive à ce contexte étaient innocentes et ceux qui déclarent avoir la preuve que toutes ces victimes, ou presque toutes, avaient trahi l'option de l'indépendance, il y a aujourd'hui un problème. Chacun tient à sa position et croit dire la vérité. Personne ne veut céder.

Cela fait partie des facteurs qui paralysent le pays et empêchent son évolution vers le progrès. Qui en Guinée, personne physique ou gouvernement, pourra régler ce désaccord entre les fils et filles d'un même pays ? La nation entière attend une solution solide pour donner libre cours à son développement.

7. Naissance de l'Institut Polytechnique de Conakry, future Université de Conakry

« Il revient aux écrivains et aux artistes de traduire pour le monde la vitalité morale et artistique de nos compatriotes [Les Africains], et en même temps de communiquer à ceux-ci le sens et la saveur des œuvres étrangères ou des évènements mondiaux. »

Alioune Diop

Discours d'ouverture du 1er Congrès des Ecrivains et Artistes Noirs, La Sorbonne, Paris 1956

Pendant que nous suivions les cours au lycée Donka, on voyait construire dans un espace faisant limite avec notre cour et dans le prolongement du logement du proviseur Yansané Sékou Mouké des bâtiments gigantesques. D'abord on voyait construire des fondations, puis monter des armatures puissantes, suivies de murs épais, sous le contrôle de nombreux ingénieurs guinéens et soviétiques. On voyait en activité, et en plus des ingénieurs, une énorme foule d'ouvriers et de manœuvres. Ils édifiaient les premiers bâtiments de ce qui sera l'Institut Polytechnique de Conakry (IPC), aujourd'hui Université Gamal Abdel Nasser.

Jusque là les titulaires du baccalauréat complet en Guinée poursuivaient leurs études à Dakar ou en France ; parfois aux USA, au Canada et dans les pays des démocraties populaires (URSS, Tchécoslovaquie, Allemagne de l'Est, Roumanie, Bulgarie, Pologne, Cuba ...).

Avec notre promotion des lycées et à la fin des deux baccalauréats presque tout le monde, cette année-là, fut retenu pour entrer dans le nouvel Institut Polytechnique de Conakry.

Ainsi s'ouvrait une toute nouvelle page de l'éducation nationale dans notre pays, mais aussi une réelle expression de notre souveraineté nationale. Les débuts furent durs. D'abord, les nouveaux étudiants, que nous étions, se sentaient en position de perdants lorsqu'on sait qu'aller en France à cette époque équivalait à une sorte d'élection au grand et beau monde des pays industrialisés et que le baccalauréat complet assurait cela d'office. Ce qui, pour nous, rendait le fait de rester à Conakry difficile c'est que certains de nos promotionnaires, malgré tout, étaient choisis pour aller étudier aux Etats-Unis, en Allemagne et au Canada. Et mon option retenue pour poursuivre mes études à l'extérieur était la météorologie. Sur ce choix j'étais fortement appuyé par un vieux et très aimable Peulh de Télémélé, alors directeur de la météorologie nationale de Guinée, avec des bureaux se trouvant encore au même endroit aujourd'hui, non loin du cinéma Liberté, ex Cinéma 8 novembre.

Les personnes qui avaient changé mon orientation avaient pour noms Ismaël Touré et Louis Senaïnon Béhanzin alors respectivement Ministre des Travaux Publics et Inspecteur Général de l'Enseignement. Reçu au bureau du Ministre Ismaël sur le sujet par les deux personnalités très influentes à l'époque, elles s'appliquèrent à me dire que le gouvernement guinéen avait décidé de garder tous les élèves brillants pour l'IPC. Pour le Président Sékou Touré il fallait éviter de laisser circuler l'idée selon laquelle notre université naissante n'était ouverte qu'aux moins bons et que le pays ne pouvait se payer le luxe de louper cette entreprise aussi historique que l'indépendance nationale elle-même. Pour cette raison avaient-ils affirmé, il n'était pas question de me laisser sortir tout comme ceux qui pour eux étaient réputés brillants sur la base des résultats au baccalauréat. Donc ceux qui étaient en queue de liste sur les résultats du 2ème baccalauréat allaient à l'étranger et nous non.

Je n'étais pas gêné outre mesure de rester dans mon pays même si je voulais bien voir la vie telle qu'elle se développe dans les autres nations, notamment en France. Mais je ne m'en suis pas tiré aussi facilement car autour de moi tous les autres camarades étaient comme braqués contre le gouvernement. Suivant le mouvement, nous étions tous fâchés. Et l'argument était que rien n'était prêt pour ouvrir l'IPC et que nous risquions de voir notre formation universitaire bâclée ou carrément manquée.

Béhanzin était à nos yeux seul responsable de cette situation, surtout que cumulativement avec ses fonctions au ministère il fut nommé Premier Administrateur Général de l'IPC, ce qui correspondait au rang de recteur aujourd'hui. Il était secondé dans sa mission par le Français Albert Boirayon, un ancien de l'Ecole Polytechnique en France. Il occupait le poste de directeur des Etudes de l'Institut.

Ceux qui, comme moi, avaient vu leurs bourses annoncées et retirées pour servir l'idée de la nouvelle création étaient particulièrement furieux. Ce n'était pas mon cas car je voulais toujours rester à côté de ma mère. Je pense que les jeunes Guinéens n'étaient pas suffisamment motivés et préparés à ce mouvement. Pour exprimer leur mécontentement certains refusèrent de suivre les cours de première année. Chaque fois que les étudiants plus disciplinés allaient en classe, un petit groupe de 4 à 5 étudiants restait au dortoir, jouant au banjo et attendant l'ouverture du réfectoire. J'étais, par paresse peut-être, de ce groupe de rebelles qui finit par opter pour le rôle provisoire de cuisinier. Sassine Williams, Bokoum Mouctar, Camara Laye, Diallo Mamadou Saliou étaient les autres.

Ainsi nous avions des blouses blanches pour travailler à la cuisine de l'Institut tous les jours. Notre seul salaire était le repas gratuit qu'on nous donnait. Autant les autres s'appliquaient en classe, autant nous devenions progressivement de très bons cuisiniers. Les moins bons étaient devenus de simples garçons de service très appliqués au risque d'être renvoyés du réfectoire.

La situation avait continué ainsi jusqu'à la fin de la première année de l'IPC. En classe les autres étudiants avaient obtenu des résultats. Après le niveau de propédeutique ils passaient en deuxième année universitaire. Quant à notre groupe de cuisiniers de circonstance, nous avions tous pris la route de l'exil. Certains se dirigèrent vers la France, d'autres vers Dakar ou Abidjan.

Je suis parti quant à moi à Monrovia, avec pour rêver d'aller aux USA ou au Canada ou alors en France, pour retrouver peut-être par mes moyens mon école supérieure de météorologie perdue suite à la décision de Béhanzin et Ismaël. En réalité je n'étais pas particulièrement engagé sur cette route parce que fils unique du côté de ma mère comme je l'ai déjà dit je ne perdais pas de vue que celle-ci pouvait devenir plus embarrassée que par le passé donc plus malheureuse si je m'engageais dans une telle aventure et surtout à cet âge.

Toutefois, aidé par des officiers libériens parlant la même langue kissi que moi et servant au Mansion de Monrovia, je pus revoir le Président Williams Tubman, et cela après la mission scolaire de 1959 que j'avais déjà effectuée avec d'autres jeunes Guinéens sur invitation du 1er Libérien. A plusieurs reprises Kékoura Gboto m'avait introduit auprès de l'homme fort du Liberia. Au cours de nos entretiens le Président Tubman, malgré son calendrier chargé, m'avait reçu en personne et m'avait convaincu de l'intérêt de privilégier la santé de ma mère et de revenir à Conakry. Ce que je fis pendant les vacances universitaires à l'IPC. Le Président libérien ne me fit pas d'autres promesses. Quand je le revis plus tard, l'idée de me pousser vers des études aussi complexes que possible était encore en lui. Mais ma mère restant toujours là, le vieil Homme d'Etat fut, à chaque fois, prudent. Je n'eus jamais de difficultés à le rencontrer mais c'était tout.

Avant d'aller plus loin il me parait utile et important de rappeler certaines informations sur les débuts de cet Institut Polytechnique de Conakry qui fit parler tant de lui et qui forma tant de cadres de notre pays aujourd'hui aux commandes de grands appareils publics.

C'est en février 1961 que Saïfoulaye Diallo, alors Ministre d'Etat, et au nom du Président Sékou Touré, avait procédé à la pose de la première pierre de l'établissement qui est aujourd'hui l'Université Gamal Abdel Nasser de Conakry. Et les travaux de construction dont nous avons parlé débutèrent effectivement le 22 avril de la même année.

Dès le 15 octobre 1962, « au lieu d'un chantier grouillant encore d'activités, dans la diabolique clameur des prophètes du malheur de tous bords, s'installaient soixante étudiants constituant la première promotion de l'IPC ». Ainsi s'exprimait Tibou Tounkara, Secrétaire d'Etat à l'Education nationale en 1968 dans l'une des nombreuses équipes gouvernementales des 26 années de la Première République de Guinée.

Mais l'établissement ne fut ouvert officiellement par le Président Sékou Touré que le 20 octobre 1964. Le même jour était inauguré, au cours de la même cérémonie, et tout à côté, le « Stade du 28 septembre ». Il fallut attendre encore quelques mois pour voir la promulgation du décret N° 402 du 12 février 1965, créant l'IPC.

Je ne puis souligner cela sans rappeler que, simple hasard bien entendu, l'université de Conakry et moi sommes nés un 12 février. Si ces anniversaires étaient à fêter, le mien serait très heureusement noyé dans celui de l'actuelle grande université nationale de notre pays.

8. Les structures initiales de l'Université de Guinée

A sa création l'IPC était un vaste complexe de facultés articulées les unes sur les autres, organisées en fonction des besoins économiques, techniques et culturels de la nation guinéenne et des exigences du développement de la science et de la technique modernes.

En plus d'une classe de formation préparatoire dite propédeutique ouverte en 1962, l'Institut polytechnique comportait en 1968 les facultés et écoles suivantes :

1. Cinq facultés d'Ingénieurs :
- Une Faculté de Génie civil ouverte en 1963 ;
- Une Faculté de Géologie-Mines ouverte en 1963 ;
- Une Faculté d'Agronomie et de Zootechnie ouverte en 1964 ;
- Une Faculté d'Electro-Mécanique ouverte en 1965 ;
- Une Faculté de Génie Chimique ouverte en 1965.

2. Deux facultés destinées à la formation des Professeurs de l'enseignement secondaire et Supérieur pour les plus brillants comprenant :
- Une Faculté des sciences de la nature (Mathématiques Physique, Chimie, Biologie) ouverte en 1963.
- Une Faculté des sciences sociales (Lettres, Histoire et Sociologie, Economie et Géographie) ouverte en 1963

3. Une école supérieure d'Administration ouverte en 1963, chargée de la formation des administrateurs et des magistrats.

4. Une faculté de Médecine ouverte en 1967

Cette liste de facultés et grandes écoles n'est pas limitative. D'autres facultés et Instituts furent créés par la suite pour répondre aux besoins de la nation.

Comme aujourd'hui l'admission à l'institut Polytechnique se faisait sur concours après le baccalauréat complet. A l'exception de la faculté de médecine dont la durée des études est toujours de six ans, soit douze semestres, les étudiants des autres facultés faisaient à l'IPC cinq ans, soit deux semestres initiaux d'approfondissement des sciences fondamentales, nécessaires à leur carrière future, sept semestres d'études dans la faculté ou école choisie, sanctionnés par des examens d'admission en semestres de diplôme et enfin un semestre de stage de diplôme.

A l'institut Polytechnique de Conakry, l'un des aspects importants de la formation portait, ce qui n'est plus le cas aujourd'hui, sur le volet militaire. Un peu à l'image de l'Ecole Polytechnique ou X en France, les autorités guinéennes d'alors voulaient des cadres de classe supérieure à la fois civile et militaire à leur sortie de cette grande école. Pour cela, on avait préconisé une formation militaire systématique à appliquer aux étudiants en même temps que les études universitaires classiques.

En premier lieu le port d'un uniforme militaire était de rigueur. Toutes les options étaient prévues. Tenues kaki avec une barre marron foncée sur les deux côtés du pantalon. Tenues de parade kaki et tergal bleu marine avec toujours le signe gama sur les épaules, à la poitrine, au devant du béret ou de la casquette, fourragères dorées... Le signe gamma était retenu pour nous Guinéens à défaut de reproduire le X de l'Ecole Polytechnique de Paris. La spécification était belle et assurait une certaine élégance qu'accompagnait une fierté qu'en ville nous ne cachions pas toujours.

Le jeune âge des étudiants et leur succès vestimentaire dans le port de ces tenues d'un style nouveau avaient conduit le Colonel Kaman Diabi alors chef d'Etat-major des armées à faire faire la haie d'honneur par les jeunes étudiants de l'IPC à toutes les grandes cérémonies officielles à la Présidence de la République, alors sise à l'actuel Palais Sékoutouréya ; ceci notamment à l'occasion des visites de chefs d'Etat étrangers. Je revois en bon souvenir ces brillantes cérémonies colorées lors des visites d'Etat des Présidents Kwamé N'Krumah du Ghana, Sylvanus Olimpio du Togo. Ce dernier en son majestueux pagne traditionnel et d'autres marques de grandeur impressionnait les jeunes étudiants. Mais (hélas !) peu après son retour au Togo, il fut assassiné.

En somme toutes les disciplines des grandes écoles militaires françaises étaient au programme, le tout assorti d'une éducation physique des plus sévères. Puis c'était l'apprentissage du commandement militaire, le tir aux armes, l'histoire de l'armée et de ses grands hommes, la discipline militaire...

Comme pour les autres matières, des instructeurs en grand nombre et tenant lieu de professeurs, assuraient la formation militaire. Pour les premières promotions cet enseignement était donné par une équipe d'une dizaine d'officiers, en majorité des lieutenants, commandés par un officier major. Ces hommes étaient stricts, souvent trop sévères comme le lieutenant Bangoura Séni devenu colonel dit "Armée gauche".

Le premier officier major fut le Capitaine Soumah Abou, remplacé après deux ou trois ans par le capitaine Condé Idrissa et ainsi de suite. Si la formation au métier de Mars a été rapidement réduite à peu de choses à l'IPC, puis pratiquement supprimée, la série des officiers major existe toujours à l'université de Conakry qui lui a succédé.

Avec les premières promotions les officiers instructeurs étaient non seulement nombreux mais aussi réputés bons dans leur genre. En effet, tous furent par la suite de grands chefs militaires à des postes distingués. Aujourd'hui l'officier major de l'université Gamal Abdel Nasser dispose d'une équipe de simple forme. Peut-être pour aider simplement à contenir certains petits débordements ou à garder les formes de l'histoire de l'institution. Dans tous les cas, cet homme de tête n'a plus l'allure du grand chef d'hier.

Avec les premières promotions l'étudiant était tenu de se mettre au garde-à-vous pour saluer chaque officier instructeur ordinaire, à plus forte raison l'officier major lui-même. La même consigne était donnée pour saluer tout officier de l'armée guinéenne.

Pour plusieurs personnes le fait en Afrique de supprimer l'aspect militaire dans ce genre de grandes écoles est dicté par la crainte des coups d'Etat chez les gouvernants. Chacun des chefs d'Etat pense que si l'homme du cerveau qu'est l'étudiant du supérieur double sa qualification ordinaire d'une solide formation militaire alors cela aiguise ses ambitions et le prédispose à vouloir conquérir le pouvoir à tout prix un jour ou l'autre par les armes. Cela est tout à fait discutable mais les faits sont là. Ils expriment ce qu'est la réalité.

Revenons à l'université. Le cycle de cinq à six ans d'études était, et est encore couronné par un travail original de soutenance d'un diplôme dont le thème doit nécessairement répondre aux préoccupations économiques, sociales, techniques et culturelles de la nation. Cette obligation d'élaborer un diplôme de sortie, en parlant de nos réalités avait pour objectif d'assurer la liaison de l'enseignement dispensé à l'IPC à la vie du peuple.

D'une capacité de 2500 étudiants dont 800 dans les Facultés techniques y compris la Faculté de Médecine qui venait de naître, notre Institut comprenait déjà en 1968, encadrés par 12 professeurs, assistants et autres travailleurs scientifiques, 565 étudiants répartis comme suit :

- Année propédeutique : 125 étudiants
- Faculté de Génie Civl : 77
- Faculté de Géologie Mines : 43
- Faculté d'Agronomie Zootechnique : 39
- Faculté d'Electro-Mécanique : 29
- Faculté de Génie Chimique : 10
- Ecole Supérieure d'Administration : 91
- Faculté des Sciences de la Nature : 23
- Faculté des Sciences Sociales : 46
- Faculté de Médecine : 29
- Etudiants sortants : 53.

Revenant à mon cas, je me dois de relever comment j'ai dû gérer la suite de l'affaire. Les choses ne furent pas simples, mais je décidai de foncer vers l'action. Sans perdre le moindre temps. J'avais suivi quelques cours de propédeutique mais cette première année était pratiquement perdue par cette sortie vers le Liberia. L'année suivante les autres camarades de promotions étaient déjà en deuxième année et je supportais mal d'être distancé par eux. Aussi avais-je décidé de faire les deux années, la Propédeutique et la première année de spécialité, en même temps. Je n'avais plus une seule minute de repos. Les choses étaient réellement dures. Mais puisque c'était un choix libre je l'assumai avec plaisir et dévouement.

Finalement, le retard avait été étalé sur trois ans et au total j'avais rattrapé mes camarades de promotion. J'avais même eu le luxe de préparer non pas une seule maîtrise en Physique donc mon premier choix, mais aussi une autre en mathématiques, précisément en méthode mathématique de la physique. Mon premier diplôme fut obtenu en fin 1967, avec une thèse intitulée ″Thermodynamique du rayonnement et théorie quantique″.

9. La promotion Lénine

La première promotion de l'IPC fut baptisée du nom de Lénine, homme politique soviétique. En ce qui concerne cette première promotion, celle ayant donc commencé ses études à l'Institut le 15 octobre 1962 avec 60 étudiants, il n'en restait plus que 53 lorsque débutèrent les opérations de soutenance des mémoires de diplômes en janvier 1968. Ces soutenances prirent fin en mars de la même année.

Je me dois également ici de souligner un autre fait aussi divers qu'intéressant pour moi ; après la création de l'IPC le 12 février 1943. En effet le 1er jour des soutenances de la première promotion, plusieurs étudiants étaient programmés au même moment, à la même heure, soit un par option. Mais par hasard, j'étais dans ce premier groupe, et fus le premier à terminer l'épreuve. Sans doute parce que les membres de mon jury, présidé par le Docteur Nanamoudou Magassouba, aujourd'hui directeur de l'Institut Polytechnique, version nouvelle qui signifie à peu près ensemble de facultés techniques de l'Université Gamal Abdel Nasser, n'étaient pas très sévères. Ou alors ils ne trouvaient pas de raison de me demander plus sur mon sujet de mémoire.

Dans tous les cas, cela m'avait donné l'honneur d'être le premier étudiant ayant obtenu le premier diplôme (maîtrise en physique) de l'Université guinéenne. Il me plaît de rappeler souvent ce fait divers d'autant plus que je n'avais aucun mérite particulier pour occuper cette position particulière. Et chaque fois que je le rappelle, je n'oublie pas que parmi mes camarades de promotion il y avait des hommes véritablement brillants. Ceux-là qui, en année propédeutique déjà avaient toujours entre 18/20 et 19,5/20 alors que nous autres souffrions pour atteindre les 16/20.

Je pense notamment à Sékou Touré, originaire de Dubréka, qui s'orienta vers l'option géologie de la faculté géologie mines d'où il sortit avec la mention rare ''Très honorable''. Après avoir servi comme diplomate en Italie, Sékou Touré est aujourd'hui, et depuis plusieurs années, chef de cabinet au Ministère des Mines à Conakry.

Du côté des Sciences Sociales, je pense toujours à cet autre brillant étudiant que fut Diallo Abdoulaye. Un homme calme, presque surdoué comme le précédent et qui fit ses études en option Linguistique de la faculté des Sciences sociales et qui obtint lui aussi la mention ''Très honorable''. A la sortie de l'IPC je perdis ses traces. Tout ce que j'ai pu savoir par la suite le concernant c'est que, comme Sékou Touré, devenu je ne sais depuis quand Demba Sékou Touré, pour diluer le rapprochement de son homonyme le grand Syli Sékou Touré, Diallo fut diplomate à Moscou. Je suis sûr qu'il n'est plus de ce monde. Sinon comment une telle lumière peut-elle disparaître dans les ténèbres d'une histoire aussi tumultueuse que spectaculaire telle celle de la République de Guinée. Une histoire comme celle de notre pays appelle les lumières du cerveau dans le but de dissiper les ombres voulues par les médiocres et les méchants. Ceux-là qui se précipitent si souvent sur le devant des affaires publiques pour en bâcler le contenu.

Du côté de ''l'Ecole Supérieur d'Administration'' un troisième élément s'était distingué parmi les meilleurs. Il s'agit de Diallo Saïdou qui obtint lui aussi la mention ''Très honorable'' dans la qualité d'administrateur. Dans la vie publique il a certainement tourné plus et mieux que les autres. Il fut successivement un haut cadre à la Banque Centrale de la République de Guinée dont il devint par la suite vice-gouverneur avec l'avènement de la Deuxième République, puis Ambassadeur au Nigeria, Secrétaire Général du Ministère du Plan et de la Coopération et aujourd'hui Directeur National de la Caisse Nationale de Sécurité Sociale. Sur les 53 autres sortants 41 avaient obtenu les mentions Très honorable et honorable, et 12 terminèrent sans mention.

En juillet 1968 le Président Ahmed Sékou Touré qui avait présidé les cérémonies de sortie en personne avait donc, au nom du gouvernement, du Parti-Etat et du peuple de Guinée, baptisé cette promotion du nom de Lénine. Il avait à cette occasion, à la fin d'un long discours fortement philosophique, annoncé cette décision par ce mot : « Pour marquer notre volonté de coopération et souligner notre reconnaissance à l'égard du pays de la Révolution d'Octobre 1917, de la patrie des précurseurs du Socialisme Scientifique, le BPN (Bureau politique National) a donné à la première promotion de l'Institut polytechnique le nom prestigieux de l'immortel Lénine ».

Les historiens rappellent que *« Vladimir Ilitch Oulianov, devenu célèbre sous le nom de Lénine, naquit en 1870 à Simbirsk, sur le fleuve Volga. Le terme Vladimir qui apparaît dans son nom signifie en langue russe « homme qui domine le monde». Il était le fils d'un professeur de mathématiques qui devint inspecteur des écoles primaires.*

A l'âge de 17 ans son frère aîné Alexandre fut exécuté pour complot contre le Tsar Alexandre III. Suspect, il fut exclu de l'Université de Kazan et acheva ses études de droit à l'Université de Saint-Pétersbourg. Cette ville, comme on le sait prendra son nom de 1924 à 1991. Il entra en contact avec des groupes marxistes et fit de la propagande. En 1897, il fut arrêté par la police et condamné à un séjour forcé de trois ans en Sibérie. Là il épousa Nadia Kroupskaïa qui était comme lui, une fervente militante marxiste.

Relâché en 1900, Lénine choisit d'être un révolutionnaire professionnel. Il se rendit d'abord à Genève, puis à Francfort, Londres, Bruxelles, Paris, menant la vie difficile d'un exilé. Il était absent de Russie lors des évènements révolutionnaires de 1905 auxquels Trotski avait pris une part active.

C'était un homme de petite taille, trapu, devenu chauve très jeune, les yeux bridés et portant une barbiche roussâtre. Très simple, il n'éprouvait aucun besoin personnel et n'aspirait à aucun enrichissement personnel. Son personnage fut à la fois calme, autoritaire, volontiers, caustique ; dans la discussion, il dégageait toujours une impression de force et de volonté inflexible.

Dans une série de publications, Lénine s'attacha à développer les idées du philosophe allemand Marx qui se résument en ceci : le capitalisme est insatiable ; il oppose les peuples entre eux et conduit inévitablement à la guerre. Pour le combattre, il faut organiser un parti d'avant-garde qui réveillera la conscience des masses laborieuses et établira, après la victoire, la dictature du prolétariat. Lénine s'imposa comme le chef des Bolcheviks. En 1912, il fonda le journal Pravda, ce qui veut dire en langue russe la vérité. Pour Lénine, le devoir du prolétariat n'était pas de défendre une soi-disant patrie, mais de hâter la fin du capitalisme.

En 1917, lorsque Lénine avait 47 ans, le parti bolchevik n'était, aux yeux de la plupart, qu'un groupuscule extrémiste. Avec la complicité des Allemands,

Lénine rejoignit Saint-Pétersbourg, devenu Petrograd, où il prit catégoriquement position contre le gouvernement provisoire. En octobre, il lance le mot d'ordre « maintenant où jamais », qui décida de l'insurrection.

Elu président du Conseil des Commissaires du peuple, Lénine organisa le passage de la Russie au socialisme. En août 1918, il fut grièvement blessé dans un attentat, mais sa santé de fer lui permit de supporter ses blessures. Cependant, à la fin de 1922, il tomba gravement malade. Il entrevit les difficultés de sa succession. C'est alors que, paralysé, il dicta un certain nombre de notes, qu'on appellera son testament. Il mourut le 21 janvier 1924. Son corps embaumé est placé dans une châsse de cristal, exposée dans un mausolée dressée sur la Place Rouge à Moscou.»

Après cette parenthèse consacrée à Lénine, revenons à la fête ayant marqué la sortie de la 1ère promotion de l'IPC.

Au cours de la cérémonie, Tibou Tounkara, alors Secrétaire d'Etat à l'Education Nationale comme nous l'avons déjà rappelé, avait dit notamment : « Nous devons faire mention de ce que les opérations de soutenance de diplômes organisées et conduites avec toute la rigueur qui s'attache à notre détermination d'égaler et de dépasser les meilleurs, nous ont offert une première série d'études culturelles et scientifiques d'un niveau international indiscutable... »

Citons quelques-uns des domaines des titres de mémoires :

Ecole supérieure d'Administration
Sciences Sociales
Géologie – Mines
Génie – Civil
Science de la Nature : Science Physique
Sciences Mathématiques

Les résultats obtenus par les étudiants furent les suivants :

I – Faculté des Sciences de la nature et des Sciences Mathématiques

Option Mathématiques

1. Ibrahima Fofana (Mention honorable)
2. Sayon Oularé (Mention honorable)

Option physique

1. Charles Pascal Tolno (Mention honorable)
2. Félix Malado Diallo (Mention honorable)
3. Sékou Konaté (Mention honorable)

II – Faculté de Génie Civil

Option travaux publics

1. Boubacar Paraya Bah (Mention honorable)
2. Nouhou Bah (Sans mention)
3. Alpha Oumar Barry (Mention honorable)
4. Alpha Oumar Diallo (Mention honorable)
5. Saliou Donghol Diallo (Mention honorable)
6. Thierno Souleymane Diallo (Mention honorable)
7. Sékou Mansaré (Mention honorable)
8. Mohamed Lamine Koïta (Mention honorable)
9. Goa Benoît Touré (Mention honorable)

Option Bâtiment

1. Ansoumane Camara (Mention honorable)
2. Alphonse Dimifing Camara (Mention honorable)
3. Abou Soumah (Mention honorable)
4. Mory Touré (Mention honorable)
5. Goureyci Thiam (Mention honorable)

III – Faculté de Géologie Mines

Option Géologie

1. Sory Kourouma (Mention honorable)
2. Mamadou Baïlo Diallo (Mention honorable)
3. Hassimiou Diallo (Mention honorable)
4. Mamadou Diao Diallo (Mention honorable)
5. Sékou Touré (Mention très honorable)
6. Alkany Faciné Camara (Mention honorable)
7. Théodore Masandouno (Mention honorable)
8. Gnénéyi Doré (Mention honorable)
9. Mamadou Mansour Diallo (Mention honorable)
10. Maurice Cébo Gbilimi (Mention honorable)
11. Wouas Béavogui (Sans mention)

Option Mines

1. Ibrahima Bah (Mention remarquable)
2. Alpha Diakité (Mention remarquable)
3. Sayon Gueye (Mention honorable)
4. Pogba Sakou (Sans mention)
5. Aliou Sall (Mention honorable)
6. Damas Richard Wilkinson (Sans mention)

IV- Ecole Supérieure d'Administration

1. Alpha Ahmadou Bah (Mention honorable)
2. Thierno Aliou Bah (Mention honorable)
3. Oumar Diogo Baldé (Sans mention)
4. Ibrahima Sylla Barry (Mention honorable)
5. Alpha Mamadou Barry (Sans mention)
6. Thierno Nabika Diallo (Mention honorable)
7. Saïdou Diallo (Mention très honorable)
8. Guély Michel Kourouma (Sans mention)
9. Emmanuel Derrick Lenaud (Mention honorable)

Option Magistrature

1. Mamadou Lamine Fofana (Sans mention)
2. Nabi Moussa Soumah (Sans mention)

V – Faculté des Sciences Sociales

Option Linguistique

1. Abdoulaye Diallo (Mention très honorable)
2. Abdoul Sy Savané (Sans mention)
3. Ahmadou Thiam (Sans mention)

Option lettres

1. Lamine Kamara (Mention honorable)

Option Histoire

1. Galéma Guilavogui (Mention honorable)

Option Sociologie

1. Moussa Kourouma (Sans mention)

10. L'Ecole de la vie commence à Kindia

Aujourd'hui dans notre pays avoir un diplôme de fin d'études ne donne pas d'office un emploi. Il faut batailler fort pour y parvenir. Hier notamment avec la promotion Lénine on allait directement à l'emploi, dans un bureau, en classe ou sur un chantier selon la spécialité : administrateur, professeur, ingénieur...

Par la formule *l'Ecole de la vie* nous avons coutume de voir ce que l'homme apprend de la société elle-même lorsqu'il sert celle-ci, c'est-à-dire une fois sa formation scolaire, technique et universitaire terminée. Là-dessus je dois souligner que j'ai toujours été enseignant du point de vue de la profession.

Et, il me reste à souligner que lorsque, à l'IPC, certains amis et moi avions boudé les cours de propédeutique et que nous étions devenus des cuisiniers de circonstance comme nous l'avons déjà dit, j'avais en même temps opté pour enseigner au collège court de Coléah à Conakry comme « professeur » de plusieurs disciplines : physique, mathématiques et politique. A l'époque, donc 1962 –1963, cette dernière discipline était appelée dans notre pays cours d'idéologie.

Ce n'était pas pour longtemps mais c'était déjà un début dans ce métier d'honneur et de grandeur qu'est celui de l'enseignant et qu'il faut savoir apprécier et savourer malgré les servitudes et exigences qui s'y attachent. Malgré le fait qu'il ne rapporte pas de l'argent pour être riche, ce métier donne une forte réserve de relations de la vie, utiles un jour ou l'autre. Au collège de Coléah, le principal Abdoulaye Bangoura, instituteur chevronné, cadre plein de gentillesse et d'expérience, canalisait plusieurs jeunes esprits chauds de la capitale, élèves et enseignants. Cet homme de la craie était réellement doux. Je ne l'avais jamais vu perdre son sang froid. Toujours souriant, son contact était plein de grands enseignements. Il ne se pressait jamais, ce sur quoi son embonpoint lui allait pleinement. Et me viennent à l'idée les noms de certains de mes élèves en ce lieu comme Mounir Camara, aujourd'hui gouverneur de région à Labé, Pierre Bassamba Camara, son Directeur de Cabinet toujours à Labé, Fodé Bangoura, actuel Ministre Secrétaire Général de la Présidence,...

Après la sortie de la promotion Lénine, la première donc de notre université, j'avais d'abord été retenu dans notre faculté pour servir d'assistant et y enseigner auprès des professeurs titulaires les premiers éléments de physique et de chimie aux nouveaux venus. J'avais un réel plaisir à jouer ce rôle car essayer de communiquer le savoir aux générations plus jeunes était mon choix pour la vie. Là je travaillais avec des professeurs en majorité soviétiques que je connaissais déjà dans un milieu qui m'était habituel. A l'époque, lorsqu'on remplissait un tel rôle d'assistant on portait le prestigieux nom d'homologue réservé seulement aux plus brillants parmi les meilleurs.

J'étais donc fier d'abord parce que j'avançais vers la position des hommes dont j'ai toujours admiré les grandes connaissances et surtout dans l'art de les communiquer aux autres, ensuite on est toujours content d'être sur la liste des meilleurs.

Mais voilà qu'un de ces jours, Louis Béhanzin, encore lui, vint demander à notre faculté un enseignant pour concevoir un programme de mathématiques et de physique adapté à l'Ecole Nationale d'Agriculture de Kindia. Le choix fut porté sur moi. Aller travailler sur place à Kindia était une des grandes conditions et celle qui me fera beaucoup de difficultés, surtout parce que je préparais encore ma deuxième thèse en mathématiques à soutenir avec la deuxième promotion de l'IPC. Louis Béhanzin soutenait qu'il ne pouvait confier ce travail qu'à une personne qui ne pouvait pas échouer sur la mission. Je ne réussis donc pas à ramener la décision.

N'ayant pas le choix, j'avais dû rejoindre Kindia. L'école en question était dirigée par l'Ingénieur agronome Soumah Lamine, marié à une française et lui-même placé sous le contrôle hiérarchique de l'Institut de Recherches Fruitières de Foulayah dont Keita Seilia était le directeur général.

L'ingénieur Soumah après avoir occupé ensuite de grandes responsabilités au Ministère de l'Agriculture est aujourd'hui assistant manager à l'International Patnership for Human Development (IPHD).

Logé alors au quartier des ouvriers agricoles dans une petite maison abandonnée, il fallait y travailler fort pour rendre le lieu à peu près habitable en nettoyant dur et en passant des couches de peinture. Ma famille, mon épouse, mes deux premiers garçons Kotio et Kwamé, y sommes ainsi allés, cédant notre studio du célibatérium de Donka à Conakry à un autre enseignant, M. Dramé qui, non seulement y vit encore aujourd'hui, mais a acquis le rang supplémentaire et prestigieux d'imam de ce quartier.

Ma mission en ce Kindia, capitale guinéenne des fruits tropicaux, n'était pas de longue durée. Elle consistait seulement à proposer des programmes d'enseignement en mathématiques et en physique au département de l'éducation nationale alors toujours tenu par Tibou Tounkara. En ce moment Fodé Lamine Touré, qui deviendra plus tard un grand ami, était inspecteur d'Académie à Kindia pour la Guinée Maritime.

Mais travailler et vivre à Foulaya n'était pas une position banale à cette époque. En effet, c'était le lieu où le Président Sékou Touré venait passer plusieurs de ses Week-ends dans la luxueuse cité qui abritait hier les ingénieurs agronomes français du temps colonial, ceux-là qui animaient l'Institut de Recherches Fruitières. Parfois les moments de repos à Foulayah pour le Président étaient, pour nous fonctionnaires des environs, de réels temps de fête.

Chaque fois que le Grand Syli y venait, cela entraînait à Foulaya des dizaines de hauts cadres venus de tous les coins de notre pays. Qui pour expliquer un problème au Premier Guinéen. Qui pour répondre à des questions précises sur convocation. Qui encore pour introduire une demande de promotion dans quelque service juteux... Parfois même le parti au pouvoir, le PDG-RDA, y convoquait de grandes réunions nationales. L'on se rappelle celle, très célèbre, au cours de laquelle Jean Faraguet Tounkara, Bangali Camara et d'autres furent dégradés pour s'être opposés au Président au cours d'un Conseil National du Parti. La descente aux enfers avait ainsi commencé pour ces hommes convaincus de l'intérêt de leur engagement politique auprès du Syli. Elle devait se poursuivre jusqu'au Camp Boiro, donc à la mort pour certains et à la décadence physique et morale pour les autres.

J'avoue que là, je n'avais jamais parlé directement à Sékou Touré. Mais j'avais pris part à certains regroupements dans sa villa à l'occasion de ses séjours parmi nous. Je sais aussi que cela donnait à Keïta Seilia une dimension nationale qui lui servit jusqu'à sa mort presque accidentelle à Conakry, suite à une simple injection non désirée, par inadvertance. Il avait déjà été remplacé à la tête de l'institut par Becaye Camara et vivait à Conakry avec ses enfants, Kiki, sa sœur, et son épouse italienne, non loin de l'actuel Port Autonome de Conakry.

11. Labé

Une année passée à Foulaya, pas plus, au milieu des ouvriers, des experts étrangers Polonais et Bulgares, puis voici Labé, la capitale du Fouta Djallon où je devais rester de fin 1968 à 1971. Si de Kindia je continuais à revenir au moins deux fois par semaine à Conakry pour le suivi de la fin de ma deuxième thèse de maîtrise (préparation de mémoire, consultation chez des professeurs soviétiques,...) à Labé tout cela était fini. Je revenais dans la capitale au maximum une fois par mois, à mes frais.

Le stage était terminé. J'étais enseignant à temps plein. En m'éloignant de l'IPC pour la Guinée profonde, quelque chose me dérangeait car trop d'autres choses me liaient à cette grande école. J'y avais des relations variées auxquelles je tenais. Mais comme la vie ne peut aller que de cette façon, on rompt aujourd'hui pour se lier à du nouveau, il ne me restait plus qu'à jouer la dernière variante. Je le fis et ce fut tout aussi agréable, tout aussi utile. J'y retrouvai plusieurs personnes que je connaissais plus ou moins bien. Aliou 5 Diallo, alors inspecteur primaire à Labé, Tölo Béavogui, inspecteur d'Académie dans la même ville, Aboubacar Somparé, Maïmouna Baldé que j'avais rencontrée depuis 1959 et qui était déjà Mme Téliwel du nom du magistrat Ahmadou Teliwel Diallo, Coumbassa Saliou, Emile Cissé de Kalédou,, Saïdou Maléya Diallo,...

A Labé je n'avais pas fait seulement la connaissance de nombreuses personnes que je revois encore sur la scène privée et publique guinéenne, mais là, j'avais appris à être responsable au bon sens du terme. Donner des devoirs à faire et des instructions à suivre, puis veiller à leur exécution correcte dans le temps convenu, voilà autant de choses et de principes sur lesquels je crois avoir toujours tenu, peut-être trop fermement au point d'être taxé parfois par mes élèves d'exigeant ou de communicateur efficace, mais sévère, du message.

Cela n'a pas empêché mes collègues du secteur de l'éducation de me nommer au poste de deuxième responsable de notre syndicat de Labé. Le premier responsable étant Ahmadou Sow, homme très attaché aux postes électifs et que je retrouve encore dans un bureau politique préfectoral du parti de l'actuel pouvoir. Dans l'exercice de ma responsabilité, j'appris dans le syndicat à Labé que trop de personnes sont mues par le jeu des intérêts et qu'une promesse dans les élections ne vaut que par ce qu'on a obtenu sur table, c'est-à-dire ce qui est visible. Des gens, dans mes analyses, étaient dans une position, et ce n'était pas rare de les revoir dans d'autres paniers différents ; vraiment différents : des personnes pouvant être sérieuses et qui passent d'une vue à une autre, sans motif valable, sans gêne hélas !

Les années politiquement difficiles pour le pays de 1968, 1969, 1970 et 1971 m'avaient trouvé à Labé. Les deux premières correspondaient à la grande lutte pour l'indépendance des combattants du Parti Africain pour l'indépendance de la Guinée Bissau et du Cap Vert (PAIGC) ayant alors à sa tête Amilcar Cabral. A Labé on n'était pas loin du front des combats, et on pouvait capter des émissions portugaises sur les petits postes récepteurs en FM. Presque tous les matins... Plus dur à rappeler, on recevait à l'hôpital de nombreux blessés graves venus du front. Et j'avais plusieurs fois retrouvé des officiers guinéens dans cette situation. Certains étaient morts de leurs blessures. D'autres sont encore vivants mais fortement affectés et handicapés par ces événements. De tels moments sont des tournants difficiles de notre vie nationale.

J'aimerais bien savoir ce qu'est devenu le Commandant Kanté, que j'avais retrouvé sur la liste de ces blessés et qui fut un de nos officiers instructeurs à l'IPC en 1963, et je le revois encore parmi d'autres hommes de sa catégorie comme Bangoura Séni, que les soldats avaient pu surnommer Armée Gauche pour son infirmité à la main gauche et pour sa sévérité. Il fut assassiné peu après les événements des 2 et 3 février 1996, Baïlo Diallo, aujourd'hui général de brigade et chef d'Etat-major de l'Armée de terre, Sampil,...

Comme nous l'avons déjà dit, ces hommes avaient à leur tête, sous le titre officiel d'officier major, le lieutenant puis capitaine Abou Soumah, marié à une Française, lui aussi souvent cité dans les mécanismes de la Cinquième Colonne, expression par laquelle l'ancien régime désignait les opposants de l'intérieur du pays. Il avait vécu en permanence en exil après les années 60 pour ne revenir en Guinée qu'après la prise du pouvoir par l'armée le 3 avril 1984, et aussi (hélas !) pour mourir très peu après. Je suis sûr qu'il n'a fait qu'entendre parler de l'armée au pouvoir. Il n'a pas eu le temps de vivre ce changement parce que terrassé par une grave et fatale maladie, à l'hôpital Ignace Deen de Conakry. Je lui rendis visite sur son lit d'hôpital, trop tard pour cause d'information tardive, le jour même où il devait rendre l'âme. Il était déjà dans le coma. Je ne vois plus personne de sa joyeuse famille des années 60.

Je sais très bien qu'il était intelligent, à la fois ferme, vigilant, et doux ; presque généreux. Il voulait pour la Guinée des cadres jeunes, bien formés, aussi bien intellectuellement que militairement. Son long séjour en France lui avait donné la chance de voir comment une bonne école peut préparer les jeunes à assumer des responsabilités à divers niveaux dans leur pays. Il voulait reproduire cela à Conakry.

Le capitaine savait commander et enseigner l'art du commandement. Il ne recourait presque jamais aux arrêts de rigueur pour soigner une erreur, mais était toujours plus près de la souplesse responsable d'un homme qui repousse la sortie des flèches dont il dispose dans son sac. Par souplesse responsable nous pensons à la conduite de celui qui ne cherche pas à écraser ses commandés mais qui ne laisse rien passer aussi qui puisse gêner le groupe demain. Aussi bien pour l'homme que pour le pays. L'Officier major avait le sens de la dose dans la décision en vue de la prise d'une sanction équilibrée, positive ou négative.

Revenons au Fouta. Sur le plan social et personnel deux de mes six enfants sont nés à Labé : Faya M'Bawa dit Pouté, le 14 juin 1969, jour de la visite à Labé du brillant ministre algérien des affaires étrangères d'alors, champion de la lutte à l'ONU contre l'apartheid, aujourd'hui président de son pays : Abdel Aziz Bouteflika ; Mamie Sia, ma première fille, née le 1er mai 1971 aux moments forts de la brouille provoquée dans notre pays par l'agression du Portugal contre la Guinée le 22 novembre 1970 pour le soutien de celle-ci aux combattants du PAIGC.

Cet événement, on le sait avait déchiré profondément le tissu social et humain en Guinée. Le Portugal n'avait pas réussi à renverser Sékou Touré, car ceci était son objectif, mais le pouvoir guinéen avait eu l'occasion de frapper fort, très fort, tous les Guinéens déclarés mêlés à l'affaire. Nous avions vu des hommes hier célèbres pendus dans toutes les villes du pays. Des arrestations étaient nombreuses, le départ à l'exil renforcé. Le Camp Boiro était devenu le siège de la brutalité humaine et de la cruauté. La confusion était totale dans le pays. Chacun se méfiait du voisin et sans exception. Qui a vraiment fait quoi et qui fut innocent par rapport à ce qu'on avait dit contre lui ? Sur ces questions nous attendons les réponses de l'histoire vraie de la Guinée. A condition que la passion, d'un côte ou de l'autre, ne bloque pas la vérité.

Alors que Mamie était bébé, quatrième enfant de la famille et première fille, je fus nommé par décret présidentiel Directeur Régional de l'Education à Faranah. J'appris la nouvelle au centre culturel de la Kolima, alors que nous y fêtions la fin des cours de l'année scolaire. Tous mes amis et moi avions pris la nouvelle au grand sérieux quoique je ne voulais pas extérioriser mon plaisir d'entendre cela. J'étais presque froid. A un point tel qu'un ami vint menacer de me dénoncer si je n'arrêtais pas de bouder. En fait je ne boudais pas mais c'est là un trait de mon fragile caractère. Je sais me taire même quand je peux éclater de joie. En fait j'avais déjà vu travailler des gens à un poste semblable. Il y avait beaucoup de bonnes choses à voir et à faire, surtout qu'au temps du grand Syli il n'y avait pas de petite responsabilité. Tout était à prendre au sérieux.

Tout était important pour illustrer sa formule courante selon laquelle « il ne faut rien surestimer ni ne rien sous-estimer » et que tout dans la révolution était « exigence de rigueur, de précision et de vigilance... ». Maintenant j'allais voir, la main à la pâte, ce dont j'ai souvent parlé avec des intimes pour critiquer les autres chefs, notamment ceux de ce rang.

Ainsi, ce soir de juillet, avait commencé, à Labé, mon aventure au goût doux, parfois amer de la vie publique. J'avais vu déjà jusqu'à cette date, de grands professeurs, des inspecteurs d'enseignement, des recteurs et ministres du secteur. Si j'avais toujours admiré les premiers, je ne suis pas sûr de m'être jamais intéressé aux autres au point de les envier. Le premier exercice de mon jeu public sera donc à Faranah, ville située entre Mamou et Kissidougou sur la nationale.

12. Faranah

Ma petite famille (Namania, Kotio, Kwamé, Pouté, Mamie, Moussa) et moi sommes arrivés de Labé à Faranah à bord d'un vieux camion Zil, de marque russe, mis au transport en commun par un commerçant qui, pour l'époque, pouvait avoir été brillant. Notre famille, en quatre années passées à Faranah n'a pas grossi. Une seule naissance, un garçon : Fara Gaoussou qui, hélas ! n'a vécu que quatre années. Enterré au cimetière de Hamdalaye à Conakry, non loin du carrefour "le Prince", aujourd'hui, je ne passe jamais par ce lieu sans faire le signe de la croix, comme pour lui envoyer mes prières catholiques.

Le séjour à Faranah fut marqué par des faits qu'on ne peut oublier facilement même si on ne peut les relever tous. J'y ai rencontré des hommes de notre pays, non pas célèbres mais d'une certaine taille sociale : Amara Touré, Ali Ayoub beau frère du Docteur Roger Accar, Aguibou Sow, Ansoumane Magassouba, Keita Kerfala , Facinet Bangoura, Fassou René Loua... Bien entendu, et cette fois à distance, au cours de réceptions populaires, c'est là où j'ai vu pour la première fois Fidel Castro de Cuba, Yacubu Gowon du Nigeria, Félix Houphouët Boigny de Côte d'Ivoire et d'autres grands hommes de leur sorte, tous venus chacun à son tour, voir le lieu de naissance du Président Sékou Touré. Celui-ci, à chaque fois, les accompagnait à ce pèlerinage.

Amara Touré était ce demi-grand frère du Syli qui, sans avoir fait l'école française, avait marqué fortement l'ère Sékou Touré en Guinée du poids avec lequel il pesait sur les sentiments de son jeune frère, Président de la République. Il régnait en tout puissant sur Faranah.

On dit qu'il était au début tout opposé à Sékou pour l'entrée de celui-ci dans la vie politique ; peut-être craignait-il pour la vie de son bouillant jeune frère, étant donné que l'action politique de celui-ci s'opposait à la force et à l'omniprésence du colonialisme français de l'époque. La paix ne revint entre les deux Touré que lorsque le succès du combat de Sékou fut établi. Si on a souvent dit que celui-ci était rancunier, je ne vis aucune trace de cela vis-à-vis de son frère Amara. Il le respectait profondément ; à un point tel qu'il réalisait, les yeux presque fermés, les désirs de celui-ci. Comme dans notre pays les profiteurs ne sont pas rares, Faranah qui signifie la mère de Fara en langue maninka était devenu le point de rencontre de nombre de ceux qui avaient un problème à régler avec le Responsable Suprême de la Révolution ou qui souhaitaient accéder à une promotion.

Presque toujours cette piste marchait pour les gens. Amara Touré, homme calme de tempérament, belle allure physique, était accueillant, attentif, prêt à écouter ses hôtes à tout moment et à réagir comme il le jugeait possible. Les avantages divers qu'il tirait de sa position sociale étaient manifestes. A Faranah, pour arriver au plus grand profit de cela, les habitants avaient fait de lui Secrétaire Fédéral du PDG de la région, ce qui, géographiquement, correspondait à l'actuelle préfecture du même nom. Ainsi le pouvoir ferait tout pour la cité, sur simple demande. Ce qui fut le cas.

Là, on avait construit un des plus grands aéroports internationaux du pays après celui de Conakry. Une majestueuse cité du Niger y avait été faite. Elle pouvait héberger une vingtaine de chefs d'Etat. L'école normale des instituteurs de la place devint un institut supérieur qui prit le prestigieux nom d'"Institut Agro-zoo-technique Valery Giscard d'Estaing", du nom de ce Président de la République Française qui avait réagi favorablement à la demande de rétablissement des relations entre la France et la Guinée. Ceci était en effet un geste capital après la rupture de 1958 avec le référendum gaulliste et le tumultueux passé qui s'en suivit entre les deux pays. A partir de Mamou, la longue route qui passe par Dabola fut doublée depuis, de la ligne directe Mamou - Faranah, sur une belle route bitumée...

Le Président Sékou avait une presque égale attention pour ses autres proches, notamment pour ses deux sœurs : Ramata, mariée à Bagna, localité située à quelques dizaines de kilomètres de Faranah et Nounkoumba, mariée par Sékou Chérif. Plusieurs fois ministre dans les nombreux cabinets de son beau-frère à la tête de la Guinée, il fut très célèbre parmi les puissants du régime.

Des gestes caractéristiques de la détermination du Président Sékou Touré à refuser tout enrichissement personnel sont connus des Guinéens, surtout ceux de son époque. Citons-en trois.

- La villa Bellevue, actuelle résidence des hôtes de marques de notre pays est une propriété personnelle de Sékou Touré, volontairement donnée par lui au peuple de Guinée. La parcelle fut achetée de sa poche à El Hadj Fofana, avant l'indépendance, au moment où Sékou Touré était député à l'Assemblée Nationale Française. La villa initiale fut construite par l'ingénieur Solo Keïta avec de l'argent personnel de Sékou Touré remis à l'architecte. Mais celui-ci avait déclaré au Chef de l'Etat que pour la finition des travaux il avait dû y mettre des matériaux de construction pris au ministère de travaux publics parce que de très petite valeur, presque insignifiante. Il avait suffit de cela pour que le Président prit la décision d'abandonner toute la réalisation à l'Etat Guinéen tout simplement parce qu'il avait pour principe de ne pas s'approprier même un sou de l'argent public. Jusqu'à un passé récent El Hadj Fofana continuait à affirmer que les villas de Bellevue appartiennent à la famille Touré et qu'il se tenait près à témoigner, documents à l'appui.

- Lorsque pour des raisons de santé, Aminata Touré, fille du Président apprit au Roi Hassan II que pour ses séjours au Maroc, elle descendait dans son hôtel de Rabat, le Souverain décida d'offrir une superbe villa à Aminata, comme cadeau du Roi, ami de son père. Lorsque le Président apprit que cet édifice était plus luxueux que la résidence de notre ambassadeur à Rabat, c'était alors la Docteur Kékoura Camara, il demanda au chef de la mission diplomatique de quitter les lieux que la Guinée louait pour prendre possession du cadeau fait à Aminata. La villa devint du coup propriété de l'Etat guinéen et définitivement. Notre ambassadeur actuel y est encore, comme résidence, sans contre partie.

- Au cours d'une mission du Premier Ministre Louis Lansana Béavogui dans les pays arabes, le Roi Fahd d'Arabie Saoudite lui remit un chèque de 1.000.000 de dollars US en précisant avec insistance que c'était un cadeau personnel au Président guinéen Sékou Touré à lui remettre en mains propres. Après le compte-rendu public de la mission au Palais du Peuple au cours d'un Conseil National de la Révolution à la demande du Président, celui-ci ne respecta pas la consigne du Roi et fit verser le cadeau dans les caisses du trésor public pour contribuer à la réalisation de projets nationaux dont celui du Konkouré.

Des gestes de ce genre étaient courants et le Peuple en était le témoin privilégié.

L'expression de ce respect familial - une famille fort étendue alors - et la combinaison de l'action de tous ceux qui pouvaient en tirer intérêt, parfois sans mérite, avaient conduit à de nombreux excès. Aussi, vers la fin du régime, le pouvoir avait une teinte telle qu'on pensait souvent à raison, parfois à tort, que la famille menait tout. Ceux qui montaient des arrangements allant vers ces abus n'avaient jamais réalisé que confondre famille et chose publique est un amalgame de nature à tout bloquer dans la gestion des affaires qui concernent tout le monde. Peu de gens veillent malheureusement à cela, aujourd'hui encore, et les conséquences sont dramatiques. Des personnes qui ne savent rien faire s'arrangent pour être aux postes les plus importants. Et comme par nature ces gens ne savent rien faire, tout se gâte et l'Etat perd. En plus, de telles personnes se moquent éperdument de ce que, dans le pays, les choses marchent ou pas. L'essentiel pour elle est que l'intérêt immédiat soit réglé au gré du laisser aller instauré en fin de compte !

Autre chose que le passage à Faranah m'a permis de retenir, Sékou Touré a peut-être géré les finances publiques de la Guinée avec une indépendance d'action qui n'était pas toujours défendable. Ceci était manifeste et le Président lui, expliquait cela par le fait que la République était dans un état d'alerte permanent qui imposait mille urgences en des temps très petits. Est-ce une explication suffisante ? L'histoire, là-dessus, donnera des éclaircissements par rapport au contexte. Ce qui était sûr par contre c'est que le Chef de l'Etat ne s'était pas constitué une fortune personnelle exceptionnelle comme il aurait pu le faire, sans obstacle, au profit de sa famille, sous forme de grandes propriétés immobilières ou sous forme de comptes en banque, particulièrement fournis.

Le Français Edgar Pisani affirme : ''Nul à ma connaissance n'a jamais parlé de la fortune accumulée par Sékou Touré qui, pendant un quart de siècle, soumit la Guinée à la loi d'airain...''. Et j'ajoute, sauf ceux qui, après sa mort, ont voulu mentir sans gêne pour jouer au théâtre en faisant circuler des chiffres fantaisistes. De cette manœuvre le Comité Militaire de Redressement National, CMRN, n'en avait pas besoin pour consolider ses positions. Tout était déjà cuit pour l'ancien système.

Après la disparition du Président Sékou Touré certains manipulateurs de très mauvais aloi avaient en effet monté un faux papier dans lequel ils alignèrent des biens personnels de Sékou, en dehors de toutes proportions raisonnables. Des milliards de dollars partout, des usines, des immeubles,... Ceci était tellement inexact que certains auteurs de ces dangereux mensonges n'hésitent pas aujourd'hui à avouer leur triste et honteux calcul. Ils voulaient venir dans les grâces des nouveaux chefs. Il y en a parmi eux qui ont réussi leur coup. D'autres pas du tout.

Alors qu'il était à la tête de la Première République j'avais vu à Faranah des ministres des travaux publics qui voulaient lui construire des maisons dans sa ville natale. Sékou, et les preuves existent, a proprement décliné ces propositions en ajoutant que c'était là une façon de permettre à certains de détourner de l'argent public à leurs profits si le Président l'acceptait.

Lorsqu'on regarde aujourd'hui sa concession familiale à Faranah on constate que là-bas les gens sont loin de vivre dans l'opulence. On y trime comme le commun des Guinéens. Entre cette option et ce que font d'autres en Afrique pour leurs proches et pour leurs familles il y a une différence aussi grande qu'un océan. J'ai vu par exemple Yamoussoukro. Ce n'est pas une plaisanterie et ce n'est pas pareil. J'ai vu le village natal de plusieurs de nos chefs d'Etat africains, c'est différent.

La volonté sans calcul du Président de faire ce que voulait son frère Amara avait conduit la jeunesse du PDG de la localité à s'opposer violemment sur la question du responsable à mettre à sa tête. Il fallait choisir entre un certain Sékou Chérifkè de la famille des Touré et un autre du nom de Wanda Oularé du quartier Tonkolonko. Les partisans du second étaient si nombreux, surtout des enseignants, des élèves du primaire, du secondaire et du professionnel, qu'ils avaient poussé la passion jusqu'à écrire partout que "tout" en ce monde appartenait à Wanda. Ils avaient écrit partout le mot "Wanda" qui signifie en langue kissi le peuple.

Cette affaire avait véritablement chauffé. Plusieurs hauts cadres envoyés par Sékou Touré de Conakry n'avaient pas réussi à régler le conflit. Le Général Lansana Diané, lui aussi de Faranah, à la tête d'une forte délégation n'avait rien pu. Le Premier Ministre Lansana Louis Béavogui à la tête d'une plus importante délégation avait échoué de façon aussi retentissante. Le Président, pour une fois, fut obligé de désavouer son frère Amara et d'accepter le départ de ce dernier de la tête du bureau fédéral de Faranah car il tenait au moins populaire des deux jeunes candidats.

Le bureau fédéral fut alors dirigé par un ancien militaire du temps colonial et de l'ethnie Dialonké majoritaire dans la région, suivie par les Mandingues, ethnie de Wanda et ensuite par les Kissi (Kobikoro et Bania) en dimension beaucoup plus réduite. Wanda fut élu finalement. Mais cet arrangement ne fut pas de longue durée. Amara reprit peu après la direction du bureau fédéral tout en gardant Wanda comme Secrétaire Général de la JRDA de la ville. Sékou Chérifké perdit une fois pour toutes. Aujourd'hui Wanda est Maire de la commune urbaine de Faranah.

Il me vient à la mémoire que lorsque pour l'unique fois où Sékou désavoua et sortit son autre demi-frère Ismaël Touré du gouvernement celui-ci vint se réfugier à Faranah et Amara réussit à arranger le différend.

Qu'est-ce qui s'était-il passé alors avec Ismaël ? Au cours d'un conseil des ministres, le Premier ministre Louis Lansana Béavogui dont la grande amitié avec le Président gênait Ismaël, présenta au conseil un projet proche d'un autre que, plusieurs mois avant, Ismaël avait soumis à son frère, à deux, mais sans succès. Ce que le Premier ministre ne savait pas. Malheureusement, le conseil accepta la proposition de ce dernier. Il avait suffit de cela pour que le ministre Touré, furieux, dérangea tout. Il s'était mis en effet à hurler sans tenir compte du lieu, de conseil des ministres, ou du rang de son frère, Chef de l'Etat, sur lequel il criait sans retenue. Avec cette scène, le Président fut obligé de lever la séance. Pour étouffer les effets de l'incident, les membres présent du bureau politique du Parti-Etat se retrouvèrent séance tenant pour aller voir le responsable suprême de la révolution pour présenter les excuses. Mais Ismaël après avoir tout gâté n'attendis pas cette réunion et reprit le chemin de son bureau. Là, il rédigea sa démission qu'il soumit directement au ministre du travail Mamoudou Sy. Celui-ci trouva la démarche inappropriée et alla voir le Président pour exprimer son embarras. Entre temps, la radio avait déjà diffusé un décret qui démettait le ministre Ismaël de toutes ses charges publiques et l'excluait du Bureau Politique National et du parti Etat. La situation était donc sérieuse.

Lorsque sous la pression de la famille, surtout de son frère Amara, Sékou accepta le principe du retour d'Ismaël aux affaires, celui-ci reprit le travail mais le Président ne prit pas le décret qui devait annuler le premier. Ismaël resta donc ministre dans l'irrégularité jusqu'à la fin du règne de Sékou Touré. Cette version des faits fut développée à Amara Touré à Faranah de vive voix par le Général Lansana Diané envoyé de Conakry par le Président vers la famille. Nous étions trois cadres en service dans la localité (Sékou Tounkara, juge de paix, Amara Bangoura responsable du bureau des douanes à Faranah et moi) choisis par le fédéral pour suivre le récit. Pendant son séjour à Faranah à l'occasion de cette brouille, Ismaël passait son temps à la villa Syli, jouant au damier ou à la belote. Il écoutait sans arrêt les chanteurs traditionnels mandingues.

Côté professionnel encore, j'avais pu rencontrer à Faranah deux pédagogues chevronnés, qui furent tous deux, l'un après l'autre, Directeur de l'ancienne Ecole Nationale des Instituteurs de Faranah au moment où j'y étais Directeur Régional de l'Education. Je voudrais me souviens ainsi des doyens Kerfala Keita et Magassouba Ansoumane. Deux cadres ayant formé de nombreux Guinéens et qui ne sont plus de ce monde malheureusement. Il y avait aussi mon vieil ami Samoura Salélaye, doux, généreux et intelligent, patriarche d'une très grande famille.

Tous trois connaissaient les hommes et avaient des expériences réellement étendues dans l'enseignement et de la vie, notamment dans notre métier de formateurs des jeunes esprits. Leur proximité seule suffisait pour être au courant de beaucoup de choses qui peuvent passer inaperçues mais qui sont importantes. J'appris à leur contact comment, avec un minimum d'humilité, on peut éviter de nombreuses fautes ou erreurs à la seule condition d'accepter de se tenir à la place que Dieu vous a faite au moment de l'appréciation des faits. Aux rares moments où j'avais pu les voir ensemble, j'avais eu l'avantage non moins rare de comprendre comment des expériences qui se valent peuvent coopérer et animer la vie. Pour m'avoir aidé et m'avoir appris beaucoup de choses je les aimais tous. Aujourd'hui encore, par amitié pour eux, je recherche le contact de leurs enfants et petits-enfants. Mais ce n'est pas facile.

13. Kankan

Peu avant de quitter Faranah, Zoumanigui Kozo me remplaça à la tête de la direction de l'éducation de cette ville. Sous la deuxième République mon remplaçant fut successivement Ambassadeur de Guinée au Ghana, ministre des Affaires Etrangères, ministre de l'Education Nationale et enfin ministre du Tourisme. Ainsi celui-là que j'avais laissé en poste de professeur de collège à Labé vint me rejoindre d'abord en qualité de proviseur du Lycée Gamal Abdel Nasser de Faranah. Après quelques mois seulement il fut donc nommé à ma place comme Directeur Régional de l'Education. Pour ma part je fus muté dans les mêmes fonctions à Kankan sur le même décret.

Il est utile de rappeler aussi ce que fut Kozo sous la première République. En effet, sous le régime du PDG, on attachait la succession rapide des promotions de ce métis de père Toma et de mère Malinké à l'origine de son épouse de formation policière et surtout sœur du célèbre patron du Camp Boiro, le Commandant Siaka Touré, alors ministre des Transports. Comme quoi, le facteur qui, hier, faisait les hommes aux grands postes publics avait joué aussi, c'est-à-dire les relations de familles qui avaient fortement caractérisé le régime du PDG.

A Kankan où je vins donc à la directeur régionale de l'Education, je remplacais à ce poste M. Sidi Diarra.

Cet enseignant de grande expérience fut un de mes professeurs de mathématiques au cours normal de Macenta, comme je l'ai déjà souligné plus haut. A mon arrivé à Kankan j'eus l'impression qu'il n'était pas préparé à cette mutation. Je voyais cela dans ses va-et-vient, dans ses phrases qui commençaient sans jamais finir. Bref, ayant connu l'homme à Macenta et beaucoup plus tard à Conakry, je savais qu'il était, d'habitude, chaud dans l'action, grand admirateur de Marx, d'Engels, de Lénine et des programmes ouvriers du communisme pur et dur. Il parlait peu de Mao Tsé-Toung et semblait vouloir dire que le modèle chinois du communisme ne l'enchantait pas autant que celui de Marx et de Lénine. En somme, pris dans son parler et dans ses habitudes que je croyais connaître, une simple mutation qui ne faisait pas ressortir de fautes spéciales n'avait aucune raison de l'ébranler aussi fortement. Le communiste s'y attend toujours. Or il était mécontent. Peut-être au delà de ce qu'il fallait.

Je décidai alors de l'accompagner au maximum, en ne le bousculant pas pour une passation de services que je souhaitais amicale et professionnelle. Afin de l'aider effectivement je lui déclarai qu'il pouvait prendre tout son temps. Ce qu'il fit. Et je reçus les services quand il fut prêt. Rien ne lui fut imposé dans le processus. Tout finit bien entre nous, et il prit la route de son nouveau travail sans encombre. C'était Conakry.

Mon passage à Kankan ne fut pas de longue durée. Une année et c'était tout. Mais l'expérience fut riche et valable. Sur le plan humain ma deuxième fille, homonyme à la fois de ma grand mère paternelle Samou et de mon épouse Mabinty, dite Tata, naquit le 27 janvier 1974 à l'hôpital de Kankan. La même année mon unique enfant avec Mabinty Haïdara, Aboubacar Bilimoto dit Gérard naquit à Conakry, presque au même moment que Tata. Il ne vécut que quelques mois, hélas ! mort à l'hôpital Ignace Deen des suites d'une surdose d'atropine alors qu'il souffrait de rougeole. Le nom Gérard lui fut donné par son demi-frère Kotio qui fut seul à l'utiliser. Sa mère et moi fûmes certainement les seuls à avoir entendu ce nom de la bouche de Kotio, à l'Hôpital Ignace Deen où Gérard devait rendre l'âme.

Sur le plan du contact, à Kankan, j'avais vu et approché le professeur Bâ Mamadou, alors Administrateur Général de l'Institut Polytechnique Julius Nyerere de Kankan. Puis Balagnan Guilavogui qui dirigeait la briqueterie de Kankan, des Chinois, des enseignants et des enseignants encore. Je rencontrai aussi et notamment le Docteur Diakité, alors Directeur de l'hôpital de Kankan et qui prit sur lui, gratuitement, de s'occuper des problèmes de santé de ma famille. C'était un grand homme qui, avec nous, ne vécut pas longtemps. Je fus affecté par sa disparition et ce sentiment me revient chaque fois que je vois à l'agence Air France de Conakry un de ses enfants, Cheick qui y travaille actuellement.

L'expérience à Kankan aurait pu être belle. Mais elle fut trop courte. Après seulement une année je fus ramené à Conakry, d'abord pour une pause, puis pour être nommé directeur de l'Ecole Pratique d'Administration. Tout le jeu était dans les analyses et dans les mains du ministre Mamadi Keita alors chargé du Domaine de l'Education. Enseignement supérieur, Enseignement

Technique et professionnel, Enseignement Pré-Universitaire et Alphabétisation étaient alors respectivement tenus par Dr Sikhé Camara, Mouctar Diallo et Galéma Guilavogui.

Je n'étais vraiment pas préparé à quitter Kankan aussi vite que ce qui arriva ! Pour y avoir étudié brièvement au Cours Normal à la fin des années 50 et pour y avoir fait rapidement de nouveaux amis dont la compagnie m'était des plus agréables, la capitale de la Haute Guinée me plaisait encore. Souaré Kerfalla, aujourd'hui colonel de l'armée guinéenne était plus qu'un promotionnaire du cours normal de Kindia mais plutôt un frère. A cette époque il construisait, à la tête d'une équipe d'ingénieurs Cubains, le tronçon routier Kissidougou – Kankan.

Puis il y eut de nombreux experts Roumains, Russes, et en petit nombre mais tout de même des Français et Allemands...que je rencontrais souvent.

14. Conakry

Arrivé à Conakry je n'étais pas pressé de reprendre un poste de responsable dans mon métier d'enseignant. Ce sentiment n'était pas celui de ma famille dont certains éléments voyaient mal notre retour précipité à Conakry. Ils prirent des contacts et cela me permit de savoir que rien en fait ne m'était reproché dans mon travail. On voulait ma place de Kankan pour quelqu'un d'autre, probablement pour des raisons de sentiments familiaux dont je ne bénéficiais pas.

Je compris par la même occasion que quelque chose d'autre se préparait pour moi. Pas une route de vraiment spectaculaire mais tout de même une responsabilité nouvelle dont il me revenait de construire les dimensions, l'intérêt et la portée nationale. Je fus en effet nommé directeur de l'Ecole Nationale d'Administration, parfois appelée Ecole Pratique d'Administration. Elle était à créer, sur initiative de Diallo Telli alors ministre de la Justice et avait pour mission dans un premier temps de former des cadres moyens dans des domaines variés des secteurs de la justice, notamment des greffiers, donc à la demande spécifique de Diallo Telli, mais aussi des contrôleurs du travail à la demande également nette du ministre du Travail Abdoulaye Diallo Ghana, des cadres moyens aux Finances et à l'Administration Générale à la demande des ministres Keira Karim du Département de l'Intérieur, parrain de l'Ecole, et Mamoudou Touré des Finances.

Les débuts furent difficiles, presque pénibles ; peu de temps après il y eut un grand mouvement à l'université guinéenne, la création des facultés de premier degré et celle de deuxième degré. Je vécus les débuts difficiles de cet établissement avec des cadres laborieux et patients comme Louis M'Bemba Soumah, Mamadou Camara, Bah Mamadou Saliout dit Prosper et de jeunes stagiaires dynamiques et intelligents comme Sam Mamady Soumah, Cheick Camara, Eugène Camara, Makanera…

Les facultés de deuxième degré restèrent à l'IPGAN et à Kankan, universités mères ; les premières furent reparties sur presque toute l'étendue du territoire avec une priorité absolue donnée aux facultés de premier degré en agronomie et en zootechnie. On y recrutait au niveau du baccalauréat complet et pour les trois premières années de l'université.

Presque toutes les régions administratives, correspondant aux préfectures d'aujourd'hui, en furent dotées. A Boké, Conakry (Donka), il y avait respectivement des facultés de premier degré en Mines, Sciences Sociales, Sciences administratives et juridiques. Cette dernière faculté fut jointe à l'Ecole Pratique d'Administration. Donc je devins Doyen de la Faculté des Sciences Administratives de Donka (FSAD) qui, progressivement, remplaça l'Ecole Pratique.

La FSAD devint célèbre car ayant pour mission de former les cadres qui eurent plus tard en charge la gestion de l'administration, de l'économie et du secteur de la justice. Les demandes pour y aller étaient très nombreuses et notamment tous les enfants des grandes familles de l'époque ne voyaient que cette Ecole Supérieure. Cela faisait des jaloux au niveau de ceux qui seraient agronomes ou enseignants pour le futur. Aujourd'hui presque tous les hommes de premier plan de ces secteurs furent nos étudiants. Comment ne pas en être fier et flatté ? Une autre faculté qui avait une réputation similaire même si elle était moins célèbre était la Faculté de Belle-vue qui formait alors des comptables et des secrétaires de direction sous la direction de Madame Soba Keïra.

Au poste de Donka je n'avais pas que des amis en haut lieu ; aussi je fus muté sans explication comme doyen à la Faculté d'électronique au second degré à l'Institut Polytechnique de Conakry. Ce ne fut que pour quelques jours. Je revins à mon poste de doyen des Sciences Administratives et juridiques de Donka sur instructions du Président Sékou Touré. Cela n'était pas pour plaire à certaines personnes bien placées. Mais c'était tout ce que je souhaitais.

Finalement la FSAD fut supprimée et ses derniers étudiants envoyés en 1983 à Belle-vue sous la direction de Ibrahima Chérif, un beau-frère au grand Syli qui avait remplacé Madame Soba Keïra. Quant à moi je repris l'enseignement à ma faculté de départ, celle des sciences exactes en deuxième degré à l'IPGAN. Peu de temps après survint la mort du Président Ahmed Sékou Touré qui promettait de redresser ce qu'il réalisait, comme moi, que c'était un tort et un abus injustifiés.

La mort du père de la Nation Guinéenne coïncida avec la publication de mon premier ouvrage de mille pages en deux volumes intitulé « Afrique du Sud, le Rendez-vous de la violence ». Par les soins de son dernier secrétaire général à la Présidence El Hadj Salifou Touré, le Président avait pu voir et feuilleter une copie dactylographiée de ce livre avant de l'envoyer à travers son secrétaire du bureau de Presse Dorank Assifat Diaséni, actuel ministre à la défense, à l'Imprimerie Nationale Patrice Lumumba pour édition. Ce qui fut fait.

En ce moment la lutte contre l'odieux régime d'apartheid mobilisait de nombreuses énergies intellectuelles d'Afrique et du monde. La deuxième République de Guinée qui succéda à la première, celle des indépendances comprit elle aussi l'intérêt de ce livre. J'en offris des copies en reliure de luxe aux Ministres en charge des Affaires Etrangères, de l'Education Nationale, de la Culture, et même au Président de la République Lansana Conté et au Premier ministre Diara Traoré. Dans le milieu des intellectuels l'intérêt était tout aussi manifeste. La demande des exemplaires du livre était forte. Ceci fit porter le regard vers moi, pour créer une Association guinéenne des écrivains. Ce à quoi je me consacrai pleinement.

L'intérêt porté par ce distingué monde à l'ouvrage qui n'était qu'un coup d'essai découlait du contexte lui-même. Au moment où son manuscrit était en élaboration le racisme tristement spécial qui a pour nom l'apartheid faisait couler alors beaucoup d'encre et de salive, tant le monde entier en était choqué et indigné. En Afrique du sud l'homme noir était alors traité d'une manière barbare et sauvage par son compatriote blanc, juste pour des raisons économiques soigneusement cachées à l'aide de théories inacceptables.

Le plus grave était que des puissances industrielles majeures soutenaient ce type de discrimination raciale que le reste de la communauté internationale dénonçait et condamnait. Cela assurait à ce racisme singulier une longévité exceptionnelle. L'organisation des Nations Unies prenait des positions fermes contre l'apartheid. Mais, parce que le système était soutenu par de grandes puissances, ces résolutions jamais appliquées n'allaient pas vers le rejet de ce régime fait de mensonge, de terreur, de dérives soutenant toutes de toutes les formes de l'indignité. Mais depuis toujours, des hommes et femmes de tous les pays avaient pris position contre ce qui se passait en Afrique du Sud. Ils étaient nombreux, notamment des intellectuels de renom, mais aussi des personnes de toutes les catégories sociales.

En Afrique du Sud même la protestation était vive, même au niveau des Blancs attachés aux valeurs de dignité humaine. Chez les Noirs des combattants de la liberté s'organisèrent très tôt pour créer plus tard l'African National Congrès (ANC) et le Pan Africanist Congrès of Azania (PAC). Ils recevaient diverses formes de soutiens d'individus isolés ou de nations. Leur cause était devenue la cause du monde. La Guinée prit une part décisive dans le combat contre l'apartheid.

Je m'inscrivais dans la catégorie des soutiens individuels et décidai de réfléchir sur le sujet, de chercher et d'écrire le livre « Afrique du Sud, le rendez-vous de la violence ». C'était le résultat d'un travail qui prit sept années avec souvent de difficiles traductions de l'afrikaans (langue de certains blancs de là-bas) au français.

15. L'Association des Ecrivains de Guinée (AEG)

« Le développement culturel d'un pays ne se décrète pas. L'Etat doit s'efforcer de créer les conditions d'épanouissement de la création et d'accès à la culture sous toutes les formes »

Lionel Jospin.

Dans la deuxième quinzaine de juin 1985, l'idée de créer une organisation guinéenne des écrivains se précisa. Le 24 octobre 1985, cette structure culturelle fut créée sous le nom d'Association des Ecrivains de Guinée (AEG). L'évènement eut lieu à la faculté des Lettres et Sciences Humaines de l'Université Gamal Abdel Nasser de Conakry. Jacob Tolno en était alors le doyen.

Le groupe qui s'était constitué en congrès ne fut pas très grand. Mais ses éléments furent ou sont de grands intellectuels. Diplomates, officiers supérieurs de l'armée, journalistes et surtout des enseignants et ingénieurs étaient du groupe.

Pour un début c'était suffisant. Alors on pouvait espérer et continuer l'œuvre entreprise dans ce domaine de la culture que, dans notre pays, beaucoup n'apprécient jusqu'à présent pas encore à sa juste valeur.

Le bureau élu ce 24 octobre 1985 était composé ainsi :

1- Président : Charles – Pascal Tolno, professeur
2- Vice-Président : Commandant Camara Kaba 41, officier
3- supérieur
4- Secrétaire Général : Ibrahima Kalil Diaré, journaliste
5- Secrétaire aux relations extérieures : Roger Goto Zomou, journaliste
6- Secrétaire chargé de l'organisation et des affaires sociales : Ibrahima Cissé, journaliste
7- Trésorier : Ekwala Robert alias Traoré, journaliste
8- 1er Secrétaire à la Documentation et à l'Information : Salif Keita, journaliste
9- 2ème Secrétaire à la Documentation et à l'Information : Walaoulou Bilivogui, professeur
10- 1er Secrétaire Permanent : Mandian Konaté, professeur
11- 2ème Secrétaire Permanent : Jacob Tolno, professeur.

Les attributions de ses membres furent définies dans un document annexé aux statuts tenant lieu de règlement intérieur.

Des réunions hebdomadaires furent programmées qui, dans un premier temps, se tenaient au bureau du chef de Bataillon Camara Kaba 41, Directeur Général de l'Office National du Cinéma de Guinée (ONACIG) et donc Vice-Président du Bureau. C'était au « cinéma 8 novembre », devenu depuis peu « cinéma Liberté » avec la 2ème République. Plus tard elles se tinrent sous les manguiers à Donka, à l'entrée de mon domicile d'enseignant au Bloc des professeurs ; ces rencontres étaient élargies à tous ceux qui s'intéressaient à l'affaire, voulaient en savoir plus pour y adhérer ou simplement pour sympathiser avec l'initiative.

Parce que l'AEG était une nouvelle création il fallait de l'imagination, des initiatives, de la patience et peut-être même une sorte de courage pour tenir. Parfois en effet on avait l'impression que les initiateurs de cette entreprise parlaient dans le vide. Peu de gens comprenaient de quoi nous parlions et surtout, selon certains, pourquoi créer de nouveaux soucis à des Guinéens qui en avaient déjà pas mal. Quant à nous-mêmes, nous voyions un projet plein de promesses et d'intérêt pour la diffusion des talents littéraires et artistiques guinéens mais aussi pour les valeurs de nos cultures marginalisées hier à dessein par le régime colonial.

Mais dans le contexte actuel et malgré la domination étrangère du passé, aujourd'hui encore il faut s'engager à faire occuper à notre continent sa place dans l'ensemble des nations responsables, c'est-à-dire dans le cercle des communautés décidées à occuper au soleil leur place de façon souveraine, dans le respect des autres forces nouvelles, avec leurs choix de l'esprit : politiques, économiques, sociaux. Autrement dit, il faut tenir jalousement sur notre vision de la vie et du monde tout en ne méprisant pas le point de vue des hommes différents des Africains sur certains aspects comme la culture.

Dans le journal gouvernemental Horaya, N° 227 du samedi 2 novembre 1985, la nouvelle de la création de l'AEG fut annoncée et saluée par la presse.

L'association fut agréée en effet par arrêté N°5755 /MID/CAB/86, texte pris par le ministère de l'Intérieur et de la Décentralisation le 25 septembre 1986. C'était sous la plume du Commandant Alpha Oumar Barou Diallo alors chef de ce département.

Très rapidement, le nouveau Bureau Exécutif de l'AEG se mit au travail pour élaborer un règlement intérieur, concevoir un programme d'activités et les méthodes concrètes de leur réalisation. Il s'agissait en somme de :

1- Promouvoir et stimuler la production littéraire et artistique dans notre pays
2- Défendre la liberté de création et protéger les œuvres produites
3- Etablir des contacts avec les organisations similaires en Afrique et dans le reste du monde
4- Contribuer au mieux au rapprochement et à la collaboration entre les hommes de culture notamment ceux de la plume.
5- Prendre sans délai toutes les dispositions qui s'imposent pour faciliter l'accès à l'édition et à la diffusion de toutes les œuvres guinéennes qui le méritent (contact avec les éditeurs, avec les bailleurs de fonds, avec les chaînes de distribution...)

Mais tout cela reposait sur la définition, à notre sens, de la notion d'écrivain. Celle-ci devait tenir compte de plusieurs facteurs et être aussi souple que possible.

Selon l'assemblée constitutive de l'AEG tenue le 24 octobre 1985, est écrivain :

1. Toute personne qui remplit les conditions classiques de la production d'une œuvre littéraire, scientifique ou esthétique de valeur établie ;

2. Toute personne ayant publié dans un journal ou une revue connue un ou des articles de valeur au sens scientifique ou de l'œuvre d'art ;
3. Toute personne ayant réalisé des productions orales solides dans le sens de la diffusion de nos messages culturels.

Au départ, le nombre de membres de l'AEG était petit. Il avait donc fallu expliquer de quoi il s'agissait aux uns et aux autres dans plusieurs milieux pour faire comprendre ce que nous voulions. Ainsi, à partir d'une quinzaine d'écrivains en 1985, on arriva à plus de 120 adhérents en 1990.

Justement, pour intéresser notre peuple aux préoccupations de l'AEG nous avions entrepris de porter notre message à l'intérieur de la Guinée par l'organisation de manifestations artistiques et littéraires dans les régions et préfectures. La plus célèbre de ces activités eut lieu à Labé le 8 mars 1986. Elle connut une forte participation de toutes les représentations diplomatiques évoluant en Guinée notamment celle de la France, de l'URSS, des USA, du Japon, de l'Allemagne Fédérale, de la Chine, de la Corée du Nord, de la Côte d'Ivoire, du Nigéria...

Notre bureau exécutif avait initié aussi des clubs littéraires dans les universités et grands lycées, dans toutes les préfectures et certaines sous-préfectures. Le club Hampaté Bâ de Labé était un modèle dans ce genre nouveau qui devint rapidement important pour tout le pays. Puis des concours littéraires fructueux furent ouverts qui stimulèrent largement l'action des jeunes talents.

En mai 1987 l'AEG prit une part active à la tenue du symposium littéraire anti-apartheid de Brazzaville. En janvier 1988, « Lettres Guinéennes », revue de l'association vit le jour par la parution de son premier numéro. L'intense coopération entretenue avec les pays étrangers avait ouvert plusieurs portes à nos membres. Toutes les ambassades des pays amis à Conakry s'intéressaient désormais à ce que nous souhaitions et à ce que nous faisions. Plusieurs missions de l'AEG furent effectuées à l'extérieur (Yougoslavie, URSS, Corée du Nord, République Fédérale d'Allemagne, Côte d'Ivoire, Burkina Faso, Sénégal, Ghana, Congo Brazzaville,...)

Du 23 au 24 novembre 1988, sous la présidence de M. Sékou Kaba, chef de cabinet du Secrétariat d'Etat à la Décentralisation, se tint le 2è Congrès de l'AEG qui donna le nouveau Bureau Exécutif suivant :
1. Président : Charles - Pascal Tolno
2. 1er vice-président : chef de Bataillon Camara Kaba 41
3. 2ème vice-président : El Hadj Ibrahima Cissé

4. Secrétaire Général : Mamadou Dian Pouthioun Diallo, professeur
5. 1ère Secrétaire à l'Organisation : Hadja Maïmouna Baldé, professeur
6. 2ème Secrétaire à l'Organisation : Mohamed Salif Keïta
7. 1er Secrétaire aux Relations Extérieures : Sékou Oumar Camara, magistrat
8. 2ème Secrétaire aux Relations Extérieures : chef de Bataillon Mamadou Traoré, Douanes
9. Trésorière : Mme Yvonne Condé, professeur
10. 1er Secrétaire Permanent : Ekwala Robert alias Traoré, journaliste
11. 2ème Secrétaire Permanent : Malick Soumah, professeur
12. 1er Secrétaire à la Formation, Edition et Droit d'auteur : El Hadj Fodé Lamine Touré, professeur
13. 2ème Secrétaire à la Formation, Editions et Droit d'auteur : Williams Sassine, professeur
14. 1er Secrétaire aux Affaires Sociales : Lieutenant Moustapha Barry, Armée guinéenne
15. 2ème Secrétaire aux Affaires Sociales : Mme Koumanthio Diallo, ingénieur
16. Secrétaire à l'Information et Documentation : Walaoulou Bilivogui
17. Secrétaire Chargé des clubs littéraires : Malick Kouyaté, professeur

La brillante route de l'AEG ne faisait pas que des admirateurs. Plusieurs cadres guinéens de haut rang lui avaient voulu du mal et lui créèrent des problèmes.

Après le symposium anti-apartheid et même déjà pendant la tenue de cette grande rencontre l'AEG fut infiltrée et minée. Des figures aussi sombres que maléfiques, jamais vues dans nos activités lorsqu'il fallait construire, apparurent pour détruire. Elles furent armées et manipulées contre nos efforts positifs. Ainsi les écrivains guinéens furent divisés et dressés les uns contre d'autres. Il en résulta des affrontements verbaux intenses aux conséquences difficiles. Le gouvernement, sur instructions du Président de la République dut trancher entre une certaine Union Nationale des Ecrivains de Guinée (UNEG) porteuse de discorde et de confusion et l'AEG qu'on voulait, en utilisant cet instrument freiner et bloquer. Notre association eut raison. L'UNEG fut dissoute et l'AEG remise en triomphe sur de nouveaux et brillants rails par un arbitrage du gouvernement et du CTRN.

Ayant joué avec la vérité et pour le vrai, la deuxième République, avait vu juste et tiré les choses au clair comme il fallait. Après les secousses rapidement maîtrisées de cette manière il fallait continuer l'œuvre. Les jaloux étaient toujours là, mais comme la vie va de cette façon, le succès engendrant toujours des mécontents, nous avions tout compris.

Lorsque survint le multipartisme et les nouveaux choix collectifs ou personnels qui s'imposaient pour l'histoire de la Guinée, l'AEG fut encore attaquée et divisée. Une autre triste affaire fut créée à Forécareah ; cette fois au mépris de la règle de droit pour jouer maladroitement, pour gifler la liberté d'association et laisser circuler l'agitation qui engendre toujours la discorde. La confusion fut encore créée et demeure. Hélas ! Notre précieuse œuvre est coincée. Il faut de nouveaux arbitres, plus adroits ; des juges sachant faire la différence entre le juge et la partie. Je sais que ce jour arrivera, avec le changement positif qui se voit à l'horizon en Guinée. Alors l'AEG reviendra dans l'ordre et en force dans ses droits; la lumière chassera les ténèbres.

Arrivé à ce niveau du récit, il reste à souligner que l'AEG fut et reste au nombre des grands organisateurs des démarches qui donnèrent naissance à l'Association Pan-Africaine des Ecrivains, fondée à Accra le 11 novembre 1989 par la grande majorité des associations ou unions nationales des écrivains du continent africain. Autres chantiers. Autres combats.

DEUXIEME PARTIE

L'ASSOCIATION PANAFRICAINE DES ECRIVAINS

« Si la liberté de l'homme dans la société est un pacte moral qui s'inscrit au niveau de la conscience humaine, nous considérons la liberté des nations et des peuples comme un pacte de solidarité à partir duquel, toutes les associations, toutes les communautés d'intérêts sont possibles et c'est en liberté extensive, en liberté créatrice que nous entendons transformer et développer notre libération. »

A. Sékou Touré
« L'expérience guinéenne et l'Unité africaine », p.205
Discours prononcé devant l'Assemblée Nationale Constituante de l'Etat Guinéen, le 2 octobre 1958 à 10h 30.

A- L'idée de la création d'une organisation pan-africaine des écrivains.

« Il faut tenter de comprendre où s'est bloqué l'effort du développement. Il faut tenter d'apprécier le poids des valeurs culturelles fondatrices de l'africanité. »

Thérèse Pujolle
« L'Afrique Noire »
Flammarion, 1994, P.10

1- Des efforts dont le début remonte à près d'un demi-siècle

Si jusqu'à la date du 11 novembre 1989 les écrivains du continent africain n'avaient pas réussi à fonder une organisation Pan-Africaine dans leur domaine, il ne reste pas moins que la volonté de le faire remontait déjà à trente ans, qu'elle est restée en permanence dans le débat de nos hommes de l'encre, de la plume et de l'esprit.

L'idée de l'affirmation de la présence du monde noir dans le domaine de la culture à l'intérieur d'une union Pan-Africaine a été exprimée pour la première fois à la Sorbonne à Paris en 1956. C'était au cours du premier congrès mondial des Ecrivains et Artistes noirs. Soixante trois délégués étaient là, à la recherche des méthodes de la lutte contre la violence, là où la bouche des démunis se fermait chaque jour plus hermétiquement malgré les apparences et discours arrangés en public.

Depuis, à toutes les grandes rencontres culturelles, les Ecrivains africains avaient essayé de concrétiser ce rêve mais en vain, soit parce que le faire hors d'Afrique ne donnerait pas belle allure au départ, soit parce que le quorum n'était jamais atteint. Cette volonté avait déjà été montrée à Rome en Italie, à Dakar en 1957, à Cologne (RFA), à Frankfurt (RFA), à Lagos en 1977 (Festac), à Tachkent (URSS), à Grand Bassam (Côte d'Ivoire) en 1986, à Pyong Yang (République Démocratique de Corée) en 1986 et, dernière tentative en date, Brazzaville (République Populaire du Congo) en 1987 lors du symposium littéraire anti-apartheid.

2- Le Comité International Préparatoire pour la création de l'Association Pan-Africaine des Ecrivains.

Ce comité fut mis sur pied à Pyong Yang en marge des travaux du « Symposium international littéraire sur le rôle de la littérature moderne dans la lutte pour la justice, l'amitié, la souveraineté, la paix » et des travaux du Conseil Exécutif de l'Association des Ecrivains Afro-asiatiques. Quarante deux pays Africains étaient présents à Pyong Yang et, avec le Congo qui avait reçu mandat de parler au nom de l'Afrique Centrale (République Polaire du Congo, Zaïre, Gabon, Cameroun), le chiffre était monté à 46 pays africains. Le Comité était composé de huit pays: Ghana (Président), Congo (Coordinateur Général), Guinée (Coordinateur Général Adjoint), Algérie, Angola, Burkina Faso, Cameroun et Madagascar. Les trois premiers membres formèrent son bureau Exécutif.

La mission du Comité International Préparatoire (CIP) dont la durée ne fut pas limitée était :

1. d'organiser le Symposium littéraire international contre l'Apartheid à Brazzaville ;

2. de prendre les contacts nécessaires et de chercher les voies et moyens pouvant conduire à la création d'une Association Pan-Africaine des Ecrivains dans la direction des nombreux efforts fournis pour cela par de célèbres hommes de culture africains et d'origine africaine aidés par des amis non africains, également nombreux.

Sur ce deuxième point, un désaccord se produisit entre la République de Côte d'Ivoire et la République Populaire du Congo (Brazzaville) au niveau des organisations littéraires. Au cours du 3ème festival international de poésie « FESTIPO 85 » tenu à Grand Bassam en Côte d'Ivoire il était prévu d'organiser rapidement le congrès des Ecrivains africains en vue de mettre sur pied l'association panafricaine. Au cours du FESTIPO 86, toujours à Grand Bassam au Centre de Formation aux Techniques du Pétrole de la SIR CAFOP. La délégation Guinéenne au FESTIPO 1985 était conduite par mon ami le capitaine Kaba 41 Camara. En 1986, elle était conduite par moi-même et j'annonçai au cours d'un discours à Labé le 8 mars 1986 la naissance prochaine en Côte d'Ivoire de l'organisation continentale des Ecrivains africains à Grand Bassam.

En marge du festival de la poésie une réunion se tint à la place du Congrès prévu. Premier problème : Le quorum était loin d'être atteint, sur 51 Etats africains il y avait moins du tiers de présents. Deuxième question : Léopold Pindy Mamonsono, président des Ecrivains du Congo Brazzaville et en même temps président des Ecrivains de l'Afrique Centrale fit circuler un papier pour annoncer qu'une démarche était en cours pour la tenue à Brazzaville du congrès Pan-Africain des Ecrivains et par la même occasion celle d'un symposium contre l'apartheid, cet affreux régime qui sévissait encore en Afrique du Sud. Les Ivoiriens prirent ceci pour une provocation dans la mesure où, selon eux, l'initiative avait été prise par leur pays depuis 1985. En effet, lors du FESTIPO d'avril 1985 il était d'abord prévu de saisir l'occasion de la foire du livre de Bamako en décembre 1985 pour faire le congrès constitutif. Mais pour des difficultés de dernière minute, le Mali n'avait pas convoqué le congrès. Les Ivoiriens avec le professeur Amoua Urbain à la tête du comité de coordination chargé de préparer la rencontre reprirent l'initiative pour le FESTIPO d'avril 1986.

A cette occasion donc Grand Bassam se tenait prêt pour voir naître l'Association continentale. Voilà ce qui expliquait la réaction ivoirienne à l'acte de Mamonsono Pindy, soutenu dans sa démarche par le Camerounais Kuma N'Dumbé III.

La réaction des jeunes Ivoiriens fut violente. Joseph Ehouman, président du Club Littéraire et Artistique de Grand Bassam, organisateur des différents FESTIPO, avait dit notamment : « ...Il ne saurait être question de convocation de congrès Pan-africain à Brazzaville par la République Populaire du Congo, si ce n'est pour vicier la procédure vers la Pan-africaine...Le Symposium International contre l'apartheid, système unique que la Côte d'Ivoire et son Président Houphouët Boigny abhorrent, de même que le concours de poésie pour rendre hommage au valeureux combattant africain irréductible, Nelson Mandela, peuvent se tenir à Brazzaville en mai 1987 comme proposé. Par contre nous protestons avec véhémence contre les manœuvres désobligeantes, inamicales et contraires à l'aspiration de l'unité africaine vraie qui devra intégrer en une communauté continentale fraternelle des enfants, sans distinction, de quelque nature que ce soit, d'une mère nourricière et respectable : l'Afrique »
« Le Club Littéraire et Artistique de Grand Bassam demande instamment à tous les signataires des actes de Grand Bassam 1985 et tous les Africains qui ne veulent pas d'une Afrique déchirée en étiquettes de s'abstenir pour le congrès constitutif de la Pan-africaine dont la convocation relève de la seule autorité du comité de coordination présidé par Amoua Urbain. »

Présent moi aussi dans la salle, je dus jouer avec le doyen Frédéric Pacéré Titinga du Burkina Faso pour calmer les esprits et pour amener les Congolais à présenter leurs excuses. Mais cette fois encore le quorum était loin d'être atteint. C'est le même Pindy qui proposa alors de faire le congrès constitutif non plus avec les associations nationales des Ecrivains parce qu'il devenait difficile d'avoir le quorum, mais avec les unions ou associations sous-régionales comme celle que lui-même dirigeait en Afrique Centrale. Aussitôt le Burkina Faso se proposa d'organiser à Ouagadougou le congrès pour la création de la Fédération des Associations des Ecrivains de l'Afrique de l'Ouest (FADEAO). Ce congrès se tint effectivement, sous les auspices du Président Thomas Sankara et de son ministre de la culture Mme Bernadette Sanou, du 12 au 17 janvier 1987 à Ouagadougou. Huit pays de l'Afrique de l'Ouest étaient au rendez-vous : Bénin, (2 délégués), Burkina Faso, Côte d'Ivoire (5 délégués), Mali (2 délégués), Niger (2 délégués), Nigeria (1 délégué), Sénégal (1 délégué),Guinée Conakry (2 participants, Kaba 41 et moi-même comme chef de mission).

Il y eut des manifestations artistiques et culturelles, une visite au Moro Naba et une autre à Manéga, village natal de Frédéric Pacéré Titinga : monument du masque ancestral, école primaire de six classes, tombe du fondateur de Manéga, PMI de Manéga, monument de la cavalerie, salon des prix littéraires,...

Le bureau exécutif de la FADEAO mis sur pied le 17 janvier 1987 pour une durée de 2 ans et encore en activités est composé comme suit :
Président : Titinga Frédéric Pacéré (Burkina Faso)
1er Vice – président : Kole Omotoso (Nigeria)
2ème Vice – président : Jean Marie Adiafi (Côte d'Ivoire)
Secrétaire Général : Adrien Houannou (Bénin)
Trésorier Général : Bania Mahamadou Say (Niger)
Secrétaire à la presse et aux archives : Traoré Mamadou Diop (Sénégal)
Secrétaire à l'organisation : Ascofaré Abdoulaye (Mali)
Secrétaire Général Adjoint : poste à pourvoir
Trésorier Général Adjoint : poste à pourvoir
Commissaires aux comptes : 1-Ehouman Joseph (Côte d'Ivoire)
2-Gaoussou Diawara (Mali)

3- La route du Symposium anti-apartheid de Brazzaville

Le premier élément de la mission du Comité International Préparatoire de la rencontre créé à Pyong Yang fut tout de même accompli à Brazzaville en mai 1987, en ce qui concerne le Symposium anti-apartheid, mais les efforts pour réaliser le second volet c'est-à-dire la création de l'Association Pan-africaine des hommes de la Plume par la même occasion n'aboutirent pas, encore faute de quorum. Treize Etats Africains seulement sur cinquante un étaient au rendez-vous de Brazzaville. Personne ne reparla de faire ce programme par le biais des unions ou associations sous-régionales comme indiqué en 1985 à Grand Bassam.

Conformément à la décision prise par les Ecrivains Africains et au communiqué de Pyong Yang (1er octobre 1987), le Comité International Préparatoire du Symposium littéraire contre l'Apartheid comprenant les représentants de huit pays africains avait commencé ses activités en décembre 1986. Sur invitation du Président de la République Populaire du Congo, Président en exercice de l'OUA en 1987, le Colonel Denis Sassou Nguesso, les délégués du Ghana (Atukwei Okai, Président du comité préparatoire), du Congo, de l'Angola (Pepetela Marcelino), de Guinée Conakry (Charles Pascal Tolno, coordinateur adjoint du Comité International Préparatoire) s'étaient retrouvés à Brazzaville et avaient examiné l'ensemble des problèmes relatifs à l'organisation d'un symposium littéraire international contre l'Apartheid par les Ecrivains sur le thème « Les Ecrivains accusent l'Apartheid ». Cette manifestation devrait être suivie de la mise sur pied d'une organisation continentale des Ecrivains.

Les participants à la réunion, après avoir enregistré plusieurs propositions sur le lieu de la tenue de la rencontre, proposèrent la ville de Brazzaville, capitale de la République Populaire du Congo. Puis la date du 16 juin 1987 (date anniversaire du massacre des écoliers de Soweto) fut retenue pour le début du symposium. Le patronage de la manifestation fut confié à l'organisation de l'Unité Africaine et la Présidence d'honneur à son Excellence le Colonel Denis Sassou N'Guesso, Président en exercice de l'OUA.

La réunion décida également que si l'initiative et l'organisation de la manifestation revenaient aux hommes de la plume du continent, celle-ci devrait connaître la participation des artistes, hommes de culture, hommes politiques,...du monde entier. Ceci donnerait un cachet particulier à la protestation des Ecrivains et de leurs amis contre le système d'Apartheid en Afrique du Sud.

Sachant qu'une organisation de ce niveau exige toujours une information systématique, large et coordonnée, il fut retenu qu'au niveau de l'Afrique, le découpage en zones de contacts, prévu à Pyong Yang, devait être maintenu, à savoir : Afrique de l'Ouest (Charles Pascal Tolno), Afrique Centrale (Léopold Pindy Mamonsono), Afrique Australe (Arthur Marcelino Pepetela), Afrique de l'Est et Océan Indien (R. Clarisse de Madagascar), Afrique du Nord (Dahou, Algérie), rencontres diverses (Atukwei Okai dont les charges furent allégées compte tenu de sa position de Président du Comité International Préparatoire).

Le reste des contacts d'information fut laissé à toutes les Associations nationales d'Ecrivains Africains, aux agences d'information nationales et internationales (radio, télévision, presse écrite publique et privée,...) en rapport avec les priorités dégagées par le Comité International Préparatoire. En ce qui concerne le financement, élément clé pour la réalisation et le succès de l'entreprise, il fut suggéré une méthode de travail en deux éléments :

1) La participation au financement de tous les Etats membres de l'OUA ;

2) Les contributions des institutions internationales.

Au cours des travaux d'une deuxième réunion tenue en mars 1987 au Palais des Congrès de Brazzaville, deux délégations congolaises rentrées de l'extérieur firent officiellement leur compte rendu. Il s'agissait d'abord de celle conduite par Kissoussou Boma (Algérie, Tunisie, Italie, URSS, DDR, Belgique, Hollande, RFA, France....) qui remit une copie de son rapport à chacun des membres de la réunion. L'autre délégation, conduite par Daniel Abibi et qui se rendit au Sénégal, en France, en Grande Bretagne, aux Etats-Unis,...fit également son rapport mais ne distribua pas le texte faute de l'avoir mis en forme. A cette rencontre, le CIP n'était représenté que par Okai et moi.

Okai, prenant la parole nota que ces missions avaient été accomplies à l'insu des Ecrivains prioritairement responsables du symposium et que cela aurait dû être évité pour ne pas atténuer le caractère international de la rencontre. Je pris la parole pour l'appuyer dans ce sens. Daniel Abibi rappela, après nous l'avoir dit lors d'une visite de courtoisie dans son bureau, que le Congo avait dégagé des fonds mais que leur utilisation restait exclusivement destinée à faire face aux dépenses du symposium dans le cas où rien d'autre ne venait de l'extérieur du Congo au titre du financement attendu selon le plan établi.

Répondant à la proposition d'Okai de réexaminer notre demande de prêt remboursable pour que le comité puisse agir selon son programme élaboré en décembre, Abibi signala que la lenteur administrative ne permettait plus une telle opération. Mais, ajouta-t-il, les structures locales (Comité national anti-apartheid, Comité National Préparatoire du Symposium) continueraient à faire les missions d'information à l'étranger.

Le Comité International n'apprécia pas cette méthode de travail et proposa qu'en sorte de moyenne mesure les démarches fussent faites plutôt conjointement par les deux structures (Internationale et nationale) toutes deux engagées à réaliser le succès de la rencontre comme souhaité par tout le monde. Ceci fut retenu et consigné dans le document final accepté le 20 mars 1987 au Palais des Congrès. Ce texte devait être la base de la suite des activités préparatoires du symposium littéraire.

Sur le chemin du retour pour Accra et Conakry et dans l'avion de l'Ethiopian Airlines qui nous ramenait à domicile, le Président du Comité Préparatoire et le coordinateur adjoint adressèrent une lettre au président Sassou pour lui faire part de leur préoccupation devant les difficultés qu'ils percevaient. Dans la lettre, les deux membres du Comité International Préparatoire rappelèrent ce qu'ils attendaient des autorités congolaises. Et devant les réponses qu'ils venaient de recevoir ils proposèrent une révision des positions ou un report de la date du symposium. Ceci permettrait de trouver d'une autre manière les nécessaires moyens de base. Dans l'attente de la réponse, de nouvelles démarches furent engagées au niveau des autorités ghanéennes, ivoiriennes, nigérianes, guinéennes et autres.

Au Ghana, le Président John Jerry Rawlings nous reçut en compagnie de son bras droit Justice Annan. Okai et moi avions à cette occasion proposé une intervention ghanéenne pour aider le Comité International, à partir de cette date, à accomplir sa mission. La rencontre fut fructueuse, cordiale et le Ghana comme promis, offrit les moyens de faire des déplacements de trois délégués du Comité vers l'Afrique Australe, l'Afrique du Nord et l'Arabie Saoudite (transport et frais de séjours compris).C'est donc à partir de ce moment seulement que les missions de contacts du Comité International Préparatoire pouvaient pu commencer à circuler au moins en Afrique. Le retard étant dû au manque de moyens. Toutefois, à ces missions Tolno ne pouvait prendre part car à Conakry les Ecrivains étaient divisés par les manœuvres du ministre de la culture d'alors, Zaïnoul Abidine Sanoussi, et les seuls ordres de mission pour voyager étaient bloqués par ledit ministre de la culture pour le délégué du CIP.

En Côte d'Ivoire, les deux premiers déplacements effectués avaient pour objectif de rencontrer le chef de l'Etat, le Président Houphouët Boigny. Mais ils n'avaient pas abouti. Et sur la base d'une nouvelle proposition de rencontre faite par le ministre Laurent Dona Fologo de la culture, de la jeunesse, des sports et de l'information, les choses s'arrangèrent. Alors seulement l'audience eut lieu avec le Président Boigny, en deux temps. Elle fut aussi longue que cordiale. Le premier Ivoirien était détendu et nous apprit beaucoup de choses sur l'histoire politique des Présidents Ahomadégbé, Apithy, Nasser,...surtout sur Kwamé N'Krumah et Sékou Touré.

Au Nigeria, le temps disponible n'était pas suffisant pour rencontrer le Président Ibrahim Babangida. Mais un contact direct et fructueux fut pris avec la compagnie nationale aérienne « Nigeria Airways » qui nous reçut avec sympathie et réelle fraternité. La compagnie aérienne promit et réalisa une contribution, principalement dans le cadre du transport des délégués nigérians et autres sur Brazzaville. Elle donna en plus deux billets gratuits Lagos - Abidjan pour les deux délégués, Okai et moi, venus prendre contact avec le Nigeria.

Le Comité National anti-apartheid de ce pays promit sa participation au symposium de Brazzaville. Mais ses responsables soulignèrent que la date du 25 mai coïncidant avec la manifestation du « Jour de l'Afrique » marqué par d'importants programmes spéciaux à Lagos, organisés par leur Comité, il était utile de revoir cette date. Si ceci était possible avait-il demandé, Lagos devra être informé au plus tôt. Pendant que tout cela se déroulait, une réunion du Comité International Préparatoire fut convoquée à Accra du 3 au 5 mai 1987. Voyages et séjours étaient assurés par le gouvernement ghanéen. Rappelons que dans le cadre de la mission assignée à la Guinée, les autorités de notre pays financèrent le déplacement d'un certain nombre de délégations qui prirent des contacts aux niveaux les plus élevés en Sierra Leone, au Liberia, au Togo, en Guinée-Bissau, au Cap-Vert, au Maroc, au Niger, au Sénégal, en Gambie, en Côte d'Ivoire, au Burkina Faso et au Gabon.

Ces contacts fructueux furent essentiels pour le succès du symposium et tous les pays contactés envoyèrent des délégués à Brazzaville. Les trois membres du Bureau du Comité International Préparatoire promirent de se rendre en Guinée Conakry avant la tenue de la rencontre de Brazzaville et ils adressèrent une correspondance dans ce sens au Général Lansana Conté, chef de l'Etat. Mais ils n'eurent pas le temps de faire le déplacement. Toutefois leur message parvint en haut lieu et leur demande fut prise en compte. Au nombre des résultats importants des missions guinéennes on retint l'offre du Président Abdou Diouf du Sénégal de mettre l'avion présidentiel sénégalais à la disposition des Ecrivains de cinq Etats de l'Afrique de l'Ouest pour aller et retour de Dakar à Brazzaville. Il s'agissait de la Guinée, du Sénégal, du Cap-vert, de la Guinée-Bissau, de la Gambie. Il faut également noter la participation officielle de la Côte d'Ivoire, du Ghana et de la Guinée qui furent représentés par des personnalités gouvernementales de niveau ministériel. Les contacts se poursuivirent et ce, grâce à l'aide de la République du Ghana. Ainsi des missions se rendirent à Dar- es - salaam, Nairobi, Kampala, Luanda, Hararé, Alger, Tripoli, le Caire, Riad, Djedah,...dirigées par Atukwei Okai, alors que Tolno restait toujours dans les difficultés créées délibérément par le ministre de la culture. La rencontre d'Accra du 3 au 5 mai 1987 avait dégagé les moyens d'action complémentaires à ceux du Congo et propres à faire du symposium un succès incontesté comme promis par le Comité International au Président en exercice de l'OUA, le Colonel Denis Sassou N'guesso.

B- Le Symposium Littéraire International Contre l'apartheid

1-Le Cadre

Donc sous le thème « les Ecrivains Africains accusent l'apartheid », le symposium littéraire international se tint effectivement à Brazzaville, du 25 au 31 mai 1987. Organisé sous l'égide de l'OUA et sous le haut patronage du Colonel Denis Sassou N'guesso, Président de la République Populaire du Congo et à l'époque Président en exercice de l'OUA, le symposium fut un haut lieu de débats où des sommités culturelles du monde entier se donnèrent rendez-vous. Notre pays, à travers l'Association des Ecrivains de Guinée et les Ballets Africains y était donc fort présent. Notre apport ne fut pas des moindres. Et cette contribution aurait pu être plus brillante si des manœuvres orchestrées depuis Conakry n'avaient pas dérangé les choses et bloqué notre cohésion.

En effet, il nous plaît de redire ici que grâce à la sollicitude particulière du chef de l'Etat, le Général Lansana Conté, des délégations d'écrivains guinéens se rendirent effectivement au Sénégal, au Maroc, en Gambie, en Guinée-Bissau, au Cap-vert, au Niger, au Togo, au Liberia, en Sierra Leone, au Gabon pour prendre contact avec leurs homologues de ces pays afin de les amener à prendre part activement à la rencontre de Brazzaville. Ces missions furent un succès total. C'est le lieu de rappeler que nous avions à cette occasion occupé le poste de coordinateur adjoint dans le Comité International qui avait préparé Brazzaville, en la personne du président de l'AEG.

A la séance d'ouverture le président Sassou tint un éloquent discours. Son propos fut réellement à la hauteur de l'évènement et répondit pleinement à toutes les attentes. Le Président avait montré par ce propos qu'il maîtrise les problèmes du continent africain et qu'en plus il était plus préoccupé que d'autres par la sombre situation qui, avec un racisme spécial, se produisait dans toute la partie australe de l'Afrique. Il avait également exprimé la combativité et la disponibilité de son grand peuple pour lequel passivité et résignation ne peuvent avoir de place là où il faut se battre pour l'honneur et pour la grandeur de l'Afrique. A la fin de cet ouvrage, on en retrouvera de larges extraits du discours en annexe.

2- Déclaration de Brazzaville par le symposium littéraire international contre l'apartheid du 25 au 31 mai.

Nous écrivains, critiques littéraires, hommes, femmes de culture et d'opinions, venus de tous les continents pour prendre une part active au symposium littéraire international contre l'apartheid organisé à Brazzaville, ce haut lieu de la conscience universelle, sous le haut patronage du président de la République populaire du Congo, président en exercice de l'Organisation de l'Unité Africaine, le Colonel Denis Sassou Nguesso ;
Ayant pour dessein d'être l'une des forces motrices de la conscience internationale engagées dans toutes les formes de luttes contre les manifestations du racisme institutionnalisé et contre toutes les formes de discrimination ;
Mus par delà les distances géographiques et les clivages idéologiques par le respect de l'homme et une foi identique en celui-ci ;
Soucieux de nous hisser à la hauteur des grands défis qui interpellent notamment sur le plan éthique, surtout du point de vue du droit inaliénable, les peuples à assumer en toute liberté leur propre destin ;
Vivement préoccupés par la dégradation de la situation créée en Afrique du Sud et en Namibie, par un régime raciste aux abois qui, en s'enfermant derrière un triple mur :

- de mépris pour la réprobation unanime dont il est l'objet,

- d'aveuglement politique exacerbé,

- d'arrogance militaire,

est conduit à redoubler d'agressivité contre la majorité noire et à pratiquer le terrorisme d'Etat contre les pays de la Ligne de Front ;
Conscients que toutes les entreprises d'oppression militaire ou économique se fondent essentiellement sur la domination exercée sur les esprits ;
Conscients que les massacres de Sharpeville s'inscrivent dans le contexte d'un véritable génocide en partant du Bantou Education Act de 1953 (loi sur l'éducation Bantoue), visent à priver les peuples sud-africains et Namibiens de plusieurs générations de cadres ;
Conscients que cette même logique, appliquée à la politique des Bantoustans, a amené le régime de Pretoria à prendre la décision de ne plus construire des écoles secondaires pour les Noirs dans les zones urbaines, ce qui a accéléré l'effondrement du système éducatif réservé aux Noirs ;
Conscients que les événements de Soweto en 1976 s'expliquent par ce contexte culturel et socioculturel ;
Conscients que le but inavoué du régime de Pretoria en contraignant les écrivains sud-africains et Namibiens les plus connus, Blancs et Noirs, à prendre le chemin de l'exil ou en jetant ces écrivains en prison, est de perpétuer l'exploitation et l'oppression des masses africaines et de parvenir à une désertification intellectuelle, morale et spirituelle de ce pays afin de le priver de l'une de ses voix intérieures des plus importantes pour sa prise de conscience ;
Persuadés que l'encouragement par le régime raciste de Pretoria d'une prétendue « culture traditionnelle », n'est qu'une incitation déguisée à des tensions aggravées par le jeu des divisions territoriales en Homelands;

Convaincus qu'une telle situation est une grave menace pour la paix et la sécurité internationale ;

Nous membres de la communauté internationale du monde susnommée ;

Proclamons notre solidarité fraternelle et militante avec les peuples d'Afrique du Sud et de Namibie qui se battent avec une détermination héroïque, pour faire triompher les nobles idéaux contenus dans la charte adoptée lors du Congrès du Peuple le 26 juin 1955 pour l'avènement d'une société où la discrimination est bannie

Affirmons dès lors solennellement à la face du monde, notre détermination à combattre pour l'élimination radicale de l'apartheid et préconisons l'intensification par les mass média et l'opinion internationale de la campagne tendant à cette fin

Saluons respectueusement la glorieuse mémoire de tous les patriotes Noirs, Blancs et de toutes les autres origines raciales qui ont sacrifié leur vie dans le combat pour la liberté, notamment les légions des martyrs innombrables dont le poète Benjamin Moloïse, reste un symbole.

Rendons un hommage militant et mérité à la haute stature de Nelson Mandela, incarnation de la volonté inflexible de tout ce peuple qui refuse de marchander sa légitime aspiration à vivre libre ; exigeons de ce fait sa libération immédiate et sans condition ainsi que celle de tous les autres combattants de la liberté emprisonnés.

Apportons notre soutien total et inconditionnel à l'ANC et au P A C pour leurs luttes de libération en Afrique du Sud.

Soutenons résolument le vaillant peuple Namibien en lute sous la direction de la Swapo pour recouvrer son indépendance et son intégrité territoriale.

Soutenons le Combat que mène l'Organisation de l'Unité Africaine pour le renforcement des conditions qui mèneront à l'éradication totale et rapide de ce fléau qu'est l'apartheid à travers de nombreuses initiatives au nombre desquelles « le Fonds Africa » lancé par le Président Dénis Sassou Nguesso.

Exigeons l'application stricte des résolutions 435/ 78 et 41 / 64 H des Nations Unies.
Exigeons l'instauration du suffrage universel en Afrique du sud.
Suggérons la création d'une ligue internationale anti-apartheid.

Lançons à tous les chefs d'Etats et de Gouvernement du monde entier un appel solennel afin que soient renforcés l'isolement diplomatique du régime du Pretoria et les sanctions économiques prescrites à son encontre conformément aux résolutions des Nations Unies et de l'Organisation de l'Unité Africaine.

Fait et adopté à Brazzaville le 30 mai 1987

Le Symposium

C- Vers le Congrès d'Accra 1989

1- L'Immobilisme du Comité Ad Hoc de mai 1987

A la fin des travaux du symposium anti-apartheid de Brazzaville un comité ad hoc de 13 membres, représentants les pays africains alors présents dans la capitale congolaise, fut mis sur pied ; toutes les sous- régions du continent y étaient représentées. Sa mission était de tout mettre en œuvre pour parvenir à organiser le congrès panafricain des écrivains avant une année à partir de fin mai 1987, c'est-à-dire au plus tard en mai 1988. La durée de la mission du comité était donc limitée à 12 mois et notre pays occupait en son sein le poste de trésorier adjoint. Le Congo, représenté par l'écrivain et homme politique Tati Loutard, en était le Président et la Zambie dont le chef d'Etat, le Président Kenneth Kaunda venait d'accéder à la Présidence en exercice de l'O U A, Président d'honneur désigné des cérémonies.

Durant l'année écoulée entre mai 1987 et mai 1988 Jean Baptiste Tati Loutard, alors ministre de la Culture de son pays, aujourd'hui ministre des pétroles dans le nouveau gouvernement de Sassou, prit de nombreux contacts et déploya des efforts louables. Mais au bout du compte, Lusaka ne put abriter le congrès. En plus, aucune autre capitale ne manifesta le désir de le faire à sa place. Toutefois, une réunion, et une seule, du Comité ad hoc se tint à Brazzaville en avril 1988 avec pour objectif l'élaboration d'un projet de statuts et d'autres documents du congrès en vue. L'invitation à cette réunion adressée à l'Association des Ecrivains de Guinée, membre du Comité, fut interceptée au ministère guinéen de la culture et remise à l'ex- UNEG, Union nationale des écrivains de Guinée qui y envoya dans l'irrégularité son Secrétaire aux Relations Extérieures, Djibi Thiam. Aucun compte rendu officiel ne nous fut fait à ce sujet. La confusion voulue par le département ayant la culture en charge était totale et obstruait tout.

2- Le Comité International Préparatoire revendique la reprise de ses activités

Comme le Comité ad hoc de Brazzaville ne parvenait pas à réunir le congrès, le Président du Comité Internationale Préparatoire, le Ghanéen Atukwei Okai, Président de l'Association des Ecrivains du Ghana, proposa au cours d'une rencontre littéraire organisée à Lagos par l'ambassade de France au Nigeria, la reprise des activités de son équipe formée à Pyong Yang. Il ne fut pas facile d'arriver à ce résultat. Mais avec l'arbitrage du Nigeria et de l'Afrique du Sud, on aboutit à la conclusion que la reprise des activés du Comité International était la voie la plus réaliste pour l'organisation de nouveaux efforts afin de parvenir au résultat escompté, faute de quoi tout pouvait être perdu de nouveau. J'étais de ceux qui ne pouvaient qu'accepter cela avec plaisir pour encourager la démarche.

Les arguments ayant sous-tendu la décision furent clairs:

1. L'équipe du CIP avait été mise sur pied à Pyong Yang par 46 Etats sur les 51 pays indépendants que comptait alors l'Afrique, contre 13 à Brazzaville pour le Comité ad hoc qui en plus ne put rien faire.
2. Ensuite, au cours d'une tournée africaine initiée par le Ghana dans le cadre de contacts de bonne volonté et de relations d'amitié, le Président du CIP examina avec ses hôtes l'idée d'une telle reprise du travail au cas où le Comité ad hoc ne parvenait pas à réunir le congrès dans le temps convenu, en mai 1988.
3. Il s'entretint également sur le sujet avec le Président Keneth Kaunda de Zambie, qui comme déjà souligné, était alors Président en Exercice de l'OUA, puis avec le Secrétaire Général de l'OUA, le Tanzanien Salim Ahmed Salim. Aucune opposition à cette volonté ne fut enregistrée à ces niveaux. D'autres personnalités voyaient la chose de la même manière.
4. Le CIP fut invité d'autre part à participer à la conférence des ministres africains de la culture qui se tenait à Ouagadougou. Une occasion de plus que mon dynamique Okai devait saisir pour faire reparler du projet.

Ainsi, au terme des travaux de Lagos, le Président du CIP saisit toutes les organisations d'écrivains du continent d'une correspondance dans laquelle il fit notamment le point de la situation dans l'ensemble et communiqua les résultats des contacts de Lagos et des autres pays sur la question. Puis il annonça avoir proposé aux écrivains de son pays d'examiner la possibilité pour le Ghana d'abriter le congrès et au besoin de payer le prix d'une telle décision si les autres pays ne suivaient pas, avant de suggérer une série de contacts sous-régionaux à des niveaux élevés, c'est-à-dire généralement au niveau des chefs d'Etats ou de souverains.

La Guinée fut chargée de faire ce travail en Afrique de Ouest pour sensibiliser les écrivains sur le problème. Avec la disponibilité habituelle du Comité Militaire de Redressement National en Guinée et du Gouvernement, ces missions furent accomplies avec succès par l'AEG alors fortement soutenue par les autorités guinéennes. Aujourd'hui les choses ont changé hélas et notre brave AEG, piégée et bloquée pour des motifs politiques se trouve divisée et paralysée.

Par la suite, une réunion du Comité International fut convoquée, fin juin 1988, à Accra, pour examiner la situation. A cette occasion, une évaluation du coût du congrès fut établie pour couvrir les travaux dans les conditions économiques ghanéennes de 1989. La somme globale de 750.000 dollars US fut avancée. Il fallait trouver ce minimum d'une manière ou d'une autre. Le Président Rawlings n'en fut pas ébranlé et le Ghana fut le plus gros bailleur de fonds. Ceci pour employer les mots aujourd'hui très à la mode afin de signifier que ce pays avait donné les plus grosses parts du financement du programme. Comment s'étonner quand on sait que le payss'appelle Ghana, patrie du Docteur Kwamé N'Krumah ?

Un projet de statuts de la future association fut élaboré au cours de cette rencontre d'Accra, ainsi qu'une série d'autres documents importants dont le projet de programme de déroulement du congrès, les conditions de la recherche du financement, la liste des participants et des invités d'honneurs, le programme des manifestations culturelles à organiser quotidiennement dans le cadre de l'événement pour agrémenter le séjour ghanéen des hôtes. Le dossier complet fut soumis au gouvernement Rawling qui se prononça rapidement et favorablement dans le sens de la demande du CIP. Au cours de la réunion d'Accra on percevait déjà que le chemin de l'engagement était sur le point de non-retour.

En effet, une semaine plus tôt, nous avions reçu à Conakry un message invitant l'AEG à se joindre aux délégations chargées par le Ghana de se rendre en Europe, en Asie, en Amérique et en Afrique pour la recherche du financement et pour une large sensibilisation des milieux concernés par l'événement qui se préparait.

3- Engagements de l'Association des Ecrivains de Guinée dans les efforts pour Accra 1989.

L'amitié entre le Ghana et la Guinée est un fait politique et historique connu. L'engagement commun des deux Etats frères dans la lutte pour les bonnes causes africaines et en particulier leur volonté de réaliser le pan-africanisme vrai dans ses aspects les plus variés dont celui culturel sont toujours développés à la satisfaction des deux peuples, tous deux pionniers des indépendances des nations africaines et chantres de la lutte pour la dignité humaine.

Cette histoire commune, cette collaboration dynamique et effective justifièrent les dispositions du CMRN qui, depuis son apparition sur la scène politique, avait toujours été favorable à l'Afrique des grands ensembles et favorable aux choix pour lesquels la Guinée a toujours brillé. Dans ses activités, l'Association des Ecrivains de Guinée essaie aujourd'hui et en permanence de rester fidèle à cette tradition. Elle la loue et s'en félicite. Et cela explique ses efforts dans toutes les tentatives de création de l'organisation Pan-africaine des écrivains depuis 1986.

A Grand Bassam ce furent les Guinéens qui, encore une fois, ramenèrent le problème sur le tapis au moment où une brouille tenace menaçait d'opposer écrivains Ivoiriens et Congolais de Brazzaville sur la question, mais cette fois et pour la première fois sur le sol africain. A Pyong Yang, l'AEG avait, en collaboration avec le Ghana et le Congo, initié l'idée du symposium littéraire qui se tint à Brazzaville, assorti de l'idée de la tenue d'un congrès pan-africain des Ecrivains après toutes les tentatives antérieures infructueuses depuis Paris 1956.

Après Grand Bassam 1985, l'AEG avait pris des contacts pour sensibiliser les écrivains Ouest africains en vue d'une participation au congrès alors prévu à Bamako en avril 1986 à l'occasion d'une rencontre littéraire nationale mais qui fut finalement reporté à plus tard. Pour mobiliser les énergies en faveur de la conférence de Brazzaville, l'AEG, soutenue, par les efforts personnels du chef de l'Etat guinéen, le Général Lansana Conté, envoya des délégués dans plusieurs capitales africaines et non africaines. 60% des pays africains présents à Brazzaville avaient été contactés et sensibilisés par l'AEG. C'était le plus grand effort dans l'ensemble des charges prévues à cet effet au niveau des sous-régions. Lorsque le CIP sollicita notre concours en juin 1988, pour le même travail, le dossier fut présenté aux autorités guinéennes et l'AEG obtint tout le concours sollicité pour faire des missions en Sierra Leone, au Libéria, au Mali, au Sénégal, en Gambie, en Guinée Bissau, au Maroc, au Zaïre.

Ce Rappel montre que compte tenu de l'amitié historique entre le Ghana et la Guinée des dispositions de l'AEG en faveur de la naissance d'une organisation continentale des écrivains ne pouvaient souffrir d'une sélection liée à un pays ou à une équipe, ou encore à un homme. Notre volonté était d'atteindre l'objectif avec tous ceux dont l'intégrité morale et la détermination personnelle pouvaient mobiliser les bonnes dispositions. Si le Comité ad hoc formé à Brazzaville en mai 1987 avait demandé un travail semblable, l'AEG l'aurait fait avec une égale conviction. Mais ce ne fut pas le cas et nous avions attendu longtemps sans réaction. Accra dès lors s'imposait et voilà pourquoi nous avions joué les jeux comme cela fut fait, avec plaisir.

Nous avions répondu présents en effet à l'appel du CIP version initiale de Pyong Yang et avions contribué une autre fois à la mobilisation des écrivains africains. Le bilan de ces efforts fut fait par l'AEG à Conakry le 24 octobre 1989, à mon domicile de la cité des professeurs sis à Donka, où nous tenions nos réunions hebdomadaires tous les mardis après-midi. Ce jour, au son de la musique, nous avions commencé par cueillir les fruits de l'avocatier se trouvant dans notre cour, arbre planté par mon troisième et dernier garçon Faya Pouhtè. Par coïncidence, chaque année, ces fruits sont à maturité à cette date. Et la famille observe la consigne de ne pas y toucher avant les 24 octobre de chaque année. Cette cérémonie, depuis quelques années, était devenue rituelle, et on la connaissait sous l'expression « cueillette du gui » par analogie à ce que faisaient les Gaulois dans l'ancien temps en Gaule.

Egalement comme d'habitude, à l'occasion de l'anniversaire de la création de l'AEG, je fis sur les antennes de la radio et de la télévision guinéennes une longue déclaration pour faire le point de la marche vers la future Association continentale des écrivains. Je saisis l'occasion pour solliciter un appui renforcé de la part de notre peuple et de son gouvernement avant de terminer par nos remerciements pour les efforts antérieurs fourmis par les uns et par les autres, cadres connus ou anonymes.

Le lendemain 25 octobre, je repris la parole à la radio et à la télévision pour reparler, cette fois exclusivement, de la même Association continentale. Le mardi 31 octobre, autre réunion de l'AEG autour des derniers préparatifs pour la grande mission d'Accra à laquelle une centaine de Guinéens devaient prendre part (Troupe artistique Djoliba, de nombreux écrivains notamment les membres du Bureau Exécutif de l'AEG, des historiens, professeurs,...) à bord d'un avion spécial de la compagnie nationale Air Guinée. L'honneur qui nous fut ainsi fait me va encore droit au cœur, au moment où j'écris ces lignes du souvenir.

Le 2 novembre 1989, je quittai Conakry pour Accra, quatre jours avant l'arrivée dans la capitale ghanéenne du gros lot de la délégation de notre pays qui me rejoignit le 6 novembre. Pour arriver à Accra l'avion de Ghana Airways à bord duquel je me trouvais fit une route inhabituelle : Conakry – Freetown Monrovia – Accra, sans faire l'escale d'Abidjan. Ceci nous permit d'être à destination à 18 heures, heure locale, donc plus tôt que de coutume.

A mon hôtel de toujours, Ambassador Hôtel, une des nombreuses réalisations du Président Kwamé N'Krumah, je fus installé d'abord à la chambre 205, sans téléphone, qui sera troquée contre la 103 pour me permettre de résoudre les problèmes de communication qui étaient urgents pour moi dans l'accomplissement de ma mission.

Le 3 novembre, je pris un repos mérité et nécessaire après une brève visite à la chancellerie de l'Ambassade de Guinée à Accra. Puis je changeai encore une fois mais cette fois ce ne fut plus une affaire de chambre, mais plutôt je changeai d'hôtel pour passer d'Ambassador à Novotel Accra. Ce mouvement n'était pas de mon goût malgré que du point de vue de la classe il n'y avait rien de comparable entre les deux établissements, Novotel étant plus beau, plus frais. La différence était que Ambassador Hôtel restait signé de l'époque du Dr N'krumah. Je voulais bien rester fidèle à mes options politiques. Mais je ne fis aucune résistance face à la demande des organisateurs. Il était important de ne pas compliquer leur travail qui était déjà dur.

Le 4 novembre nous nous rendîmes très souvent à l'aéroport international d'Accra pour recevoir les autres membres du CIP, entre autres le professeur Mohamed Lakdar Saïhi Aek d'Algérie. Et je terminai la journée chez le coiffeur, juste en face du Novotel Accra. Il ne m'arrive pas souvent de prendre tant soin de moi. On dirait que je sentais venir un événement de grande dimension pour lequel je devais me préparer.

6 novembre, arrivée de nombreuses délégations d'Afrique, d'Amérique, d'Asie, d'Europe et du Moyen Orient.

D- Le Congrès d'Accra

7 novembre, le Congrès constitutif de l'Association fut ouvert au « Kwamé N'Krumah Centre » sous la présidence de Justice Francis Annan, un inconditionnel du Dr N'Krumah, numéro deux du régime de John Jerry Rawlings qui pilote aujourd'hui le Ghana, en présence de plusieurs personnalités ghanéennes et africaines dont entre autres le Secrétaire Général de l'OUA, le Tanzanien Salim Ahmed Salim, qui venait d'entrer en fonction juste quatre mois avant.
Au cours de cette cérémonie impeccablement organisée je pris la parole au nom de mon pays et de mes collègues de l'AEG, comme cela m'avait été demandé par les autorités de Conakry. Tout le plaisir est encore aujourd'hui pour moi de reprendre de larges extraits de ce message dit au nom du fier peuple de Guinée. J'étais tout heureux comme j'en avais le droit parce que

Guinéen complet, et surtout le devoir me commandait de dire de grandes choses devant de grands esprits au nom d'une nation qui, comme la Guinée, tient à la valeur de l'Afrique en marche vers l'unité de ses filles et de ses fils. Ceci n'est pas toujours donné ! Voici l'essentiel du discours :

1- Mon message à la cérémonie d'ouverture du Congrès de l'Association Pan Africaine des Ecrivains.

« ...Voici plus de trois décennies que l'Afrique de la plume cherche sa voie communautaire. Elle ne l'a trouvée enfin qu'aujourd'hui en terre libre du Ghana. Ghana, patrie du Docteur Kwamé N'Krumah, avant-garde de la lutte pour nos indépendances, terre des combats pour l'avenir.

« Nos liberté et dignité, on le sait, étaient dominées, méprisées, falsifiées et sous-estimées hier à dessein par des politiques fondées sur l'usage de la volonté de certains esprits de briser nos civilisations pour célébrer les leurs jugées plus solides, plus humaines, plus grandes.

« La rencontre de Paris en 1956 se situait dans le cadre du Premier Congrès Mondial des Ecrivains et artistes noirs. Là déjà et avant aussi l'encre noire avait montré la volonté de coordonner sa mission au sein d'une organisation culturelle capable de servir les causes du destin commun des Africains au sein d'une association soucieuse de tenir compte du sort des opprimés engagés à reconquérir la lumière, à tenir résolument à la vérité totale, au droit d'aimer et de servir l'homme dans la liberté. Cela revenait à repousser sous toutes les formes, la démission. Bref, l'occasion était des meilleures pour exprimer, une fois de plus, de façon dynamique, la présence de l'Afrique au sein de l'humanité.

« Pour l'époque, pareille entreprise était une sacrée aventure. Le colonisateur était là, vigilant, imperturbable et puissant. Mais l'aventure fut maîtrisée et assumée courageusement, donnant désormais à ses acteurs une place de choix dans les cœurs pour avoir entamé la majestueuse route qui conduit aux résultats du présent.

« En effet, depuis cet événement, on est revenu plusieurs fois sur le projet de création d'une Association Panafricaine des Ecrivains, mais en vain hélas ! Que ce soit à Cologne en République Fédérale d'Allemagne, à Tachkent en URSS, à Dakar au Sénégal, en passant par Rome en Italie, Paris en France encore et autre Pyong-Yang, sans oublier Brazzaville, rien ne fut facile.

« La dernière tentative en date fut donc celle de Brazzaville, en République Populaire du Congo, où, saisissant l'occasion du symposium littéraire anti-apartheid de mai 1987, les écrivains africains avaient essayé une autre fois de plus de fonder l'organisation continentale de la plume. Faute de quorum, la partie fut remise, mais pour une échéance très courte.

« Nous voici réunis cette fois en force. Le succès ne repousse jamais définitivement l'effort. Un jour ou l'autre, il finit par s'imposer. L'essentiel est de ne pas s'essouffler et de persévérer. Ce que les hommes de la plume d'Afrique ont toujours su faire.

« Mesdames et Messieurs,
La route a constamment été difficile, longue, parce que l'objectif a été et reste distingué. Le devoir et la longueur du chemin ont exigé une vigilance permanente, une volonté résolue, une détermination à la mesure de l'œuvre. Nous avons tout accepté. Avant nous de plus distingués hommes de culture ont tout assumé et l'Afrique a, comme toujours, de fortes raisons d'être fière de ses écrivains et de ses hommes de culture.

« Et alors, comment ne pas louer la patience, le courage et les sensibilités qui, tout le temps ont animé les messages de nos cultures, pendant de si nombreuses années. Comment ne pas respecter profondément ceux qui ont pris part à cette lourde, périlleuse, mais incontournable marche vers la dignité, vers l'homme et la force qui construit, preuve de la consistance des vertus des fils d'Afrique dans tous les domaines.

« On a coutume de dire que la plume de l'écrivain est une arme redoutable, mais on n'ajoute pas toujours l'essentiel en reconnaissant que cette arme ne blesse que les éléments opposés aux vérités historiques, aux valeurs et idéaux chéris par l'humanité de tout temps. Les personnes qui ont essayé d'entraver le passage des décennies durant pour bloquer l'effort sont aujourd'hui couvertes de gêne. Elles ont honte parce que maintenant, malgré elles, la victoire est là. On n'a pas manqué la cible comme ces personnes le souhaitaient.

« La préparation du congrès constitutif d'aujourd'hui a donc été aussi longue et malaisée que désespérée. La force morale, la conviction et la foi ont sauvé la situation. Et la modestie des moyens comme cela arrive presque toujours dans les entreprises géantes, n'a pas freiné l'élan décisif pris au Congo il y a deux ans.

« Dans les livres de bilan et suivant sa logique implacable, l'histoire écrira en lettre capitales les noms des frères, sœurs, confrères et consœurs ici présents. Les considérations personnelles et les différences de points de vue ont été dominées tout au long des démarches pour faire l'unité de la plume. Sur le chemin il a été réalisé que pour les Etats en situation inquiétante comme les nôtres, parler le même langage, passe avant le reste. Notre action s'inscrit et sera demain surtout dans la direction du renforcement de la puissance libératrice des nations africaines toujours aux prises avec des jeux économiques et politiques étrangers inacceptables. La dette, la galopante détérioration des termes de l'échange dont nous parlons sans être écoutés, la création et le maintien des conflits régionaux déstabilisateurs, la lutte pour la liberté qu'il nous faut conduire jusqu'à son terme, tout cela nous interpelle.

« Mais il s'agit là d'une série de faits que vous connaissez mieux que moi, tant vous avez combattu pour améliorer les situations engendrées par ces faits. Encore étudiants plusieurs de nos devanciers ont utilisé l'encre et la plume comme des armes redoutables au service du combat pour la liberté. Il faut savoir en être fier et pouvoir fêter leur bravoure.

« Voici le terme de la première course ! Aujourd'hui justement commence l'aspect essentiel de l'épreuve. En effet, l'Association qui va naître maintenant, au prix de tant de difficultés, n'accomplira sa mission que dans la mesure où avec un pouvoir conquérant, un programme précis, elle réussira à s'intégrer dans le combat des nombreuses communautés que l'on tente de réduire au silence. Ce pouvoir spécial et nécessaire doit venir de l'assistance des Africains de toutes les raisons sociales : nations ou individus, cadres ou hommes et femmes simples, chacun ayant sa part à donner, chacun devant faire ce qu'il peut.

« Et me vient à l'esprit ce mot de Lamartine cité par un de nos hommes d'Etat: « Honte à qui reste sous la tente pendant que le peuple se bat pour la liberté ». Le propos traduit ici la certitude selon laquelle les écrivains ne sauraient appartenir à cette classe de dormeurs provisoirement heureux aux heures où l'honnête homme lutte dehors pour la souveraineté nationale, pour le respect du libre choix de son destin. Et nous enchaînons la note en proclamant que nous serons tous là avec les écrivains pour le succès de leur organisation. Je suis sûr avec une égale conviction, que vous serez toujours du côté de l'art, de la production littéraire au sens propre, portant en permanence les marques de la dynamique humaine.

« Hommes de culture, pour qui la civilisation modèle le contour des empires, vous êtes les compagnons fidèles de la vertu dans sa signification de rejet inconditionnel des mauvais traitements infligés ça et là aux hommes, d'où qu'ils soient, quelle que soit leur race ou leur croyance religieuse.

« Lorsque le philosophe écrit, je cite : « Tout peuple, de tout temps, a connu une forme de culture », il remet sur le plateau une question permanente depuis que des nations ont asservi des peuples entiers pour asseoir des empires. Et, chose connue, la plume a toujours contribué à montrer avec éloquence, avec charme et fermeté que « tout homme porte en lui la vocation d'être civilisé », c'est –à – dire la vocation de posséder un ensemble de valeurs matérielles et morales cardinales liées à sa langue, à son style de vie, à ses activités artistiques, à son cadre particulier de l'existence.

« Mais la justification d'une position aussi vraie et aussi naturelle n'a aucune chance d'être aisée. Il en est ainsi d'abord parce que rendre un si grand problème accessible à la majorité des consciences exige des vecteurs déterminés et efficaces comme les écrivains savent l'être souverainement ; ensuite parce que certaines individualités ou communautés entières se sont toujours employées laborieusement, tristement et toujours à faire voir les choses d'une manière différente. Le but dans ce dernier cas étant de servir des choix subjectifs, de frayer une piste à la force des idéologies chargées de passion pour dominer des peuples.

« En disant ceci, ma mémoire retrouve le rôle et le rang distingués de l'intelligentsia africaine au moment où la lutte pour l'autonomie exigeait génie, courage, énergie et persévérance. Le combat pour la souveraineté nationale a connu ses moments de tumulte et de désaccords fracassants. Sur ce chemin, les résistances négatives des plus sordides ont été assaillies, brisées et vaincues par les combattants de la liberté ; et sur le front, la plume était en peloton de tête. Comme toujours, notre vigilance fut et reste en éveil permanent ; c'est un devoir lourd mais une agréable mission.

« Mesdames et Messieurs,
En attendant de voir totalement et correctement la signification des nouveaux développements des affaires mondiales, la sagesse semble prévaloir aujourd'hui, partout dans le monde. La guerre froide, si elle n'est pas totalement finie, on est certain que ses forces sont atténuées. Les chances de paix sont, sinon définitives, du moins accrues. Les foyers de conflits et de crises diminuent et l'espoir de la Planète repose fermement, avec plus de garantie, sur leur disparition complète. Pourvu que de nouveaux retournements, n'agitent plus les relations internationales de façon inattendue, à partir de réactions imprévues, sur la base de calculs subjectifs

exagérés qui seraient fondés sur l'aventure de quelques individus inconscients.

Il ne nous échappe pas non plus que la scène des mauvaises orientations ne reste jamais vide. Les combats, pour cela, sont permanents, toujours actuels, et toujours ravageurs aux yeux des mauvais esprits. Au nombre de ces luttes inhérentes à la nature des relations actuelles, il y a l'effort pour l'instauration et la défense de la démocratie vraie, justement parce que les ennemis de ce système sont nombreux et aussi déterminés que ses défenseurs. Ils opèrent à plusieurs carrefours, souvent sans se laisser voir, et c'est en ce moment qu'ils deviennent plus dangereux. Tout en parlant de la démocratie ils cultivent et pratiquent la dictature, la torture physique ou morale, l'intolérance et la violence. Des enfants, femmes et vieilles personnes sont victimes de leurs manœuvres indéfendables. L'écrivain ne peut voir cela et rester les bras croisés. Il lui faut prendre position. C'est pour cela que notre option à cet égard doit être exprimée avec force à la face de tous et à toutes les occasions comme celle-ci.

« Aujourd'hui, chaque nation libre devrait disposer de son système de démocratie après tant de siècles passés à tourner et retourner ce terme dans des considérations et rhétoriques politiques ou philosophiques. La démocratie a des forces universelles mais elle porte en chaque lieu des notes caractéristiques de civilisations propres.

« Les personnes qui parlent sans répit de la démocratie sont de ce fait, très nombreuses. Plusieurs d'entre elles s'en occupent sans conviction et ne cessent de présenter à son sujet des formules embellies, sans intérêt, nécessairement négatives. Derrière la tête de ces dernières, on perçoit la volonté à peine voilée de saper le pouvoir du peuple qui devrait être exercé librement par le peuple et pour le peuple seul, mais avec divers contours. Et souvent cela arrive dès que les intérêts des meneurs de la scène sont menacés, même à juste titre ; parce qu'ils trahissent le peuple en lui disant de très belles paroles, jusqu'au jour où ils seront découverts tels qu'ils sont, c'est -à -dire des êtres chargés de brutalité et de mépris pour l'homme.

« En tant que valeur stricte, supérieure, ou on croit en la force de la démocratie, ou on s'y oppose. Entre les deux alternatives aucune autre n'est possible. Lorsque la force brutale s'abat sur la société, le nombre des sans voix croit et leur silence exprime les ravages de la tyrannie qu'il faut combattre.

« En Afrique, nombreux sont ceux qui pensent que la démocratie peut être importée comme cliché figé, comme une marchandise venue de l'autre côté des océans, avec une valeur constante. Non ! Ceux-là n'ont par raison. Autant il existe un socialisme au sens de Marx, Engels ou Mao, ce qui n'exclut pas de larges zones d'imbrications avec celui-ci, autant la démocratie revêt des aspects spécifiques propres au continent noir par exemple. Pour l'exercer avec tout l'intérêt désirable, il suffit d'avoir la détermination et la tolérance dont nos ancêtres et grands parents ne se sont jamais départis, même aux instants les plus désagréables, engendrés par les confits territoriaux ou autres. Personne, mieux que les écrivains africains ne peut défendre efficacement les valeurs démocratiques traditionnelles de l'Afrique sur la voie de l'intégration à la puissance internationale de la démocratie en prenant en compte les dynamiques de l'africanité.

« Nous sommes, quant à nous décidés à contribuer à instauration du pouvoir réellement entre les mains du peuple en Guinée et dans toutes ses options africaines, c'est–à–dire dans le respect de nos valeurs authentiques de civilisation mais aussi dans le respect des autres expériences constructives du genre. Nous défendrons ce choix jusqu'au bout, jusqu'au moment où le peuple africain exploitera judicieusement les libertés qui lui sont assurées par ceux de ses fils pleinement soucieux de son devenir. Voyez-vous, ici comme sur d'autres situations, les préoccupations des uns et les nôtres se rejoignent. Il nous reste, à le comprendre convenablement et à faire ensemble le bon chemin dans l'harmonie. Les Africains et leurs leaders attendent beaucoup de leurs hommes de l'esprit. Ils pourraient être exigeants tant la foi en leur action est solide.

Nous sommes sûr que la Jeune Association qui arrive aujourd'hui répondra promptement et efficacement à l'attente commune dans la défense des intérêts et de la personnalité de ce continent dont le dos a porté trop de mauvaises charges. Aujourd'hui nous sommes condamnés à lui faire reprendre sa juste place au soleil, sur la liste des nations souveraines. Nous devons donc tous poursuivre la lutte dans cette direction.

« Il n'y a pas de doute que, comme nous l'avons dit, les écrivains combattent énergiquement les fléaux résultant de la mauvaise présence des attitudes importées sur le continent. Ils s'opposeront absolument au racisme, à l'apartheid, cette inégalité que le démon veut être de droit et de fait, une injustice instituée en Afrique du Sud et destinée à assurer la suprématie de la minorité blanche sur la majorité noire.

« Notre action emboîtant le pas à celle de l'OUA, contribuera, nous en sommes sûrs, à la sauvegarde des valeurs universelles partout et dans tous les domaines. Aujourd'hui, aucun pays ne saurait s'isoler, se couper des autres Etats sans inconvénients destructeurs. Le monde est un tout. Aucune grande cause ne saurait ignorer cette vérité première sans risque d'échecs retentissants dans les projets nationaux les plus sérieux, dans les programmes communautaires ou individuels les plus garantis.

« Les écrivains africains, riches d'une longue expérience, orale et écrite, faite de sagesse et d'amour, n'emprunteront pas la mauvaise piste. Ils intégreront harmonieusement les efforts louables des autres nations dans la recherche d'une culture universelle où aucun type de société n'aura un droit de monopole, quel que soit sa puissance matérielle, son équipement en armements les plus sophistiqués. Maintenant, le monde écoute, le monde suit et attend de voir de quoi sera fait l'avenir de notre association. Maintenant que le contient va être doté de ce puissant instrument au service de la préservation de nos valeurs chères, au service de la compréhension entre les peuples, au service de la justice et de la paix, il nous teste à donner une autre fois la preuve de la solidité de notre pensée et de la validité des philosophies africaines dont nous devons renforcer la puissance et les perspectives dans le combat pour la liberté et la grandeur.

« Les écrivains d'Afrique ont choisi de venir à Accra, ce haut lieu des moments historiques pour nous tous. Je ne saurais terminer ce message sans saluer avec la plus grande déférence ce glorieux peuple, cette grande nation dont les engagements pour l'Afrique sont au nombre de faits marquants de la seconde moitié du siècle qui finit. A ce sujet, je ne vous apprends rien. Pour ceux d'entre nous à qui l'histoire n'a pas encore tout dit, peut-être parce qu'ils sont encore trop jeunes, il suffit de voir le prix payé par le Ghana pour abriter la présente rencontre. Qui oubliera jamais la puissance de la pensée du Docteur Kwamé N' Krumah dans son attachement à notre continent ? Il n'est plus de ce monde mais, avec la foi et la conviction, il a combattu les bons combats. Nous le savons. Il faut l'enseigner aux générations plus jeunes. Comme quoi on n'a pas vécu pour rien lorsqu'on s'est battu pour son peuple. Je joins humblement ma voix à la vôtre pour louer les sacrifices consentis pour la communauté des écrivains, par les uns et les autres, africains ou non, principalement par la République du Ghana.
« Plein succès aux travaux du Congrès constitutif de l'Association Panafricaine des Ecrivains. » Vive l'Afrique dans son unité.

Je vous remercie.

Accra le 11 novembre 1989

2- L'élection du Premier Conseil Exécutif Continental

L'élection du premier Conseil Exécutif intervient ainsi au cours du congrès constitutif tenu à Accra au Ghana, du 7 au 11novembre 1989, après ce message et d'autres interventions qui en marquèrent le début. L'Association des Ecrivains de Guinée avait pris une part active à la préparation de cette rencontre historique d'Accra et aussi à sa tenue dans la capitale ghanéenne. Ceci était possible pour nous Guinéens parce que nous étions fermement soutenus par le Président de la République et par le Comité Militaire de Redressement National. Mais aussi parce que la Guinée sait s'organiser pour les combats pour l'histoire. C'est un motif de fierté pour nous surtout lorsque d'autres nous le disent à l'étranger. Puis ce fut le tumulte pour les élections qui devaient mettre sur pied le premier Conseil Exécutif. C'était réellement dur d'arriver au résultat. Les appétits étaient nombreux et aigus. L'intérêt de la chose était puissant.

Avant le Congrès la délégation nigériane s'était montrée très intéressée à arracher le poste de Président du Conseil Exécutif de l'APAE. Probablement pour préparer les esprits à ce résultat l'ambassadeur de Lagos à Accra avait aidé la délégation du géant de l'Afrique à organiser un dîner dans un grand hôtel de la capitale ghanéenne où presque tous les délégués africains furent invités. C'était dans un prestigieux restaurant de la place. Lagos n'étant pas loin d'Accra des missionnaires firent plusieurs tours entre ces deux capitales pour faire circuler les messages dans les deux directions. Le président Babangida suivait personnellement le dossier et son ambassadeur à Accra ne dormait peut-être pas beaucoup.

Okai soutenait visiblement la candidature du Nigeria. La forme qu'il mettait pour le faire ne plaisait pas aux délégués de l'Afrique de l'Ouest. Des désaccords se préparaient qui commençaient à m'inquiéter. Cette tension devint apparente autour d'une table à l'hôtel Shangri-La où Okai se rapprochait de notre ami commun le Docteur Femi Osofisian, chef de la délégation du Nigeria, Professeur à l'Université d'Ibadan et enseignant également dans une autre université à Londres ; un anglophone parlant un excellent français. Mais tous les délégués de l'Afrique de l'Ouest suivis par la majorité de ceux des autres Etats tenaient fermement à mon nom.

Comme le ton montait, je dus me retirer de l'hôtel Shangri-La pour laisser les jeux se jouer sans moi. Et puisque l'affaire devenait sérieuse le Président

John Jerry Rawlings chargea Justice Annan d'intervenir pour régler de la meilleure des manières le différend qui s'installait. Celui-ci, accompagné du Docteur Ibn Chambas, le 9 novembre, rencontra les deux parties au « Kwamé N'Krumah Centre » pour rapprocher les positions. Le Président Rawlings sait que son envoyé est un négociateur adroit. Il donna une preuve de plus et mit plusieurs heures pour régler le problème. Mais il le régla tout de même en soutenant la position de l'écrasante majorité des délégués. Comme tout bon N'Krumahiste, il le fit plus en Africain convaincu qu'en Ghanéen puissant de la force du pouvoir que Rawlings lui donnait.

L'histoire avait ainsi décidé en ma faveur. Je ne m'y attendais pas. Le 11 novembre 1989 la BBC mentionna la situation momentanément conflictuelle dans la salle, et ce, au cours de ses émissions, en insistant sur la tension qui régnait dans les couloirs du « Kwamé N'Krumah Centre » comme un tournant pouvant tout remettre en cause. Ces commentaires devenaient inquiétants pour certains. Mais il n'y eut rien de bien grave. Plus de crainte que de mal. Les écrivains refusèrent de se perdre. Ils se rassemblèrent rapidement pour regarder de la même façon dans la même direction.

D'autres Etats d'Afrique centrale et Australe voulaient eux aussi du poste de Président. Avec, il faut le reconnaître, une moindre insistance par rapport au Nigeria. La Guinée jusqu'à la dernière minute, n'avait pas de visée particulière à ce sujet. Je le répète. Mais dans les couloirs du congrès et dans tous les hôtels où étaient descendus les délégués, principalement ceux hébergés au « Continental Hôtel », un établissement qui date lui aussi du temps de N'Krumah, devenu aujourd'hui « Golden Tulip » d'Accra, les délégués avançaient des noms, discutaient entre eux. Certains parmi les animateurs des débats étaient même très chauds.

La veille du jour des élections, l'atmosphère était carrément tendue. Et les déplacements toute la nuit, étaient nombreux entre les grands hôtels (Ambassador Hôtel, Novotel Accra, Continental Hôtel...). Ceci était d'autant plus dangereux qu'au même moment une sorte d'alerte était visible côté militaire dans les rues de la capitale ghanéenne. A certains points de la ville et à certaines heures de la nuit, on voyait des blindés. Mais c'était plutôt pour des raisons nationales, non liées directement au cas des écrivains. Nous n'avions rien à craindre en tant que participants au congrès.

Ce 11 novembre 1989 à 12h 55 mn, l'Association Pan-Africaine des Ecrivains, en Anglais, Pan African Writer's Association (PAWA), était née et 32 pays signèrent directement sa charte et ses statuts. D'autres le firent plus tard comme le Congo arrivé en retard ; d'autres encore ne se sont pas encore prononcés comme le Maroc qui dût consulter Sa Majesté le Roi Hassan II. Mais ce groupe fut, en nombre, insignifiant. Le Maroc s'abstint de signer le texte le premier jour pour protester contre la présence dans la salle de la délégation de la République Arabe Sahraouie en guerre contre Rabat pour son indépendance. Et nos longues démarches auprès de ses délégués furent vaines.

Une résolution fut présentée en ces termes :

3- La Résolution du Congrès Constitutif de l'APAE

Convaincus que la littérature est le témoignage de la créativité d'un peuple, et qu'elle a une influence déterminante sur le développement de la conscience nationale pour la libération politique et socio-économique du continent ;

Désireux de contribuer à la revalorisation de l'identité culturelle africaine en cultivant le Pan-africanisme et la lutte contre toutes les formes de discrimination raciale ;

Conscients de la nécessité d'une coopération entre les écrivains africains et le monde pour briser les barrières de la langue et promouvoir les différentes cultures au niveau du continent en les développant ;

Conscients de la nécessité de défendre les droits légitimes, surtout le droit à la liberté et à la protection des écrivains dans une organisation indépendante et autonome, creuset de dialogues et de culture ;

Engagés à promouvoir la paix dans le monde à travers la libération des peuples opprimés, nous, participants au Congrès Constitutif de l'Association Pan-Africaine des Ecrivains, estimons :

1- Qu'avec la tenue des élections en Namibie en vue de l'assemblée constituante, les Nations du continent africain et du monde entier doivent renforcer leur détermination à aider la Namibie à obtenir le statut de Nation à part entière sans compromis aucun.
2- Que le fort courant de changement qui balaie toute la surface de la Planète doit être accepté par toutes les Nations de bonne volonté pour que par ses effets salutaires, il contribue à l'élimination totale de l'apartheid, et à la restauration de la liberté et des droits de tous les Noirs de l'Afrique du Sud.

3- *Que les gouvernements africains doivent reconnaître et accorder leur soutien total aux Associations des écrivains de leurs pays, et également à l'Association Pan-Africaine des Ecrivains, pour permettre ainsi, à cette jeune organisation de s'épanouir et d'atteindre ses nobles objectifs et son but qui est, la libération de l'esprit.*

Nous, participants au Congrès Constitutif de l'Association Pan-Africaine des Ecrivains, nous engageons à :

1. *Rechercher et défendre rigoureusement la liberté d'expression créative pour tous les Africains, et sauvegarder les intérêts matériels et spirituels des écrivains africains et de leurs Associations.*
2. *Promouvoir la paix et la compréhension en Afrique et dans le monde entier à travers la littérature.*
3. *Encourager l'utilisation des langues africaines dans la promotion de la littérature et la libération des mentalités.*
4. *Mener une guerre totale contre l'analphabétisme en Afrique et assurer son élimination complète du continent africain et de la diaspora en l'an 2000.*

Accra, le11 novembre 1989

Le Congrès

Ce texte fut suivi de la proclamation solennelle de l'Association Pan Africaine des Ecrivains libellée comme suit :

4- Proclamation marquant la création de l'APAE

Nous, écrivains africains, réunis en Congrès Constitutif à Accra au Ghana, du 7au 11 novembre 1989, guidés par l'esprit de l'unité africaine et en présence des écrivains de tous les continents, proclamons, solennellement la constitution de l'Association Pan-Africaine des Ecrivains (APAE).

Cette proclamation signée par les Chefs de délégations de toutes les Associations de l'Afrique et autres écrivains présents est le témoignage de cet événement historique pour la liberté, la dignité et l'unité de nos peuples.

Fait à Accra le 11 novembre 1989

Le Congrès

5- Motion de remerciements

Nous, participants du Congrès Constitutif de l'Association Pan-Africaine des Ecrivains, tenu à Accra du 7 au 11 novembre 1989.

Exprimons notre sincère gratitude au gouvernement du PNDC et au peuple de la République du Ghana pour avoir accueilli et soutenu le Comité Préparatoire International (CIP) de 1987 à ce jour et aussi pour avoir abrité cet important Congrès qui a donné naissance à l'Association Pan-Africaine des Ecrivains (APAE).

Exprimons notre profonde reconnaissance à tous les gouvernements des Nations membres pour leur inestimable soutien à la création de l'Association Pan-Africaine des Ecrivains.

Exprimons, notre gratitude au gouvernement et au peuple de la République de Guinée, à l'OUA, à l'UNESCO, à l'organisation de Libération de la Palestine, à la CEE, à l'URSS, et aux autres Organismes et Organisations qui ont, par des apports divers, contribué à la création de l'APAE lors de ce congrès historique.

Exprimons, enfin notre reconnaissance à l'Association des Ecrivains du Ghana pour tout ce qu'elle a accompli pour faire de ce Congrès un événement inoubliable dans l'histoire de l'Afrique et du monde.

Fait à Accra le 11 novembre 1989

Le Congrès

6- Extraits du Discours de remerciement du président élu

L'élection du Bureau du Conseil Exécutif était pour l'après-midi du même jour. Et je ne me souciais pas du tout de ce qui pouvait arriver d'autant plus que le 8 novembre au cours d'un entretien avec Okai j'avais décliné l'éventualité de mon élection comme Président. Les écrivains africains insistèrent malgré tout. Notre ami Bania Mamadou Say, Président de l'Association des Ecrivains du Niger et Gaoussou Diawara du Mali furent chargés de me rencontrer, mission à eux confiée par Bernard Dadié de Côte d'Ivoire en sa qualité de doyen des participants. Ils ne voulaient rien entendre sinon que de me voir accepter sans condition le choix de l'Afrique de l'encre et de la plume unie. Ils insistèrent en soulignant que face aux impératifs pour le continent, nul ne doit faire valoir son seul avis personnel…

Parlant donc au nom du doyen des délégués, l'écrivain et homme d'Etat ivoirien Bernard Dadié, mes deux hôtes ajoutèrent que je n'avais pas le choix parce que l'Afrique en avait décidé ainsi…Mon avis personnel, selon eux, devenait secondaire. Agissant dans cette direction sur proposition de la délégation algérienne conduite par le Professeur Mohamed Lakhdar Aek Saïhi, les délégués votèrent à l'unanimité pour moi. Ceux qui, trois jours durant avaient opté pour une position différente s'étaient ralliés sans difficultés à l'avis général.

Il n'y eut pas d'abstention. Plusieurs Etats absents dans la salle pour des questions de communication me firent parvenir des messages amicaux et leur appui. Après l'annonce de ce résultat toute la salle fut envahie par des gens de partout : délégués, observateurs, travailleurs du Kwamé N'Krumah Centre,…On chantait partout et on dansait sans cesse. L'ambiance était réellement celle d'une très grande fête. Je ne sais pas s'il me sera donné encore dans le reste de ma vie une occasion aussi solennelle, aussi émouvante. Homme tout humble comme je le suis, mais sachant à quel degré je tiens aux Africains et à leur devenir, ne serait-ce que dans mes prières, je voyais écrire des pages d'histoire. J'ai pensé à beaucoup de choses après cet événement historique. Je pense encore à plein de choses, notamment à la question de savoir quand est-ce que l'Afrique se prendra en charge de façon souveraine et complètement responsable ?

J'étais surpris par le fait car si je souhaitais être dans le bureau du Conseil Exécutif, je ne visais pas si haut, malgré les pronostics favorables qui, depuis longtemps, me parvenaient. Mais, avant d'accepter la proposition, ce qui me paraissait capital, et je dois le souligner, c'est que j'avais insisté pour que notre délégation puisse consulter Conakry par les moyens techniques de notre ambassade à Accra avant de céder au mouvement de l'enthousiasme et de la gloire. Avant d'accepter la proposition qui m'était faite, le devoir me commandait de me référer à l'avis de mon pays. La réponse du Président Conté fut rapide et oui. Elle nous fut communiquée par l'ambassadeur Dialé Dirus Doré, alors chef de la mission diplomatique guinéenne au Ghana. Et ainsi notre hésitation, de ce côté, était dissipée. J'étais du coup fort de la force de l'avais du peuple de Guinée. Je n'avais plus rien à craindre, je pouvais foncer. Je pouvais agir en toute liberté. C'est avec ce sentiment qu'au nom de la Guinée, de l'AEG et en le mien propre, je pouvais dire un mot de remerciement à mes frères et amis qui venaient de me faire confiance et donc confiance à mon pays, la patrie du Président Sékou Touré, celle du

Non au Général de Gaulle préférant la liberté, même dans la pauvreté, à l'opulence dans la servitude.

Le Discours de remerciements du Président nouvellement élu de l'APAE

Dans le bref propos pour saluer la fraternité et l'amitié de ceux qui venaient de nous les manifester, j'avais dit notamment ceci :

« ...Merci pour la confiance toute gratuite qui vient de nous être faite, à nous Guinéennes et Guinéens.

« Mes amis présents sur ce podium, élus aujourd'hui par ce majestueux congrès, réalisent pleinement que vous avez droit à une reconnaissance qui doit être dite avec force, tant votre choix relève de l'amitié et de la confraternité africaines les plus profondes.

« En ce qui me concerne, il n'y a pas de doute que ce qui vient de se produire est l'expression d'une sympathie, d'une foi et d'une considération qui s'adressent d'abord à mon peuple, le peuple de Guinée. Je vais jusqu'à croire que votre option de ce soir traduit cette reconnaissance que vous faites aux Guinéens pour leur attachement à l'Afrique, pour leur attachement aux valeurs anciennes et actuelles que vous hommes de la plume, adorez avec la puissance du conquérant, avec la détermination que commande le respect de la dignité qui vous est chère, que vous défendez aujourd'hui ; que vous défendrez demain et toujours.

« Je puis vous assurer que la République de Guinée, fidèle à ses engagements traditionnels sur la voie de la défense de la liberté, de l'honneur de l'Afrique, ou de la défense des vertus de l'homme tout court, saura mériter la fraternité que vous attachez à son peuple. Et ses écrivains seront toujours, sinon en peloton de tête, du moins dans le chaud du combat pour le succès de l'Association Pan-Africaine des Ecrivains que nous venons de créer, pour la défense des cultures africaines et pour le salut de l'homme universel.

« Ce que je viens de dire de mon pays et de mon peuple est vrai, même plus vrai des Etats africains et des peuples d'où nous viennent les autres confrères membres du Conseil Exécutif que vous venez de mettre sur pied. C'est là une des nombreuses expressions de la communauté de destin des nations du continent. Il y a devant nous des combats. Nous devons les mener ensemble ; et je suis sûr que nous vaincrons à la seule condition d'être ensemble dans l'unité et dans la persévérance.

« Rien, personnellement, ne nous distingue de vous sur le plan des valeurs morales, spirituelles et sur le plan des compétences de tous ordres ; cela veut dire que le choix qui vient d'être fait ne nous transforme pas magiquement en super hommes, ni même en dirigeants particuliers ; mais il fait de nous simplement des messagers, des serviteurs de la cause de l'Afrique unie dans le cadre de la plume refusant la servitude pour l'égalité entre les hommes. Nous serons vos serviteurs et nous combattrons dans le sens du chemin que vous avez choisi en faveur de l'être libre et confiant en l'avenir. Pour payer le prix de la liberté, nous serons toujours présents dans les rangs.

« Vous avez voulu de nos humbles services pour porter aux quatre coins du monde le message d'amitié et de fraternité des civilisations africaines sur le double plan de la plume et du verbe.

« Puisse Dieu donner à nous tous, aux uns et aux autres la santé, la force et les moyens de réaliser notre ardent souhait.

« Nous sommes décidés aux côtés des nations et des dirigeants engagés sur la voie des bons choix, à dire clair, sans passion, que l'Afrique ne sera plus la chose des autres , que nous travaillerons pour qu'elle soit un partenaire solide et lucide sachant se tenir à sa juste place, sans heurter celle des autres. Cela veut dire que nous sommes d'accord avec les personnes qui proclament que l'Afrique fera tout pour garder sa place dan la chaine des nations. Elle ne perturbera aucune position avec les personnes qui proclament que l'Afrique fera tout pour garder sa place dans les rangs des continents libres attachés à la démocratie. Oui, notre région ne perturbera aucune position d'équilibre chez les autres à supposer qu'elle puisse entreprendre une telle aventure. La recherche de la juste place de l'Afrique, vous savez, Mesdames et Messieurs, cela commence par la conscience du fait que les africains sont condamnés à s'entendre et qu'ils n'accepteront plus la soumission et la domination. Il revient au même de dire qu'ils sont tenus de s'engager à faire l'économie et la politique de leur volonté, en rapport avec les hommes chargés des grandes missions d'aujourd'hui, dans un monde où certaines puissances sont encore attachées à faire tout pour noyer définitivement les Etats qui refusent de se soumettre à la nouvelle domination.

« Là-dessus, les écrivains africains ont et auront toujours des choses claires à dire ; plusieurs messages précis à communiquer. Et parce que je suis certain que leur voix de citoyens arrivera en tout lieu, en toute circonstance, renforcée par la dynamique de leur encre, le succès sera en permanence avec cet engagement. Leurs messages porteront toujours, et le succès sera au rendez-vous.

« Héritiers de Kwamé N'Krumah, de Senghor, de Césaire, de Nasser, de Sékou Touré et de tous ces illustres combattants de la liberté, ils travailleront sans cesse pour le vrai développement culturel en Afrique et refuseront de la façon la plus ferme, avec énergie, les nouvelles et nombreuses formes d'asservissement des peuples et des nations dans les relations combien impétueuses du siècle qui finit.

« Le monde tourne, tout le temps, et en même temps qu'il montre des héros, des victimes tombent sans cesse. Aujourd'hui, la civilisation enregistre çà et là des bouleversements où les systèmes d'hier voient s'évanouir au grand jour les aspects négatifs de leur orientation. L'histoire est faite de sélection. Il faut être du bon côté. Il faut choisir la bonne route. Et je crois que ce que nous venons de faire à Accra est conforme à cette option.

« Et les voix jadis silencieuses se félicitent des changements positifs, car, lorsque la négation des forces positives sombre dans les abîmes creusés par la raison les vertus renforcent leur position pour grandir les exemples de dignité, d'indépendance et de bons combats. Mais ce qu'il plaît aux hommes sages de relever, c'est qu'au moment où le vent souffle dans une direction, avec toute son énergie, il est nécessaire de se saisir correctement des instants de légère accalmie pour retenir et empêcher les arbres nourriciers de tomber. La liberté ne doit jamais tomber. L'indépendance doit être défendue. La démocratie doit être renforcée.

« Il n'y a pas de système politique ou économique entièrement négatif, tout comme il ne saurait exister de régimes positifs au sens absolu, justement parce que tout est produit de l'homme artiste, l'homme créateur doué de qualités particulières d'imagination et de création. Mais malheureusement l'homme est imparfait ; son œuvre échappe à la perfection pure. Et c'est au moment des choix dans le tumulte que les sociétés et les hommes se distinguent les uns des autres suivant qu'ils s'orientent bien ou mal. Certains perdent leur contrôle, d'autres se maîtrisent. Ils ne mélangent pas les paramètres qui ne doivent pas l'être pour déterminer les bonnes routes.

« J'arrive avec cette remarque, à saluer l'esprit de ceux qui, nombreux et depuis longtemps ont déclaré et défendu le fait que les options de l'Afrique doivent être africaines, que les soubresauts des tempêtes qui agitent le monde sont une occasion pour les Africains de réfléchir afin de ne pas renoncer à la souveraineté sous le coup des besoins, quels qu'ils soient. Mais il faut accepter les autres dans leur diversité et ne pas refuser de coopérer. Aujourd'hui, on ne peut pas progresser seul. Mais il faut savoir faire la différence entre l'ami vrai et le faux ami qui guète des occasions inavouées pour tromper.

« Je suis sûr que les écrivains du continent ne seront jamais détournés de leur mission de ne faire que la bonne politique pour les peuples. Ils iront partout où il faudra aller pour que la liberté soit une vérité, pour que l'indépendance ne reste pas un vain mot sur papier. Ils travailleront pour que l'honneur de l'Afrique ne soit plus troqué contre la richesse au profit de minorités insatiables et inconscientes parce que bénéficiaires de circonstances voulues par Dieu le Créateur à certains carrefours.

« Je sais également que l'Association que nous venons de mettre sur pied n'ira pas en guerre contre des systèmes qui construisent. Son rôle est de bâtir et non de saccager en entremettant les bons penseurs. Mais elle travaillera pour que le producteur et la production littéraire africaine soient défendus. C'est là une tâche complexe et délicate. Mais soyez assurés qu'elle sera accomplie avec calme, patience et irréductiblement. Avec vous sans aucun doute et avec nos amis d'Afrique et de par le monde.

« Vous venez d'adopter des statuts pleins d'engagements ; soyez également convaincus que tout sera mis en œuvre, en relation avec les personnes qui connaissent et respectent la culture, pour la communication conforme du message que ces statuts contiennent, pour que la victoire soit au bout du compte.

« Encore une fois merci pour votre amitié, merci pour votre choix, merci pour votre patience, merci pour tous vos efforts ayant abouti aux résultats que nous fêtons ce soir. L'Afrique nous accompagne, je le sais. Et vous le saviez avant moi.

« Vive l'Afrique intégrée aux forces qui bâtissent l'humanité dans la vraie coopération internationale !

« Vive la liberté pour que vive la paix et la démocratie.

Je vous remercie.
Charles Pascal Tolno
Président élu de l'APAE.

Avant notre sortie de la salle du congrès toutes les grandes radios du monde avaient déjà diffusé les résultats des élections à l'exception de la BBC qui ne le fit que le 12 novembre. L'euphorie était grande, je le répète, et j'avais dû changer d'hôtel la nuit pour prendre un petit repos et attendre le lendemain en forme, car je savais que j'allais recevoir de nombreuses félicitations des amis de partout. Nous en avions reçu par téléphone, par télex, par télégrammes et surtout de vive voie. Mon hôtel, le Novotel d'Accra, fut envahi peu de temps après par de nombreux sympathisants. De nombreux amis qui, personnellement, tenaient chacun à me serrer la main.

Le Bureau du Premier Conseil Exécutif de l'APAE comprenait en plus du Président : cinq vice-présidents correspondants aux cinq sous-régions africaines (Nord, Ouest, Est, Centre, Australe) ; un Secrétaire Général et son adjoint, un Trésorier. Le Conseil Exécutif est donc composé comme suit : Charles Pascal Tolno, Guinée (Président) ; Mohamed Lalhdar A. Saihi, Algérie (Vice-président pour l'Afrique du Nord) ; Dr Femi Osofisian, Nigeria, (Vice-président pour l'Afrique de l'ouest) ; Madame Perina Muhando Mlama de Tanzanie (Vice président pour l'Afrique Orientale) ; Xavier François Muyarugero du Rwanda (Vice-président pour l'Afrique Centrale) ; Atukwei Okai du Ghana Sécretaire Général), Mamadou Traoré Diop du Sénégal (Secrétaire Général adjoint) ; Bania Mahamadou Say du Niger (Trésorier).

La Guinée durant deux jours, était décidément à l'honneur. On avait chanté notre musique dans la salle, salué notre pays et son peuple pour leur combativité.... Certains délégués étaient allés jusqu'à lier l'événement à la lutte pour les indépendances, lutte pour laquelle la Guinée joua le rôle positif et décisif que chacun connaît : le " non historique au Général de Gaulle" qui stimula fortement l'accès à l'indépendance de tout un continent. La radio et la télévision ghanéennes n'avaient rien manqué. Elles avaient dit beaucoup de bonnes choses de la République de Guinée où le Docteur Kwamé N'Krumah fut co- Président avec Ahmed Sékou Touré après le malheureux coup d'Etat qui renversa son dynamique gouvernement.

Après l'événement du 11 novembre 1989, je sentis dès le lendemain au matin que pour moi plus rien ne pouvait être comme avant. Au sortir de ma chambre N° 403 de mon Novotel Accra où j'avais déménagé depuis le 3 novembre à partir de la chambre N° 103 de mon hôtel de toujours « l'Ambassador Hôtel », je compris qu'une jeune Ghanéenne avait été chargée de s'occuper de moi en permanence, au titre du protocole d'Etat. Elisabeth Owusu Amaniampong, de mère Ghanéenne et de père Britannique, s'appliqua au maximum du 12 au 17 novembre 1989 dans cette mission. Elle m'expliquait tout et m'assistait dès que c'était utile. Mais dans cette manifestation grandiose de joie, le refus de la délégation marocaine de signer la charte me dérangeait discrètement quoique leur délégué prit une part active à la fête qui suivit les élections. Il prit part aux opérations de vote pour le Conseil Exécutif mais tout s'arrêta là pour lui.

E- Après le Congrès

1- Ils saluent l'APAE

La création de l'Association Pan-Africaine des Ecrivains fut un événement considérable, salué par des hommes d'Etat et des figures de culture de renom, aussi bien du domaine de la culture que de la vie politique et sociale.

Nous publions ici quelques extraits de leurs réactions :

« J'ai bien reçu la note de présentation de l'Association Pan-Africaine des Ecrivains (APAE) et la lettre par laquelle vous m'avez adressé les vœux aimables à l'occasion du Nouvel An, au nom de vos sociétaires comme en votre nom personnel.
Je vous en remercie chaleureusement. Croyez-bien que j'ai été particulièrement sensible à ce geste et voudrais en retour vous exprimer les souhaits les plus ardents et les plus sincères de bonheur et de paix absolue que je forme à l'intention de tous les membres de votre Association ».

Abdou Diouf
Président de la République du Sénégal

« Je voudrais vous assurer de ma constante sollicitude, et vous souhaiter plein succès dans l'accomplissement de votre mission ».

Général Moussa Traoré
Président de la République du Mali

« Il m'est particulièrement agréable d'apprendre la création de l'Association Pan-Africaine des Ecrivains. En effet, l'Afrique si riche de ses diversités, avait besoin d'une telle initiative qui est une pièce maîtresse dans l'édification de l'unité spirituelle du continent, laquelle traduit la nécessaire unité des peuples africains ».

El Hadj Omar Bongo
Président de la République du Gabon

« Je me réjouis de ce succès (constitution de l'APAE) tout à fait remarquable venu couronner cette rencontre (Accra), d'autant plus qu'il s'agit de servir la cause littéraire africaine, voire même universelle. Je vous prie de trouver ici l'assurance de notre collaboration la plus étroite aussi bien que de notre volonté d'adhérer à part entière à cette Association ».

Mme Sylvester Frichot
Ministre de l'Information de la Culture
et des Sports de la République des Seychelles

« L'existence d'une telle structure au plan continental contribuera à l'unité africaine et au développement littéraire et culturel de l'Afrique ».

Moustapha Ka
Ministre de la Culture du Sénégal

« Bravo ! Enfin la réalisation d'un rêve, que nous avons tous caressé depuis longtemps. Vous pouvez donc compter sur mon soutien moral et je suis à votre disposition pour vous apporter ma modeste contribution à l'essor de l'organisation ».

A. Jacques Rabemananjara
Ecrivain, Présence Africaine Paris

« Félicitations pour cet grand acquis. Vous avez réalisé un précieux rêve. Je suis avec vous. Avec l'assurance de mes prières amicalement fidèles. »

Léopold Sedar Senghor
Poète et Ancien Président de la République du Sénégal
Membre de l'Académie Française

Au cours de la première réunion du Conseil Exécutif à Novotel Accra le 12 novembre 1989, je proposai qu'une délégation se rende à Rabat dès que possible pour rencontrer les écrivains et Sa Majesté le Roi. Cette tâche ne fut pas aisée et les ambassadeurs successifs du Roi à Conakry, quoique toujours aimables et souriants, ne facilitèrent jamais l'accomplissement de cette mission, comme si chacun d'eux redoutait les perspectives d'un reproche.

Tout ceci accompli, il ne restait plus qu'à agir pour avancer.

2- Les réunions du Conseil Exécutif de l'APAE

Une fois en place, le Conseil Exécutif se devait de concevoir une politique concrète et pratique, tenant compte des réalités, pour atteindre les objectifs de l'Association continentale. Il revenait aux réunions périodiques du Conseil de faire ces programmes et de trouver comment les mettre en pratique avec toutes les bonnes volontés.

Le contexte dans lequel il fallait et il faut encore évoluer est africain, c'est-à-dire fait de situations difficiles. Des guerres civiles font des ravages partout, des désaccords dans de nombreux Etats, des démocratisations mal conduites parce que axées sur la tribu et la corruption. Ainsi il a toujours été impossible de réunir le Conseil Exécutif dans les conditions prévues, c'est-à-dire les meilleures, avec le quorum des concernés. Aucun pays africain n'a payé sa cotisation pour faire fonctionner la structure de l'APAE. Donc tout à toujours été dur. Seul le Ghana et parfois la Guinée ont joué le jeu. D'autres fois des bonnes volontés et autres institutions internationales ont fait quelque chose. De façon ponctuelle et pas plus. Mais globalement les moyens ont manqué et manquent encore pour travailler aussi sérieusement que nous le souhaitons. Ainsi vont les choses en Afrique post-coloniale. Mais il faut tenir bon et changer la donne. Nous devons arriver à faire une Afrique qui tourne comme le reste du monde.

Ceci était déjà visible dès la première réunion prévue à Conakry en mai 1990. Trois membres seulement du Conseil sur neuf avaient pu payer de leurs poches leurs billets d'avion pour Conakry. Donc, faute de quorum, la réunion prit les dimensions d'une simple rencontre de commissions. Ainsi, du 30 au 31 mars 1990 au Palais du Peuple, à Conakry, se tint la première réunion annuelle de la commission de travail du Conseil Exécutif de l'Association.

Cette rencontre qui faisait suite au Congrès constitutif du 7 au 11 novembre 1989, avait regroupé des membres du Conseil Exécutif venus du Ghana, de Guinée, du Sénégal et des conseillers en grand nombre de Guinée (Pr. Niane Djibril Tamsir, Dr. Sikhé Camara, Dr. Paul Louis Faber, Fodé Lamine Touré, Ekwala Robert,...), du Burkina Faso (Maître Frédéric Pacéré Titinga), de Sierra Léone (Williams Conton) et du Mali (Gaoussou Diawara).

La cérémonie solennelle d'ouverture fut présidée par le ministre Saliou Coumbassa, alors en charge des Affaires Sociales et de l'Emploi qui, au nom du Comité Militaire de Redressement National (CMRN) et du Gouvernement guinéen avait souhaité une fraternelle bienvenue aux hôtes et exprimé la satisfaction des autorités guinéennes de voir se tenir la première réunion annuelle de la commission de travail du Conseil Exécutif à Conakry. Les participants avaient entendu deux autres allocutions prononcées par Charles-Pascal Tolno et Atukwei Okaï, respectivement Président et Secrétaire Général de l'Association Pan-Africaine des Ecrivains.

- Mon discours au Palais du peuple ce 30 mars 1990 (extraits)

« ...La présente réunion du Conseil Exécutif de l'Association Pan-Africaine des Ecrivains fait suite au Congrès Constitutif tenu à Accra au Ghana du 7 au 11 novembre 1989. Sa mission est de définir, de la façon la plus précise possible, les voies, méthodes et moyens d'action de la jeune organisation en rapport avec les statuts adoptés par ses membres fondateurs.

« Lorsqu'on sait que cette rencontre est la toute première de l'équipe mise sur pied par les écrivains africains et qu'elle est chargée de proposer une politique de coordination des activités de l'Association pour les trois prochaines années, alors on comprend le caractère historique et la dimension internationale des décisions qui, au cours de cette réunion, vont être prises à Conakry. Cela montre aussi l'importance des engagements de tous, gouvernements et institutions, écrivains, intellectuels, Africains et non-africains, mais amis du continent.

« Depuis plus de quatre décennies, les hommes de culture d'Afrique cherchent à créer un cadre communautaire de travail, une manière de regarder ensemble dans la même direction les problèmes qui se posent à eux, plume à la main, pour réduire les difficultés et montrer la valeur qu'ils attachent à l'unité en toute chose : unité nationale, unité continentale, unité dans les domaines les plus divers de la vie en relation avec le reste du monde et avec les autres secteurs.

« Après avoir cherché et trouvé enfin la longue et difficile voie qui nous a conduit aujourd'hui à ce niveau et en ce lieu, il reste à donner la preuve que nos devanciers et nous-mêmes n'avons pas fait tant de bonnes choses et dit tant de bonnes paroles pour peu ou pour rien. Le devoir nous impose de prouver que l'Association Pan-Africaine des Ecrivains qui vient de naître est un instrument de travail efficace au service de l'Afrique et que ses membres sont déterminés à produire les résultats les meilleurs, sans délai.

« Bien entendu, la course n'est pas de vitesse, elle est de fond. La piste pour l'avenir n'est pas facile, mais elle sera nécessairement passionnante, car devant être riche de promesses et de réalisations concrètes. Il faudra de la patience ; il faudra de l'effort. Mais il faudra surtout aller jusqu'au bout. C'est ce que nous avons promis à Accra en novembre 1989.

« Ce cadre de concertation contribuera à prouver, avec force, que l'Afrique a bel et bien une histoire, qu'elle a pris une part non négligeable à l'œuvre générale de civilisation de l'humanité et qu'elle est décidée, depuis longtemps, à occuper correctement sa place dans les relations internationales, en conformité avec le libre choix de ses fils. Dans ce monde où le dialogue des cultures est une nécessité, les forces africaines de civilisation ne seront plus étouffées et nos cultures seront débarrassées des clichés imposés. Elles ne s'encombreront pas des complexes inutiles, et gênants qui paralysent les dynamiques universelles de l'humain.

« En ma qualité de Président de l'Association Pan-Africaine des Ecrivains, je voudrais relever la disponibilité toute particulière de la République du Ghana qui a soutenu la naissance de l'Association et aussi celle de la Guinée pour son appui et le soutien au Comité International Préparatoire et aux Organisateurs du Congrès d'Accra de novembre 1989.

« Au nom des écrivains du continent, j'exprime ici humblement, mais sincèrement notre gratitude et nos vifs remerciements aux peuples et aux dirigeants des deux Etats.

« Notre gratitude va également à l'Organisation de l'Unité Africaine, à la France, à l'URSS, à la Palestine, à l'UNESCO, à la Communauté Economique Européenne, à tous ceux, connus ou nom, qui ont assisté de leur foi et de leur conviction, moralement et matériellement, cette entreprise de grand prix.

« Merci à tous ceux qui ont fait le déplacement de ce 30 mars 1990 pour honorer de leur présence la première réunion annuelle du Conseil Exécutif et particulièrement Son Excellence, Monsieur Saliou Coumbassa, ministre des Affaires Sociales et de l'Emploi qui, malgré un calendrier de travail chargé, a accepté de présider la présente cérémonie d'ouverture.

A nos hôtes étrangers, nous souhaitons la bienvenue et un agréable séjour à Conakry. »

Je vous remercie.

La parole fut donnée ensuite à Atukwei Okai et à Son Excellence Saliou Coumbasse. Puis les travaux débutèrent en commission.

Les participants suivirent ensuite avec une attention soutenue les rapports des six commissions de travail, mises sur pied, à savoir :

1ère commission : Maison continentale des Editions et des publications périodiques
2ème commission : Budget de l'Association Pan-Africaine des Ecrivains
3ème commission : Documentation et bibliothèque continentale
4ème commission : "Prix littéraire"
5ème commission : "Règlement intérieur "
6ème commission : "Foire Pan-Africaine du livre".

Après l'audition de ces rapports suivie de débats enrichissants, les participants portèrent des suggestions et amendements sur les différents documents qui furent soumis à la réunion suivante, du Conseil Exécutif qui se tint à Accra.

Les participants exprimèrent leur reconnaissance aux gouvernements, notamment africains, aux organisations et Institutions internationales pour leur soutien à l'APAE. Les travaux prirent fin après l'adoption d'un communiqué de presse et d'une motion de remerciements dont voici les textes :

- Communiqué de presse de la Commission de travail du Conseil Exécutif de l'APAE

Du 30 au 31 mars 1990, s'est tenue au Palais du Peuple, à Conakry, la première réunion annuelle de la Commission de travail du Conseil Exécutif de l'Association Pan-Africaine des Ecrivains.

Cette réunion qui fait suite au Congrès constitutif de l'Association Pan-Africaine des Ecrivains tenu à Accra du 7 au 11 novembre 1989, a regroupé des membres du Conseil Exécutif venus du Ghana, de Guinée, du Sénégal et des conseillers de Guinée, du Burkina-Faso, de Sierra-Léonne et du Mali.

La cérémonie solennelle d'ouverture a été présidée par Monsieur Saliou Coumbassa, ministre des Affaires Sociales et de l'Emploi de Guinée qui, au nom du CMRN et du gouvernement, a souhaité une fraternelle bienvenue aux hôtes et exprimé la satisfaction des autorités guinéennes de voir se tenir la première réunion annuelle de la commission de travail du Conseil Exécutif de l'APAE à Conakry.

Les participants ont entendu deux autres allocutions prononcées par Monsieur Charles Pascal Tolno et Monsieur Atukwé Okaï, respectivement Président et Secrétaire Général de l'Association Pan-Africaine des Ecrivains.
Les participants ont ensuite suivi avec attention les rapports des six commissions de travail mises sur pied par l'APAE, à savoir :

1ère commission : Maison continentale des Editions et des publications périodiques
2ème commission : Budget de l'Association Pan-Africaine des Ecrivains
3ème commission : Documentation et bibliothèque continentale
4ème commission : "Prix littéraire"
5ème commission : "Règlement intérieur "
6ème commission : "Foire Pan-Africaine du livre".

Après audition de ces rapports suivie de débats enrichissants, les participants ont porté des suggestions et des amendements sur les différents documents qui seront soumis à la prochaine réunion du Conseil Exécutif de l'APAE.

Les participants ont exprimé leur reconnaissance aux gouvernements, aux organisations et Institutions internationales pour leur soutien à l'APAE.

Conakry le 31 mars 1990.

- La Motion de remerciements de la Commission de Travail à la République de Guinée :

La Commission de travail de l'APAE réunie au Palais du peuple à Conakry, les 30 et 31 mars 1990, se félicite de l'excellent accueil réservé aux délégués des Associations membres.

La Commission tient à exprimer au CMRN, au gouvernement et au Peuple de la République de Guinée, ainsi qu'à l'Association des Ecrivains de Guinée, ses sincères remerciements pour toutes les dispositions prises en vue du bon déroulement et du succès de ses travaux.

Conakry le 31 mars 1990

La Commission de travail.

3- Les anniversaires de l'APAE

Depuis la naissance de l'association continentale des hommes de la plume, je fais à chaque occasion de l'anniversaire de cet événement important une déclaration qui passe, lorsque je le demande, sur les antennes de la radio et de la télévision guinéennes. Parfois certaines presses internationales et africaines en présentent les passages les plus significatifs.

Pour le 1er anniversaire mon message fut très bref. Toute la confiance m'habitait encore. Je me limitai au renouvellement des remerciements aux uns et autres, et aussi à l'expression de la foi en l'avenir pour accomplir notre large, pour ne pas dire ambitieux, plan de travail.

Le texte à l'occasion du 2ème anniversaire me parut très significatif dans l'ensemble de ces messages. A cette occasion j'avais écrit et dit à la presse notamment ceci :

« Aujourd'hui 11 novembre 1991, il y a exactement deux ans que les Ecrivains de nos Etats réunis à Accra, ont fondé une organisation continentale dénommée Association Pan-Africaine des Ecrivains .

« Cet acquis comme nous l'avons dit souvent est le couronnement d'efforts longs et soutenus, l'aboutissement de plus d'un demi-siècle de contacts, un rude cheminement qui a enregistré quatorze tentatives infructueuses. Sur la route on le sait, des hommes ont montré leur conviction, le peuple africain a cru et soutenu l'initiative et l'idée, à chaque fois.

« L'événement a produit l'effet que nous connaissons et la presse en a porté le sensationnel écho aux quatre coins du monde. Presque partout, on s'est réjoui, on a salué l'effort accompli et ceux qui respectent la culture ne pouvaient pas ne pas applaudir.

« Mesdames et messieurs, permettez-moi de vous rappeler à grands traits les objectifs et programmes tels que mentionnés dans le texte des statuts adoptés il y a deux ans en terre africaine et libre du Ghana. Je cite :

« La jeune organisation continentale veut :

1) être un forum pour tous les écrivains d'Afrique et pour ceux d'origine africaine qui restent attachés à la défense de notre dignité ;
2) encourager la création littéraire et artistique et la reconnaissance d'une seule organisation nationale des Ecrivains dans chacun de nos Etats ;
3) Rechercher et défendre avec force la liberté d'expression et les intérêts matériels et moraux des hommes de la plume pour que vivent la liberté et l'indépendance par tous les facteurs qui les renforcent ;
4) Promouvoir les moyens permettant de vaincre l'analphabétisme en Afrique ;
5) Favoriser l'insertion des œuvres littéraires de nos créateurs dans les programmes d'enseignement pour mieux faire circuler la pensée par l'encre et le crayon ;
6) Promouvoir fermement les langues africaines par l'écriture et par la tradition de ces langues.
7) Fournir les efforts qui s'imposent pour la récupération de l'héritage africain, perdu ou non découvert ; que ce soit sur le continent ou à l'étranger, dans les musées nationaux ou dans les bibliothèques du reste du monde ;
8) Stimuler la coopération entre l'Association et les organisations similaires ;

9) Contribuer, par la littérature, au maintien de la paix et de l'entente en Afrique pour que vive l'OUA, grande et prospère, et dans le monde pour que la coopération ne soit plus un vain mot, mais une réalité au service du vrai développement, une vérité où toutes les données nationales serons reçues, stimulées et jamais plus oubliées ;
10) Fonder une maison d'édition au service des productions africaines et autres
11) Créer un cadre élargi pour la diffusion des œuvres des écrivains africains par la mise sur pied d'une librairie et d'une bibliothèque continentale ;
12) Asseoir un large réseau structuré et réaliste de distribution des créations ;
13) mettre sur pied une Revue Panafricaine au service de la plume ;
14) assurer la protection des œuvres des écrivains africains en instituant des systèmes efficaces de droit d'auteurs ;
15) instituer des prix littéraire nationaux et continentaux ;
16) élaborer des programmes visant à qualifier nos créations littéraires.

« La matière d'œuvre de ce programme est l'esprit et la dynamique du devoir, c'est aussi la détermination à vouloir être un modèle de réelle bonne volonté, un modèle de bon choix et de soutien à la lutte des peuples, africains et autres, pour plus de justice dans le monde, pour plus de démocratie et de cohésion humaine. Cela équivaut à travailler pour plus de fraternité, plus de solidarité et d'attention vis à vis de nos semblables qui souffrent et dont, malheureusement, les peines ne nous dérangent pas toujours.

« Je veux parler ainsi des personnes qui n'ont jamais goûté réellement au plaisir de vivre correctement la vie et de servir la société à travers un emploi, c'est-à-dire des hommes et des femmes qui se battent quotidiennement sur des terrains stériles de la recherche du travail.

« Je pense aussi aux personnes qui ont perdu leur emploi et le recherche vainement à travers les secousses économiques qui caractérisent notre temps et que nous ne comprenons pas souvent. Les exigences du Fonds Monétaire International et de la Banque Mondiale les aveuglent. Les incompétences de certains dirigeants les bloquent. J'entends enfin avec une attention soutenue les pleurs de ceux qui, souvent, sont tenus par le désespoir et je vois les larmes des jeunes que la société africaine, dans ses calculs parfois brutaux et inconséquents, a abandonnés à eux-mêmes avec le souci de s'insérer obstinément dans des processus étrangers à nos styles, moyens et principes de vie.

« Ces damnés, nous le savons, sont en majorité sans éducation accomplie faute de moyens familiaux par-ci, faute d'organisation sociale appropriée par-là. Et nous les retrouvons très souvent blottis dans les coins de rue tels des objets inanimés, et ce, lorsque nous avons encore le temps de regarder leur infortune parce que nous- mêmes presque toujours sommes pris dans la tourmente de l'agitation quotidienne, à la recherche de solutions à nos problèmes dans lesquels nous sommes trop pris.

« Bref, je veux dire que notre Association est tenue de s'intéresser au sort de tous, des nantis aux déshérités ; surtout au cas de ceux- ci dont le nombre croit chaque jour en Afrique. Il faut le faire non pas pour décrire la difficile situation de ces derniers de la meilleure des manières, mais surtout pour contribuer à en trouver des solutions effectives de la meilleure des façons.

« Après 24 mois à la tête d'une telle organisation, nous vous devons, Mesdames et Messieurs, au nom du Conseil Exécutif, un bilan ou plus exactement le point d'une situation.

« Faute d'un bilan à proprement parler, parce que n'en n'ayant pas vraiment, c'est plutôt le point d'une situation que je souhaite vous faire ce soir en ces mots.

« Oui ! la tenue du congrès constitutif le 11 novembre 1989 est, à elle seule, l'aboutissement d'efforts importants donc un succès de combats pour l'Afrique. Là-dessus nous ne cesserons de rappeler que le Ghana et la Guinée, fidèles à leur option connue pour ce type d'exercice pour la lutte, sont venus en tête de la liste des Etats et institutions ayant accepté les engagements qui s'imposaient.

« Après la fondation de l'Association, c'est encore Accra et Conakry qui permirent au Conseil Exécutif de faire les premiers pas par leur aimable soutien.

« Accra a offert un cadre de travail aux personnes du siège technique qu'il abrite, c'est – à –dire un local, un domaine, des équipements de bureau, du matériel roulant et les salaires de départ. Puis il supporta en février 1990 le coût d'une session du Conseil Exécutif.

« De son côté Conakry, toute proposition gardée, fournit un effort semblable pour l'installation et le fonctionnement du cabinet du Président de l'Association dans la capitale guinéenne. La Guinée prit en charge l'organisation de la première session ordinaire du Conseil Exécutif en mars 1990.

« A cela s'ajoute les efforts de quelques personnes, morales et physiques, ayant volontairement contribué selon leurs moyens, à renforcer le soutien dont l'organisation a encore besoin.

« D'autres personnes ou institutions ont promis d'agir mais cela n'a pas donné encore de résultat concret ; leurs promesses autorisent – elles de plus grands espoirs ?

« La situation des membres du Conseil Exécutif dans ce contexte est d'autant plus inconfortable que nous étions déterminés à réaliser de grandes choses et très rapidement. Non seulement pour exprimer une volonté mais surtout pour relever des défis, pour montrer aux sceptiques que la dynamique africaine est bel et bien en marche dans le secteur qui est notre matière d'oeuvre.

« Les écrivains et hommes de culture du continent ont fourni trop d'énergie, physique et spirituelle, pour qu'après tant de combat l'acquis ne soit pas plus solide, plus dynamique,....à tous les niveaux. Le suivi sera sans doute difficile, mais il faut suivre la route.

« Aujourd'hui, et tout le monde le voit, l'Afrique est bouleversée dans le cadre d'une évolution qui, au départ avait tout pour être heureuse, c'est –à dire la marche vers la démocratie, vers le multipartisme ; une évolution qui apportera, nous en sommes sûre, plus de liberté aux Africains et leur donnera une présence forte sur les chantiers de l'avenir universel.

« Sur ce parcours, des urgences de terrain sont apparues là où nous attendions les appuis les plus fermes. Et les Etats sont presque tous prioritairement préoccupés par la recherche de la survie des gouvernements en place.

« Il est vrai que le même courant a renversé ce qui restait de féodalité dans plusieurs pays situés hors de notre continent. Il a terrassé des systèmes qui se réclamaient des choix du peuple mais qui ne l'étaient pas assez pour résister aux soubresauts des temps : ce processus a révélé des options maquillées mais en fait opposées au vrai développement. Il s'opposera encore demain aux volontés et aux choix de ceux qui bloquent le progrès et qui étouffent les valeurs de la liberté.

« En somme, l'ordre international, politique, économique et social, se transforme très vite dans le monde depuis 1958 ; il est loin de se stabiliser encore dans une direction ou une autre.

« Le Vieux Monde qu'est l'Europe se rajeunit. Il se renouvelle à grands pas dans la direction de la volonté communautaire. En 1992 l'Europe signa son acte de solidarité définitive. Son unité se précise et promet de grands résultats.

« L'Asie marque encore de nouveaux points vers les mutations qui consolideront sa personnalité et vers un développement vigoureux. La Chine s'est déjà éveillée et le monde est tenu de prendre en compte son immensité numérique et l'ingéniosité des Chinois.

« L'Amérique concrétise et consolide la force de sa position de seule superpuissance. Mais si elle veut le progrès de toute la civilisation mondiale, elle devra se réconcilier avec le reste de la planète.

« L'Afrique elle aussi se transforme. Elle se renouvelle et fait de petits pas vers le progrès et le développement. Elle tente de renforcer les bases de son indépendance économique. Mais en même temps, son évolution dans le cadre des nouvelles libertés montre des aspects inquiétants.

« L'Afrique risque en effet, par certains côtés, de prendre mal les virages du changement et de gérer celui-ci de la mauvaise manière. Elle risque d'aller ou trop vite, ou trop lentement et pas avec les moyens matériels et surtout moraux dont elle a besoin. Elle devra produire elle-même, par l'effort concerté de ses enfants, les ressources de son évolution souveraine. Elle doit trouver les moyens de ses nouvelles politiques.

« L'Afrique risque d'être dépassée par l'histoire si des précautions solides ne sont pas, rapidement, mises en œuvres, par les Africains et par leurs vrais amis. Mais surtout par les Africains eux-mêmes d'abord.

« Les systèmes très anciens, presque caducs, s'accrochent à la direction des affaires après avoir pillé les caisses publiques. Les peuples africains se débattent pour se saisir des bons moments et pour barrer la route à l'irréparable, c'est- à –dire au divorce total entre les pouvoirs au sens modernes (le législatif, l'exécutif et le judiciaire) et les peuples qui refusent le mépris.

« Dans tous les cas l'Afrique s'engage dans un tournant difficile et ce, après avoir été dominée et pillée, après avoir mal consommé le progrès réalisé par d'autres nations. L'Afrique doit-elle prendre tous les virages par le mauvais côté ?
Voilà une question qui se pose d'abord aux Africains. Si oui à quoi auront servi tous les combats des bons combattants.

« Dans le paysage international du présent, la situation du contient Africain, à tous point de vue est la moins bonne, la plus déplorable. Toutes les mauvaises notes sonnent très fort aux portes de ses filles et de ses fils : le poids de l'endettement, le chômage, la faim, les déséquilibres sociaux les plus profonds, les conflits inter-Etats, la criminalité, la guerre civile, les présences insidieuses et négatives des anciennes puissances coloniales dans les affaires nationales.

« Allons-nous être un jour totalement à la charge du reste du monde au lieu de contribuer à l'élaboration du progrès que nous aimons admirer tant ? Parce que nous n'aurons pas vu et pris le bon chemin.

« Le rappel de ces faits souligne le contexte dans lequel l'Association Panafricaine est née et doit évoluer. Des faits qui justifient des craintes et engagent des doutes quant au succès des programmes. Mais il ne sert à rien de nous décourager. Nous devons ouvrir les yeux et avancer ; avec vigueur et fermeté, avec sérénité. Notre rôle n'est pas de dormir. Nous devons travailler.

« Nos programmes sont ambitieux, il est vrai ; ils ont été pensés à la mesure d'une Afrique que l'écrivain veut libre, grande, belle et souriante ; pas à la dimension d'un continent toujours nécessiteux, réduit à pleurer et à mendier tout le temps ; pas à la mesure d'un navire toujours remorqué, menacé de naufrage et d'une remise en cause de sa souveraineté.

« L'APAE a des difficultés, mais elle tiendra bon, jusqu'au bout, car ses fondateurs sont convaincus que, comme nos peuples ont eu raison hier de la longue nuit coloniale et de toutes les formes de servitude, l'Afrique nouvelle surmontera encore ses problèmes et parviendra à des lendemains meilleurs ; ses combattants du présent et ceux du futur tiendront haut le flambeau de l'indépendance. Ses peuples n'accepteront plus la violence comme moyen de combat politique. Ils opteront définitivement pour le dialogue et pour la solidarité, donc pour l'unité dans le strict respect des données de la dignité.

« Nous croyons aux valeurs africaines, aux forces anciennes et renouvelées ; l'Afrique, nous en sommes convaincus, dominera ses faiblesses et construira son unité. Dans cette perspective incontournable l'Association Pan-Africaine accomplira sa part du devoir en assurant le destin positif de la plume africaine. Alors et c'est alors seulement que, marchant et agissant sans relâche, la main dans la main, nous vous présenterons un bilan plus souriant, plus fourni, un bilan qui justifierait tant d'espérances, tant d'efforts, tant de confraternité.

« L'Afrique est au travail. Elle doit rester en activité ; elle doit vaincre ses soucis, ses difficultés et se relever des échecs passés pour occuper sa place au soleil... »

Je vous salue
Charles Pascal Tolno
Conakry le 11 novembre 1991,
Message sur la RTG, Conakry

La reprise de ce message dont le texte nous fut demandé par de nombreux intellectuels me donna l'occasion d'insérer dans le présent récit les circonstances de la création de l'Association, le programme contenu dans sa charte, la crainte de louper la réalisation de ces objectifs dans une Afrique qui, visiblement, ne prend pas toujours bien le virage actuel du monde du bon côté sur les moments politiques auxquels on donne le nom de processus démocratique.

De retour d'Accra le 17 novembre, après le congrès, par Ghana Airways, tout aurait pu être triomphal à l'aéroport Gbéssia si nous n'avions pas été obligés de décommander les manifestations prévues suite au décès, le 13 novembre, du jeune Ousmane Djadji Téliwel Diallo des suites d'une longue et douloureuse maladie. Sa mère, Hadja Maïmouna Téliwel Baldé, avait pris part à la préparation de toutes nos missions et devint plus tard attachée de cabinet au bureau du Président sis au Palais du Peuple à Conakry.

Elle recevra un témoignage de satisfaction écrit de la part du Conseil Exécutif de l'Association réunie à Accra en 1991 et cela pour ses efforts et son attachement à notre cause commune.

4 –Soutien du Président de l'Association Pan- Africaine des Ecrivains à l'AEG par des Conférences- débats.

A partir du Palais du Peuple nous avons essayé de dynamiser au mieux les activités de l'Association des Ecrivains de Guinée (AEG), de plusieurs manières, principalement par l'organisation de nombreuses conférences culturelles suivies de débats. Je citerais parmi ces importantes réunions d'intellectuels celle présidée par Maître Paul Louis Fabert, cette autre présidée par le ministre Alhassane Condé à laquelle l'ancien ministre Docteur Saïdou Conté fut le conférencier, et enfin deux conférences débats présidées par moi-même, l'une organisée par le club Martin Luther King, sur le thème « l'école en danger », la seconde ayant eu pour conférencier le célèbre agronome français René Dumont avec pour centre d'intérêt les thèmes qu'il a toujours eu à l'idée sur le destin de l'Afrique.

Toutes ces réunions culturelles de haut niveau, fort intéressantes et ayant sur le podium de nombreux intellectuels avaient pour cadre la salle des conférences de l'Université de Conakry. Nous en eûmes d'autres à certaines occasions avec d'autres animateurs à des endroits également prestigieux, à l'Ecole Normale Supérieure de Manéah, à l'Alliance Franco-guinéenne sise alors à Kaloum dans l'immeuble de l'ancienne mercerie de Guinée et dans plusieurs lycées de la capitale.

J'aimerais dire un mot de plus sur René Dumont. Cet agronome de réputation mondiale, homme politique et écrivain français très attaché au monde en développement en général et à l'Afrique en particulier, à écrit notamment « l'Afrique Noire est mal partie ». Dans cet ouvrage bien connu, René Dumont, choqué par le fait colonial qu'il vécut dans les rizières tonkinoises où il travailla de 1929 à 1932, marque une des phases les plus dynamiques de son combat contre l'oppression et le sous-développement. Par les moyens les plus variés il cherche à concrétiser ses vues en développant aux maximum ses théories et en parcourant le monde qui souffre : l'Afrique, l'Inde, la Chine. Pour proposer les thèses les plus claires il étudie les formes les plus variées des types de développement.

En ce qui concerne l'Afrique noire, il déclara très tôt que cette partie du monde est, à peine l'indépendance acquise, mal partie. Tout en reconnaissant la réalité des handicaps tels le climat, la colonisation qui se reprend aujourd'hui sous des formes discrètes mais effectives et aggravées par la corruption, René Dumont propose à ce continent de donner la priorité à la « révolution agricole qui, en Europe, a précédé de plusieurs siècles la révolution industrielle ». Il indique notamment que l'Afrique ferait une meilleure affaire en suscitant des paysans vigoureux, en créant pour eux des écoles de leur modèle afin de partir du sol d'abord au lieu de chercher à reproduire des recettes importées, inadaptées et de se soumettre si fortement à l'aide étrangère qui n'est rien d'autre qu'une forme de servitude. Un nouveau colonialisme dit-il. Il ne ménage pas ses mots pour dénoncer les comportements paralysants qui encombrent les administrations. Il n'est pas tendre non plus avec les études qu'il trouve dépourvues de foi et de cette énergie combative nécessaire au progrès.

Son cri permanent, et bien connu dans le monde entier, traduit la volonté d'un esprit fort du Nord industrialisé dépensant beaucoup d'énergie pour le développement d'un Tiers Monde qui, malgré tout, ne se développe pas comme on l'aurait souhaité. Il proteste en particulier contre le gaspillage d'énergie et de ressources utilisées par les gens trop riches mais en trop petit nombre dans un univers en quête de progrès et caractérisé par la pauvreté, le blocage économique, la mauvaise gestion des ressources disponibles.

Au cours des quelques jours qu'il passa à Conakry nous étions ensemble presque tous les jours aussi bien dans ses déplacements qu'à sa résidence de Moussodougou en face de l'Ecole Nationale des Arts et Métiers (ENAM), et je constatais que ses 86 ans commencent à jouer sur son tempérament. Il est devenu manifestement versatile. Une brave dame lui tenait compagnie depuis Paris et le supportait totalement. Elle jouait par rapport au grand âge et par une attention soutenue une adorable compensation. Chez nous on dit que tout homme fait comme un bébé en devenant trop vieux. Si c'était le cas cette dame était une bonne mère pour ce bébé presque encombrant parce que jouissant d'une puissance intellectuelle qui refuse de subir le poids de l'âge. En lui se retrouvent à la fois le bébé et la forte vitalité d'un esprit mûr.

Pour très peu de choses à Conakry le vieil homme se révoltait. Et il fallait attendre chaque fois qu'il se calme pour revenir aux choses plus importantes dans l'ordre. On avait l'impression heureusement qu'en quelques dix minutes il oubliait qu'il fut fâché juste onze minutes avant.

Mais son raisonnement, sa logique et sa suite dans ses idées ou sa lucidité ne souffraient de rien quand il commençait à soutenir ses thèses élues. Il suffisait de supporter ses sautes d'humeur, qui se traduisaient souvent par des coups de poing sur la table, pour suivre tout le reste et pour en découvrir la saveur, la dynamique et l'intérêt d'un débat passionnant.

La conférence culturelle qu'il anima à l'université de Conakry le 10 février 1990 portait sur trois sujets : les politiques de développement, la politique du

FMI, l'effet de serre. C'est-à-dire ce phénomène de réchauffement des basses couches de l'atmosphère terrestre conduit par des gaz comme le gaz carbonique ou CO_2.

J'eus avec lui une différence discrète de points de vue, sans violence, mais sur laquelle chacun de nous tenait à sa position. Plusieurs théories de René Dumont sur le Tiers Monde et sur l'Afrique en particulier sont solides et inattaquables. Il a avancé des avis fermes dès le début des indépendances et qui étaient contestés ou rejetés, mais qui se vérifient aujourd'hui de façon indiscutable. Bien entendu, certains aspects restent encore difficiles à tenir pour vrais. Par exemple, et c'est là que notre différence de vue intervint à Conakry au cours de la conférence culturelle et peu de temps après.

René Domont estime en effet que l'un des facteurs qui freinent le développement de l'Afrique en particulier et du Tiers Monde en général est le manque de contrôle des naissances. Il pense qu'on ne devrait pas laisser la population africaine croître comme c'est le cas aujourd'hui. Je pense quand à moi, et je le lui ai dit, illustrant mon opinion aussi bien dans les salles des conférences qu'en privé autour d'une tasse de thé, que ce problème droit être vu sans rapprochement excessif avec le cas de l'Asie ou de l'Europe.

Il est vrai que la croissance de la population est un réel problème dans certains pays. Cela représente même une grave situation en Chine, en Inde et dans d'autres pays surpeuplés. En Europe, on est encore loin de cette complexité sociale devenue un casse–tête pour les politiques nationales de certains Etats. Car là–bas on y pense sérieusement, on s'y prend à temps et systématiquement.

En Asie ce problème est toujours au centre du débat politique et est le modèle achevé d'un fait social qui devient une situation politique. En Europe le cas est moins aigu mais réel. Pour l'Afrique, on est encore loin de ce schéma. Je suis sûr que demain ce sera le cas pour nous aussi et le problème sera au centre du débat. Ainsi, comme dans les contextes précédents le social aura propulsé ses complications aussi bien dans la politique que dans le social, là où ceux qui aspirent au pouvoir pour y parvenir et pour l'exercer s'affrontent sans cesse, montrant leurs talents variés, là où on cherche les routes du progrès pour l'être qui vit.

Chez nous aussi, lorsque le temps sera venu, et lorsque nos hommes publics se résoudront à tenir le débat d'opinion non au sens « sale » si courant mais au sens d'Aristote modernisé, c'est-à-dire celui noble d'une activité salutaire visant à toujours mieux organsiner la société, à l'adapter aux circonstances et aux moyens présents afin que la vie y soit d'un stade chaque jour plus qualifié que les jours antérieurs, alors dans ce cas, notre avis sera proche de celui de l'agronome René Dumont.

Pour le moment, nous avons de l'espace et de l'eau dans plusieurs pays africains, à certaines saisons tout au moins. Il faut pour la nourriture de la population africaine des bras nombreux pour travailler, surtout que les machines en nombre et en qualité, ne sont pas à la portée de nos agriculteurs et paysans.

Aujourd'hui dans plusieurs Etats industrialisés la machine joue le coup qu'on connaît à l'homme en quête d'emploi. On sait aussi la répercussion du progrès scientifique sur le fait social lié à l'emploi. En Afrique non seulement les transferts de technologies en général entre le Nord et le Sud se révèlent difficiles mais ils ne sont pas à la portée de tous. Et donc les seuls bras dont nous sommes dotés même dans les campagnes les plus rurales doivent êtres multipliés par les naissances, donc par la croissance de la population. Mais il faut du coup les autres formes d'éducation et de qualification même élémentaires pour compenser systématiquement l'insuffisance de la dynamique des technologies par des bras non oisifs, mais des bras valides et solides, capables de se nourrir au moins à défaut d'exporter le résultat des bonnes récoltes.

Prenant la parole à cette occasion et en ma qualité de président de la cérémonie à l'université, voici un extrait de mon propos :

« Nous venons d'entendre une des plus brillantes communications livrées sur cette tribune que je pratique et que je suis de près depuis bientôt trente années.

« L'exposé a été brillant par la forme, donc par le verbe et l'expression ; il l'a été aussi par la manifestation du génie, par celle du style naturel, précis, classique et par la puissance qui marque les convictions fermes.

« En quelques 60 minutes nous avons reçu des informations et précisions importantes avant de voir disparaître des zones d'ombre sur trois sujets difficiles, sur ses questions d'actualités, c'est-à-dire des choses dont on parle partout, et toujours, peut-être même trop. Mais à propos de ces problématiques et d'autres aussi courantes, peu de personnes arrivent à des conclusions scientifiquement solides ; et la vérité est étranglée par la passion. Ici, il s'agit des problèmes économiques, du FMI, de l'effet de serre, ayant tous des résonances particulières sur le continent noir constamment aux prises avec des difficultés liées à ces domaines

« Mon tour de parole ne consiste pas à reprendre ce que nous avons entendu dans les arrangements respectables de la logique formelle, ou a redire ce qui a été présenté selon les règles, selon les principes du bien dit sur la foi des faits vécus ou vus des propres yeux de celui qui parle.

« Mon rôle est de saluer ici le plaisir que vous et nous avons eu de rencontrer physiquement cet homme dont on a entendu parler depuis très longtemps, plus souvent en bien qu'en rejet des idées et dont les ouvrages ne sont absents que dans de rares bibliothèques.

« L'intérêt aussi, c'est le bénéfice de débats de ce niveau, celui de ce type de réunions dont on ne sort pas sans réfléchir à l'avenir de la condition humaine, à l'avenir de l'Afrique tantôt partagée entre le doute et la fermeté, tantôt couverte d'espérances lorsqu'on perçoit des brèches à travers les contraintes extérieures et les volontés nationales de changement positifs.

« Et puisque l'homme qui a parlé si longuement pour nous a besoin d'un repos mérité après une mission si bien accomplie, permettez-moi de ne jeter qu'un bref regard sur le côté humain de la manifestation.

« Si je pouvais le faire en un temps aussi petit que je le souhaite, si je pouvais condenser cette réalisation en très peu de mots, si je pouvais tout dire rapidement sur les valeurs pour lesquelles l'agronome est connu chez lui en France, et partout dans le monde, notamment en Afrique alors vous et moi aurions accédé au meilleur aspect du jeu de ce soir. Mais comme chacun de nous a entendu des choses, questionné et reçu des réponses largement satisfaisantes selon vos propres appréciations, mon inquiétude se dissipe alors et le mot n'a plus besoin de s'étendre.

« Ce dont on peut parler aussi à propos de René Dumont, de son combat et au sujet du présent débat, c'est le thème des changements humains, c'est-à-dire des mouvements sociaux, politiques, économiques et autres à l'observation et à la recherche de la qualification desquels notre hôte, homme politique et écrivains français, à déjà consacré des décennies ; et on sait qu'il est en train de consacrer à cela le reste de son existence si bien remplie. Vous comprenez à quoi je pense quand on voit l'âge et le projet actuel de l'homme. La mission présente le conduit ici à Conakry après Niamey et Dakar. Puis, ce sera pour poursuivre le périple à travers le reste de l'Afrique dont il peut aujourd'hui réclamer la citoyenneté avec force, avec un mérite établi. Oui, ami de l'Afrique ! Il l'est parce que l'écrivain et philosophe ici présent à voulu pour ce continent toutes les bonnes choses imaginables, dans le rêve et dans les réalités, justement parce qu'il a dit et dit encore des vérités crues, au sujet des choix politiques des filles et fils de l'Afrique Noire, à propos de la place prépondérante qui doit être réservée à l'agriculture, à l'éducation, à la santé, à d'autres domaines essentiels comme la protection de l'environnement.

« Sans arrière pensée de stratégie idéologique, par un combat systématique et inlassable, par des efforts où la plume alerte et le verbe ne se manifestent, par des engagements et positions claires où le contact avec les gens des classes les plus variées de chez nous, René Dumont à donné d'éclatantes preuves d'humanisme vrai. Il a prouvé son attachement au continent noir. Par la fermeté de son jugement, par des cris d'alarmes poussés très tôt, même si ces alertes ont souvent été étouffées par la subjectivité, le commerce et l'intérêt personnel d'autres esprits, il est au nombre des hommes qui ont dû matérialiser les qualités de citoyen à la fois d'une Nation et du Monde, par la volonté et par le service libre et concret, par l'exploitation judicieuse des vertus de la vérité.

Les citoyens à la réflexion fragile doivent réduire leurs défauts, les grandes erreurs de leurs options, pour arriver à la nécessité d'observer ce courage indispensable aux changements radicaux et impératifs dont le monde a besoin. René Dumont pense lui-même que son œuvre s'est heurtée à l'insuccès. Je ne partage pas entièrement cet avis, parce que si ses théories ne sont pas prises en bloc, je n'en suis pas moins sûr qu'elles ont servi à l'élaboration de politiques sérieuses çà et là, même par ceux qui lui ont dit non en public et on exploité ses vues dans la discrétion.

« Et lorsque les péripéties de l'histoire font vibrer les sociétés on se tourne nécessairement vers ce type rare de citoyens universels. Le changement caractérise la vie. Chaque génération voit des modèles nouveaux, des choses nouvelles. Et la génération des femmes et des hommes qui vivent aujourd'hui est témoin de moments extraordinaires qu'il faut illustrer pour éclairer les chemins de l'histoire et des messages qui arrivent de ces classes de nombreux pauvres de partout. Notre rôle aujourd'hui c'est de permettre aux exclus et aux orphelins de réapprendre le plaisir d'être aimé et soutenu, la force de tenir à la vie parce que celle-ci est précieuse et utile à tous.

« Après avoir contribué à l'éclatement des anciens systèmes où la domination avait voulu confiner la raison à l'insoutenable obscurité par le jeu du monopole en tout, notre génération voit de grands mots et des phénomènes socio-politiques passer d'une définition à une autre signification lorsqu'ils ne sont pas classés dans les armoires, définitivement condamnés pour rester sclérosés en clichés figés.

- De la domination imposée par les uns aux autres on est passé à la coopération, au respect mutuel des différences, sans oublier les valeurs claires et universelles au développement desquelles les sociétés s'attachent aujourd'hui, ensemble, la main dans la main. Quelle que soit le manteau sous lequel on peut vouloir cacher les volontés de remettre la liberté aux chaînes, la manœuvre sera vue, dénoncée et combattue.
- Donc de l'opposition porteuse de conflits, de tourmentes et de perturbations, on est passé à l'amitié, à la compréhension, à l'appréciation correcte des aspirations et des besoins des peuples de la planète, sans distinction.

« La paix s'impose partout pour le bonheur de tous. Nous sommes chargés de la soutenir et de l'assumer ; car si elle n'est pas « vain mot » comme disait l'autre, elle suppose un combat permanent. La démocratie était hier et partout un difficile chemin, mais elle évolue aujourd'hui sans cesse et se concrétise pour sortir des contreforts de l'embrigadement, parce qu'elle est là. Difficile à cacher, comme la vérité, la démocratie résiste à la négation de la valeur. Elle progresse.

« Mais le goût de la vie, tantôt doux et d'autres fois désagréable, donc tantôt sucré et tantôt amer, présente des bouleversements où le beau se mêle à l'inquiétant ; où, pour arriver aux stades heureux des rêves de l'évolution, des vies humaines tombent hélas, souvent innocentes et anonymes, disparaissant à jamais dans la nuit des temps. Les nations se sont renouvelées. Elles se consolident et dans la majorité des cas elles se sont fortement et heureusement humanisées. Dans d'autres cas hélas ! très petits en nombre par bonheur, les forces du mépris, porteuses de discorde et de guerre, n'ont pas manqué leur cible. Elles ont blessé et tué le fils de la femme. Cela veut dire qu'il y a toujours quelque chose de fort à faire pour endiguer les tendances aux excès. Mais les foyers de tensions s'éteignent de plus en plus et la paix à raison de la violence et des perditions multiformes qui ont secoué la civilisation pendant tant de siècles et de siècles. La paix présente un meilleur aspect; de plus fortes chances de vaincre la haine existent.

« Le communisme et le capitalisme, longtemps opposés au détriment des petits, au désavantage des communautés moins puissantes que d'autres, le socialisme, le non-alignement, la sauvegarde de la grandeur elle-même, sont en train de prendre de nouveaux visages. Et, faute d'adaptation rapide aux situations, la disparition attend leurs arrangements contestés par les peuples, par les nations et ce, à l'unanimité des voix qui ne sauraient être ignorées.

« Si par manque de vigilance, ou par excès imprudent d'optimisme, ou simplement par la force maléfique des passions, l'honnête homme, le citoyen de mon pays, celui de France, du Brésil ou d'ailleurs, se laissent aller aux interprétations faciles, si l'homme réellement soucieux du devenir de notre espèce se lance dans ces paniers, alors s'en est fini pour l'avenir des générations futures. La Terre sera perdue. La vie sera bloquée. Et il ne restera plus grand chose.

« Si les grands par la force de la pensée et de l'amour des autres ne s'emploient pas à donner une direction aux évènements comme le créateur leur en a donné la vocation, alors à partir du carrefour présent, on glissera nécessairement sur des pentes dangereuses et la société perdra incontestablement. Les guerres pourraient revenir partout pour blesser plus cruellement l'être dans sa grandeur physique et morale, dans sa dignité, dans les valeurs qui lui sont chères, dans ses songes et rêves pour le futur.

« Si la société doit revenir aux chaînes par la volonté des personnes moralement frustres et attardées, après tant de bon chemin parcouru, notre temps aura raté le devoir.

« Avec des figures comme notre conférencier de ce soir et par la fidélité aux idéaux qui ont fait sensation dans leur esprit fort, dans leur cœur généreux et dans les œuvres consistantes qu'ils ont produites, nous sommes sûrs d'éviter les mauvais chemins ; et alors l'histoire leur en sera reconnaissante.

« Le vœu que nous faisons quant à nous est que ces citoyens de partout, aussi précieux se manifestent à chaque époque en nombre de plus en plus élevé. Peu importe leurs pays d'origine. L'essentiel est qu'ils pensent à la personne humaine parce qu'ils croient en sa puissance et en ses dynamiques éternelles.

« Puisque par les choix, ces penseurs particuliers se sont placés au-dessus des nationalités, par leur détermination, ils ont résisté à la tentation de se porter au rang des personnes qui croient que leur pays seul est le symbole de ce qui est bon, le prototype de tout, le centre de tout. L'erreur de ces derniers est de croire qu'en dehors des Etats donnés, rien ne vaut l'effort d'une analyse, même petite pour le compte des autres, méprisant ainsi l'unicité du monde et la force de notre nature d'êtres qui peuvent en communauté, construire et entretenir la liberté et la civilisation.

« Une santé vigoureuse, bonne route pour la suite de son périple africain et longue vie, voici ce que nous souhaitons à René Dumont pour que vive l'amitié entre les peuples et les nations dans la liberté. Ainsi nous serons sûrs qu'à des carrefours chauds, chargés d'hésitations invisibles nous nous prendrons le pas sur les virages du danger et montreront que nous aimons l'existence libre, juste, tranquille pour construire ensemble au profit de la cité entière... ».
Ainsi finissait l'intermède René Dumont à Conakry sur invitation de l'Association des Ecrivains de Guinée.

Nous avions organisé aussi avec l'AEG le colloque international sur le thème « Littérature, Paix et Développement ». Cet événement connut la participation de 50 pays avec des hommes de renommée littéraire, politique ou médiatique mondiale. Le succès était remarquable.

A l'occasion de ce colloque le Président Lansana Conté rendit visite à la manifestation en venant voir la grande exposition des œuvres artistiques et culturelles guinéennes qui fut installée au Palais des Nations pour animer le forum. Je lui tins compagnie pour lui présenter les stands les plus significatifs. C'était un événement culturel important. On ne peut pas ne pas le souligner dans le rappel d'une vie ordinaire comme la nôtre.

TROISIEME PARTIE

DANS L'ANTI-CHAMBRE DU POUVOIR

« L'histoire Africaine, d'une manière irréversible s'est orientée résolument dans le sens du progrès et de l'unité. »

Sékou Touré
« L'expérience guinéenne et l'unité africaine » p.17
23.26 janv.19

« Quoi qu'on ait pu rêver jadis ou qu'on pût regretter aujourd'hui, quoi que j'aie moi-même, assurément, espéré à d'autres époques, il n'y avait plus, à mes yeux, d'issue en dehors du droit de l'Algérie à disposer d'elle-même »

Charles de Gaulle
« Mémoires d'espoir Le Renouveau »
P 50, 1970

1- Avec le Président Lansana Conté.

« Je vous prie de m'accorder une seule faveur ; donnez-moi l'occasion de servir mon pays, et si je ne suis pas à la hauteur de ma tâche, débarrassez-vous de moi... »

Nnamdi Azikiwé,

Textes politiques.

Lorsque le 3 avril 1984, le Colonel Lansana Conté devint Président de la République, il m'était tout à fait inconnu. Je ne l'avais jamais vu, je n'avais jamais entendu parler de lui non plus. Ce 3 avril 1984 mon fils Kotio qui le connaissait, quant à lui, pour l'avoir approché comme élève dans les entraînements aux défilés au stade du 28 septembre, s'employa en vain à me le décrire, à me le présenter. Le Colonel supervisait alors ces entraînements aussi bien pour les militaires que pour les élèves et étudiants. Je n'arrivais pas à en avoir la moindre idée.

L'on se souvient qu'après la disparition du Président Ahmed Sékou Touré le 26 mars 1984 les hommes qui menaient le pays avec lui à cette date aussi bien à la tête de l'Etat qu'à la tête du PDG, le Parti-Etat, ne s'organisèrent pas pour assurer une succession à la taille de l'enjeu. Chacun voulait être le numéro un du pays. Ils ne s'entendirent pas et se divisèrent en plusieurs petits groupes rivaux, échangeant des propos désagréables entre eux, attaquant les fondements du Parti-Etat, agissant sur la base de la région et de la tribu. Chacun se croyait être l'homme sûr de la situation, le meilleur.

L'armée qui, depuis longtemps guettait l'occasion, prit le pouvoir, et ce, heureusement, après avoir laissé faire les obsèques grandioses réservées au père de la lutte pour l'indépendance guinéenne. Une nouvelle République naquit dans ces conditions difficiles, politiques, sociales, économiques. Notre continent est habitué à ces cas de figure. Mais l'immédiat après Sékou Touré fut une République de transition qui dura jusqu'en 1993, date de l'élection du Président à la tête du pays, se succédant à lui-même après la période transitoire.

Le colonel Lansana Conté, à la faveur du changement, prit la tête du Comité Militaire de Redressement Nation (CMRN) qui forma un nouveau gouvernement. Il devint aussi Président de la République et chef de l'Etat.

Le Colonel Diarra Traoré, lui, devint Premier Ministre. Les choix portés sur l'un et sur l'autre étaient liés à leurs grades dans l'armée. Mais le mariage entre les deux hommes ne fut pas de longue durée. Le 4 juillet 1985 une tentative de coup d'Etat aboutit à la rupture entre les deux plus gradés de notre armée et le second disparut dans des circonstances tragiques et même tristes que chacun a pu voir sur les écrans de la télévision.

Devenu ainsi, sans partage, le numéro un de la Guinée, le 3 avril 1984, le Président Conté est depuis au devant de la scène. Tous les jours il est sur les ondes de la radio et sur les écrans de la télévision, également en bonne place sur les journaux écrits. On s'est habitué alors petit à petit à ses photographies, à son image, à ses choix vestimentaires, à ses manières dans tous les domaines. De cette façon, les Guinéens s'en rapprochèrent d'office et chacun pouvait à tout moment déclarer dès lors le connaître sans se tromper. A ses parents et amis, de près ou de loin, de pavoiser bruyamment, sans modestie comme on le sait.

Je devins Président de l'Association des Ecrivains de Guinée le 24 octobre 1985, date significative parce que 40ème anniversaire de la création de l'Organisation des Nations Unies, et plus tard Président de l'Association Pan-Africaine des Ecrivains le 11 novembre 1989, autre date importante de l'histoire du monde, le 11 novembre 1918 étant la date de l'armistice qui mit fin à la première guerre mondiale (1914-1918). Cet armistice fut signé du côté Allemand par Mathias Erzberger, homme politique allemand, qui fut ministre des finances de son pays, et du côté des alliés par le Maréchal français Foch Ferdinand et par Wester Wemyss ; c'était à Rhottondes.

Depuis, plusieurs occasions me furent données de rencontrer le nouveau Président de la République, donc de le voir physiquement et de parler avec lui. La première audience dont je fus honoré de sa part à son cabinet du Palais des Nations eut lieu le 12 février 1987, 44ème anniversaire de ma naissance. Cette rencontre fut organisée par le Colonel Jean Traoré, alors ministre des Affaires Etrangères, et à ce poste depuis le 22 décembre 1985. Cet homme considéré alors par l'opinion comme un des plus proches du Président par une vieille amitié qui remonte à la Première République et peut-être à l'enfance, alors qu'ils furent écoliers du même établissement primaire à Dubréka, est caractérisé par sa capacité à garder très longtemps le silence.

Au cours de cette audience, Sékou Oumar Camara, Secrétaire de l'Association des Ecrivains de Guinée chargé des relations extérieures m'accompagnait. Dans le cabinet du chef de l'Etat nous étions donc quatre, le ministre, mon compagnon, le Président et moi-même. Je commençai par porter à la connaissance de notre hôte distingué que cette audience avait lieu le jour anniversaire de ma naissance. Et si au cours de la causerie mon compagnon n'avait pas dit grand chose comme convenu j'avais pu, quant à moi, saisir l'occasion pour expliquer au Président les maux dont souffrait notre jeune association de la part d'autorités qui auraient dû nous aider et qui nous bloquaient contrairement à toute attente pour des raisons que nous ne comprenions pas.

Je savais que le temps de l'homme était précieux et que j'avais besoin de toute la capacité de synthèse dont je pouvais user pour dire ce qu'il fallait en peu de mots dans un temps réduit au maximum. Je ne sais pas dans quelle mesure j'avais pu réussir cet exercice. Toujours est-il qu'en faisant ma conclusion j'avais le sentiment d'avoir dit l'essentiel et de l'avoir fait de la meilleure des manières possibles, dans le plus petit temps souhaitable. Entre autres questions soulevées en plus figuraient notre doléance pour obtenir des billets d'avions pour des missions de notre association dans certains pays de l'Afrique de l'Ouest et la demande d'une seconde audience.

Le Président était, visiblement, très détendu. Lui avait pris tout son temps pour nous parler longuement des sujets que je venais de soulever. Ses conclusions étaient bonnes en ce qui concerne notre attente. Sur tout ce que nous avions demandé il avait réagi favorablement, et s'était déterminé fermement pour soutenir l'AEG et la culture en général, car – ajouta-t-il- « j'ai conscience de l'importance de ce secteur qui a besoin d'être dynamisé, je le ferai avec vous et à partir de ce jour je vais me considérer comme membre actif de votre ONG ».

Quant au ministre des Affaires Etrangères il n'avait jamais été aussi caractéristique de son habitude que ce jour. Homme très réservé, même trop réservé, parlant très peu, il était resté égal à lui-même, dans un silence spectaculaire qui lui réussit si bien, lui conférant parfois un certain charme lorsqu'on évite de croire qu'il méprise les autres. Parfois on a envie de lui prêter des mots si non des phrases pour le sortir de son spectaculaire calme. Mais le Président lui connaissait son homme. On le voyait. Il ne lui demanda rien.

Au total la demande d'audience de ce jour fut une excellente initiative. Le Président m'avait fait une fantastique impression. J'avais l'habitude d'entendre dire de lui des choses qui ne furent pas vérifiées au cours de cette rencontre. Alors qu'il parlait, je voulais tout voir, tout comprendre de sa personnalité. Il parlait un français impeccable pour un militaire justement parce qu'on à l'habitude de croire que le militaire dit directement ce qu'il veut exprimer, sans s'encombrer des tournures et finesses grammaticales ou stylistiques. Et je me demandais parfois pourquoi ses messages des grandes occasions sont toujours présentés avec un ton constant pour ne pas dire monocorde, avec des hésitations nombreuses et gênantes pour ses admirateurs. En réfléchissant je me disais qu'il avait dû mal assimiler ses leçons de lecture dans les premières classes de l'école primaire. Je pouvais le comprendre d'autant plus facilement que je souffre moi aussi du même mal, peut-être à un degré plus grave. Ce genre d'hommes peut, avec une extrême facilité, communiquer leurs messages par une improvisation qui devient très agréable alors qu'ils souffrent véritablement en lisant une communication, surtout lorsqu'elle est écrite par un autre. Or cela arrive souvent dans le métier des grands hommes comme lui.

Le plaisir d'entendre un message qui coule, chacun de nous l'a ressenti en écoutant les discours improvisés du Président dans lesquels le langage militaire venant à l'appui de la politique et de l'administratif est une belle affaire, un arrangement dans lequel le Président excelle et impressionne contrairement à ce qu'on a entendu dire de lui au début de la 2ème République. Les jeux grammaticaux ou de syntaxe dont il se soucie peu ne changent rien aux idées de fond.

Autre élément que nous avions tous relevé ce jour et qu'il me plaît de rappeler c'est que, contrairement à ce que pensent plusieurs personnes, le Président Conté est un homme très attaché à son pays, à ses compatriotes à l'indépendance nationale. Et je ne pense pas qu'il soit moins patriote que son prestigieux prédécesseur, le Président Ahmed Sékou Touré pour qui j'ai une admiration et une considération justifiées sur la foi de mes sentiments humbles et sûrs. La grande différence entre les deux hommes me paraît être une question de forme dans la manifestation de leurs sentiments et de leur patriotisme. Chez l'un le ton était toujours haut, très fort, même lorsqu'il exprimait la sympathie et l'amitié comme c'était souvent le cas. L'autre met plus de temps à exprimer sa pensée, préférant la plus part du temps se réserver de parler plutôt que de dévoiler le contenu du dialogue avec son cœur avant le moment qui lui convient. Très sentimental lui aussi, quoique militaire, avec une allure fort masculine il ne se laisse pas aller facilement sur la piste des bruts alors que ces derniers sont si nombreux par circonstances sur sa glissante route. Même son amitié ne se voit pas facilement. Bien entendu, quand on tombe sur des jours particuliers on peut tout percevoir. Il n'est pas facile de créer de tels contextes dans son état d'âme et sur ces raisonnements. Mais cela peut arriver. Et ceci est vrai pour tous les hommes.

Il y a des moments où chacun trahit son caractère. Je ne crois pas que, avec exactitudes, les personnes capables de dire ce que pense le président soient nombreuses. Et combien de fois ceux qui se plaisent dans le mensonge et les mises en scène sur cette route ont été circonvenus et démentis ?

L'autre différence c'est que les deux présidents ont évolué (l'autre évolue encore) sur des chemins différents quant à l'environnement et aux contextes public et personnel de leur itinéraire. Le premier, par son attachement à la Guinée et à l'Afrique à voulu la République indépendante et souveraine de Guinée. Avec de grands risques sur sa route, il a payé un grand prix comme on le sait. Il l'a obtenue malgré tout. Puis toute l'Afrique en a tiré profit. Notre continent reste fier de lui.

Le second lutte encore pour le développement national dans le cadre d'une République également souveraine et indépendante. Et chacun sait en quoi son aventure n'est pas plus aisée que celle du premier Président de la République souveraine de Guinée. Cet aspect de sa personnalité n'est pas très souvent présenté par les observateurs. Rapidement les analyses tournent leur regard vers Ahmed Sékou Touré pour opposer les deux caractères, ne connaissant pas le patriotisme de Lansana Conté. Avec l'un et l'autre la route a été toujours compliquée plus par les synthèses que par les lignes elles-mêmes mais aussi par la nature de l'environnement national et international.

A mon retour de la capitale ghanéenne après la création de l'Association Pan-Africaine des Ecrivains, je fus honoré par le Président d'une audience qui était plutôt protocolaire, donc moins expressive des sentiments et caractères des acteurs en présence. C'était donc après mon élection au poste de premier Président de cette Association. Nous avions été reçus par le chef de l'Etat à cette occasion le jeudi 18 octobre 1990. Une forte délégation de l'Association des Ecrivains de Guinée m'accompagnait. C'était dans le grand salon qui précède l'entrée du bureau du Président. Et, comme je l'ai déjà dit, tout le protocole était là, avec la presse au grand complet, plusieurs ministres du gouvernement aussi, notamment Alsény René Gomez alors ministre Secrétaire Général de la Présidence, alors véritable bras droit du chef de l'Etat.

Dans un cadre de ce genre on est plutôt guindé, nécessairement désireux chacun de se faire voir avec les gestes les plus beaux, les allures les plus valables... En somme, comparés à l'audience précédente les hommes étaient les mêmes physiquement, mais chacun arrangeait ses manières et ses méthodes La télévision était là. Personne n'était naturel.

Quant à moi, je me sentais dans une position partagée entre deux sentiments : l'équilibre et le plaisir d'être là ce jour, sous le jeu des caméras, des photographes et de leurs projecteurs en grand nombre. Disons que ces médias étaient, un instant, tournés vers moi, à un moment où je finissais de réaliser l'importance de l'enjeu et surtout la crainte de faire des faux pas, poussé par mes limites dans une manœuvre dont je suis conscient de l'importance, si cela arrivait et par des gens d'une certaine catégorie usant parfois d'une raillerie inutile pour troubler et encombrer une belle cérémonie. Mais à Conakry j'avais déjà eu des semaines de réflexion avant d'être assis à côté du Général Lansana Conté dont le sourire me faisait l'idée d'un précieux acquis pour l'accomplissement futur de la mission aussi passionnante que redoutable mise sur mes épaules fragiles et inexpérimentées par un grand continent : l'Afrique. Cette Afrique dont je pense toujours aux souffrances passées ou présentes, ou à venir, avec le rêve discret que ses filles et fils trouveront un jour ou l'autre les solutions appropriées.

Je savais déjà et plus fermement que la route serait longue et dure. J'avais donc des choses claires à dire puisque je les concevais bien. Ce qui m'intéressait au-dessus de tout c'était comment mon message allait être perçu par l'homme en face et par son peuple, par les africains, par le monde entier. L'évènement était haut en couleurs et en enjeux aussi. En quelques phrases j'avais dit mes remerciements au président, au gouvernement, à notre pays et à travers eux à tous ceux qui de près ou de loin, africains ou non, avaient contribué à cette élection qu'il faudra savoir assumer.

Un cachet spécial était réservé au peuple du Ghana, à son gouvernement et au Président John Jerry Rawlings pour tous leurs efforts et soutien. Je n'avais pas hésité de mentionner spécifiquement le nom de l'honorable Justice Francis Annan, aujourd'hui Président du Parlement ghanéen pour l'appui spécial dont nous avions constamment bénéficié de la part de ce N'Krumahiste chevronné et efficace. Cette fois je n'avais pas eu de difficultés à réaliser le condensé judicieux des idées et de le faire dans l'ordre désirable. Tout se passa comme si j'avais fait un entraînement. En fait, lorsque les idées se tiennent dans une logique respectée, l'orateur s'en rend compte, à la manière d'une poésie qui rime avec la force du cœur.

Très exactement, j'avais pu dire entre autres choses, ses mots qui résumaient tout : « Nous sommes ici aujourd'hui, au nom des écrivains du continent africain pour vous saluer, pour vous dire toute la joie que nous avons eue de vous voir vous engagez sans calcul dans le soutien des valeurs africaines, dans le soutien des causes culturelles du continent, dans le soutien de la dignité tout court et si chère à votre pensée. C'est un plaisir pour nous de dire, Monsieur le Président, que l'Association pan-africaine des Ecrivains n'a pu voir le jour qu'après 52 années de lutte et cela grâce à votre action personnelle parce que la Guinée de toujours a choisi et donné au combat culturel des peuples africains la dimension que nos nations hier dominées espéraient. Monsieur le Président, notre pays a fait cela à cause de son amour pour la liberté, pour l'indépendance et pour l'Afrique ».

Je fis suivre ce mot de l'exposé rapide des objectifs de l'Association Pan africaine des Ecrivains en insistant sur le fait que l'Afrique d'aujourd'hui ne doit plus payer les frais des choix opérés par d'autres nations à son insu. L'Afrique d'aujourd'hui, ai-je ajouté, souhaite être un continent en coopération réelle avec les autres régions du monde. Elle doit dire son mot sans violence mais sa vérité doit être connue et respectée. Elle doit contribuer à renforcer le climat universel de détente, d'entente, d'amitié. L'Afrique doit contribuer à l'évolution du monde, au progrès de la Planète terre. Elle doit jouer son rôle dans le renforcement des valeurs démocratiques et de tout ce que l'homme recherche pour sa sécurité et pour son bien être. Nous habitons la terre ; nous devons travailler à son progrès, avec les autres.

Dans sa réponse le Président de la République remercia la délégation de l'Association Pan-africaine des Ecrivains de l'initiative qu'elle a prise de lui rendre visite. En substance il avait dit :

« Vous avez besoin de soutien et de compréhension, parce que le travail que vous faites, vous le faites pour les peuples africains. Votre lutte doit se confondre à celle des peuples africains eux-mêmes pour que la vie de nos pays soit heureuse et que l'avenir de nos enfants soit davantage meilleur ».

Pour cela, avait dit le Président, votre Association bénéficiera du soutien et de la compréhension du gouvernement guinéen. Le Chef de l'Etat avait encouragé l'association à persévérer dans ses efforts pour que son action soit couronnée de succès dans l'intérêt des africains, notamment dans l'intérêt des intellectuels. Le Président donna à nos vœux une réponse agréable et longue tant il semblait satisfait. Et la presse rendit un élogieux hommage aux mots échangés au cours de la cérémonie. Il y avait, répétons-le, une foule de photographies dont plusieurs épreuves nous furent remises plus tard au siège de la Présidence de l'Association Pan-Africaine des Ecrivains au Palais du Peuple. Il y en avait une qui me plaisait réellement. Et pour cela je l'offris à ma mère en grand format. Elle l'a encore dans son petit salon de famille à Tomandou. On y retrouve un épisode de la conversation avec le locataire du Palais des Nations avec dernière lui, comme toujours, son Secrétaire du

Bureau de Presse. J'en ai également une épreuve aussi grande en bonne position dans mon salon à Donka.

Suite aux promesses faites par le Président dont celle d'informer largement la Guinée, l'Afrique et le monde de la totale satisfaction de la nation et du gouvernement guinéens une autre audience me fut accordée au Palais du peuple par le CMRN cette fois, sous la présidence d'honneur du Colonel Babacar N'Diaye alors Secrétaire Permanent du Comité Militaire de Redressement National, un homme si doux qu'on s'étonne qu'il ait réussi à aller dans l'armée alors qu'il aurait pu être un imam éloquent ou un brillant prêtre. Le lieu étant celui-là et compte tenu de l'objectif de la réunion, à savoir informer le public, un honneur de plus et non des moindres, fut rendu à notre modeste travail de depuis plusieurs années.

Le Colonel Babacar N'Diaye et le Capitaine Ahmadou Mangata Bangoura furent chargés par le Président de nous installer au Palais du Peuple ; ce qui fut fait, salles 128 et 129, juste en face du bureau du Secrétaire Permanent du Comité Militaire de Redressement National. Nous avions visité les lieux de notre futur siège le mercredi 17 janvier 1990. J'étais de mon côté accompagné de Madame Sira Baldé écrivain originaire de Labé et de mon assistante algérienne Yasmina dont la patience m'avait permis de tenir mon premier bureau de fortune sous les manguiers se trouvant dans ma cours à Donka, bloc des professeurs.

Installés au Palais du peuple, la structure administrative du lieu ne nous simplifia pas la tâche. Et des difficultés, nous en avions eu de ce côté, sous toutes les formes. Le rappel de ces mauvais moments à nous imposés au Palais du Peuple, n'a pas de place dans le présent propos. Garder certains hommes à certains postes pour des raisons que le peuple qui en subit les défauts ignore, voilà un des grands problèmes de notre administration et qui doivent être réglés.

Mais ce qu'il nous plaît de noter avec le plus grand plaisir, c'est la surprise à nous faite, à deux reprises par le chef de l'Etat qui nous y rendit visite sans prévenir. Il y arrivait à chaque fois de la façon la plus naturelle. Nous commencions à chaque fois par voir les bérets rouges débarquer en grand nombre, direction les bureaux de la Pan-African Writers Association (PAWA) terme que nous utilisons souvent même dans les textes en français. Puis le Président apparaissait avec à chaque fois le Colonel Babacar N'Diaye qui faisait office de deuxième personnalité du pays, puis le Colonel Sori Doumbouya et le chef du protocole d'Etat... A chacune des visites le Président simplifiait le protocole au maximum, ce qui réduisait l'émotion de mes collaboratrices (Maîmouna en tête) et collaborateurs dont notre fidèle ami Ekwala Robert alias Robert Traoré, El Hadj Fodé Lamine Touré, Faya Kallon et le dévoué Adjudant Facely Oularé.

Le Président ne commandait pas grand chose à consommer, toujours une boite de tonic et pas plus, ce qui est fait rapidement. Puis on passait à l'objet de la visite, savoir comment les écrivains africains se sentent en ce lieu, disait-il, avant de nous exprimer sa sympathie et de reprendre sa route vers la BMW qu'il conduisait lui-même. Nos sentiments furent à chaque fois communiqués rapidement en manière de réponse polie, suivie d'une bonne formule de remerciements tant pour le soutien global du gouvernement que pour la visite qui nous grandissait aux yeux des autres locataires du Palais et aux yeux des Guinéens.

Lors de la dernière visite je me rappelle que le chef de l'Etat étant lui-même au volant de sa BMW, dont je lui ouvris cordialement la porte après la visite, aidant ainsi volontiers le militaire chargé de le faire. Mon assistance n'était pas nécessaire ni même utile. Mais je la voulais comme marque de satisfaction pour la surprise agréable.
A chaque sortie de nos bureaux le Président était manifestement content et cela honorait essentiellement notre groupe.

2- Le Président de la République dans une mission à l'intérieur du pays.

Le 28 mai 1991, le chef de l'Etat m'invita par les soins du service du protocole du Palais des Nations à faire une tournée avec sa délégation à l'intérieur du pays, dans le petit avion de la compagnie nationale Air Guinée. Nous nous rendîmes le 29 mai à Siguiri et Kankan, le 30 à N'Zérékoré, Kissidougou et Labé avant de terminer par Kindia le 31 mai.

L'objet de ce déplacement qui se poursuivit un peu plus tard à Boké était de montrer aux Guinéens que dans le cadre des mouvances politiques qui se manifestaient, sagement par-ci, avec agitations par-là, le Chef de l'Etat voulait être à l'écart des querelles politiques, surtout loin des politiques fondées sur l'intérêt immédiat de l'acteur agité et qu'on dit politiques politiciennes. Le craignait les développements à caractère régionaliste qu'on voyait presque partout. Sur tout le chemin les réceptions furent bien organisées à l'exception de Kissidougou où les choses s'étaient carrément mal passées.

-A Siguiri, un accueil timide mais non agressif.

La délégation présidentielle arriva à Siguiri en fin de matinée le 29 mai 1990. L'aéroport, comme on pouvait s'y attendre, n'est pas des plus développés. Il n'était pas bondé de personnes non plus ce jour. Le préfet Souaré Baba était là comme visiblement démuni, entouré de quelques personnalités et c'est tout.

Il n'y avait presque pas d'ambiance spéciale pour marquer cette réception qui était pourtant de fête. Pas d'animation de troupes artistiques locales comme nous avons l'habitude d'en voir dans cette région. Peu d'applaudissements. La route entre l'aéroport et le centre-ville où nous fûmes reçus n'était pas non plus animée. Presque même pas de curieux. Par contre le lieu de la réception était lui envahi, et littéralement, par les citoyens de tous sexes, toutes catégories sociales, toutes religions, Siguiri ayant, on le sait, en plus des musulmans une forte population catholiques et d'animistes. Les manifestations se déroulèrent comme il le fallait, selon le protocole d'usage, sans le moindre incident, comme nous le craignions en venant à Siguiri sous l'influence des rumeurs.

Pour dire vrai, chacun sait que depuis l'apparition en Guinée d'un nouveau style politique, avec une série de Républiques différentes de la Première, et à prendre les choses selon l'opinion courante dans le pays Siguiri serait toujours éloigné du pouvoir nouveau d'une façon quelque peu particulière. Toutes les consultations électorales intervenues en Guinée depuis ont revêtu un caractère singulier à Siguiri, un peu comme à Kissidougou : l'opposition au régime de Conté y est nette et irréductible. Naturellement, les leaders du terrain ont toujours vite fait et constamment, de tirer profit de cet état d'esprit. Aujourd'hui encore cette analyse persiste. Une telle situation aurait-elle pour origine le fait que l'ancien Président de la Première République fut de l'ethnie Malinké qui peuple Siguiri ?

Puisque malheureusement la vie publique se tribalise dans notre pays à un rythme inquiétant on peut se poser une telle question. Mais si cette vision est exacte, ne doit-on pas tenir compte du fait que Keita Fodéba, un des plus brillants fils de Siguiri, fut victime du Premier régime guinéen ? Alors se pose le gros et difficile problème du tribalisme dans les politiques africaines et surtout avec ces passions qu'on y met. Que de choses déplorables et détestables ont été vues à ce sujet. Il faut les corriger au plus tôt dans l'intérêt du pays.

Toutefois à l'occasion de cette visite rien ne fut montré dans ce sens même si la réception ne fut pas spéciale comme elle aurait dû l'être, en présence d'un Chef d'Etat : des discours presque ordinaires, une ambiance réduite à la plus petite expression.

- A Kankan, la nuit arrête le plaisir d'une bonne réception

Nous arrivâmes à Kankan en fin de journée. Il faisait presque nuit lorsque nous prenions place sur les gradins du stade préfectoral. Le préfet, Camara Moussa, se faisait très actif. L'atmosphère était ici plus à la hauteur de l'événement qu'à Siguiri et cela se voyait depuis l'aéroport jusqu'au stade.

Partout l'animation culturelle traditionnelle était en œuvre. Et Mouloukou Kaba, un réel inconditionnel du président, brillait avec ces improvisations rythmiques dans lesquelles il joue si bien. Tout se passa comme il le fallait mais la nuit nous empêcha d'aller plus loin dans la saveur de ce mélange d'une musique moderne et celle traditionnelle, la première installée à la tribune à côté des grands hôtes qui prirent la parole l'un après l'autre avant le président et la seconde faite par des troupes de quartiers soigneusement reparties le long de la haie humaine qui limitait l'aire des manifestations.

-A N'Zérékoré, une joie débordante.

Le 30 mai, de Kankan nous nous rendîmes à N'Zérékoré. Et je suis sûr que c'est en ce lieu que la tournée enregistra ses expressions d'amitié et d'hospitalité les plus marquantes. Du monde et du monde partout. A l'aéroport déjà, la note était visible. René M'Bayo Kamano, préfet du lieu, n'avait pas la mine serrée de Baba Souaré à Siguiri. Il était gai, souriant à l'unisson de la joie de ses administrés en liesse. Le travail fut ici sans doute plus aisé dans le sens de la mobilisation. Celle-ci était réellement réussie. Du pied de la passerelle de l'avion présidentiel au stade de N'Zérékoré chacun de ceux qui devaient jalonner la route savait se tenir à sa place. De jeunes militaires, donnant le dos au cortège comme la règle le veut, arme à la main, étaient régulièrement repartis le long des deux côtés du chemin. Dans les règles de Mars on sait pourquoi ces hommes disciplinés, fixes, regardaient la brousse au passage du cortège alors que les citoyens ordinaires joyeux et frénétiquement animés applaudissaient, dansaient, chantaient et saluaient devant les hôtes au passage. Madeleine Théa, aujourd'hui député Maire de N'Zérékoré était dans la même voiture que nous sur le chemin reliant l'aéroport au centre-ville. Sur sa figure, dans ses gestes, on voyait très clairement le dévouement à une mission. On disait d'elle dans le véhicule qu'elle fut, sous la Première République, très dévouée à la cause publique et très habile dans l'animation des réceptions grandioses de ce genre.

L'essentiel devait être vu au stade préfectoral. Je crois qu'il y avait trop de monde. Le lieu était plein à craquer ; aussi, le trop de personnes sur la place avait fini par tirer l'événement vers un risque d'échec. Finalement il devenait difficile de savoir qui était qui, et qui voulait faire quoi. De justesse, ceci fut évité ? J'ai rarement vu un peuple aussi enthousiaste, aussi déterminé à bien faire pour plaire à un hôte de marque de ce rang. Le doyen Fassou René Loua alors membre du CTRN qui sera plus tard ministre de la réforme et de l'emploi avant de terminer sa carrière politique par le poste de Secrétaire Général de la Présidence, fit une longue mais merveilleuse traduction en langue Kpèlè. Plusieurs discours furent entendus, dans l'ordre protocolaire classique. Je vis Préfet, Maire, Sages,... s'organiser pour exposer chacun ce qu'il avait à dire.

Puis ce fut le repas. On m'avait installé à la table du déjeuner presque à côté du président ; sur la figure du chef de l'Etat on lisait la satisfaction, tant tout s'était passé à souhait pour réussir le bain de foule. J'eus l'occasion d'échanger des paroles amicales avec lui. C'est ce que les hommes d'Etat aiment, ai-je constaté une fois de plus – qu'on les accueille avec enthousiasme et joie et pas avec des mines serrées. En plus le repas était des meilleurs. Une cuisine somptueuse et variée. Tout bas, je me disais que mon tour du jeu était là, moi qui adore les bons mets. Surtout ceux de ma Forêt natale.

- *Désordre organisé à Kissidougou.*

Puis ce fut le tour de Kissidougou. Là tout fut à l'opposé des réceptions précédentes. Le désordre était prémédité et organisé. L'échec était total. Il n'y avait rien de bon à la limite. Les organisateurs n'avaient fait l'effort qu'il fallait. Le Président parlait au stade et personne ne l'écoutait. Dans les autres préfectures on s'était préparé pour le recevoir et bien. Ici on s'était organisé pour tout gâter au lieu de le recevoir bien. Ceux qui avaient monté ce désastreux plan avaient réussi hélas ! C'était gênant.

Invité à traduire le message présidentiel en langue nationale Kissi je fus, comme lui-même ou presque, empêché de me faire entendre tant le brouhaha était intense, monté par ceux qui, dans cette ville, s'opposaient au président, à sa politique et même à sa venue au stade municipal. C'était une situation désagréable parce que des gens criaient n'importe comment, de partout, à un point tel que nous fûmes obligés d'arrêter le meeting. Il n'y avait pas d'autre solution. Et c'est très exactement ce que les hommes publics n'aiment pas. Entre N'Zérékoré et Kissidougou on était passé d'une situation heureuse à son contraire politiquement absolu et malencontreux.

Revenus à la résidence des hôtes de marques, ancienne villa syli, sans avoir terminé son discours le Chef de l'Etat n'était pas contente. Mais il ne voulait pas laisser voir son amertume, ce qui lui ressemble tant. Les notabilités de la ville avaient réalisé que l'incident était majeur. Ils organisèrent des entretiens avec le président qui ne refusa pas leur offre. Là les choses furent dites avec sérénité et chacun s'attendait à une réaction musclée du pouvoir pour identifier les responsables de la mauvaise situation. On voyait chez les notabilités la volonté de sauver le préfet et ses proches collaborateurs dont le maire Souré Mara, la volonté de refaire l'image de leur localité. Rien à faire, le préfet fut remplacé peu de temps après et d'autres mesures suivirent cette décision.

J'ai trouvé la scène de Kissidougou détestable je le répète et non soutenable pour quelque motif que ce soit. Il y a des choses qu'on peut faire à un chef de quelque rang qu'il soit et il y en a d'autres qu'on doit éviter de lui imposer, de lui faire subir, par tous les moyens. Et parce que chez nous on ne fait pas toujours cet effort, je trouve cela indéfendable. Presque partout la passion accompagne malheureusement les actions politiques. D'où la violence. D'où les graves excès qui poussent les forces de l'ordre aux excès, à ouvrir le feu à balles réelles. D'où les regroupements tribaux violents qui engendrent les guerres civiles. D'où des désaccords irréparables. D'où les dérapages qui déshonorent notre continent. En plus, un chef d'Etat est difficile à voir dans son bureau. S'il vous fait l'honneur de venir chez vous, trouver la forme pour lui parler, même pour marquer des désaccords ou pour exprimer des politiques différentes des siennes est un comportement normal. Cet exercice n'est pas facile ; mais en le réussissant, on exprime la maturité politique. En politique la brutalité et la violence traduisent l'échec des programmes.

Si le nouveau jeu des jeunes partis qui naissaient maintenant dans le pays s'orientait vers ces schémas alors me suis-je dis, on pourrait craindre pour la Guinée les pires développements : et la démocratie au non de quoi on sort dans la rue pour brandir les pancartes, ce qui n'est pas mauvais en soit, et avec les instruments de la brutalité, ce qui est regrettable, cette sorte de démocratie ne servira pas les desseins du peuple. Elle permettra simplement à ceux qui ont encaissé pendant longtemps des haines d'exprimer leur mauvais goût de la vie publique. Dans ce cas auront-ils raison de venger les blessures d'hier d'où qu'elles viennent, sans risque d'être poursuivi ? Où alors ne croient-ils pas en cette occasion – la démocratie - parce qu'ils n'en voient que la formulation et pas l'application ? Dans tous les cas en tant que citoyen ou leader d'un parti politique je me suis toujours déterminé : les premiers pas seront difficiles en Guinée mais il faut contribuer à pousser la marche, à user de vigilance et de choix justes en permanence pour nous comprendre et avancer ensemble vers le développement.

Je me suis toujours déterminé contre certains procédés, contre certaines expressions de la liberté dès qu'ils s'écartent des lois démocratiques et de la garantie de l'ordre public.

-A Labé, une fête sur le modèle du Fouta Djallon.

Nos humeurs étaient encore gâtées quant une bonne réception nous fut réservée le lendemain à Labé ! C'était réellement une réception comme il en fallait après le coup de Kissidougou, une manifestation grande et belle pour assouplir nos colères. Toutes les couleurs d'une fête étaient là. Et de toutes les façons nous avions le temps non seulement d'oublier mais de réaliser que la Guinée est une nation avec des différences et des nuances à coordonner. Que si une chose se passe mal quelque part, une rectification peut se faire à partir d'autres éléments. Que ce qu'on perd d'un côté on peut l'avoir de l'autre. Que le découragement doit être contrecarré et l'effort constructif poursuivi avec persévérance. Enfin il faut croire qu'une nation n'en est une que dans la mesure où en son sein on cultive les valeurs du pardon, la vertu de l'oubli, la force de l'unité, le respect de la différence, la dynamique de la rencontre des sentiments. Parce qu'il y aura toujours des choses de cassées et des édifices qui montent, si j'étais en chacun de ceux qui ont assisté au théâtre de Kissidougou je n'aurais jamais gardé ce sentiment pour poursuivre la route. Et puis, dans tous les cas, ce n'est pas dans le brouhaha qu'on peut construire une démocratie. Il faut faire une place à tous dans le propos et dans l'effort d'écouter les uns et les autres. Comment le message passerait-il si le bruit étouffait la parole dans son style et dans les types variés.

Donc si à Kissidougou chez moi hélas ! les citoyens n'ont pas saisi l'occasion d'exprimer leurs positions politiques, leurs difficultés sociales, leurs revendications, s'ils en avaient, or ils en avaient, à Labé toutes les conditions étaient créées pour, non seulement montrer qu'on dit souvent à l'endroit de cette ville des choses détestables, et inexactes, mais que ses habitants, notabilités, hommes politiques, acteurs influents de la religion, administrateurs, travailleurs des secteurs public et privé, sont capables de se réunir en un seul et même lieu pour écouter et pour communiquer le message à travers un porte-parole, cela quel que soit pour chacun son avis sur le fait présent. Observer l'ordre et la discipline ensemble ne veut pas dire que les différends ne sont pas là. Mais il faut savoir gérer la diversité des avis. C'est cela qui donne le bon goût de la cohabitation et la bonne impression aux observateurs extérieurs.

Au stade préfectoral de Labé, tout le monde était sorti. La toilette de fête n'avait rien négligé. Et il y avait un monde très important, presque impressionnant. Mais le plus agréable c'était l'ordre et la discipline observés par les citoyens. Tout était en train de se passer comme pour donner une leçon à Kissidougou. Les citoyens étaient dans leurs belles tenues et le spectacle était à présenter avec fierté même à un étranger venu de loin. Rien de cela n'était lié à la scène de Kissidougou bien sûr mais pour nous qui avions vu la réception réservée au président dans cette ville de la Guinée Forestière, rien ne pouvait nous empêcher de faire le parallèle, intérieurement bien entendu pour ne pas compliquer les choses.

Au stade de Labé, le préfet, Diouma Diallo, prononça un discours bien rythmé. Les applaudissements qui éclataient donnaient l'agréable spectacle d'une foule en communion totale avec son porte-parole. On avait l'impression que le courant circulait agréablement entre l'homme au micro et ses administrés. Je voulais voir ce jour les responsables de Kissidougou à côté de nous à la tribune pour faire la différence qui peut exister entre une situation et son contraire.

Le président était à l'aise. C'était visible. Il prit soin d'improviser son discours et c'est ce qui lui réussit le plus. Comme succès la chose en était un. La foule était préparée à recevoir l'hôte et sa délégation. Le contraire de cela ne se percevait nulle part. Ça c'est très exactement l'art de montrer une chose même lorsqu'on veut bien en présenter une autre. Lorsque la Guinée voulut dire Non au Général de Gaulle, elle lui réserva une réception hors du commun, ce qui ne lui interdit pas d'exprimer sa vision définitive des choses. Et ceci était contraire à ce que voulait entendre le Général, Chef de l'Etat français. En effet à Labé les citoyens en majorité ont leurs choix politiques, leurs avis sur tel ou tel aspect de la vie nationale. Mais je compris ce jour plus que par le passé que seules les urnes peuvent porter le bon jugement en démocratie et pas les apparences communes en publics. Les applaudissements sonores, les haies humaines animées au mieux, tout cela est une chose mais tout cela ne veut pas dire toutes les choses. Chacun peut garder en soi son choix intime. Dans les urnes l'expression peut être libre.

A Labé on n'a jamais voté massivement au cours des consultations qui suivirent en 1993 et 1995 dans les directions recommandées par le Président. Mais rien ce jour ne pouvait le laisser voir. Donc là, on sait penser une chose et en montrer une autre avec un succès éclatant dans l'expression des différences. Dans tous les cas et pour l'essentiel la réception était un fantastique message. On a toujours plaisir à se remettre en mémoire de telles circonstances. Le soir nous étions tous logés à la villa syli, appellation, depuis la Première République de la résidence des hôtes de marque, là nous avions eu droit à des moments de haut prix. Vers 18 heures le président vint prendre place dehors, seul à la véranda de sa case. Là, chacun aussi bien les membres de la délégation gouvernementale que les citoyens de la Moyenne Guinée, pouvait venir parler. Bien entendu en respectant un certain ordre et en acceptant de se laisser voir parler au premier Guinéen. Un protocole discret mais vigilant suivait tout, à distance.

Je profitais de ce moment exceptionnel pour avoir un entretien de plus avec lui au sujet du fonctionnement de nos bureaux au Palais du Peuple. A l'époque, je n'avais pas grand chose à dire sinon que de revenir sur le prix que j'attachais à l'accomplissement de l'engagement pris par la Guinée face à l'Afrique et au monde pour le succès de la PAWA. Le lendemain le président nous devança à Kindia par hélicoptère et nous rejoignîmes Conakry en voiture en compagnie de trois membres du CTRN.

C'était un groupe gai. Le doyen René Fassou Loua, habile dans l'art d'animer une causerie était du groupe. Nous avions apprécié ses analyses où on percevait la marque de son expérience très large dans la vie sociale et dans la vie politique en Guinée. On sait en effet que sous la Première République déjà il fut Secrétaire Fédéral de Kérouané dans le parti unique, le PDG, puis successivement ambassadeur à Cuba, gouverneur au sens de la Première République et qui correspond aujourd'hui à préfet, à Faranah... Sa connaissance de la vie est grande et il sait la communiquer aux jeunes générations. Reviendra t-il un jour sur la scène politique ? Son âge et les circonstances en décideront. Physiquement le doyen tient encore bon, car il semble jouir d'une santé solide et de relations sociales valables. Sa brouille avec le bouillant Jean Marie Doré me semble injustifiée. Elle ressemble à un jeu de nerfs ou aux excès de passions politiques sans grand intérêt dans lesquelles Doré sait se mouvoir lorsqu'il parle du PUP. Ils devront régler ce désaccord sans bruit, ensemble. Nous n'avons pas besoin du contraire de l'entente. Les options politiques passent et les acteurs restent.

- A Abuja – Dakar – Banjul

A l'extérieur de la Guinée, je fis très peu de déplacements avec le Chef de l'Etat. La toute première fois, c'était à Abuja, nouvelle capitale politique du Nigeria. J'étais alors simplement président de l'Association Pan-Africaine. Et nous y étions allés dans le cadre du sommet annuel ordinaire de l'OUA à bord de l'avion présidentiel d'Air Guinée. J'étais accompagné de mon assistante Mireille Kodjovi et notre mission à nous deux de PAWA était de contacter les Chefs d'Etat africains et autres grandes personnalités comme le Président de la Banque Mondiale, le Secrétaire Général des Nations Unies, celui de l'OUA, le premier responsable de la Commission Economique des Nations Unies pour l'Afrique ayant son siège à Addis-Abeba et d'autres encore. Tous les Chefs d'Etat africains ou les Premiers Ministres nous reçurent. Mireille faisait des photos à chaque audience où il s'agissait de présenter notre Association. Tout s'y était bien passé. Seul problème, comment loger tout le monde comme il fallait.

C'est là que je rencontrai pour la première fois le président Olusegun Obassandjo qui venait de diriger son pays de 1976 à 1979 à la tête d'un régime militaire et qui en fait était alors ancien président avant de revenir aux affaires une deuxième fois en 1999, cette fois démocratiquement élu à la faveur d'une consultation pluraliste. Lui et moi avions parlé beaucoup et à plusieurs reprises. Mais redevenu le numéro un du Nigeria, mes efforts pour le rencontrer furent vains. Quand au président Conté, il nous mit dans toutes les conditions pour le séjour, notamment par les soins de notre ambassadeur, mon promotionnaire Saïdou Diallo. A Abuja, je revis mon frère Berhane des ACP. Le chef de l'Etat à la tête de sa délégation guinéenne participa pleinement au sommet d'Abuja. Nous reprîmes le chemin du retour par le même avion présidentiel.

Autre déplacement que j'eus l'honneur de faire avec le président, c'était en juin 1992 à Dakar puis Banjul. J'étais déjà membre du gouvernement guinéen et nous étions venus à Dakar à un autre sommet de l'OUA. La délégation guinéenne comptait de nombreux hauts cadres de l'Etat en plus du ministre de l'Enseignement supérieur et de la Recherche Scientifique. Le doyen Nabi Youla, Conseiller personnel du Chef de l'Etat, Mme Yvonne

Condé, membre du CTRN et d'autres cadres dont notre ministre des Affaires Etrangères toujours Ibrahima Sylla.

En plus des réunions régulières qui se tenaient dans l'hôtel et la grande salle de conférences édifiés pour la circonstance, le président Conté qui était accompagné de la Première Dame, Madame Henriette Conté, reçut la visite de plusieurs de ses homologues des pays membres de l'OUA et d'autres grandes figures des institutions internationales. En sa compagnie, nous rendîmes visite à des Chefs d'Etat. Le séjour dakarois fut des plus intimes avec notre président. Nous mangions toujours ensemble autour de lui dans son appartement à l'hôtel. Un jour de cette mission, nous étions à table lorsque la télévision branchée non loin de nous nous appris l'assassinat du président Mohamed Boudiaf d'Algérie- Nous fumes tous ébranlés autour du Général.

Toutefois la mission fut globalement bien accomplie à Dakar. Sur le chemin du retour nous devions répondre à une invitation à effectuer une visite officielle à Banjul. Le Président Daouda Keiraba Diawara anciennement David Diawara était alors à la tête du pays. Je voyais la Gambie pour la première fois. La réception qui nous fut réservée était parfaite dans l'organisation avec un grand défilé militaire, un banquet gigantesque, plusieurs autres cérémonies de haut niveau. Pendant que tout cela se déroulait à Banjul (anciennement Bathurst) on nous apprit que des grèves se passaient à Conakry et dans d'autres villes de Guinée. Mais ce n'était pas une manifestation de nature à déranger notre visite en Gambie.

Tous les membres de la délégation furent décorés de médailles de différents ordres par le président gambien. Puis ce fut le retour au pays. Un retour triomphal car une grande réception nous fut réservée à Conakry. Une foule immense était massée le long des deux côtés de la route entre l'aéroport Gbessia et le Camp Samori Touré où se trouve la résidence officielle du Général Conté.

QUATRIEME PARTIE

A L'INTERIEUR DU POUVOIR

« Le syndicalisme, comme instrument d'évolution de l'Afrique, est celui que nous devons encourager, épauler et aider à se développer.»

Sékou Touré
« L'expérience guinéenne et l'unité africaine » p.35 janv. 1958

« Derrière l'homme politique, l'homme de culture assume des fonctions non moins importantes et d'une portée au moins aussi profonde. La colonisation se réduirait à quelques simples épisodes, sans lendemain, si la culture n'était venue apporter son concours durable à l'œuvre et aux desseins du militaire, du colon, de l'homme politique ; elle est responsable véritablement de ce que l'on appelle la « situation coloniale. Des valeurs qu'elle a voulu créer, des perspectives qu'elle a voulu dégager, et des lois morales et esthétiques qu'elle a inspirées, ont agi sur l'opinion publique de l'Occident, sur sa conception de l'univers, sur son idée de l'homme, et par conséquent sur toute sa culture. »

Alioune Diop
Discours d'ouverture du Congrès mondial des Ecrivains et Artistes Noirs
La Sorbonne, Paris Septembre 1956

1- L'autorité

« Dans l'histoire des catastrophes de l'humanité, on a toujours reconstruit les ponts écroulés »

Willy Brandt

Sans autorité on ne peut ni commander pour diriger et construire, ni réaliser un programme avec une équipe quelle que soit l'importance de celle-ci, la qualité intellectuelle ou morale de ses membres, la solidité des règles en place pour manager. Je suis sûr que le pouvoir ne confère pas automatiquement une autorité systématique. Je sais que la majorité des personnes appelées à lire ces lignes connaissent mieux que moi ce que signifie une autorité dans ces différentes acceptions. Ce n'est donc pas sa définition ou la recherche sémantique à ce niveau qui me préoccupe. Mais je vois et je pense à un cadre précis, à un ensemble de situations qui déterminent des analyses et des choses afin d'éclairer les routes pour avancer de la meilleure des manières, en tirant de tous les acteurs d'une entreprise le meilleur d'eux-mêmes. Individuellement et collectivement. Dans ce contexte, celui qui correspond à la possibilité d'ordonner et de se faire obéir dans l'option de bien diriger, j'ai souvent vu que l'autorité souffre, dans maints Etats, d'atteintes non favorables à l'action gouvernementale. Je vois alors l'attitude de nombreuses personnes qui se servent de situations réelles ou inventées pour mépriser l'autorité, à tous les niveaux, sauf bien entendu le sommet où finit la manœuvre ou la manipulation pour atteindre des intérêts personnels.

Je déplore toujours, chez nous, l'action parallèle d'agents qui méprisent le chef, refusent presque de suivre la marche, parce que liés effectivement ou pas au chef supérieur chargé tôt ou tard de trancher sur tel ou tel sujet. « Ordonnez et je n'obéirai pas ». Voilà des propos qui enlèvent à l'engagement et à la loyauté leur teneur et leurs meilleurs aspects. Dès qu'un chef est bravé de cette façon, au vu et au su de ses autres administrés, une seule fois, s'en est fini de sa capacité de diriger l'équipe. Or ce cas de figure est courant dans nos relations publiques. Les personnes liées à un chef d'un rang donné bloquent la machine inférieure par leurs agissements. Elles démobilisent les autres agents et le chef ne représente plus qu'une coquille vide. Il n'y a dès lors plus de raison de lui demander un bilan ; car il a le titre mais la structure et l'autorité nécessaires lui échappent. Il ne peut plus faire que très peu de choses.

Disons aussi que très souvent ce ne sont pas les vrais « parents » des dignitaires sur qui on fonde ce raisonnement qui agissent de cette façon. Ce sont les « proches élastiques », des personnes usant de relations de circonstances qui se plaisent dans ce jeu. Est-ce pour nuire à leur relation pour des raisons inavouées en dérangeant son travail ? Ou tout simplement pour paraître et parfois tirer profit de cette mise en scène ? Dans tous les cas c'est à l'homme au-dessus de la structure de se déterminer pour, soit arrêter ce théâtre, soit accepter de nommer à chaque saison de nouveaux chefs qui s'en iront eux-aussi la saison suivante, déçus parce que n'ayant rien pu faire. Malheureusement, prétexte ou pas, les relations familiales ont une puissance non constructive à cet égard et se manifestent si souvent, si destructrices. Chez le responsable africain la famille et certains amis jouent des jeux qui ne favorisent donc pas toujours la mission de ce dernier. Nous tournons dans un monde moderne qui a ses règles. Leur respect conditionne le succès des plus grandes entreprises. Et même des petites aussi d'ailleurs, car tout est lié.

Pour accéder au succès on doit commencer par maîtriser certaines conduites. Et il me semble que c'est au chef supérieur qu'il revient de tracer les lignes et de donner l'énergie. Autrement il ne sert à rien de vouloir obtenir les résultats que nous voyons et admirons chez les autres peuples, c'est-à-dire là où on n'a jamais vu ce qui est courant chez nous : le multicéphalisme dans les administrations, surtout publiques. Peut-être même on fait cela pour empêcher les entreprises de fonctionner et pour trouver le prétexte de remplacer les collaborateurs, encombrants sans doute par ailleurs. Là-dessus l'autre forme de la question réside dans les excès courants chez l'acteur principal et qui finissent par lui donner les allures d'un certain autoritarisme propre à bloquer là aussi les routes qui mèneraient au bon résultat.

Depuis toujours il a été établi que ce sont les leaders chargés d'insuffisances, évoluant avec des tas d'incertitudes et ayant un destin précaire qui se plaisent à agir avec des allures de tyrans. Et les gouvernés savent très bien que ce sont des chefs qui ne croient pas en leur autorité, qui souffrent donc d'une immaturité visible. Ceux sont eux qui jouent au despote, traitent leurs collaborateurs et subordonnés en sujets et obtiennent du coup le contraire de ce qu'on cherche en tant que responsable public. J'ai toujours craint de tomber dans ce scénario surtout que la conscience de mes limites ne m'a jamais quitté lorsque j'ai eu à assumer des charges élevées et fortes. Malheureusement, le ton haut que je tiens de la naissance ne m'a toujours pas aidé dans cette lutte contre l'autoritarisme. Il faut être de mon entourage permanent pour ne pas confondre une chose et ce qui ne fait que lui ressembler. Dans la presse de mon pays on a pu écrire que je suis un tyran en perspective. Ceci est inexact. Je déteste tout ce qui peut ressembler au despotisme. Je veux être un homme de dialogue au sens propre du mot. Pas plus qu'un citoyen respectueux de la règle.

J'ai trouvé ce malaise en plusieurs de mes collèges. Certains ont même un art spécial à eux de passer d'un ton de colère simulée ou réelle à un sourire facile. Je ne sais pas le faire ? J'ai vu aussi des chefs carrément dans la manifestation de l'autoritarisme. Ils ne se soucient pas de l'afficher ou pas. Et souvent, je me suis demandé si les intéressés l'étaient momentanément pour se défouler ou s'il s'agissait de comportement durable, expression vraie du caractère. Dans l'un et l'autre des cas on se fait des ennemis sur le chemin. En effet, si les hommes adorent la plaisanterie mesurée de leur supérieur, ils redoutent et repoussent d'être rabroués, d'être traités avec une rudesse qui peut être évitée. Une fois l'amour propre blessé, le tir ne se rectifie pas à court terme, même lorsque la victime dissimule ses sentiments pour laisser passer les moments.

Chez certains éléments il suffit de leur proposer une certaine familiarité en relation avec des faits du passé ou du présent pour qu'ils en abusent à fond, montrant ainsi à leur entourage qu'ils peuvent se permettre tout avec un supérieur. C'est un autre handicap des relations mal comprises. Les bonnes doivent être enseignées dès les plus petits âges. Une fois dans les circuits du pouvoir il est nécessaire de tenir compte de tout cela, de tant de facteurs pour déterminer où mettre le pied pour pouvoir avancer dans les réalités désirées, pour résoudre les problèmes une fois qu'ils sont bien formulés.

En entrant aux affaires j'avais des idées sur tout cela. Aujourd'hui je crois pouvoir dire des choses avec plus de certitude pour avoir vécu et vu des situations. Ai-je pu m'en sortir comme il aurait fallu ? C'est à l'opinion de le dire ou de juger.

3- Gouverneur de la ville de Conakry

« L'histoire finit toujours par balayer les systèmes faillis »
François Mitterrand

Le 29 octobre 1991, je devins Gouverneur de la ville de Conakry en remplacement du Colonel Kerfala Camara aujourd'hui Général de Division et chef d'Etat major des armées (terre, mer, air, gendarmerie,...). L'environnement national et international était difficile. En ce moment en effet la capitale était synonyme de grands problèmes politiques et sociaux, avec l'agitation partout, des universités peu calmes comme dans le reste du monde entier, des volontés démocratiques justes mais souvent mal prises et mal exprimées, mal conduites sur le terrain, des mutations rapides. J'étais à la fois, comme on s'en souvient, Président de l'Association des Ecrivains de Guinée depuis le 24 octobre 1985, Président de l'Association Pan-Africaine des Ecrivains depuis le 11 novembre 1989, également Président du Parti du Peuple de Guinée (PPG) depuis début 1990.

A Conakry, la rue grognait de partout et de toutes les manières. Surtout chez les enseignants. Le vendredi 9 mars 1990 une délégation de CMRN conduite par le ministre de l'Education nationale Jean Kolipé Lama et comprenant les ministres Facinet Touré des Affaires Etrangères et Mamouna Bangoura de la Réforme Administrative, rencontra les enseignants au Palais du Peuple dans la salle des congrès pour obtenir un assouplissement de leur option de grève. Les choses, malgré cette démarche du gouvernement, ne s'arrangèrent pas.

Les représentants des hommes de la craie persistaient dans leur volonté de déclencher une grève le lendemain 10 mars. Ce qu'ils firent effectivement. Le dimanche 11 mars je remis pour cette tension un voyage que je devais effectuer sur Accra à plus tard ; le 12 mars le chef de l'Etat reçut les enseignants au Palais des Nations ; là encore rien ne s'arrangea. Et l'école, pour plusieurs jours, connut une interruption des cours. Non contents de la rencontre avec le Président, certains enseignants décidèrent le même jour d'envahir le département de l'Education Nationale. Les choses allaient vraiment mal. Le mardi 13 mars les états généraux de l'Education se réunirent au Palais du peuple pour examiner l'ensemble de la situation.

L'Université Gamal Abdel Nasser, agitée elle aussi au plus haut point, nous faisait voir toutes les couleurs de l'arc-en-ciel, et ce, depuis plusieurs années. Sans doute pour cette raison des chefs de département montaient et tombaient à la tête de l'Education Nationale au rythme moyen d'un ministre par an. A l'époque le ministre de l'Education nationale avait en charge l'Enseignement Supérieur et Technique assisté d'une Secrétaire d'Etat chargée du Pré-Universitaire, Madame Aïcha Bah.

Les syndicats des autres corporations bougeaient eux aussi dans l'expression d'un mécontement qui se généralisait. Tout le monde faisait des comparaisons avec les pays voisins où une conjoncture sévère sévissait aussi, je le savais. Les étudiants exigeaient l'élargissement de leurs bourses. Ils n'avaient peut-être pas tort, mais leur mode de revendication était violent, désordonné et donc inacceptable. Les milliers de diplômés à la recherche du premier emploi s'agitaient eux aussi. Prêts à tout casser autour d'eux et sur leur route. Ils emboîtaient le pas à la révolte des étudiants des campus. Les citoyens en général, sur un autre chemin, aspiraient à une nouvelle organisation politique et sociale plus solide. Ils souhaitaient avoir à la tête du pays une autorité publique plus ferme, une cohésion nationale réelle, pas par la seule formulation théorique mais par une réalité correspondant à ce que le peuple veut depuis toujours : l'amélioration des conditions de vie.

Les patrons, y compris l'Etat sur ce qui lui restait d'autorité dans une telle atmosphère après les privatisations, ne maîtrisaient pas l'entreprise. Le chômage s'amplifiait de jour en jour. Les privatisations qui, au lieu de résoudre au moins en partie le problème de l'emploi, étaient plutôt faites dans un désordre et une confusion tels que tout l'horizon était noir pour les chercheurs de travail. Elles produisaient le contraire de l'attente sociale des citoyens. La grogne généralisée décourageait les investisseurs étrangers au point que certains finirent par prendre leurs valises pour rentrer dans leurs pays. Nombre d'entre eux repartirent effectivement. Et plusieurs de ceux-là ne sont toujours pas revenus

Les groupements politiques, dans la version pluraliste, faisaient les premiers pas. Leurs militants fraîchement sortis du parti Etat d'antan n'étaient pas encore préparés à jouer comme il faut le jeu de la démocratie moderne, avec des options de choix au pluriel. Pour très peu de choses les leaders étaient présentés comme des super hommes dont on pouvait attendre les résultats les plus rêvés. D'autres fois, on les prenait pour des agitateurs purs et simples. Ce jugement n'était pas toujours vrai. Mais à en juger par l'action de certains, on pouvait voir que tout le reproche n'était pas faux.

Chacun de ses derniers se prêtait à la machination et tombait facilement dans les variantes du culte larvé ou patent de la personnalité. Ceux qui s'étaient préparés depuis longtemps à venir faire de la politique dans leur pays et qui vivaient hier hors de la Guinée, en exil politique ou dans des conditions ordinaires, jouaient fortement ce jeu. Les leaders qui avaient des moyens financiers longtemps accumulés pour cela ne s'en cachaient pas et ceux de l'intérieur ne s'en abstenaient pas non plus. Autour d'eux on le savait et plus loin aussi on n'ignorait rien. Pour un petit ou gros un besoin le militant se dirigeait vers eux avec un langage arrangé, rarement lié à des convictions politiques. C'était là un des premiers aspects de la manifestation concrète du besoin et de la pauvreté. Ces méthodes ont gâté beaucoup de bonnes manières en politique correcte.

Ce volet de la question contribua à détériorer fortement l'éthique politique chez nous. Etre proche du Leader ce n'est pas, pour le citoyen, fondamentalement partager avec lui et avec son groupe des analyses semblables et une conscience commune du devoir public, mais plutôt être de la famille et dans le contexte d'une sorte d'amitié qui dicte la liaison politique. Rarement la communauté de vision renforce les liens. Plusieurs personnes viennent dans un parti politique pour régler leurs problèmes courants, de toutes les manières possibles. Tant que cela est possible tout va bien. C'est-à-dire tant que le leader (ou le parti) peut donner on se tient près de lui. On dit au premier responsable non pas ce qui arrange la vie de la formation mais plutôt ce qu'on sait que celui-ci cherche à entendre.

Et lorsqu'on sait que le leader est sensible à la flatterie, on le flatte à fond. Le jour où, parce que celui-ci perçoit des manœuvres qui portent à la prudence, il ne donne plus, alors la brouille est immédiate. On claque la porte. Ainsi les amis de circonstances deviennent des ennemis certains. C'est là un jeu pénible, mais que les gens pratiquent pleinement. Les hommes sortis d'une formation politique de cette façon se mettent à l'affût pour se saisir de la moindre occasion qui leur permettra d'entrer dans un autre parti dont ils sortiront de la même manière ; et ainsi de suite. Est-ce cela qu'il faut au pays de politique pour changer les choses dans la bonne direction ? Assurément non !

Dans un cas comme le nôtre où le besoin généralisé se voit, le peuple tout entier se retrouve sous la menace d'une conduite aussi déplorable. Il perd sa liberté et ne saurait assumer les charges de la démocratie. Il ne choisit plus ; on choisit pour lui lorsqu'on ne lui dicte pas ce qu'il doit faire. Le peuple affamé, on le sait, fait la cour aux leaders pour soutirer ce qui peut l'être dans le but, soit d'adhérer effectivement à un parti politique, soit tout simplement pour avoir un peu de ce qui est prenable en tenant le langage du jour, celui qu'il faut pour plaire et entrer dans les grâces du leader. A l'extérieur, la situation n'était pas plus calme. Non loin de nous au Libéria une guerre civile déclenchée depuis deux ans, faisait rage ; la Sierra Leone s'engageait sur une voie tout aussi grave qui la ronge aussi. Sur le reste du continent des foyers de tension se multipliaient et les feux s'attisaient de nouveau comme en Angola, en Somalie, en Erythrée,...

Hors du continent la désocialisation des régimes de démocraties populaires à l'Est de l'Europe se poursuivait avec son lot de désaccords et des guerres tantôt contre l'ancien géant Russe qui de l'intérieur repoussait lui aussi son communisme, obstinément, non sans peine, tantôt entre nouveaux Etats voisins. Presque partout en Afrique les universités étaient dans la protestation contre leurs régimes. Tous les continents, presque tous les Etats, y compris les plus nantis, avaient eux aussi ce problème. En somme, si les peuples évoluaient vers les directions de plus de liberté et de plus de démocratie, vers des espoirs établis dans ce sens, la vie nationale et internationale était sur des pistes chaudes et complexes. Les systèmes politiques aux affaires étaient comme bloqués dans le processus en cours, tant en Afrique que hors du continent. Voilà le contexte. Et les situations se tenaient. Une perturbation ici se répercutait là-bas. Les ondes de choc étaient visibles et forts.

Dans une telle situation, à la tête d'une ville comme Conakry au poste de gouverneur, le travail à faire prenait des formes à la fois passionnantes et pénibles. A tout moment il fallait, avec une exceptionnelle rapidité, analyser, rendre compte à l'autorité, recevoir les instructions, mais souvent aussi agir vite pour limiter les dégâts et s'expliquer ensuite en haut lieu. En justifiant ses actes et décisions plus tard on courait le risque, comme c'est toujours le cas, de se voir devancé par des intrus de mauvais aloi, prêts à interpréter tendancieusement ce que font les autres. La manœuvre était difficile. Mais on y voyait une sorte de test. Parfois les journées n'avaient aucun sens. Elles étaient vides et d'autres fois elles étaient chargées, de toutes les manières. Parfois des violences faisaient de nombreux blessés et des morts. Souvent des innocents. D'autres fois on ne voyait que des fêtes et danses.

Nous avons parlé si souvent du commandement, de ce qu'il faut faire et de ce qu'il faut éviter, que je compris qu'il était utile de se voir aux commandes d'un navire soi-même pour comprendre réellement ce que c'est que l'art d'être un chef. Dans le passé j'avais déjà eu des hommes sous mes ordres. Généralement des élèves et étudiants ou des cadres de l'éducation. J'avais déjà compris certaines choses chez l'homme à certains niveaux : l'exécutant, le collaborateur et le chef d'un rang qui ne dépassait pas celui d'inspecteur, du directeur d'école et du doyen d'une faculté de rang essentiel dans une université de renom.

A la tête des associations de plusieurs ordres j'avais également appris à m'adapter à des personnalités spécifiques, variées, dans leur quête d'affirmation ou dans leurs exigences de liberté, dans les diverses formes du respect des choix. Très souvent j'avais vu des hommes et des femmes contents, heureux, ce qui est agréables. Mais très souvent aussi, j'avais eu avec d'autres à gérer des humeurs qui se détruisaient, et reprenaient, mais lentement, leur valeur de sagesse. Je croyais savoir pas mal de choses et me sentais sûrement équipé pour diriger. C'était là plutôt une théorie égale à toutes les théories dans leur forme et dans leur rapport avec les réalités, avec leurs doses de simples aspirations. Il faut, il vaut mieux, comme l'Apôtre Saint Thomas, voir et toucher du doigt pour croire. L'on sait que Saint Thomas fut un des douze apôtres de Jésus au 1er siècle qui, à l'annonce de la résurrection de celui-ci demanda à revoir Jésus avant de croire.

A la tête de la ville de Conakry et dans le contexte que je viens de rappeler, j'avais très vite compris que l'essentiel n'était pas encore assimilé. Jusqu'à maintenant je pensais que l'intégrité morale, la loyauté, la détermination, la conviction personnelle, ainsi qu'une bonne dose de patience et de souplesse suffisaient pour réussir dans l'art du commandement. Ces facteurs sont certes importants et incontournables. Mais d'autres sont tout aussi utiles que valables et qui sont plus difficiles à définir. On les rencontre sur la route, on les modèle avec d'autres acteurs de la scène pour arriver au succès. Et c'est la manière d'agir pour concilier les éléments et les hommes, chacun avec sa personnalité, qui détermine la compétence à démêler les situations complexes si nombreuses, si diverses sur la route du chef de tout temps et à tous les niveaux. C'est sans doute pour cela que dans l'armée, où une petite erreur peut engendrer une catastrophe, on apprend à commander très tôt, au grade de caporal. Chaque citoyen appelé au commandement porte en lui des dons particuliers dont la manifestation le distingue des autres. Dans une situation donnée tel chef réussira plus vite et mieux que tel autre. Chacun de nous a eu l'occasion de s'en rendre compte dans la vie de tous les jours.

Une fois dans l'action et au-devant de la scène on voit s'opérer des transformations inattendues. Et c'est ainsi que tout commence. Que de facteurs et d'éléments qui vous poussent sciemment ou non vers l'échec ! Combien de facteurs vous aident à réussir ? Il n'y en a pas beaucoup, il faut les forger. Des amis d'hier, pas tous heureusement, ne deviennent indifférents à vos difficultés ou préoccupations, d'autres seront des adversaires purs et simples par jalousie ; d'autres encore, qui hier étaient loin de vous, trouvent désormais des formules fort adroites pour réveiller des liens qui existaient peut-être entre vous et dont ils n'ont jamais fait cas. Dans ces lots, plusieurs ne sont pas pour le succès de votre mission. En général, dans l'ensemble les gens visent d'abord leur intérêt, sur votre dos. Même si vous devez perdre la voie qui peut conduire à l'accomplissement du devoir.

De toutes les façons, une fois dans l'office, on voit et on entend des choses nouvelles, des hommes nouveaux, des réactions inattendues, des schémas particuliers. Alors on comprend qu'on peut s'être préparé à plusieurs chemins mais on ne saurait se préparer à tous les cas de figure pour diriger selon un modèle établi, selon des clichés fixes.

Et, comme on dit que c'est la fonction qui fait l'organe, je me rends compte qu'on change soi- même aussi ; parfois sans le savoir, à son propre insu, d'autres fois on se réalise changeant et se transformant. Des manières nouvelles naissent, de nouveaux goûts apparaissent, des attitudes liées aux circonstances sont perceptibles. Des excès hélas ! ne sont pas toujours évités. Avec des responsabilités accrues il faut nécessairement l'habitude de tourner adroitement, sans cesse avec son travail. Du coup on apprend à s'oublier dans une certaine mesure pour se consacrer d'avantage, sinon totalement, à l'activité publique, à la mission reçue.

Au total, je crois que c'est ce qui peut être fait pour l'entreprise qui compte, en ne se laissant pas aller, en tenant compte du jugement de son peuple et de l'histoire. La loyauté devient fondamentale pour tous les tournants. Mais dans ce cas la plus belle analyse c'est de trouver l'équilibre sans chercher à être trop vu, sans attendre une récompense autre que la reconnaissance des faits accomplis loyalement et que le peuple n'oublie jamais. Ce n'est pas facile je le savais et je le sais aujourd'hui plus qu'hier. C'est même difficile si on a réellement le souci du devoir bien fait avant le reste. Le devoir, c'est une complexe vision du métier aujourd'hui, avec tant de problèmes presque sans solution, un engrenage dans lequel on endosse rapidement des responsabilités, souvent sans le savoir ainsi et juste parce qu'on est le chef de la maison et du moment. Le devoir c'est donc la nécessité de s'offrir et de se consacrer à la mission.

Ainsi à partir de la fin octobre 1991, il fallait gérer une situation nouvelle dans un contexte nouveau, quelque peu spécial lorsqu'on regarde la situation des décennies écoulées. J'avais désormais en face un ensemble plus vaste, des situations plus complexes, des personnalités plus nombreuses et plus difficiles à mettre ensemble et à faire avancer correctement. Hier c'était le rêve. Et maintenant, voici le fait. Entre ce dernier d'un côté, le rêve et l'illusion de l'autre, on peut alors faire la différence.

Je sais que chaque période a ses difficultés et ses problèmes. Et les hommes de chaque moment pensent, parfois dans un jugement trop sévère, qu'ils ont plus de charges que tous ceux qui les ont précédé et que tous ceux qui viendront après eux auront la tâche plus facile. Pour trouver l'équilibre le cadre a besoin de toutes les ressources, les siennes avant, dans la détermination, celles des autres ensuite. A la tête de la ville la plus grande et la plus tumultueuse du pays, je retiens avec le recul du temps que les obstacles qui m'avaient secoué le plus se trouvaient au niveau des grèves (étudiants, travailleurs de l'électricité, banquiers, transporteurs, enseignants, petits commerçants le long des rails et des rues de Madina). Il y avait aussi, et surtout l'insalubrité et les militants des partis politiques dans l'apprentissage du nouveau jeu démocratique, ayant à leur tête des leaders invisibles sur les scènes du théâtre public. Les Leaders agissent toujours ainsi parce que préparés à priori par l'opinion ou par les faits d'hier à s'opposer, parfois sans motif, au pouvoir en place. C'était souvent ceci l'avis des milieux proches du commandement. Il fallait sans doute le vérifier et éviter la violence à tout prix. Se faire confiance en quelque sorte et avancer avec les autres vers des lendemains politiques meilleurs. Pour nous il fallait, si les choses étaient ainsi exactes, s'organiser pour s'y opposer sagement, les approcher les leaders des partis politiques, les associer aux soucis, leur proposer des modes plus positifs de l'action, à savoir sauver la démocratie dans une certaine discipline sans compromettre l'ordre public.

A propos de l'insalubrité de la ville de Conakry j'avais déjà dans des débats variés, et toujours, émis plusieurs idées traduisant mon désaccord avec cette situation qui n'avait et n'a besoin d'aucun développement économique particulier pour être résolue. Certes, il faut, avec l'apparition brusque ou brutale des réfugiés sur le terrain, et l'extension des quartiers urbains, il faut dis-je, un équipement et un minimum de moyens aux structures publiques pour travailler efficacement. Mais j'ai toujours pensé que la part de l'effort actuel au niveau familial, au niveau du quartier et des communes était insuffisante. Faute d'organisation, de motivation et de sensibilisation des habitants, ce qui se fait à ces niveaux est trop peu par rapport à ce qui est possible.

Hier Conakry était la perle de l'Afrique de l'Ouest. Puis ce fut différent. Aujourd'hui il semble essentiel de cesser de parler du passé pour montrer notre capacité à manœuvrer mieux. Pour changer l'ordre inacceptable, pour aller dans le sens positif, en associant tout le monde, car la salubrité nous est utile à tous, il faut aller vite. Notre santé en dépend. Le paludisme, le choléra et autres maladies diarrhéiques aux périodes si constantes à Conakry depuis quelques années, nous coûtent trop cher que l'effort d'organisation est urgent fut-il d'investissement humain volontaire ou communautaire, pour étouffer les moustiques, les virus et les fléaux par la recherche d'un environnement plus vivable, plus propre pour ne pas dire plus sain.

L'étonnante quantité d'eau qui tombe sur nos terres avec les pluies abondantes est un trésor qu'il faut pouvoir et savoir exploiter. Si, mêlée aux eaux usées, elle stagne, tout est perdu et le moustique se développera aisément, à volonté. Maîtrisée au moins sur des secteurs réduits pour les besoins domestiques, ce trésor est évident. J'ai toujours pensé que ces priorités peuvent et doivent être dites constamment à notre population, enseignées à nos enfants dès les classes tendres de l'éducation. Depuis la Première République j'ai défendu cette position, même devant le Président Ahmed Sékou Touré, l'homme fort de ce temps, au Palais du peuple, au cours des réunions périodiques des cadres de l'Education. Et nous voyons qu'il n'y a jamais eu de résultat à la taille des espérances et des alertes.

La veille de ma nomination au poste de Gouverneur quelqu'un me rappelle souvent que, moins de douze heures avant la publication du décret, je parlais avec lui et avec insistance de l'urgence de trouver des solutions mêmes artisanales à l'insalubrité de la ville de Conakry. C'était une pure coïncidence. J'ignorais tout du décret jusqu'à sa publication. L'homme en question avait cru à une télépathie ou à une sorcellerie inavouée. J'aimerais bien être sorcier si je le pouvais pour taper ceux qui fatiguent le peuple pour en tirer des intérêts personnels.

Arrivé au bureau des gouverneurs à Coronthie, ma première action, immédiate, a été d'interroger mes collaborateurs (fonctionnaires du service administratif, ceux de l'unité de pilotage des ordures ménagères conduite alors par Monsieur Baldé...) pour savoir ce qu'il fallait faire immédiatement. Sans attendre. Je ne voulais m'imposer à personne. Mais je souhaitais aller vite et bien ; avec tout le monde dans la prise de décisions et sur le terrain. Je sais que le bon chef tel que chacun aspire à l'être n'est pas celui qui se présente dans tous les secteurs. Mais souvent la présence amicale du premier responsable stimule l'ardeur au travail et donne aux collaborateurs une sorte de fierté. Nous étions avec lui… aime-t-on dire souvent.

Après avoir confronté les avis des uns et des autres avec les miens, le fructueux débat qui s'en suivit devait produire des résultats rapides, visibles et positifs. Tout le monde était correctement associé aux décisions. Nous les prenions ensemble. Et je crois que c'était là le secret du succès qui devint manifeste peu de temps après. Au point qu'une dame me demanda un jour : « d'où vous avez sorti les moyens de faire ce que nous voyons ? » Je répondis que ces moyens ont toujours existé. Il faut simplement les mettre à contribution et judicieusement.

Durant notre très brève administration en ce lieu nous avions toujours reçu des témoignages et marques de sympathie de la part de plusieurs milieux, principalement des ambassades et directions des services sanitaires. Ces messages amicaux justifiaient nos efforts, et nous encourageaient. Mais à aucun moment je ne me suis attribué seul le plaisir de cette reconnaissance d'un devoir accompli.

Parallèlement à la lutte contre les ordures ménagères et industrielles le terrain politique était lui aussi chargé. S'il revenait au gouvernement de déterminer la politique à suivre en ces choses, donc en ce domaine aux indicateurs nouveaux, la gestion des premiers pas de la société pluraliste était l'affaire de chacun des Guinéens. Pour s'en sortir par la meilleure des issues le gouverneur d'une ville, en relations bien comprises avec le gouvernement représenté par le ministre de l'intérieur avait un rôle non négligeable à jouer. Il est le trait d'union entre la population des quartiers, les structures locales, les maires et le cabinet.

Alhassane Condé, entré dans le cabinet au poste de Secrétaire d'Etat à la Décentralisation le 22 décembre 1985 avant de se retrouver à la tête du ministère de l'intérieur avait cette tâche en charge.

Avec le terrain de la politique, il fallait être vigilant, à la fois ferme et souple, tenir compte des éléments sociaux les plus significatifs. Cette tâche était difficile pour moi car en ma qualité de leader du Parti du Peuple de Guinée (PPG) je ne voulais rien faire de contraire à la philosophie et aux principes de cette formation. Je ne voulais rien faire non plus qui puisse nous fermer les portes du débat politique le plus large aussi bien avec ceux dit de l'opposition, à tort ou à raison, qu'avec les partis proches des vues du Président de la République. Ma position était d'autant plus délicate que le PPG rassemble les Guinéens désireux de faire une politique active qui repousse toutes tendances aux procédés violents ou injurieux, surtout ceux à caractère tribal ou ethnique tels que je les voyais sur le terrain, tels que je les vois encore aujourd'hui.

A part le Professeur Alpha Condé que je n'avais jamais rencontré, ni jamais vu physiquement jusqu'à ce jour, j'avais déjà pu apercevoir Bâ Mamadou Bhoye, Siradiou Diallo, Jean Marie Doré, Momori Camara. Si je connaissais bien ce dernier je ne pouvais rien dire des trois premiers que j'avais juste vu de passage, une ou deux fois chacun et pas plus.

Par contre je connaissais réellement les hommes et citoyens de Conakry. J'ai vécu presque sans interruption dans cette ville depuis 1957. Dans presque tous les quartiers je connais encore au moins une famille, dans toutes les couches sociales ; j'ai marché à pied partout, parlé avec les gens, vu leurs difficultés et compris les points de bonheur. Ce n'était pas tout pour les gouverner comme il fallait mais c'était également essentiel de savoir de quoi on parle, avec qui on travaille et quel résultat on cherche dans l'action pour être sérieux.

Un des moments ayant marqué mon passage au gouvernorat de Conakry fut celui où il fallait convaincre l'opposition politique de l'intérêt pour tous de ne pas jouer aux programmes « ville morte » ou aux grèves préjudiciables à l'économie et à la société guinéenne. La concertation sérieuse entre cadres me paraissait plus porteuse d'intérêt que la discorde et l'affrontement. Je tentai en vain de convaincre les acteurs politiques pour une rencontre dans ce cadre et à plusieurs reprises. Le 19 novembre 1991, notre système d'information, très efficace et très dynamique, rapporta que l'opposition bloquerait, le 22 novembre 1991, la vie dans les grandes villes du pays sous la forme d'un programme appelé « ville morte » : marché, écoles, circulations... ne devraient pas fonctionner selon les calculs des organisateurs de ce mouvement.

Après un rapide contact au téléphone avec le Président de la République, celui-ci me demanda de « prendre les responsabilités qui s'imposaient » ; et c'est tout. Il fallait réfléchir, aller vite et décider bien. Et surtout ne pas faire d'erreur. En tout cas le travail ne devait pas être bloqué. Là-dessus, le 21 novembre 1991, je fis la déclaration suivante qui produisit un effet net et positif parce que l'opposition politique ne sortit pas finalement.

Conakry, le 21 novembre 1991

« Citoyennes et Citoyens de la ville de Conakry,

« Il est mis en circulation dans la capitale des tracts faisant état de l'organisation imminente dans cette ville et dans le reste du pays de manifestations publiques visant à bloquer toutes les activités de la population, ce en dehors de la règle et de la loi.

« Les initiateurs de ces démarches se rendent déjà dans les marchés, écoles et autres lieux de travail, pour y faire circuler de vive voix des mots d'ordre dans le but de perturber la quiétude dans la cité.

« Leurs déplacements, çà et là, provoquent déjà au niveau de certaines personnes une panique qui s'exprime depuis ce matin sous plusieurs formes.

« Face à cette situation, il nous revient, en notre qualité de gouverneur de la ville de Conakry, de faire une mise au point à l'attention des uns et des autres. A l'attention de ceux qui provoquent cette situation et à l'attention des personnes qui risquent d'en être victimes.

« D'abord à ceux dont les initiatives montrent une volonté déclarée de se servir de la marche de la Guinée vers le pluralisme politique pour organiser des soulèvements, nous disons tout simplement qu'ils ont tort. On ne battit pas une démocratie durable dans le désordre et à partir des révoltes mais plutôt dans le débat et le respect de l'autre. Nous n'aurons jamais le même avis, au même moment sur toutes les questions. Il faut accepter la différence et comprendre que l'agitation n'est pas une solution aux problèmes qui se posent.

« Vouloir entraîner le pays sur le chemin du conflit et de la violence ne peut cadrer avec le devoir de développer la Guinée dans la paix et de garantir ses aspirations pour le progrès dans une vie maîtrisée.

« Personne aujourd'hui n'a raison de s'opposer à la marche des peuples vers plus de liberté, vers plus d'indépendance et vers plus de dignité effective. Cette marche est un chemin incontournable dans l'histoire.

« Un des aspects de ce processus est, comme on le sait, le pluralisme politique, donc le multipartisme intégral, chacun pouvant adhérer aux idées qu'il lui plaît de soutenir, mais dans l'ordre, la discipline et le respect de la loi. En effet s'il n'y a pas respect de la loi, la règle de la jungle ne tardera pas à s'imposer à la raison.

« La lutte pour la liberté est depuis toujours dans la vocation de notre pays. Il nous revient à tous de ne pas la freiner. Nous devons la renforcer au bénéfice des formations politiques naissantes ou à venir.

« Et la volonté de réaliser le multipartisme dans la raison, la paix et l'équilibre social est un passage obligé. Nous l'assumerons en respectant les choix des uns et des autres.

« Nul n'ignore que la vraie recherche du pouvoir du peuple, par le peuple et pour le peuple n'a rien de commun avec l'option pour la violence, que ce soit dans le débit des propos ou dans le goût de la manipulation des coups de poing pour réduire les avis différents de la position de ceux qui agissent.

« La volonté concrète de parvenir à la gestion des affaires publiques s'exprime fondamentalement dans le dialogue. Elle s'exprime donc dans la force des arguments, c'est-à-dire dans la recherche de la bonne orientation qui, seule, peut servir la cohésion et la compréhension entre les animateurs des idées.

« En d'autres lieux, dans des circonstances semblables, la passion a conduit à des résultats déplorables avec des conséquences terribles :
- des hommes se sont attaqués aux hommes de façon cruelle ;
- des groupes ont usé de la brutalité pour perturber l'ordre et ont engendré des conflits violents ;
- des nations se sont effondrées, faisant des orphelins et autres victimes parmi les innocents ;
- au lieu d'accéder à la liberté totale, souvent menacée, on a détruit de cette malheureuse façon des économies déjà fragiles sur le continent africain.

« Je ne citerai pas d'exemples, tant nous connaissons des cas et pas loin de nous.

« Notre rôle en tant que peuple libre de Guinée, et croyant, le rôle des bons ou vrais Guinéens, est d'éviter au pays cette piste chargée de difficultés et d'infortune.

« Nos hommes politiques actuels ou futurs doivent être porteurs d'un premier message, celui de la paix, de la concertation, celui du respect de la liberté des autres. Ils ne doivent pas être porteurs du message de la violence ou de la brutalité préjudiciable à l'équilibre social.

« Il est plus facile de copier que de créer. Il est plus aisé de citer les autres ayant réussi que de chercher à être cité en bon exemple.

« Il est également plus facile de reproduire les mauvais exemples que de refaire les chemins suivis par d'autres pour aller vers le succès. Cela nous amène à croire qu'il est plus aisé d'être violent que de s'imposer le calme constructif requis par le progrès et par la situation difficile de l'Afrique toujours à la recherche de son devenir correct dans l'ensemble des nations qui se développent.

« Le rôle historique de la Guinée est celui de marcher sur les bonnes routes par le libre choix de ses fils, par la persévérance dans l'acceptation du travail pour la consolidation d'une nation unie allant vers le succès au service du peuple.

« Cela nous porte à croire que les bons Guinéens n'accepteront jamais de mettre le feu à la Guinée et que ceux qui ont appris ce type d'action ailleurs ne pourront pas nous influencer car ils ont tort de sous-estimer le patriotisme actif des Guinéens. Nous nous opposerons à leurs visées.

« Dans tous les cas, nous rappelons que seul le ministre de la Réforme Administrative et de la Fonction Publique, porte-parole du Gouvernement sur le sujet, a mission de proclamer l'arrêt de travail et les jours fériés.

« Tout comportement contraire à cette disposition officielle est l'expression d'une provocation. Et nous engageons ceux qui pourraient en être des auteurs à renoncer à leur projet et aux programmes de perturbation de l'ordre public.

« Les marchés et autres lieux de travail ne peuvent être violés par des citoyens isolés ou regroupés agissant selon leur seule volonté et au mépris des règles d'usage, au mépris de la liberté de circulation de chaque citoyen, oubliant que leur liberté à eux s'arrête là où commence celle des autres.

« Nous invitons les élus locaux à tous les niveaux à faire preuve de plus de vigilance, de plus de fermeté, pour plus de quiétude à Conakry, chacun sur son secteur politique et administratif doit identifier les mauvaise conduites aloi et situer les responsabilités.

« Madame et Messieurs les Maires de Matam, Kaloum, Dixinn, Ratoma et Matoto ; Messieurs les chefs de quartiers, les chefs de secteurs et responsables de famille, doivent se sentir engagés dans l'effort pour préserver l'ordre par tous les moyens légaux, dans le respect de la légitimité qui conditionne la solidité des communautés.

« Citoyennes et Citoyens de Conakry veuillez vous rendre normalement au travail, à l'école et au marché en particulier, sans crainte d'être attaqués. La paix et la sécurité de tous seront protégées. »

Je vous remercie !
Charles-Pascal Tolno.

Après cette déclaration, il me restait avec les moyens humains et matériels disponible à suivre ce qui pouvait arriver. Tout le monde était pessimiste et on craignait des troubles graves. Moi moins, car je connaissais les hommes en face. Leur cohésion n'était que de façade ; plusieurs d'entre eux bondiraient vers le pouvoir à la moindre demande de celui-ci, pour le protéger, ceci contre une petite promotion.

De toutes les façons il fallait se préparer; très vite. Je fis venir dans mon bureau les hommes pour ce genre d'alerte. Ils avaient pour noms Fodé Moussa Sylla chef de la sureté de Conakry, Lamine Sidimé directeur nationale de la police, le Commandant Barry de la gendarmerie, les chefs des services du gouvernorat et enfin un représentant du ministre de la Défense.

Celui-ci était alors le bouillant mais discipliné Colonel Abdourahamane Diallo aujourd'hui général de brigade.

Mes instructions étaient nettes, courtes et rapides.
Il fallait s'informer correctement sur le terrain ;
Me donner toutes les estimations possibles sur les différents risques à prévoir ;
Cibler les lieux à tenir sous simple surveillance ou sous surveillance renforcée, selon certains paramètres ;
Etablir le plan d'action pour les différents cas appelant une intervention des forces d'action rapides notamment la CMIS qui venait d'être créée ;
Evaluer les moyens nécessaires ;
Impliquer les maires des 5 communes et les responsables des quartiers ;
Si les dégâts étaient inévitables, tout faire pour les limiter.

Je demandai tout cela pour après deux heures. Puis je quittai le bureau avec l'équipe pour quelques minutes à la maison sans laisser voir la possible gravité de la situation dans la ville.

Finalement le jour J, il y eut plus de peur que de mal. L'opposition ne prit pas le risque de sortir comme nous l'avons déjà dit. Elle comprit que l'affrontement ne profiterait à personne. Mais depuis ce jour elle ne me fit aucun cadeau. Je m'y attendais, même quand je rejoignis plus tard ce groupe.

4- Dans l'office

« L'ordre des choses n'est souvent que le voile du préjugé posé sur les désordres du monde ».
François Mitterrand

Je commençais à me sentir installé dans ce beau petit bureau taillé un peu dans l'ancien style colonial quand, le 6 février 1992, je fus nommé ministre de l'Enseignement Supérieur et de la Recherche Scientifique. C'était une grande promotion. J'en étais aussi fier que flatté. Mais je savais aussi que le travail à faire n'était pas des plus simples. Il n'avait rien de moins compliqué que celui du gouverneur, surtout que pendant un bon bout de temps je restai à la fois gouverneur de la ville de Conakry et ministre du portefeuille de tous les dangers.

Quelques mois avant, les étudiants de l'Université de Conakry avaient attaqué mon prédécesseur Mamadi Diawara, brûlant sa voiture sur le campus, lui jetant des pierres... Pour résoudre certains problèmes en tant que gouverneur de la ville une autorité plus forte et des dimensions administratives me manquaient. En effet un ministre peut voir plus facilement le Président de la République qu'un gouverneur. Il est autour de la table principale du pays, là où se décide le sort des hommes et des choses. On n'a jamais tort d'y aller. Il est toujours utile d'être là au lieu d'en parler ou d'en entendre parler. Il vaut mieux s'expliquer en haut lieu suivant son calendrier que d'être convoqué pour dire ce qu'on veut faire ou ce qu'on a fait. Sur ce sujet des avis variés ont été émis en ce qui me concerne. J'étais Président de l'Association Pan-Africaine des Ecrivains et surtout que je venais de créer avec des amis le Parti du Peuple de Guinée (PPG) que j'anime encore comme leader.

Je ne rappellerai pas ces points de vue. Je n'y répondrai pas non plus. Ce débat n'intéresse pas directement le présent propos. Un jour, une réponse cordiale sera donnée à tous. A ceux qui étaient opposés à mon entrée au gouvernement parce qu'ils y trouvaient, pour ma carrière politique, plus de mal que de bien. A ceux qui disaient que je devais rester simplement au gouvernorat pour le bon développement de la ville. A ceux enfin qui ont salué cet évènement. Chacun avait ses raisons. J'avais les miennes aussi pour décider comme je le fis. Dans tous les cas, celui qui avait choisi avant nous n'était ni les uns, ni les autres, encore moins moi. C'était le Président Lansana Conté.

L'accession à un poste de responsabilité met en jeu un certain nombre de données. La confiance et le souci d'accomplir le devoir sont au nombre des plus puissantes. S'il est agréable d'occuper un fauteuil, l'essentiel est de mériter la confiance qui a permis cet acquis et cela dans l'achèvement correct et loyal du devoir. Il faut y rester le plus longtemps possible pour montrer d'une certaine manière que le choix se justifiait. Ainsi l'expérience accumulée servira à quelque chose avant de tomber dans l'abîme des temps ou dans l'oubli. Mais si on a bien agi, si on a pris en compte les options du peuple, on sera toujours cité ou pris en exemple.

Lorsqu'on nomme un cadre à une position clé l'artisan du choix ainsi fait attend que celui sur qui il a porté son regard réussisse par du travail potable. Celui qui permet d'arriver à la conclusion que l'autre ne s'est pas trompé. A condition, bien entendu, que ce ne soit pas, comme cela arrive de rares et malheureuses fois, que le choix ne soit pas tactique, pour libérer une piste ou pour l'encombrer à dessein afin de frapper plus fort l'élément concerné.

Evidemment lorsque le cadre est promu dans un contexte de politique piège, alors l'attente est différente. Mais si ce cas était courant dans notre pays il y a un certain temps largement révolu, je crois qu'aujourd'hui les options et circonstances le permettent moins. Et c'est là qu'apparaît l'intérêt de l'information objective, l'intérêt de la connaissance des gens et du rôle des conseillers qui ne devraient parler que de choses vraies. Pas nécessairement vécues mais impérativement exactes sur la base de réalités qui se recoupent et qui soient objectives pour le bien de la mission à accomplir.

En effet, l'on sait que Machiavel qui, pour conseiller les princes et autres acteurs de la politique, n'avait pas de références spéciales dans l'art du commandement. Il fut juste chargé de missions dans le cabinet du gouvernement d'alors de Florence en Italie. Si on ne peut pas conclure que ses théories et analyses aient servi à Florence, ville devenue si puissante dès le 13è siècle, à conquérir Pise en 1404, ni à devenir une puissance maritime pour longtemps, chacun sait que tous les grands politologues ont lu son livre intitulé « Le Prince ». Certains pour en rire. D'aucuns pour s'en servir. D'autres enfin pour en décrier les aspects incompatibles avec les formes historiques de la démocratie et des pouvoirs modernes.

Le plus important dans tout cela, c'est la qualité du travail que fait le dirigeant et la dynamique qu'il emploie en essayant de se doter chaque jour des qualités qui permettent de rester au poste le mieux possible et le plus longtemps possible. Pour cela le facteur hommes est essentiel. Si un responsable vaut par la force de ses qualités personnelles, par sa formation et ses talents, il vaut aussi et surtout par la nature des relations qui existent entre ses collaborateurs et lui.

On ne peut rien faire sans le service et l'adhésion à son action de cadres convaincus, débarrassés d'un certain nombre de préjugés et capables de savoir exactement ce que veut l'homme qui est à la tête de la machine. Par là il s'agit de collaborateurs capables surtout de traduire dans les actes et, aussi exactement que possible ce que pense et veut le chef dans l'intérêt de l'entreprise qu'il dirige. Rien n'est également possible si ce dernier ne sait pas non plus se mettre à sa juste place en évitant d'avoir de sa mission une dimension au-dessus ou au dessous de ce qu'il faut. Ceci lui commande d'avoir de son chef à lui aussi une idée correcte qui ne soit pas les inutiles genoux pliés que nous voyons tous les jours sans la moindre conviction. Il faut connaître l'homme. Il faut pratiquer les hommes. Il faut connaître les besoins du peuple, matière d'œuvre de l'action publique, pas seulement dans un but encyclopédique mais pour travailler convenablement..

Dans le réapprentissage de la République ce n'est pas facile de rassembler tant de conditions. Mais on peut parvenir à des résultats positifs avec la volonté nécessaire en se retrouvant au centre des options muries.

Voilà ce à quoi je pensais en arrivant au ministère de l'Enseignement Supérieur et de la Recherche Scientifique. Je le croyais parce que j'avais déjà lu et relu beaucoup de choses sur le métier du chef et sur l'art du commandement. Le remaniement qui m'y avait porté avait vu des départs du gouvernement et des arrivées en nombre relativement important dans les deux sens.

Le nouveau cabinet, certainement le plus réduit dans l'ensemble de ceux formés jusque-là par le Général Conté ne comprenait qu'une quinzaine de membres ; à savoir : Sylla Ibrahima aux Affaires Etrangères et à la Coopération ; Salifou Sylla à la Justice ; Lieutenant Colonel Abdourahamane Diallo à la Défense Nationale ; Alséni René Gomez à l'Intérieur et à la Sécurité ; Aïcha Bah à l'Enseignement Pré-Universitaire et à la Formation Professionnelle ; Nanténin Camara au commerce, Transport et Tourisme ; Mamadou Bhoye Barry à l'Industrie, Petites et Moyennes Entreprises ; Assifat Dorank Diasseny à la Jeunesse et aux Sports ; Dakoun Toumany Sakho aux Ressources Naturelles, Environnement et Energie ; Soriba Kaba aux Finances et au Plan ; Madigbè Fofana à la Santé Publique et aux Affaires Sociales ; René Fassou Loua à la Fonction Publique ; Fassou Claude Kourouma à la Communcation ; Commandant Ibrahima Diallo à l'Aménagement du Territoire ; Ibrahima Sory Sow, à l'Agriculture, Elevage, Eaux, Forêts et Chasses ; Charles-Pascal Tolno, à l'Enseignement Supérieur et Recherche Scientifique ; Makalé Camara seule Secrétaire d'Etat, chargée de la Promotion Féminine et de l'Enfance ; Kerfalla Yansané, Gouverneur de la Banque Centrale de la République de Guinée (BCRG) nommé à ce poste sur ordonnance N°322/PRG/en date du 22 décembre 1985.

Je connaissais plus ou moins chacune de ces personnalités. Il y en avait que je voyais pour la première fois au premier conseil des ministres comme Soriba Kaba et Fassou Claude Kourouma ; d'autres que je connaissais vraiment très peu comme Ibrahima Sylla et Salifou Sylla. D'autres enfin avaient été camarades de lycée ou d'université comme Aïcha Bah, Natènin Camara, Madigbè Fofana, Kerfalla Yansané, Bhoye Barry...

Donc dans l'ensemble nous étions une équipe dont les membres se connaissaient certes, mais de façon parfois franchement élastique. Et pendant plus de trois ans nous devions nous voir à l'œuvre, apprendre à travailler ensemble sur des dossiers délicats et rarement faciles à liquider. Des tempéraments et personnalités se manifestaient d'une manière ou d'une autre. Des groupes se formaient, se disloquaient autour d'intérêts variables. Certains se faisaient plus proches du président que d'autres ; mais souvent ce n'était qu'une mise en scène. D'autres fois c'était vrai. Et le président n'arrangeait rien en se faisant manifestement plus attaché à certains qu'à d'autres. Ceci pouvait faire sinon des mécontents du moins des jaloux.

Et quand se précisa la politique intérieure avec la naissance des partis politiques les glissements furent plus nombreux, plus dangereux et la cohésion nationale plus incertaine pour ne pas dire impossible. Observer certaines scènes était un psychodrame. Nous en avions vu et c'était parfois difficile. Par contre nous étions très souvent heureux d'être ensemble. Ce plaisir se manifestait surtout aux heures de pause assorties d'un service discret mais fourni de petits plats divers. Mais s'attendre à autre chose n'était pas raisonnable car l'état des lieux était dur et visiblement complexe.

Sur le plan économique le passage d'une République de Guinée à la suivante s'était traduite par beaucoup de changements ; certains de ces mouvements étaient nécessaires, indispensables ; d'autres moins urgents et des transformations voulues qui n'avaient rien d'utile pour le présent et qu'on disait retenues juste pour satisfaire les nouveaux partenaires qui étaient également là.

On percevait dans ce qui était fait une réelle volonté de corriger des situations inadmissibles créées dans le passé, sur lesquelles méthodes chacun avait et a encore son avis. Parfois même on percevait chez quelques hommes aux commandes de l'Etat ou au niveau de personnes proches des affaires publiques plus une volonté de venger les injustices d'hier que l'expression d'une vision responsable du présent et de l'avenir. Avec cet esprit d'autres excès étaient commis qui auraient pu être évités à condition pour cela d'agir avec plus d'adresse et sans passion.

Le plus important et effectivement le plus grave, ce que personne ne peut nier aujourd'hui, c'est que des dirigeants se sont saisis de certaines positions pour régler d'abord leur situation, pour corriger leur retard économique personnel avant de penser aux dossiers brûlants. Plusieurs personnes avaient mal agi sous la Première République de Guinée et qui voulaient se dissimuler, ce parce qu'ils voulaient à tout prix des positions confortables dans le nouveau système, croyant qu'on ne verrait pas les traces de leur passé. Ces orientations, les bonnes, les moins bonnes et les mauvaises, s'étaient déjà développées, une décennie durant ; elles se répercutaient dans les rangs de la gestion des affaires nationales. Des gens ont effectivement accédé à des positions auxquelles ils n'avaient jamais rêvé, et ne pouvaient pas rêver dans les conditions normales c'est-à-dire si une certaine compétence était requise pour occuper des rangs afin que l'Etat tire profit des efforts de formation consentis par lui en faveur des jeunes. Pour cela chacun des Guinéens, à de rares exception près, s'est mis à croire quel que soit le niveau de formation, qu'il peut aller n'importe où, faire tout et d'abord pour se servir soi-même et les autres après dans le meilleur des cas ; ne jamais servir les autres donc dans le pire des cas n'était pas rare. La gestion financière dans un tel contexte était désastreuse et, la corruption prenait des proportions inquiétantes.

La Première République était caractérisée par une ligne politique soutenable dans sa formation. Et le peuple n'applaudissait pas pour rien car on lui disait bien ce qui correspondait à ses aspirations : la recherche de la justice, la lutte pour l'indépendance, la reconquête de la liberté, la marche vers le développement, l'intégration dans les nouveaux styles de la coopération internationale, la vigilance permanente pour ne plus retomber dans les mailles de la domination. Un peuple sait toujours ce qu'il lui faut. Il sait ce qu'il veut. Les hommes le savent aussi d'ailleurs. Mais souvent si à la tête du navire on pense aux réalisations sérieuses, aux démarches propres pour marquer une époque...sur le terrain les choses sont rarement faciles par le fait des acteurs. Les éléments du terrain sont souvent difficiles ; s'ils ne bloquent pas la marche ils ont tôt fait de l'entraîner sur des lignes glissantes que le pays déteste parce que contraires aux prévisions que la communauté chérit et applaudit.

Par rapport aux grandes orientations générales de la Première République, il y a eu, et on n'a pas besoin d'insister pour le rappeler, des choses intolérables, des messages diaboliques, de graves échecs à côté de vertus puissantes, à côté de l'indépendance acquise au prix d'un effort soutenu et d'une option inébranlable faite de courage et d'audace.

Le Président Sékou Touré, comme tout homme, pouvait être impliqué dans ces résultats négatifs d'abord parce qu'il était le chef, ensuite parce qu'il était un humain. Mais pour sûr, je pense qu'il ne calculait pas tout ce qui est arrivé de mauvais. Il n'avait rien à gagner en ce sens. Il travaillait trop, on le sait, et ce n'était certainement pas pour compliquer délibérément sa propre mission qu'il aurait pu faire des torts à d'autres. Chacun se rappelle à cet égard en quoi les premières années de l'indépendance étaient belles à tous égards. Puis ce fut les difficultés de tous ordres avant le désaccord et le conflit permanent entre les fils du pays. Toutes analyses de cette affaire serait incomplète si elle ne prenait pas en compte le fait que notre pays, comme nous l'avons déjà souligné, avait contre lui trop de grandes personnalités comme le Général de Gaulle et autres figures illustres du monde industrialisé, des dirigeants tous fâchés avec le Président Sékou Touré. Ils avaient, sans aucun doute, travaillé, et on ne le dira jamais assez, pour engager de valeureux Guinéens contre l'option de leur pays pour l'indépendance. Celle-ci aurait pu freiner en effet leurs intérêts de dominateurs. Comme toute action entraîne une réaction il est évident que le conflit était difficile à éviter, avec les graves conséquences arrivées par la suite.

Demain les historiens nous édifierons sur ce passage de la lumière à l'ombre puis aux ténèbres. En attendant on peut voir clairement que la somme des responsabilités personnelles des Guinéens eux-mêmes est d'un poids important dans la balance. C'est pour cela que j'ai toujours prôné le pardon et comme on dit « la philosophie », le rejet de la passion, la réaction face à certains maux sur la ligne de la foi, sur la route d'un peuple croyant. C'est également pour cela que j'ai toujours opté pour la vigilance totale afin que plus d'erreurs ou de fautes irréparables du même ordre n'endeuillent désormais notre nation qui a encore des gloires à préserver sur son chemin.

La deuxième République hélas n'a pas échappé non plus à ce travers. Quand les Guinéens, à partir du 3 avril 1984, avaient salué les nouvelles libertés, tout était si beau. Les espoirs les plus grands étaient permis, donc à la portée de chaque main. Chacun avait pensé que l'indépendance se renforcerait, que l'unité nationale serait encore plus réelle et plus belle, que les exigences d'ordre public et de discipline chaque jour plus impératifs se réaliseraient plus aisément. Que l'ouverture sur le monde extérieur se traduirait par une coopération internationale moins contraignante, plus respectueuse des choix nationaux et des partenaires. En une décennie environ nous avons vu des choses s'accomplir qui n'étaient pas faciles hier ou qui étaient carrément impossibles. La presse libre est créée et se développe. Les institutions républicaines se précisent. Reste sans doute à leur assurer l'indépendance nécessaire et vraie les unes des autres, mais elles sont tout de même là déjà. La liberté d'association est effective. La circulation des hommes est libre. Le pays est plus ouvert sur le monde extérieur. Des infrastructures on été édifiées aussi bien dans les villes (écoles, rues,..) que dans les campagnes (routes, ponts,...)

Par contre, le chômage, suite à la nouvelle politique de l'emploi, s'est accru. Des gens qui, sous la Première République travaillaient dans des conditions difficiles, il faut le dire, et qui travaillaient donc mal, ont été renvoyés de leur boulot avec des formules de compensation mal assurées. Ils ont perçu de l'argent, pas la totalité de ce à quoi ils avaient droit malheureusement, avec l'espoir qu'ils se regrouperaient et créeraient des emplois nouveaux par leurs propres initiatives. Il n'en n'a rien été car nul parmi eux n'était initié pour cela. Or la libre entreprise s'apprend. Elle exige des contraintes de patience et de formation qu'on ne saurait négliger. Les privatisations ont été faites de façon trop hâtive, presque désordonnée. Elles ont été incomprises et décriées. Le peuple n'a donc pas suivi et l'échec s'est manifesté. Des unités industrielles qui existaient sont mortes. Maintenant la Guinée importe tout. L'industrialisation est une notion qui n'y existe plus.

De ce côté aussi on espérait plus d'emplois avec une relance des activités économiques sur la base de la libre entreprise. Rien n'a répondu dans cette direction non plus. Des sociétés précieuses, même si elles ne marchaient pas à merveille, ont été liquidées à vil prix, avec des bénéficiaires qui étaient ou proches des cadres chargés des opérations, ou des bénéficiaires habiles dans l'art de la corruption. Dégraisser la fonction publique, au lieu de résoudre des problèmes, cela a chauffé la rue qui s'est mise à grogner de partout ; donc cette démarche a ajouté des problèmes aux problèmes au lieu de les résoudre.

Tout cela se passant sous les yeux du peuple, celui-ci a commencé à hésiter quant à la crédibilité des nouveaux programmes gouvernementaux. Dans plusieurs milieux les applaudissements des premiers jours ayant salué l'arrivée des militaires au pouvoir ont cédé la place aux critiques les plus dures qui prenaient parfois l'allure d'une hostilité déclarée. Entre-temps, des facilités à caractère personnel étaient faites aux uns et aux autres sur la base de la famille, de la tribu, de l'ethnie ; sur la base des amitiés variées aussi. En somme le mal économique et social dont souffrait le pays était grave. Il conduisait de plus en plus à un appauvrissement généralisé et à une tension qui ne pouvait que bloquer l'espoir du développement.

Voilà l'environnement dans lequel la politique du multipartisme est apparue en Guinée. Naturellement, premier aspect déplorable, au lieu de penser à la vraie démocratie certains ont commencé par déclarer que celle-ci n'est pas possible dans la bonne forme ; que seules les raisons de l'amitié, les raisons subjectives et ethniques doivent sous-tendre le nouveau jeu. Du coup tout était perdu. Et certains leaders politiques ont, parfois, glissé sur cette piste. Dans la majorité des cas les militants des partis politiques sont, comme nous l'avons souligné, des amis, parents ou co-régionnaires du leader. Les programmes gouvernementaux les plus solides sont regardés comme étant au service de ceux qui sont dans les fauteuils. On s'attaque à ces programmes sans autre motif que l'expression discrète d'un mépris ou d'une jalousie. Des grèves sont soulevées pour faire des difficultés à ceux qu'on ne tient pas sur son cœur et qui sont aux commandes de tel ou tel service de l'Etat. Je voyais le Président Conté désireux de faire bouger les choses dans la bonne direction, mais avec cet environnement il était plutôt en situation inconfortable, presque dans une certaine infortune face à tous ces développements. La production agricole, au lieu de croître, dégringole dans tous les secteurs. Et pour réaliser les plans de développement on s'accroche aux ONG étrangères, aux aides et surtout aux dettes qui se gonflent chaque jour.

Or je sais, pour reprendre le mot de quelqu'un, qu'un pays qui s'endette perd non seulement sa crédibilité mais « son indépendance et sa liberté ». La liberté c'est le fondement de la démocratie. Alors on voit bien que dans une telle situation on tourne presque dans le vide. La démocratie qu'on affiche, au nom de quoi on parle si souvent, n'en est plus une. Doit-on croire qu'on parle pour rien ? Et l'économie de marché, existe-t-elle ? à qui profite la situation ? La comparaison de notre cas avec les pays voisins montrait nos salaires comme dérisoires. Sur le plan social la famille s'en est retrouvée affectée et sérieusement. Des ménages se sont disloqués au détriment des enfants et de tout le monde. Ceux qui ont perdu leur travail, ou presque tous, ont perdu leurs épouses. Jamais le mot selon lequel « la femme s'en va par la porte dès que la pauvreté frappe à la fenêtre » ne s'est illustré de façon aussi éclatante.

La fidélité n'étant plus qu'un vain mot, tout le monde se mit à la recherche de l'argent sans effort, juste parce que d'autres ont réussi de cette façon. Alors ceux qui en avaient disposaient de tout le monde ou presque, pour en faire tout ce qu'ils voulaient. Ceux-là pouvaient engager certaines personnes de bonne naissance à mentir et à tricher. Les opportunistes se sont ainsi multipliés. On ne se souciait plus de dire toujours la vérité même ceux qui se disent princes ou d'une descendance royale...La jeunesse se dépravait au vu et au su de tous. Le banditisme, le vol, la consommation des stupéfiants, tout cela étouffait les jeunes. Bref la société était aux prises avec les maux les plus durs. Elle n'était pas encore malade mais elle ne se portait pas aussi bien que nous souhaitons.

Il fut un temps où la révolte des abandonnés à eux-mêmes se traduisit par une recrudescence du banditisme et de la criminalité. Les forces de l'ordre contrôlaient mal la cité face à la puissance des gangs et face à certaines complicités en leur faveur. Des promotions entières sorties des universités et des écoles professionnelles étaient et sont toujours en quête du premier emploi. Ceci avait fait penser dans plusieurs milieux à l'absence d'intérêt d'envoyer les enfants à l'école, surtout dans les milieux de commerçants et de cultivateurs où on pense toujours pouvoir les utiliser mieux et très tôt, dans des boutiques, au marché ou au champ. Ainsi, les idées longtemps révolues et même caduques se réveillaient de nouveau, petit à petit. Chacun se contentait d'une situation et craignait une paralysie généralisée dans tous les domaines.

Sur le plan professionnel, les travailleurs, surtout ceux du secteur public, avaient encore perdu l'intérêt du travail complètement ou bien fait. La vadrouille courante d'hier reprit de plus bel, surtout dans les villes. Dans les campagnes les changements n'étaient pas et ne sont toujours pas encore plus visibles, malgré la construction de nouvelles écoles et de centres de santé dans les régions et préfectures ; d'autres zones hier enclavées à tout point de vue le restent encore. En somme tout était dur partout quand nous prenions place autour de la table du conseil des ministres.

Je sais que sur plusieurs plans les chefs de départements que nous étions avions des vues qui se rencontraient. Mais sur plusieurs autres, chacun des hommes avait sa vision, ses convictions propres et des sentiments à lui. Tout le monde sait que commander est un art et pour réussir les dirigeants ont des dons et talents plus ou moins brillants. Comme dans tout art des hommes ont pour le réaliser des capacités naturelles et variées. Certains doivent l'apprendre alors que d'autres ne réussiront jamais à bien diriger.

Au nombre des analyses qui portaient un dénominateur commun à mes collègues et moi je retiens le fait qu'il fallait faire un effort pour marquer le dernier gouvernement de la deuxième République – qui était le nôtre – de caractéristiques positives, distinctives et dynamiques pour l'avenir. Chacun des membres de ce gouvernement réalisait – je le pense - que dans le circuit des transformations fondamentales qui s'opèrent dans le monde, l'Afrique, à travers chacun de ses pays, doit occuper correctement la place qui lui revient. Chacun des ministres savait qu'il fallait une bonne connaissance du terrain, des mesures d'urgence et une dynamique gouvernementale solide qui ne devrait pas souffrir de complaisance.

Il fallait travailler long et dur pour inverser les tendances ayant conduit à la situation que je viens de rappeler plus haut et qui, aujourd'hui encore, portent à croire que notre peuple se résigne, ce qui est grave, et qu'il risque de renoncer aux combats pour une entrée plus glorieuse dans le prochain millénaire, faute de lignes précises et surtout faute de combattants à la dimension de ses ambitions pour le 21è siècle.

C'est cela que je croyais et que j'avais le droit de penser en entrant au gouvernement. A la tâche il y avait donc des actions communes autour de la table du conseil, parfois des réunions interministérielles, d'autres fois des causeries de salon ou celles à l'aéroport de Gbéssia lorsqu'on accompagnait le Président en route pour une mission à l'étranger ou en le recevant lorsqu'il en revenait.

Mais une charge non moins importante concernait le travail que chacun avait à faire une fois dans son cabinet, non loin de ses collaborateurs, entouré des mille et un dossiers qui le préoccupaient sans cesse. C'est là où les personnalités propres se manifestaient. C'est là où les dons se voyaient dans une direction ou dans une autre. Peu importe ce qu'en pensaient les autres, l'essentiel c'était la marche vers le travail bien accompli. Alors j'écoutais mes conseillers dont j'avais élargi la gamme à dessein. Et je les écoutais attentivement, à fond. J'usais pour cela de toutes les ressources de l'optimisme et de l'humour. Il en résulta pour notre travail commun un intérêt évident, un climat propice au bon métier.

Souvent, même très souvent, je me rendais aux bureaux de mes collègues ministres et j'avais pu voir sans attirer l'attention de qui que ce soit sur mon intérêt d'observer comment les choses s'y passaient. J'avais donc pu suivre comment mes collègues réagissaient à un coup de téléphone, à un message passé par une secrétaire ou un planton, à une conversation avec un collaborateur ou un autre, d'un rang ou d'un autre. Parfois c'était un exercice passionnant, d'autre fois c'était moins agréable selon les scènes qui se déroulaient sous mes yeux. Il n'était pas rare non plus que face à des cas de figure, je tombais sur une réaction identique à ce que j'aurais fait moi aussi à la place de l'acteur principal en face de moi. Mais je limitais toujours mes passages à des durées très courtes et je m'abstenais fermement d'intervenir de quelque façon que ce soit. Sauf lorsque j'étais cordialement invité à m'associer au débat et surtout lorsque je pouvais dire quelque chose de constructif. Mais ceci, je le répète, était plutôt rare.

Si par un malheureux hasard quelque fonctionnaire se trouvait en situation inconfortable devant moi j'asseyais – pas en sa présence mais après – de réduire son infortune et d'obtenir lorsqu'il était en faute que celle-ci soit allégée dans la prise en compte au niveau de son chef mais toujours de manière à ne pas affecter la mission principale de celui-ci. Si j'avais des formules réparatrices à proposer, je le faisais sans bruit, mais avec toute l'amitié qui me liait à celui qui prenait le risque de me laisser voir une telle scène. L'essentiel était de ne rien faire qui puisse nuire à la bonne marche de notre devoir premier : marcher vers le succès.

Il me plaît de rappeler ces aspects du quotidien car, à la limite, il apparaît que ce sont les détails qui font justement l'essentiel. C'est par les petits contacts qu'on détruit ou qu'on construit le caractère des cadres. En effet, celui dont le cas a fait l'objet d'examen à bâton rompu parce que arrivant sur une certaine circonstance reste dans les mémoires. Et lorsqu'on arrive aux moments des choix pour meubler les structures organiques cela peut toujours servir d'une manière ou d'une autre. Parfois, lorsque je trouvais qu'une circonstance pouvait desservir un collaborateur je m'organisais rapidement pour obtenir qu'on change de sujet. Alors je demandais un thé de plus ou un café.

Souvent de tels changements de sujet étaient obtenus par un coup du « penta », téléphone officiel au service des seuls ministres ou hauts fonctionnaires et qu'on prend toujours rapidement pour ne pas risquer de louper un appel du Président de la République. Pour réduire toutes ces possibilités pas toujours agréables au bureau des autres je m'arrangeais pour y rester juste le temps d'un petit repos ou celui d'avoir l'avis d'un collègue sur un sujet préoccupant.

En retour, j'avais eu l'honneur de recevoir dans mon bureau, la presque totalité de mes collègues du gouvernement ; parfois un seul, d'autres fois deux ou plusieurs en même temps. Et je passais toujours avec eux des instants agréables, des moments toujours détendus ; soit pour des réunions interministérielles entourés des cadres des départements ou pour des entretiens restreints. Parfois, mais très rarement, pour critiquer un de ces nombreux faiseurs de malin qui se plaisaient à lever leurs épaules, à se montrer comme on dit pour afficher leurs relations vraies ou feintes avec le Président ou pour montrer leur poids dans les décisions qui se prenaient. Les principes, quoique simples, étaient rigoureux lorsque je recevais des collègues. Pour Madame Camara, ma Secrétaire, une consigne stricte : pas d'annonce d'autres audiences ou de visites, pas de téléphone une fois le service de thé fait. Pour les autres consignes elle était rodée. Avec un coup du regard elle pouvait comprendre avec une extraordinaire exactitude ce que je voulais, ce que je souhaitais pour l'hôte et pour moi-même.

A cet égard les moments les plus importants, à mes yeux, correspondaient à ceux consacrés à l'analyse de la situation dans le pays, en Afrique et dans le monde par rapports à l'actualité et par rapport aux débats du conseil des ministres que nous avions eu peu avant ou que nous devions avoir prochainement. Sur la Guinée, nous parlions presque toujours de la nécessité de serrer de près les vues du Président pour faire le plus complètement possible et de la meilleure des manières, sa politique de redressement économique et celle d'ouverture sur le monde. Très souvent nous trouvions que dans le circuit il y avait, comme il y en a toujours, trop de personnes qui tournent, pour arranger les dossiers, mais souvent aussi pour les compliquer dangereusement plutôt. Ces gens se réclament parfois pour rien, de la famille du Président, de celles des ministres en bonne position et autres cadres bien situés. Il s'agit de personnes qui réveillent toujours leurs relations avec les chefs dans des arrangements mensongers intolérables et étranges.

Au cours de la série des causeries, j'avais retenu en général que nous avions tous le sentiment que la tâche pouvait être passionnante mais surtout difficile compte tenu des défis en face et qu'il ne fallait rien prendre à la légère. Nous étions un gouvernement de transition, le dernier de la Deuxième République dans sa période d'exception car nous avions vue des échéances électorales : les présidentielles, parlementaires et communautaires ; une opposition qui s'organisait pour arriver au pouvoir et un électorat dont les jugements n'étaient pas des plus solides caractérisaient le tableau. Il était nécessaire de comprendre les circonstances et de manœuvrer correctement avec le contexte.

Trouver les moyens matériels d'organiser les consultations en vue dans l'indépendance, l'honneur, et la dignité, tel était l'enjeu immédiat. Il fallait préparer le peuple à des élections d'un genre nouveau. Et surtout la question se posait de savoir comment conduire ce difficile travail de manière que les citoyens sachent qu'effectivement on leur propose la démocratie et non une parodie de gestion des affaires du peuple par le peuple pour le peuple comme on en parle si souvent et dans lequel montage on agit juste pour donner un semblant de légitimité au pouvoir qu'on exerce parfois avec tant de brutalité et de maladresse. Il fallait donc que les citoyens puissent entendre, croire et prendre au sérieux nos discours, y retrouver la détermination, la franchise et la volonté constructive de faire l'avenir de la Guinée. En dehors de ce schéma, on roulerait avec une petite poignée de Guinéens, les autres plus nombreux et essoufflés, abandonnant la marche parce que n'y comprenant pas grand chose ou parce que n'y voyant rien, ou enfin parce que refusant délibérément de croire aux formules que nous développerions au sommet en nous souciant à peine du sort des citoyens.

Notre bonne détermination ne devait donc pas être d'avancer uniquement mais d'avancer avec, sinon la totalité des hommes, du moins avec la majorité des compatriotes. En dehors de cette logique, de quelle démocratie aurions-nous parlé. Et puis il fallait travailler et montrer des résultats, visibles et concrets ; éviter de jouer le rôle de ceux qui, si nombreux, ne peuvent faire une phrase de discours public sans annoncer qu'ils vont changer tout, tout de suite... sans convaincre personne parce que les moyens ne seraient toujours pas au rendez-vous. Pour réaliser une telle mission, un tel rêve, par certains côtés, il fallait voir, ensemble, fermement et de façon lucide, ce qui n'est jamais aisé, une série de réalités qui sont :

- l'urgence d'être chacun porteur d'une autorité propre à pouvoir gérer avec adresse et fermeté le contexte et les hommes et non porteur d'un autoritarisme révolu dans la nature des hommes ; ce qui ne correspond pas à la sympathie et à l'amour est toujours repoussant ;
- d'insuffler à l'intelligentsia une volonté nouvelle et une vue plus contraignante du devoir ; ainsi elle s'impliquerait librement dans la lutte contre la pensée unique ou uniformisée. Alors une plus grande patience dans l'écoute de l'autre serait largement développée au profit du peuple ;
- le refus de la résignation face au poids écrasant du besoin en tout, doublé du devoir de protéger les formes diverses de la morale sociale ;
- d'impliquer dans les combats quotidiens une presse libre mais équilibrée avec des journalistes sûrs de leur sens du respect de la vérité, des journalistes libres qui ne devront pas confondre extravagance, vanité et devoir de communiquer le message, c'est-à-dire celui d'informer le peuple.;
- de mettre les hommes au travail en leur faisant suivre les efforts en cours et en les incitant à se respecter mutuellement, quel que soit leur rang dans l'administration ou dans les programmes afin de résoudre l'épineux problème du chômage de façon à garantir la dignité des citoyens et la solidité des ménages ;
- de sortir le pays des engrenages du tribalisme et du fait ethnique, c'est-à-dire des canaux dangereux où les premières facilités des analyses peu après la Première République sur la route où les nouvelles libertés, l'avaient conduite à cet égard ;
- d'assister les ministres en charge de l'économie et des finances dans le travail d'assainir ce secteur complexe aussi bien dans leur propre département que dans les nôtres où ce domaine vital pour la vie publique dispose de branches vivantes mais souvent sources de mauvais calculs et de trop mauvaises gestions ;
- de redonner à la famille ses forces humaines et ses valeurs au nombre desquelles la rigueur, la fidélité, l'amour et la sécurité alimentaire ;
- d'assurer aux Guinéens une sécurité effective, donc dynamique, aussi bien à l'intérieur du pays qu'à ses frontières et à l'extérieur ;
- de veiller à la laïcité de la République et ne pas glisser trop vite dans une direction pour des sentiments personnels ou pour des calculs politiciens ;
- d'encourager les Guinéens à vivre juste au niveau de leurs moyens ;
- de veuillez sur l'armée, sur ses conditions quotidiennes afin qu'elle ne puisse plus avoir l'œil sur le pouvoir en dehors de ses charges, que surtout

elle puisse se tenir dans les limites de son rôle public reposant sur le fait d'ordre et de défense nationale ;
- d'assurer à la Guinée une politique étrangère à la dimension de ses combats d'hier et d'aujourd'hui dans le respect d'engagements précis et mobilisateurs autour des grands idéaux que notre pays a toujours choisis et défendus, ce, pour occuper la place de notre espérance dans le nouveau système mondial de la politique, de l'économie, du social ;
- de veiller à l'éducation de la jeunesse, ce qui signifie de donner à celle-ci aujourd'hui plus que jamais l'idée du devoir, celui de la nation, unie et forte, et des combats qui fondent l'honneur d'un peuple dans la fermeté, et l'équilibre, gages de constructions solides pour l'avenir ;
- de rechercher par tous les moyens les conditions qui permettront aux Guinéens et aux Guinéennes de jouir chacun d'une santé solide par l'accès au médicament et par une prise en charge médicale pour chacun;
- de coordonner tout ce qui précède avec les notes du développement souverain afin que de façon tout aussi indépendante, lucide et responsable, notre pays puisse entrer au rythme de son libre choix dans le prochain millénaire et non être entraîné par d'autres à la cadence qui découle des intérêts de ceux-ci.

Sur ces questions et sur d'autres j'ai toujours eu une opinion claire en tant que citoyen car j'y ai souvent réfléchi, bien avant ma position administrative de ce moment qui me mettait en face des réalités.

Arrivé aux affaires publiques, je me mis à réfléchir sur la situation actuelle de l'homme, notamment celui de nos Etats d'Afrique, et je pris beaucoup de temps à le faire. Pour conclure, je résumai ma réflexion par les termes selon lesquels le chef, avant de se mettre au travail doit savoir très exactement avec qui il doit collaborer, dans quel contexte social, économique, politique, culturel...il doit évoluer. Il doit savoir ce qu'on attend de lui, ce qu'il veut et peut faire lui-même par rapport à cette attente. Il doit savoir enfin ce qu'il doit faire pour qualifier son travail et les termes de sa mission afin de laisser sa marque dans la vie publique. Bref le dirigeant doit maîtriser tous les dossiers de son ressort et cela en relation serrée avec ses collaborateurs. Il lui faut des hommes loyaux. Il doit travailler sans cesse, dans l'ordre et une discipline sans faille.

Alors j'avais essayé de communiquer mes vues dans le but de faire partager mon avis au cas où il ferait un jour l'objet de discussion en plus haut lieu. Très souvent aussi je trouvais dans la position des collègues des aspects fort intéressants et positifs qui m'échappaient, comme quoi il est toujours utile d'analyser une situation avec d'autres personnes pour voir des points positifs qui se dissimulent dans la tourmente des émotions; les passions des autres et les siennes. Et alors je ne trouvais pas réaliste de m'accrocher à une route fixe car il faut laisser circuler le goût du débat ; et c'est en cela que le combat pour la vie porte quelque chose d'exceptionnel. Comme l'être humain n'est pas rigide par nature, le combat pour un quelconque intérêt doit être souple ; c'est le domaine des bons compromis.

Est-ce cette ouverture qui multipliait le nombre de visites amicales de haut niveau que je recevais à mon cabinet sis à Kaloum, face la Cathédrale Sainte Marie ou tout aussi souvent, à Donka à mon vieux domicile de la cité des enseignants, connu chez nous sous le nom de « Bloc des professeurs », où je réside depuis des décennies ? Je ne puis répondre à cette question. Mais j'ai des idées, des approches personnelles sur chaque question. Ce qui est sûr parmi les faits les plus certains, c'est que j'étais conscient de ce que la situation des universités guinéennes avait besoin d'être améliorée. Je souhaitais m'employer pleinement à cela. Avec ou sans agitations sur les campus. Sans agitations, sans grève, dans la compréhension, voila ce que nous recherchons

Un mois et demi après ma nomination au ministère, l'Université Julius Nyéréré de Kankan écrivit le 27 avril 1992 au gouverneur de la région du même nom une lettre significative, traduisant la situation alors dans l'institution. Les problèmes étaient similaires à Conakry, Faranah, Boké, Manéah, bef dans l'ensemble de nos institutions d'enseignement supérieur.

En voici le texte :

« Le Recteur,
A Monsieur le Gouverneur de la Région de Kankan.
Monsieur le Gouverneur,
Face à la longue crise que connaissent nos Institutions d'Enseignement Supérieur suite à la grève des Etudiants vous me permettez, Monsieur le Gouverneur, de faire une peinture de la situation afin que la population de Kankan ainsi que tous les cadres, toutes catégories confondues, en soient mieux éclairés.

« Pour comprendre le présent et l'avenir il est parfois utile de jeter un regard sur le passé. En ce qui concerne l'Université de Kankan force est de retracer les évènements saillants qui ont marqué son histoire de 1984 à nos jours.

« En 1984, date de la prise du pouvoir par l'Armée, l'Université de Kankan n'avait ni table-bancs (des briques ou pierres ont joué ce rôle), ni lits (des portes abandonnées ont été utilisées à cette fin), ni matelas (souvent remplacés par du feuillage amassé ici et là).

« Sur le plan alimentaire un seul repas journalier était au menu et consistait en une louche de riz ou d'igname le plus souvent fade.

« De 1985 à 1987 tous les dortoirs ont été équipés en lits et matelas-mousse avec couvertures et draps. En plus un puits de forage a été construit et un petit groupe électrogène de 15 K.V A a été trouvé pour l'alimentation du Campus de 19h à 23 h pendant que toute la ville était dans l'obscurité et pratiquement sans eau.

« En plus les repas se prenaient debout ou partout dans la cour faute de tables et chaises dans le réfectoire.

« De 1988 à 1989, le petit groupe a été remplacé par un autre plus grand de 170 K.V.A. ensuite deux cuves d'eau ont été installées pour desservir électriquement les fontaines d'eau mises devant chaque bâtiment. En même temps la pompe manuelle a été remplacée par une pompe électrique. Il faut noter qu'une fontaine publique a été installée en dehors de l'enceinte pour desservir la ville.

« De 1989 à 1990, le jardin des loisirs a été rénové, une chaîne vidéo et une chaîne de musique ont été achetées pour le divertissement des Etudiants. Mieux encore toutes les salles de classe ont été meublées en table-bancs et les bureaux du Recteur, des Vice-recteurs, des Doyens et Vice-doyens, du centre des Œuvres Universitaires équipés de Bureaux modernes avec salle d'attente.

« Aujourd'hui les Etudiants ont leurs trois repas assurés avec café au lait et pain au beurre au petit déjeuner et dessert après les déjeuner et dîner.

« En plus sur les revendications pressantes des Etudiants le Gouvernement a octroyé des bourses aux plus méritants tout en espérant qu'ils auraient payé eux-mêmes leurs repas. Faut-il préciser que ceux qui avaient 6 de moyenne et plus avaient 30.000 FG et ceux qui avaient 5,50 de moyenne à 5,99 avaient 15.000 FG.

« En 1991-1992, sur la base d'un consensus interuniversitaire, les Etudiants posent de nouvelles revendications dont entre autres, l'élargissement de la bourse à tout le monde, le rehaussement de la bourse au taux de 75%, la construction et l'équipement de Laboratoire et Bibliothèques modernes, le renforcement et la qualification du corps enseignant. Au regard de ces revendications le Gouvernement a pris l'engagement de résoudre progressivement les problèmes de laboratoires et de bibliothèques ainsi que ceux liés à la qualification du corps enseignant.

« En outre le Gouvernement assure la gratuité des 3 repas ainsi que celle du logement et accorde 30.000 FG comme argent de poche à tous ceux qui avaient 6 et plus de moyenne, 15.000 FG à tous ceux qui avaient 5,5 de moyenne et plus, et 5.000 FG à tout le reste.

« Actuellement un Réfectoire d'une capacité de 500 Etudiants et une infirmerie moderne sont en voie d'être achevés. En plus, la construction et l'équipement d'une bibliothèque moderne sont déjà négociés.

« Tel est Monsieur le Gouverneur, le ramassé des problèmes majeurs de l'Université de Kankan depuis 1984 et les solutions qui ont pu être apportées par le Gouvernement à la mesure de ses possibilités.

« La bonne disponibilité du Gouvernement à résoudre progressivement les problèmes et au regard de ce qui est déjà fait, certains étudiants dont nous saluons la maturité d'analyse ont repris les cours. Cependant, d'autres tenant coûte que coûte à une année blanche jouent au gendarme pour décourager par tous les moyens (allant jusqu'à la menace de mort) ceux qui ont repris le chemin du Campus.

« Il faut signaler que certains étudiants après avoir pris leur pécule se sont immédiatement volatilisés. Ce sont eux aujourd'hui qui, ayant à leur tête les principaux responsables de l'ex. Comité de Coordination (C.C) constituent le front de refus, après avoir été le Comité de bastonnade.

« Monsieur le Gouverneur, les emplois de temps, nous permettant de rattraper le retard perdu, s'étendent jusqu'en fin juillet avec des cours allant jusqu'à 22 heures. Devant la bonne disposition des Etudiants ayant repris les cours et de leurs professeurs, ce front de refus tenant vaille que vaille à une année blanche, commence en tout premier lieu par sectionner les fils électriques des salles de classes empêchant ainsi les cours nocturnes et les études individuelles.

« Plus encore ce front de refus va jusqu'à incendier l'arrière-cour et la basse-cour du Vice-recteur chargé des Etudes, celui-ci habitant dans le campus.

« Non contents du fait que les cours continuent toujours et avec le calendrier des premiers examens affichés, ces étudiants s'attaquent cette fois-ci au groupe électrogène de l'université y mettant de l'essence et du feu. Cette situation catastrophique a été heureusement évitée de justesse par la vigilance de l'encadrement militaire et des électriciens du groupe électrogène qui ont pu maîtriser l'incendie à temps vers 3 h du matin. Ceci a eu lieu dans la nuit du vendredi au samedi 25 avril 1992.

Monsieur le Gouverneur, ce front de refus continue à s'agiter en tenant des réunions dans des Ecoles comme Morifindjan et Samory tout en menaçant de brûler les bureaux, les domiciles des cadres principaux de l'Université et les tables-bancs des classes. Tout ceci pour réussir l'année blanche à laquelle ils tiennent tant.

« S'il est vrai que notre pays se trouve en pleine phase de démocratisation, il est aussi vrai que de tels comportements qui s'attaquent à la liberté des autres empêchent l'épanouissement de la Jeunesse par la terreur, freine tout élan d'initiatives créatrices au niveau des cadres de l'Education, qui, loin de jouer leur rôle de vecteurs de la formation ne sont aujourd'hui que des gérants de grèves. De tels comportements, Monsieur le Gouverneur, doivent être flétris avec le maximum de rigueur car absolument anti-démocratiques.

« Il faut que les parents, les cadres à tous les niveaux soient tous informés que nos jeunes des Institutions d'Enseignement supérieur face à notre démocratie naissante, ne sont rien aujourd'hui (et très malheureusement par notre faute à tous) que des marionnettes : très favorables à la manipulation politicienne. Notons en outre que le nombre de livres dans la Bibliothèque a passé d'une centaine en 1984 à des milliers de volumes. J'estime que si nous voulons tous, parents et cadres un avenir pour notre jeunesse, c'est-à-dire nos enfants, nous devons les mettre à l'abri des vicissitudes politiciennes. Il est vrai que notre système éducatif, encore très jeune souffre d'imperfections tout comme toutes les Universités africaines et d'ailleurs du tiers-monde. Cependant jour et nuit des réflexions se font pour sa qualification. Réalise-t-on qu'on ne peut tout avoir en bien le même jour ? Ce qui est certain, c'est qu'on étudie pour soi en tout premier lieu, pour sa famille et l'état ensuite et jamais l'inverse. C'est pourquoi il serait heureux pour la paix et la quiétude dans notre Cité que tous les parents, tous les tuteurs d'Etudiants se mettent à la tâche pour comprendre que l'état n'oblige personne à étudier, mais plutôt favorise les études à ceux qui veulent les faire. Il est bon que chacun sache, il n'y a qu'en Guinée où non seulement les études sont gratuites mais aussi tous les étudiants sont payés. Cela ne se fait nulle part que dans notre pays.

« Nous espérons Monsieur le Gouverneur, pour éviter toute surprise désagréable face à toutes dispositions ultérieures relatives à ces remous, qu'une large diffusion de ce texte permettrait à la population de comprendre largement la crise universitaire actuelle.

« Veuillez agréer Monsieur le Gouverneur, l'expression de ma très haute considération.

Le Recteur

Voilà à peu prés, en quelques mots, et sur les pages qui suivent ce que je pensais en ce moment. Face à une telle situation il fallait réfléchir et prendre des mesures appropriées et au plus tôt.

4- Le Conseil des ministres

« La politique peut apporter des changements progressifs ou brusques. En tout cas, les circonstances extérieures agissent sur la pensée des participants.»

Willy Brandt.

Les réunions hebdomadaires du conseil se tenaient tous les mardis. Elles étaient, comme depuis toujours, des occasions d'échanges d'informations et d'opinions qui, sous la présidence du chef de l'Etat, enrichissaient les vues des ministres et meublaient les démarches vers la recherche des solutions aux problèmes qui concernaient collectivement ou individuellement les départements ministériels et la nation. De ces débats hebdomadaires sortaient les décisions les plus significatives pour le pays. C'est encore le cas aujourd'hui comme cela le fut sous la Première République.

Je ne me risquerais pas à dire ici ce que furent nos conseils, dans leurs déroulements, dans la manière dont ils furent dirigés, encore moins sur leur animation, c'est-à-dire sur les réactions agréables, sages ou calmes des ministres ou sur celles plutôt difficiles, chaudes et intempestives des chefs de départements. Une telle démarche n'a pas de place dans le présent récit.

Je puis dire simplement que lorsqu'on passe au conseil du gouvernement en qualité de membre, le public ne doit savoir que ce que lui livre ce conseil à travers son porte-parole, que celui-ci soit intronisé comme le furent jadis Hervé Vincent Bangoura et plus tard Ibrahima Sylla qui fit un usage aussi profond qu'étrange de cette mission avec des emphases débordantes ; ou encore que cette occupation soit discrète, presque effacée, comme l'a pratiquée le Capitaine Claude Kourouma qui l'avait faite durant nos trois ans et plus passés au gouvernement ; ou enfin que ce travail soit fait avec les méthodes des économistes toujours soucieux d'expliquer leurs handicaps et leurs durs chemins comme le faisait Michel Kamano. Aujourd'hui, le ministre Ibrahima Mongo fait ce même boulot presque en dents de scie. Parlant au nom du gouvernement certaines fois et pas du tout d'autres fois malgré ce que peut-être la gravité des problèmes nationaux du moment.

Evidemment, je sais que rien n'y était tabou, surtout, et je le déplore, dans une administration guinéenne où, depuis, on ne tient pas toujours compte de l'intérêt de la discrétion. Parfois les salons sont au courant de tout sur nos réunions avant la diffusion du compte rendu officiel du conseil. Ceci me parait indéfendable, inadmissible, et il faut le corriger.

Il y avait aussi, des choses qui étaient connues de tous, soit à travers les différents communiqués, soit à travers la presse. Surtout à travers une certaine presse qui confondait l'agitation et le devoir d'informer dans les mélanges sans saveur ou dans l'ensemble de la passion et de la subjectivité ; dans les chimères. Je connais aujourd'hui encore des journalistes qui, alors qu'ils sont pleins de mauvais sentiments, diffusent un sourire intarissable dont on ne voit le fond que dans le journal. Alors, on les découvre dans une manœuvre contraire à ce qu'ils devraient être.

Les conseils des ministres commençaient donc tous les mardis à 10h. Après l'entrée du Président de la République dans la salle, les retardataires n'étaient jamais reçus. Quelque dossier que ceux-ci aient par devers eux pour l'ordre du jour. Et ceux qui tombaient dans un tel scénario étaient obligés de rester quelque part autour de la salle pour sauter sur la petite mais combien agréable récréation assortie d'une collation lorsque leur mésaventure était intervenue en première tranche du conseil. Dans le second cas ils devraient se tenir hors des travaux jusqu'à la fin de cette réunion.

L'ordre du jour, selon une habitude fixe, était présenté, et toujours, dans le même classement des chapitres : compte-rendu de missions à l'intérieur et à l'extérieur du pays ; communications des membres du gouvernement suivies de débats ; examen des projets de textes : ordonnances, décrets... Le tout se terminait par les informations générales, nationales et internationales, que communiquait le chef de l'Etat avant de lever la séance. Nous nous quittions donc avec des décisions conformes à ce que l'équipe tenait pour utile et nécessaire à la Guinée dans sa marche vers le progrès et le développement, avec la volonté de gagner les multiples paris.

A presque toutes les sorties de ces réunions on avait le sentiment d'avoir fait du bon travail, avec des textes correctement mis au point. On se frottait presque les mains, comme pour dire que tout était en place pour venir à bout des difficultés ayant fait l'objet de discussions autour de la prestigieuse table. Mais, comme disait le Général de Gaulle « ce qui est écrit, fut-ce sur un parchemin, ne vaut que par l'application » qu'on en fait. Pour ma part, je venais autour de la table du conseil durant toute la première année du service avec des dossiers difficiles liés à la situation de grève en cours dans toutes les universités depuis longtemps. J'avais trouvé les campus universitaires chauds et notre travail n'avait rien de facile parce que la tension était encore là.

En plus, la raison d'être d'un gouvernement c'est, selon ma conception des choses, de connaître à fond ce dont on parle, de savoir réellement ce que contiennent les dossiers, autant que possible dès qu'ils sont nationaux. D'être à l'écoute du peuple non pas pour le flatter et rien que pour cela, alors qu'on lui donne des coups dans le dos, mais pour connaître ses problèmes, sa situation, ses aspirations et lui dire la vérité en respectant la politesse d'usage. Puis, par une autorité bien assurée, il s'agit de défendre la chose publique et toutes les libertés, réellement, et pas seulement dans des discours bien dits, dans des textes bien rédigés quant au style et à la forme mais pas plus, pour piétiner ensuite les mêmes libertés et sans cesse. Souvent en effet on le fait au nom d'une certaine souveraineté ou au nom de la préservation d'acquis précieux mais personnels et opposés aux raisons communautaires. Or une mission gouvernementale ne peut être bien conduite que lorsqu'elle est bien comprise et correctement menée par une équipe aussi soudée que possible, c'est-à-dire par une équipe dont les membres se complètent dans leurs activités. Et je vois ce que fait sur un terrain de sport une équipe admirée qui gagne : on ne prend pas la balle d'un filet à l'autre, cherchant à marquer le but, pour essayer d'être le meilleur joueur. La balle doit être donnée à chacun selon son tour sur la route menant d'un filet à l'autre filet. Alors on arrive au but par l'effort coordonné de tous les joueurs.

Les éléments d'une telle équipe ne jouent pas chacun pour soit. Mais ils se passent la balle l'un à l'autre chaque fois qu'ils le peuvent en visant un seul objectif : marquer le but. Telle est la règle du terrain de football.

Si par contre chaque joueur, sensible outre mesure au regard des spectateurs, agit pour sa propre gloire, cherche sans cesse à marquer le but en ne respectant par la discipline du groupe ou le rôle spécifique à lui confié dans l'ensemble, alors l'équipe perdra sans faute, un jour ou l'autre. Malheureusement, tel que je crois retenir ce que j'ai vu, c'est ce dernier cas qui se présente souvent dans les équipes gouvernementales de notre pays. Plusieurs éléments prennent des engagements dehors avec des milieux ou d'autres contextes pour promettre de faire passer une idée ou un projet. Ceux-là sous-estiment à priori l'avis de leurs collègues et même celui de l'arbitre du match. Naturellement, une telle position conduit à des désaccords constants qui se répercutent sur les rapports entre membres de l'équipe. Malheureusement ceci fut vrai hier et l'est encore aujourd'hui.

Un autre groupe est encore beaucoup plus dangereux pour la cohésion du gouvernement. C'est ceux-là qui se posent en défenseurs de l'avis du chef, que les points de vue de celui-ci soient bons ou non. A tout moment, et par tous les moyens, ces hommes cherchent à savoir de quel côté le chef va pencher. Si par hasard, suite à un entretien antérieur avec ce dernier ou sur la base d'une simple rumeur les intéressés tombent sur la piste qu'ils cherchent, alors on les voit tout de suite, claquant les doigts pour se faire donner la parole. On les entend crier plus fort que tout le monde, agissant ainsi comme s'ils étaient au commencement et à la fin de tout. Juste parce qu'ils sont à peu près sûrs d'être sur le chemin de la conclusion qui va être tirée par le meneur du conseil. Si par hasard l'arbitre change d'avis à la faveur d'un débat efficace dont il lui faut tenir compte, ou à la faveur de la solidité d'analyses et d'informations de dernière minute, alors les mêmes acteurs changent de comportement avec une triste et exceptionnelle rapidité, même avec une désinvolture intolérable pour le grand métier qu'on exerce au sein d'une équipe gouvernementale.

On en a vu qui se mordaient le doigt comme pour regretter de s'être affichés si bruyamment et si tôt pour rien, juste parce qu'on est passé à côté de leur calcul. Evidemment les chefs sont tous, à des degrés divers, sensibles à la flatterie. Donc ce genre de scènes fait leur plus grand bonheur, également à des degrés variables. Ils les favorisent pour observer le bal avec plaisir.

On a dit du Président Sékou Touré qu'il aimait mettre des ministres dans ce type de compétition pour observer avec un petit sourire leur dose de démagogie. Pas nécessairement un degré de loyauté. Certains d'entre eux étaient même célèbres pour ces exercices qui amusaient fortement le Président. Et l'opinion le savait. Si le chef de l'Etat n'avait qu'un sourire, l'opinion elle en riait avec éclats parce que cela donnait l'allure d'une scène bien prise pour ne pas dire une tragi-comédie. Le Président Conté a, comme les autres hommes de sa classe, une manière à lui de mener le conseil. Et les méthodes changent avec le temps, les évènements, les circonstances, les humeurs, avec les dossiers se trouvant sur sa table et surtout avec leur urgence. On comprend de quoi il s'agit pour la suite.

Je relève avec le plus grand intérêt qu'il arrive des moments où, au lieu pour les ministres d'être en présence d'un chef d'équipe ou d'un arbitre ils ont en face un père de famille plutôt soucieux de la solidité sociale de l'ensemble, de son efficacité, de la viabilité de l'effort commun. Au cours d'un de ces conseils typiques, caractéristiques de ce souci, le Général Lansana Conté nous avait dit ceci que j'avais bien noté et retenu, citation :

« Les ministres, disait-il, au lieu de combattre leurs ennemis, c'est-à-dire ceux qui sont contre le gouvernement dans l'ensemble, se combattent, se bloquent entre eux. Je le sais.
« Je n'ai jamais apprécié les mesquineries ;
Je ne suis pas mesquin. Je voudrais que vous ne le soyiez pas ;
Il faut voir toujours vers où va le choix du peuple, c'est l'essentiel. Tout le reste est un ensemble de méthodes et de routes devant réussir mais pouvant échouer;
J'ai toujours prié que le ministre soit mon seul conseiller, mon seul complice dans un département ;
Il serait malheureux que je sois obligé d'écouter une autre personne dans un secteur à la place du ministre que j'ai nommé librement en comptant sur ses capacités ;
C'est nous-mêmes qui donnons l'occasion aux autres de nous attaquer et de se moquer de nous.

« Je serai toujours votre complice pour la gestion chacun de son porte feuille. Il faut simplement que les problèmes soient traités de façon équitable, juste, et qu'ils soient portés à ma connaissance à temps. Pas trop tard.

« Tous les membres du gouvernement doivent se sentir concernés par les problèmes de l'Etat, à quelque niveau qu'ils se situent.

« Nous sommes condamnés à parler le même langage en acceptant chacun de nous avec son caractère. Car Dieu a créé le bien et le mal ; il faut être très fort pour ne faire que le bien. Et très mauvais pour ne faire que le mal.
Une équipe gouvernementale doit agir de concert. Il faut éviter de parler d'un ministre dans un milieu qui lui est hostile. C'est une bonne précaution et surtout informer l'intéressé à cause de la corporation dès qu'il est attaqué. Le secret doit être de rigueur.

« On peut tout dire sur nous mais si nous sommes soudés on ne peut rien contre nous. Je ne voudrais pas entendre dire qu'un ministre a parlé d'un autre en mauvais termes. C'est gênant.

« Il faut arriver à surmonter vos mesquineries. Beaucoup de choses sont dites sur vous qui sont inexactes mais qui peuvent devenir vraies parce que nous n'aurons pas combattu le mauvais côté de notre travail à temps.

« Les ministres doivent régler leurs problèmes entre eux. J'arbitre si c'est nécessaire. Mais faites-le entre vous, c'est encore mieux.

« Il y a des petites choses que vous apprendrez sur telle ou telle personne, sur tel ministre, alors il faut informer l'intéressé et tout de suite.

« J'ai beaucoup d'inquiétudes car il faut vous souder et corriger vos défauts entre vous. Mon inquiétude c'est que je ne vois pas les choses se passer ainsi que je le souhaitais. Or ceci est une des conditions de notre succès.

« Ce que nous disons entre nous doit rester entre nous. Une administration sans discrétion ne peut avoir de poids ou de prise sur les administrés.

« Il faut avoir le courage d'assumer certaines responsabilités, seul, et s'associer aux autres pour trouver des solutions à temps quand il le faut pour d'autres cas.

« Nous n'avons pas toujours les cadres qu'il vous faut dans le service. Cela rend le travail difficile, je le sais. Mais que faire ? Nous sommes obligés de nous contenter de cela. C'est ce que nous avons pour le moment. Je suis le père de famille. Mon premier rôle passe par le conseil.

« C'est un plaisir pour moi de le faire. Mais il faut en tenir compte. Je vous prie de m'écouter. Ne contrecarrer pas les inspections dans vos départements. Sinon on va croire que vous voulez cacher des choses. La mauvaise gestion.

« Dans la discussion, dans le dialogue seul on peut avoir la victoire. Or les inspections vous permettent de saisir des volets quotidiens qui vous échappent.

« Les ministres, face aux entreprises et partenaires étrangers, doivent être, et toujours, du côté de l'intérêt de la Guinée. Nous sommes ici pour cela.

« C'est comme un match, c'est un jeu, il faut toujours chercher à battre l'adversaire. Pour cela il faut de la vigilance, de l'énergie, de l'action. Vous êtes la dernière équipe de la 2ème République, elle doit gagner » fin de citation.

Lorsque le Président parlait ainsi, il mettait le ton et la forme du parler d'un père de famille. Tout se passait alors dans un silence complet. Chacun suivait le message dans toutes ses tournures.

Ce message du locataire du Palais des Nations était de nature à rassurer chacun de nous quant aux relations avec notre chef. Il était une source d'espoir. Personne, je crois, ne se disait qu'il fallait maintenant voir tout cela à la pratique. Personnellement je ne trouvais rien à redire au vu de ce qui se passait alors entre le Président et nous. Mais, il faut le souligner, si ceci fut vrai un temps donné, plus tard des choses vinrent nuancer l'interprétation qu'on pouvait faire du propos que nous avions enregistré. L'homme était devenu tantôt dur et impossible avec certains d'entre nous, tantôt plus tendre.

En fait, selon l'avis de plusieurs personnes ce changement de ton et d'attitude était dû à la manœuvre d'un clan qui s'était organisé autour de lui pour parler en permanence sur des gens ou carrément pour monter des scénarios. Plusieurs ministres auxquels il avait pourtant parlé au cours du célèbre conseil comme à tout le monde n'avaient pas hésité à entrer dans pareille danse. Certains avaient voulu montrer par-là qu'ils étaient plus liés au Président que tout le reste du groupe. D'autres croyaient que ce serait le moyen sûr d'allonger leur durée aux affaires.

Ainsi ils avaient créé des groupes çà et là dans la ville et l'ensemble est appelé couramment entourage du Président. Ces personnes parlent sans cesse du PUP (Parti de l'Unité et du Progrès du Président), circulent dans les démembrements de la famille présidentielles (frères, tantes, sœurs ou cousines), critiquant des ministres chez le chef lui-même qui ne refusait pas lui aussi de donner des pas dans le sens qu'il avait pourtant si bien ciblé et dénoncé. Dans la ville et à l'intérieur du pays, la manœuvre s'était et s'est développée fortement. En fait rien n'a affecté la force des différentes équipes gouvernementales du Général Conté autant que ces manœuvres de clans.

Et plus tard la situation s'était compliquée lorsque le chef de l'Etat devint officiellement polygame, avec d'abord deux épouses, puis trois. Il y avait du coup et il y a encore autant de clans plus ou moins rivaux que d'épouses, plus d'autres tout aussi opposés entre eux, créés autour d'intérêts variés ; notamment autour d'amis de circonstances nés sur le champ des profits. On avait espéré que le chef de l'Etat serait un jour assez fort pour écraser ces îlots du mal pour se mettre au-dessus de leurs manières de faire qui gênent encore l'administration publique, mais au contraire l'instabilité, à travers les clans, s'est installée au sommet de l'Etat depuis. Avec elle plein de confusion partout.

D'autres conseils des ministres étaient plus difficiles et on les gérait ensemble ou individuellement, selon les dossiers sur la table et l'allure que prenaient les situations. En ce qui me concerne, j'avais traversé souvent des moments durs au conseil des ministres. En arrivant au gouvernement comme je l'ai dit, dans les circonstances que j'ai rappelées, on devine que mon cas n'avait rien pour être simple. D'autres membres de ces réunions avaient parfois des dossiers autrement plus compliqués. C'est à eux de se situer quand ils le voudront et de dire ce qui, dans leurs mémoires, aura résisté à la sélection de l'oubli. Mon propos n'est pas non plus de relever tout ce que j'avais eu comme problèmes à exposer, comme situations à éclaircir, comme dossiers à défendre, comme réponses à donner lorsque j'avais été interrogé. Il y aurait trop de choses à dire et le risque de diluer l'essentiel dans l'immensité est alors visible. Finalement je me bornerai au souvenir des deux premiers conseils au cours desquels je pris la parole.

Je sais que le premier, après notre nomination le 6 février 1992, fut certainement l'un des plus brefs que j'avais vu au Palais des Nations. Le Président avait parlé seul, limitant son propos à des termes courts, tranchants, presque comme pour dire qu'il repoussait d'avance les paroles que chacun de nous prononcerait pour dire merci suite au choix porté sur lui ; donc il leva très tôt la séance. Je crois qu'il s'était borné à dire : « je vous ai choisi. Il vous reste à travailler. J'attends de vous le succès et pas beaucoup de paroles. Veuillez rejoindre vos bureaux et à la prochaine fois ».

La prochaine fois devait être le 18 février 1992. J'étais encore à la fois gouverneur de la ville de Conakry et ministre de l'Enseignement Supérieur. Tous les problèmes étaient dans la rue. La grève dans presque toutes les corporations ; les étudiants faisant n'importe quoi depuis trois ans dans les rues en s'éloignant des études. Les écoliers du primaire, collégiens et lycéens n'étaient pas tranquilles non plus. Ils avaient des problèmes et je le savais. Mais ils étaient devenus aussi un grave problème pour Conakry et pour toute la nation. L'insécurité était totale. A tout moment les étudiants pouvaient se jeter dans la rue, brisant des véhicules, mettant le feu à des pneus comme barricades...C'était difficile à tous points de vue.

Déjà, gouverneur de la ville, j'avais essayé à plusieurs occasions de contribuer à la recherche de solutions à ce problème, en vain. Les jeunes ne voulaient rien comprendre. Ils s'agitaient toujours, comme excités de l'extérieur. Le jour même de ma prise de service au ministère de l'enseignement supérieur je mis officiellement en marche sur pied une commission ayant déjà travaillé officiellement mais en profondeur à la résolution définitive de cette affaire de grève des étudiants qui n'avait que trop duré. Pour réussir j'avais eu avec plaisir des cadres jeunes déterminés à voir les choses comme moi, avec mes yeux. Ils sont efficaces, courageux, et laborieux. Dr Ibrahima Kalil Kourouma, Dr Boye Guilavogui, Dr Paul Gbavogui, m'avaient positivement impressionné dans ce cadre.

Je leur demandais presque l'impossible car il fallait arrêter sans délai tout ce désordre qui durait depuis des années. Je voulais cela en l'espace qui sépare deux conseils des ministres. Je voulais avoir le plaisir d'annoncer dès résultats et une amélioration de la situation sur le terrain. Ceci ne m'est pas propre. Les responsables publics aiment commencer leur métier par de gros coups. Ces cadres et d'autres, après réflexion, revinrent me voir avec des inquiétudes, mes exigences leurs paraissant trop serrées. Je décidai d'élargir leur commission aux chefs des sections de la police et de la gendarmerie placées sous mes ordres en ma qualité de gouverneur de Conakry encore en service. Mon remplaçant ne fut nommé que beaucoup plus tard. Le blocage de la commission persistait malgré tout. Alors je choisis de me joindre au groupe. C'est en ce moment que je pris la décision de fermer toutes les universités sans discussion et d'orienter le débat uniquement sur la manière de gérer cet aspect de la question. La consigne ferme était précise :

fermer toutes les institutions universitaires pour les vider simultanément le même jour à la même heure ; les rouvrir le lendemain matin, mais alors chaque étudiant devrait revenir en classe avec un bulletin ou une fiche comportant plusieurs renseignements de nature à identifier l'intéressé, sa famille ou son tuteur, les conditions du remboursement de la valeur de tout objet de l'université que casserait l'étudiant qui se révolterait...

La fiche devait être signée d'abord par l'étudiant, ensuite par sa famille ou par son tuteur et enfin contresignée par le chef de quartier et par le maire. Avant le 11 février ces fiches étaient disponibles pour une distribution rapide dans les quartiers et familles concernées. La conception, la multiplication, l'envoi dans les préfectures, tout cela avait été fait avant cette date. Rappelons que l'équipe chargée de ce travail avait débuté sa mission 3 jours avant la prise de services du ministère. Ses bureaux, discrètement se trouvaient au gouvernorat de Conakry.

La gendarmerie, la police, l'armée étaient mises à contribution pour une application correcte des décisions prises. Celles-ci devaient permettre effectivement la reprise en main de la situation par le département et par les directions des universités. Le 12 février à zéro heure toutes les institutions d'enseignement supérieur furent effectivement fermées comme prévu en application des mesures prises avec les responsables à tous les niveaux. En quelques heures, radios et télex avaient tourné intensément. Nous étions branchés sur toutes les institutions d'enseignement supérieur et sur les préfectures.

- Ma première communication au conseil des ministres.

Pris dans toutes les difficultés imaginables, je me disais souvent qu'il n'y avait pas le choix. Il fallait avancer et tenir jusqu'au bout. Ma communication au conseil des ministres du 18 février 1992 fut significative et libellée ainsi :

« Excellence Monsieur le Président de la République.
Mesdames et Messieurs les ministres,

« La crise actuelle qui secoue notre université nationale et les autres institutions d'enseignement supérieur du pays est la suite logique de celle de 1988.

« C'est donc l'expression d'un malaise patent ou discret mais permanent depuis cette date, une crise qui empêche les jeunes élèves et étudiants d'apprendre et les livre à des occupations non défendables.

« Dans la phase présente, le blocage, devenu crise depuis la marche à Conakry de 5.000 étudiants le 17 janvier 1992, tourne autour d'une série de revendications portant sur :

« Les modalités de fin d'études dans certaines Facultés ;
L'augmentation des bourses d'étude de 75% ;
La construction de nouvelles salles de classes à Conakry, ceci pour marquer le refus du transfert, comme prévu, de certains étudiants au campus de Kindia et aussi dans les autres institutions universitaires de l'intérieur du pays ;
L'équipement des bibliothèques ;
L'amélioration des conditions de vie sur tous les campus (nourriture, logement, divertissement,...)

« Mais la situation serait marquée aussi, à prendre les informations telles qu'elles nous arrivent, par une infiltration des universités par les contacts politiques déstabilisateurs. Je le déplore. Mais devant les faits, il faut agir, de façon vigilante et rapide, parce que le tout montre en définitive une détérioration progressive et intense de la vie sur les campus. Précisément :

- Les étudiants ne se soucient plus du respect qu'ils doivent aux parents et à leurs formateurs.

- Ils oublient et risquent même de mépriser les autres charges de tout Etat moderne, surtout ceux nécessiteux du Tiers Monde où la gestion du peu qui existe n'est pas facile.

- Ils accordent, pour ceux d'entre eux qui sont excités tout au moins, plus d'intérêt à l'agitation qu'à la raison de leur présence à l'université, c'est-à-dire les études pour comprendre la vie et servir la société de la meilleure des manières.

« Notre Enseignement Supérieur, risque de cette façon, de rater sa grande mission, celle de l'appréciation correcte des données, tout le temps, afin de s'orienter vers des chemins appropriés pour le bénéfice de tous les fils du pays. Je crois et d'autres le savent avec moi que nous aurions tort de ne pas prendre les mesures qui s'imposent pour montrer à la jeunesse qu'il nous appartient de la former correctement. Elle peut parler avec nous pour se faire entendre. Mais elle ne doit pas nous imposer ses erreurs et les lignes de ses rêves qui peuvent être insensés.

« Il nous revient aussi de ne pas négliger ce qui est juste dans leurs demandes, à condition pour eux de formuler les demandes comme il faut et de savoir attendre.

« C'est dans ces circonstances que votre générosité, Monsieur le Président, nous porte à la tête du ministère de l'Enseignement Supérieur et de la Recherche Scientifique. Pour faire quelque chose de propre et non pour hésiter.

« Notre mission à ce poste paraît difficile et chargée de carrefours tortueux faits d'infortune. Mais je lui trouve pleins d'aspects passionnants et agréables. C'est lorsqu'on réussit à démêler les écheveaux et à résoudre des problèmes complexes qu'on éprouve une réelle satisfaction.

« L'élégance avec laquelle aux côtés du Chef de l'Etat, nous relèverons ensemble vous et nous, Mesdames et Messieurs, les défis à coloration d'infortune, immédiats et permanents, marquera la dynamique d'une solidarité que j'appelle de tous les mots et de toutes mes prières, humblement, mais fermement, en ce haut lieu de la décision, car nous sommes tenus d'agir ensemble dans l'intérêt de la nation guinéenne.

« Les enseignants que je crois connaître n'ont pas de clés spéciales pour ouvrir les portes du succès dans ce travail. Mais je sais qu'ils ont la vocation d'expliquer et d'associer les autres à leurs difficiles équations pour consolider la force d'un chemin valable. Ils peuvent être patients. Ils peuvent attendre.

« Ayant pleine confiance en vous nous avons dû, parce que interpellés en premier lieu par le mouvement estudiantin des circonstances, amorcer des esquisses de solution. Nous l'avons fait juste pour limiter les dégâts, et ce, dans l'attente de l'éclairage qui nous viendra de votre Excellence, Mon Général, et de cette équipe gouvernementale fraîchement renouvelée, déterminée à gagner dans la raison tranquille qui vous caractérise, les options pour la démocratie, le multipartisme, la recherche des bonnes volontés pour les mettre à l'œuvre pour relever les défis qui marqueront la fin de la deuxième République.

« Nous avons donc dû en rapport avec l'université au sens de l'encadrement, décider de prendre des mesures provisoires. Celles-ci visent à éviter la fermeture des institutions et à mettre fin a l'investissement des rues et des campus par les étudiants ou enseignants, qui ont choisi d'empêcher ceux qui veulent travailler d'aller en classe, oubliant ainsi les limites de leur liberté dans la mauvaise orientation prise par eux comme seul moyen d'action.

« Le 12 février à 0 heure, nous avons demandé aux uns et aux autres de libérer le campus de Conakry, de se retirer donc dans le cadre d'une brève procédure ayant pour objet de :
- faire reprendre le contrôle de l'université par les autorités en place, sans la fermer ;
- permettre le déroulement normal des cours dès le lendemain matin ;
- faire tout ce qui est possible pour éviter l'année blanche inacceptable dans nos difficiles conditions économiques, car elle se solderait par de grandes pertes avec des enseignants nationaux et expatriés qui seraient payés pour rien, sans oublier les autres dégâts.

« Les forces de l'ordre engagées dans l'opération avaient reçu des instructions précises pour observer la plus stricte modération, dans la fermeté bien jouée, c'est-à-dire dans avec la rigueur qui soigne au lieu de blesser.

« La vitesse de l'exécution des mesures était dictée par les informations selon lesquelles un retard de plus de six heures ferait perdre le privilège de l'effet de surprise, essentiel dans ce type de procédure. Ce retard risquait de donner aux étudiants la possibilité de réaliser avec succès un rassemblement massif et sans nul doute violent, très tôt le matin du 13 février 1992 en combinaison avec les déflatés de la fonction publique et les nombreux chercheurs du premier emploi, toutes promotions confondues, issus de nos écoles professionnelles et de nos institutions universitaires.

« Si ce plan des étudiants était mis en œuvre, nous aurions eu dans les rues une situation plus compliquée à gérer que celle qui prévalait antérieurement. Dans l'autre cas nous avions pensé que le mouvement serait canalisé avec un moindre mal où il ne tarderait pas à être maîtrisé...

« De toutes les façons notre action n'est fondée que sur la volonté de bien faire pour arrêter enfin ces troubles dont tout le monde a maintenant assez. Nous souhaitons tout faire pour éviter l'excès en restant ferme, en montrant aux étudiants que les portes du dialogue restent ouvertes. Nous désirons essayer de leur donner le sentiment qu'avant eux il y a eu d'autres promotions, des hiérarchies et une série d'autorités à respecter pour le bien de tous. Rien ne leur sera caché sur notre volonté de souplesse et même de tendresse à la seule condition de nous entendre, chacun restant à sa place et se consacrant à sa mission en respectant celle des autres.

« Pour l'ensemble de la question, nous n'oublions pas qu'un département ministériel est chargé d'une mission. Ses décisions entrent dans l'application d'une politique générale, nationale, dont les axes se déterminent autour de cette table, sous l'arbitrage et l'autorité du Président de la République.

« Je sais que notre succès réside dans le respect de cette ligne ; c'est également à ce titre, qu'à la suite d'un contact réalisé hier avec le ministre de l'Intérieur et de la Sécurité nous proposons la mise en application d'un programme de sensibilisation au niveau des quartiers en rapport avec les mairies afin d'ouvrir un débat sur le sujet aux niveaux les plus larges, les plus variés. Nous pensons ainsi car hors de l'université, l'unanimité n'est faite sur aucun point. Les avis restent très partagés. L'information correcte doit circuler pour que la population comprenne tout.

« Si le principe d'une telle démarche retient votre haute attention, Mon Général, Mesdames, Messieurs les membres du Gouvernement, on pourrait solliciter les services des ministres ci-après :

Ibrahima Sory Sow, ministre de l'Agriculture et des Ressources Animales, pour la Commune de Ratoma ;
Fassou Loua Réné, ministre de la Réforme Administrative et de la Fonction Publique, pour la Commune de Matam ;
Mme Diallo née Aïcha Bah, ministre de l'Enseignement Pré-universitaire et de la Formation Professionnelle, pour la Commune de Dixinn ;
Dr. Mamadou Bhoye Barry, ministre de l'Industrie, des Petites et Moyennes Entreprises, pour la Commune de Matoto ;
Mme Makalé Camara, secrétaire d'Etat chargé de la Promotion Féminine et de l'Enfance, pour la Commune de Kaloum.

« Ces membres du gouvernement seraient accompagnés chacun d'un cadre de la ville de Conakry, du ministère de l'intérieur et de la Sécurité, du ministère de l'Enseignement Supérieur et de la Recherche Scientifique.

Je vous remercie Monsieur le Président pour m'avoir donné la parole. »

Au sortir du conseil des ministres du 18 février 1992, je fis, après accord de l'ensemble de mes homologues et surtout après celui du chef de l'Etat le communiqué suivant :

- Communiqué Radio-Télévisé (multiples diffusions en langues française et nationales)

Depuis mai 1988, l'Université Guinéenne à entrepris de faire des revendications de plusieurs types assorties de manifestations tantôt violentes, tantôt relativement pacifiques.

Ces réclamations sont reprises presque toutes les années jusqu'au 17 janvier 1992, date à laquelle plus de 5.000 étudiants sont descendus dans la rue, revendiquant : une augmentation de 75% de leur bourse ; l'élargissement de celle-ci à tous ceux qui ont la moyenne de passage en classe supérieure ; le passage de la prise en charge de la confection des mémoires de 60.000 à 150.000 FG ; la construction de nouvelles classes, de bibliothèques, de réfectoires, de laboratoires. L'agitation sur les campus est devenue, depuis, difficile à gérer. Et les étudiants, après de difficiles négociations à tous les niveaux avaient décidé d'entreprendre une grève qui aura duré jusqu'au 12 février 1992, date à laquelle le Département de l'Enseignement Supérieur et de la Recherche Scientifique a pris une série de dispositions.

Sur le sujet :

Le ministre de l'Enseignement Supérieur et de la Recherche Scientifique fit une déclaration Radio-Télévisée le mercredi 19 février 1992 entre 19h 45 et 20h 30. Ce message fut le tout premier d'une longue série qui se développa jusqu'à la fin effective de la grève. Il était urgent pour nous d'expliquer à l'opinion guinéenne et internationale ce qui se passait sur les campus des universités et ce que nous trouvions nécessaire de faire pour arrêter définitivement la grève et ses abus ; sans passion, mais avec rigueur.

Le texte de la déclaration faite le 18 février 1992 était libellé ainsi :

« L'Université guinéenne traverse des situations difficiles depuis 1989 dans le cadre de revendications mal conduites quoique allant dans le sens de l'amélioration de la vie sur le campus. Le dernier élément de ce développement est la grève violente entreprise depuis bientôt un mois et qui perturbe tout dans les villes.

Pour la situation présente, les étudiants demandent :

Une augmentation de leur bourse à hauteur de 75% ;
L'amélioration de la qualité du personnel enseignant ;
L'extension des infrastructures et des équipements ;
La mise sur pied de bibliothèques universitaires fonctionnelles ;
L'augmentation de 90.000 FG de la prime de confection des mémoires de fin d'études et l'annulation des examens de sortie ;
Enfin, l'élargissement de la bourse aux étudiants ayant une moyenne annuelle de passage en classe supérieure, inférieure à 5,5/10.

« La demande des étudiants est, dans le contexte actuel des choses, légitime et normale en elle-même. Chaque citoyen ou groupe de citoyens a toujours raison de souhaiter une amélioration de sa situation. Mais le côté difficile pour tout pouvoir public est la détermination « non négociable » des étudiants à obtenir tout, et tout de suite, faute de quoi ils descendent dans les rues pour mettre le feu à la ville, comme expression de leur colère. Donc avec cette forme de la demande, nous formateurs, sommes tenus de leur montrer la limite de leur liberté sur la question en prenant des décisions lorsque le dialogue épuise ses ressources ou lorsqu'il ne peut être mis à contribution.

« De nombreuses démarches ont été faites avec des propositions concrètes, raisonnables, à tous les niveaux : professeurs, département, gouvernorat, pour les amener à plus de souplesse dans le contenu de leur demande et surtout dans la manière de formuler et de conduire les requêtes. Malheureusement tous ces efforts se sont révélés infructueux. Et en plus, les jeunes étudiants adoptent des attitudes non respectueuses de leur rang social. Ils ne respectent plus les personnes qui ne peuvent que leur montrer le bon chemin, la famille, les enseignants, les aînés...

« A plusieurs niveaux les informations nous parviennent selon lesquelles, le fond du problème serait moins une question de revendications estudiantines qu'une manipulation politique. Les sources qui font état de cette situation révèlent que les étudiants sont entretenus tous les soirs par des partis politiques qui organiseraient leur plate forme d'action à mettre en œuvre le lendemain. Et pour les motiver il leur est donné les moyens nécessaires à l'application des programmes qui leur sont proposés.

« Des bourses sont même promises à ceux qui se prêtent le plus à cette manœuvre. Des tracts sont rédigés et dactylographiés au nom des étudiants et élèves par des enseignants de mauvaise disposition, engagés eux aussi par des formations politiques.

« Si ceci est vrai, non seulement on démobilise les jeunes, non seulement on les détourne de leur objectif qui est d'apprendre pour se former et se qualifier, mais on en fait des opposants politiques à leurs formateurs qu'ils n'écoutent plus ; et on leur apprend à dire des choses inexactes, à tourner le dos aux qualités qui, seules, feront la grandeur de la Guinée dont ils seront également seuls responsables demain. Ces qualités, comme on le sait, ont pour noms l'attachement à la dignité, le courage, la franchise, le respect de la valeur et celui des aînés.

« C'est aux parents et à la société de choisir. A-t-on envoyé ces jeunes à l'école et à l'université pour les former comme il faut, pour en faire des cadres sérieux, ou bien les destine-t-on à devenir des délinquants, perdus d'avance pour de bon ? Des héros de la rue ?

« De l'autre côté, la société guinéenne, si la manipulation politique est effective, doit être inquiète, car cela veut dire que le débat d'idées est devenu un métier banal et négatif à la place de la dynamique qui modèle depuis toujours et positivement l'homme, la communauté, la nation entière, pour le progrès, le développement et pour une présence effective sur la scène internationale.

« En effet, si les politiques ne peuvent pas s'occuper de proposer des programmes, un type de société valable pour la Guinée, mais plutôt de pervertir la jeunesse, de la détruire moralement et physiquement, alors, notre histoire cessera nécessairement d'être belle et grande comme elle a pu l'être jusqu'à présent.

« Il revient au même de dire que ceux des partis politiques qui se livraient à ce type d'activités, devraient cesser de jouer avec tant de risques pour tous. Les acteurs politiques oublient-ils que le mensonge, la violence verbale, l'injure en ce domaine, sont le fait des personnes qui manquent de bonnes choses à dire à leur peuple ? Le fait de cadres à cours de projets de société valables ne s'exprime que de cette façon.

« Veut-on oublier ici que les grossièretés font la réclame définitive de ceux qu'elles prennent comme cible à tort ou à raison ?
Donc, sans le savoir peut-être, en agissant ainsi les leaders politiques, ratent leur mission, celle de construire de la façon la plus sûre, une société solide, attachée à la recherche du salut de la Guinée.

« En conclusion, ceux qui peuvent comprendre nos propos doivent savoir que la mission d'aujourd'hui, complétant celle du passé et surtout les efforts de nos distingués prédécesseurs à la tête du département est d'aider la jeunesse universitaire à se former, pour se qualifier, se mettre à la hauteur des responsabilités futures. Là-dessus, nul ne doit compter sur nous pour faiblir en aucune manière. Le travail sera fait, sans violence certes, contrairement aux déclarations de mauvaises intentions de certains, mais avec fermeté.

« Cela veut dire que la porte du dialogue reste ouverte et promet dans toute la mesure du possible les résultats souhaitables. L'université sera remise au travail. Elle cessera de divaguer. Nous pensons que cela est possible si nous assistons tous ensemble les formateurs de la jeunesse dans l'accomplissement de leur tâche.

« Pour aujourd'hui, je porte à la connaissance des étudiants que toutes leurs revendications sur l'équipement et sur les bibliothèques sont acceptées. Telle est la décision que le gouvernement vient de prendre.

« Les professeurs sont recrutés sur la base de critères beaucoup plus serrées qu'hier. Cette méthode sera renforcée et rien ne sera ménagé pour qualifier l'enseignement. Ceci était déjà programmé même sans la pression de la grève.

« Les bourses sont maintenues conformément au décret N°110 de l'année 1989 qui sera appliqué pour le moment jusqu'à nouvel ordre. Mais des améliorations sont également en vue.

« Il est demandé aux universités et institutions d'Enseignement Supérieur de trouver les moyens de donner 5.000 FG par mois aux 3 561 étudiants non boursiers de leurs établissements respectifs. L'Etat procédera à la compensation financière qui découlera de l'application de cette mesure.

« Pour assurer la sécurité de l'enseignement sur la base des nouvelles dispositions, tout étudiant muni de la fiche sera pris en charge par l'université (hébergement et nourriture) jusqu'à nouvel ordre. Cela pour garantir la sécurité de ceux qui veulent suivre normalement leurs cours et leur éviter des déplacements entre le campus et la ville.

Vive l'Université guinéenne.
Conakry, le 18 février.
Le Ministre de l'Enseignement Supérieur et de la Recherche Scientifique.

5- Je m'explique

Le jour où je fis cette déclaration sur le réseau synchronisé de la radio nationale et des radios rurales, à la télévision, la situation statistique par nature de bourse était la suivante :
Etudiant à bourses entières avec 30.000 FG pour une moyenne annuelle de 6 et plus sur 10 :

Conakry	1 799
Kankan	166
Faranah	83
Boké	64
Manéah	305
Soit :	2 417

Etudiants à demi bourse : 15.000 FG pour une moyenne annuelle allant de 5,50 à 6/10.

Conakry	1 382
Kankan	308
Faranah	10
Boké	43
Manéah	99
Soit :	1 842

Elargissement de la bourse aux étudiants qui ont de 5,5 à 5/10 et aux étudiants entrant en 1ère année à 5.000FG/mois.

Certains étudiants refusèrent de se soumettre à la démarche. Ils étaient minoritaires mais agressifs, hargneux et parce que circonvenus par la majorité, ils décidèrent d'attaquer ceux engagés à tout faire comme annoncé par le département. L'université était donc coupée en deux camps opposés : les étudiants qui acceptaient la discipline et ceux qui s'y opposaient. Les affrontements entre les deux clans furent souvent sanglants et violents. Certains étudiants furent grièvement blessés, d'autres perdirent la vie et cela je le regrette réellement ; d'autres encore perdirent des membres. C'était aussi malheureux. Notre métier n'est pas d'assister à de telles situations.

On vient à l'université pour y recevoir des enseignements et non pour y apprendre à devenir un héros de la rue en provoquant les autres et en brisant tout autour de soi, ou encore pour y trouver la mort ou une quelconque infirmité. Cette situation dura près de huit mois au cours desquels je fus obligé de travailler durement, toujours entouré d'une équipe d'hommes dévoués. Sur la route, ceux qui s'essoufflaient demandaient et obtenaient un repos avant de poursuivre la marche.

Après le déclenchement des hostilités j'expliquai tout au Conseil des ministres où l'autre combat n'était pas des moindres. A toutes ces réunions et pendant au moins huit mois comme je l'ai dit, la question de la grève à l'université était essentielle, permanente, pour ne pas dire au centre des débats au gouvernement et dans la ville. Je percevais dans toute la série des rencontres que des ministres rapportaient autour de la table la vision du problème de l'université comme cela leur était dit hors de notre milieu par des jeunes et par des milieux peu concernés. Certains étaient opposés à l'agressivité des étudiants. D'autres étaient plus modérés et des groupes encore parmi nous se manifestaient carrément hostiles à tout ce que je disais et à tout ce que je souhaitais faire pour amener le dossier à bouger dans les directions que je savais incontournables et bonnes. On ne se mettait jamais d'accord sur une position commune. On se séparait presque toujours en queue de poisson, comme on dit. Le désappointement m'était courant. Je savais ma démarche bonne et je voyais autour de la table des manifestations futiles de la mauvaise foi qui me rendaient mélancolique.

Ce qui me faisait le plus grand mal c'était l'attitude de plusieurs ministres, caractérisée par la duplicité et la démagogie. Ils me disaient des choses dans nos rencontres amicales hors du conseil, mais dès qu'on arrivait autour de la salle le soutien dont je m'attendais de leur part, parce qu'ils me l'avaient promis, disparaissait. Les gens s'engageaient sous mes yeux, contre ma vue des choses que je savais utile pour tous, fondée sur des réalités vécues et de nature à déboucher sur le bon chemin que nous devions tous suivre.

Imaginez qu'il avait fallu valser ainsi pendant des mois. J'étais rarement sorti d'un conseil durant cette période avec un sourire. J'avais été si souvent déçu, parfois presque découragé. Ayant compris les manœuvres et les acteurs de terrain c'était désormais moins désagréable. Ce qui me restait de courage se raffermissait heureusement à chaque fois. Je me disais toujours que dans des missions importantes le découragement n'a pas de place. Certaines paroles, finalement, ne me disaient plus grand chose. J'étais habitué à des propos et au tempérament des hommes qu'il me fallait supporter pendant si longtemps. Je trouvais ces réunions accablantes, presque terribles. Mais je n'avais pas d'autres options que de tenir bon, jusqu'au bout.

Ma détermination était donc catégorique. Sans vanité, sans prétention et sachant que les nombreuses et tumultueuses déclarations que j'entendais souvent avec plus d'exercice de style que de réelle volonté de bien faire ne changeaient pas grand chose au problème qu'il nous fallait résoudre. Je ne voulais rien céder sur une telle base. Et ma souplesse habituelle avait cessé de m'habiter.

Heureusement que le Président de la République savait que ma situation était malcommode et à fond. Je le rencontrais souvent sur le sujet. D'autre fois, mais rarement, il m'appelait au Penta. J'avoue que sur l'ensemble de la question il était plutôt très sobre en paroles. Je crois qu'il voulait me laisser toute la liberté possible alors que les conseils des ministres cherchaient à réduire ma marge de manœuvre. Plus d'une fois je fus mis en minorité absolue : tout le monde, tous les ministres contre mon refus de recevoir en classe des étudiants opposés à ma politique sur la difficile situation, c'est-à-dire opposés au principe des fiches de renseignements dont nous avons parlé plus haut. Et le Président finissait dans ces cas par demander aux hommes en face de me laisser faire parce que je connaissais mieux le dossier et ses contours, en tout cas plus que les autres. Ça c'était sûr, heure après heure, j'avais de nouvelles données sur la situation. Mes collègues ne les avaient pas. Chaque fois, au sortir de chacune des réunions, j'appelais mon cabinet à partir du Palais des Nations pour avoir le bilan du jour. Il y avait presque toujours des blessés de plus à m'annoncer, des dégâts matériels importants à ajouter au bilan de la veille. Des gens perdaient des voitures ou des vitres de leurs maisons. On pouvait croire que les jours de conseil irritaient les étudiants déjà agités dans l'atmosphère de la grève. Parfois ils avançaient vers le Palais des Nations comme pour rencontrer par force les ministres à leur sortie.

Le soutien du Président était mon dernier recours et je l'eus toujours heureusement, faute de quoi je pouvais quitter le gouvernement, volontairement, en laissant le tablier à une plus forte intelligence comme certains croyaient en avoir. Je redoutais cette extrémité. Mais je la sentais venir parfois. J'avais été très souvent en position inconfortable, avec l'impression que plusieurs collègues avaient plaisir à me jouer ce tour désagréable. Chaque fois que mon infortune se développait à un haut degré je les voyais, plus cyniques et tout souriants. Ceux-là étaient loin d'être gentils. Ils n'étaient pas nombreux mais leur malheureuse race existait dans nos rangs. On ne peut pas ne pas en avoir de la peine. On ne peut pas ne pas déplorer la présence à ses côtés d'éléments aussi sévères, aussi hostiles lorsque le torchon brûle.

Sans être venu au gouvernement je n'aurais jamais réalisé qu'à ce niveau de la formation intellectuelle et de la responsabilité publique on pouvait avoir un cœur si mauvais, si dur. Il est vrai que plusieurs de mes collègues cachaient à peine leur ardent désir d'être ministre de mon portefeuille. Même s'ils devaient tout louper face à l'université et à sa mission capitale pour la nation. Cela me disait qu'entre le désir de certains et le succès d'un combat le fossé est parfois profond et dangereux. L'histoire de l'Afrique est (hélas !) parfois menée dans ce cadre de misère et de valses délibérément orchestrées qui conduit au désordre.

D'autres fois, aussi, tout seul, et cela au cours de mes missions hors de Conakry, je marchais dans la rue, à des heures indues, sans que cela ne corresponde à mon footing matinal habituel. Au cours de ces pauses, j'essayais de faire un bilan, de voir de quoi peut être fait le lendemain matin, et pour le meilleur des choix, qu'est-ce que j'avais à faire sans délai en rapport étroit avec les autres ? Presque toujours j'arrivais à la conclusion que ma misère n'était pas tant due à la gravité de la situation mais à l'esprit de quelques personnes. Et, soit dit en passant, on est aux affaires importantes pour gérer parfois des dossiers délicats qui requièrent intelligence et expérience réelles. Il faut constamment s'y attendre. Sans être sûr de réunir ces éléments en moi je me rendais compte du fait que ce qui me faisait le plus de peine c'était la surprise désagréable de voir les hommes qu'on respecte tourner le dos à la confiance qu'on peut placer en eux. Et le faire juste par malin plaisir ou par méchanceté et plus souvent par la volonté de ne pas se mouiller dans une situation qui relève de la gestion du voisin, celui-ci fut-il théoriquement un ami, voilà qui ne peut que déranger.

Ayant vu ce que j'ai vécu, je sais qu'il arrive des moments où, je puis le dire aujourd'hui, la solidarité gouvernementale n'agit que lorsqu'un intérêt commun est, soit à sauvegarder, soit touché, soit à envisager. Parfois on peut trouver de réels amis qui restent fidèles. Et même dans ce rare cas, des ministres préfèrent se taire quand il faut parler et quand il faut vous redire leur attachement, lorsque toute la douche est en train d'être prise. Naturellement, quand il n'y a pas grand risque on jouit d'une atmosphère fantastique. Chacun vous sourit à fond. Et alors on a le temps de laisser la vie devenir belle. Mais je crois que pour bâtir une nation ceci est trop peu de choses parmi des facteurs essentiels. Lorsqu'on a appris à connaître les gens on voit que la plupart du temps tout est une simple mise en scène.

Je dois dire enfin qu'avec la diversité et la complexité des problèmes à résoudre en Afrique, il faut des gouvernements forts où il importe de pouvoir faire la différence entre la famille et l'Etat, entre l'ami et le pouvoir. Il est nécessaire surtout que les hommes appelés à gouverner acceptent de soigner librement leur message personnel, qu'ils fassent l'effort de réaliser la différence entre l'argent de tous et celui qui leur revient de droit. L'argent de tous c'est celui que l'Etat donne aux structures publiques pour résoudre les problèmes publics. L'argent de chacun c'est celui qui lui revient en propre, pour lui, notamment comme émoluments ou accessoires et pas plus.

Ceci dit, revenons, à notre sujet.
La communication que nous avons faite était, comme on le voit, longue. Mais personne ne s'en plaignit, car l'université grognait, la rue bougeait mal et la sécurité de chacun s'en ressentait. On ne trouva donc pas nécessaire de m'interrompre. C'était à un moment où je ne voyais pas encore ce que j'allais voir et comprendre très tôt. La lutte pour arrêter définitivement la grève fut donc longue, contraignante et dure. Au cours de cette période je dus pratiquer une fermeté nécessaire à l'accomplissement de la tache. Cela me rendit très impopulaire. Pour certains j'étais un mauvais Guinéen, prêt à frapper les enfants des autres, sans pitié. C'était une analyse trop sommaire, invraisemblable et inexacte. Je suis un humain comme les autres, qui n'a donc pas besoin d'être méchant pour régler une situation devenue gênante au niveau de toute la société. Je ne regrette pas ce que je fis. Et je suis d'autant plus content aujourd'hui que notre université s'est remise au travail et a arrêté depuis de descendre dans les rues, de se mettre en scène et de tout casser. Nous tous avons payé cela par des moments pénibles et longs. Mais nous n'avons pas transigé avec le bon chemin. Et cela a payé

La grève prit fin avec la victoire de la thèse que je défendis huit mois durant au prix de ce qu'on sait et que nous venons de rappeler. La franche des étudiants accrochés irréductiblement à la grève reconnut finalement son tort et me le signifia par un message pathétique. C'était une grande victoire pour l'université guinéenne.

Peu après cet heureux évènement une grande conférence de presse me fut proposée dans le cadre de l'émission « Focus ». Cela me permit de clarifier la politique que je suivis et d'entendre les choses qui se disaient dans la ville sur mon dos. Sur notre dos, mes collaborateurs et moi, ceux du département et les encadreurs évoluant sur le terrain. Je pouvais le savoir ce jour par la voie des journalistes à travers leurs questions aussi nombreuses que peu tendres.

6- Focus ou une conférence de presse sur le vif

Après ce qui s'est passé et qui n'était pas totalement fini quant aux conséquences la presse nationale insista, pour m'amener à parler. Je n'étais pas pressé de me prêter à ses questions mais convaincu par les arguments des collaborateurs du département, j'acceptai l'offre de l'émission « Focus » animée par le journaliste Yamoussa Sidibé de la RTG.

- Introduction de Yamoussa Sidibé animateur principal de l'émission Focus (R.T.G)

« Mesdames, Mesdemoiselles et Messieurs bonsoir,

« Cette fois nous parlerons dans notre émission de la situation dans nos Institutions d'Enseignement Supérieur. D'abord nous avons pensé inviter M. le Recteur de l'Université de Conakry qui est en mission en France. Et finalement c'est au ministre de l'Enseignement Supérieur et de la Recherche Scientifique que nous avons proposé un débat ; ce qu'il a accepté avec plaisir. Un plaisir que nous partageons avec lui étant donné le caractère contraignant de ses charges publiques et de son calendrier.

« L'invité de l'émission Focus de ce soir sera donc M. Charles-Pascal Tolno, Ministre de l'Enseignement Supérieur et de la Recherche Scientifique en République de Guinée.

« Objectif, comprendre ce qui est arrivé ou qui arrive à l'université de Guinée mais aussi de passer en revue les possibilités de l'Etat pour résoudre les nombreux problèmes liés aux revendications des étudiants.

« Apparemment les cours ont effectivement repris à l'université de Conakry et dans les autres institutions d'enseignement supérieur du pays. Mais pour autant, les problèmes sont-ils aplanis ? Voilà une question qu'on se pose partout.

« Autour de moi, les journalistes de la presse publique et privée qui, ces derniers temps, ont eu à faire chacun au moins un article ou un reportage sur la situation de l'étudiant guinéen face à l'autorité et dans l'agitation qui secoue notre université depuis plusieurs années.

« Mesdames, Mesdemoiselles et Messieurs, Merci d'avoir accepté d'être avec nous pour ce débat qui promet d'être riche et combien utile pour les citoyens guinéens. Monsieur le ministre bonsoir et merci d'avoir accepté notre invitation. Aujourd'hui lorsqu'on évoque votre nom on pense tout de suite au ministre ou au président de l'Association Pan-Africaine des Ecrivains.

« M. Tolno un homme qui a fait la une de l'actualité en son temps en Afrique et en Guinée est peut-être autre chose aussi. Notre reporter Issiaga Konaté a cherché à en savoir plus. Voici le résultat de ses investigations. Il fait un portrait que je vous invite à suivre sur le petit écran.

Issiaga Konaté (RTG)

« Charles-Pascal Tolno est né le 12 février 1943 à Dandou, village de Tomandou, sous-préfecture de Nongoa, Préfecture de Guéckédou. Vingtième enfant d'une famille qui en a compté une quarantaine en 1950 chez Papa Bilimoto Tamba, Charles-Pascal Tolno est pourtant unique fils de sa mère, Mama Koumba Millimono dite Mama Yaadou du nom de son village. Issu d'une souche aristocratique, son père ayant été suivant du chef de canton de Mangalla le 11 septembre 1934 mais pour seulement 7 ans, le jeune Tolno fera un parcourt scolaire et universitaire sans faille (Ecole primaire de Nongoa, Cours Normal, Lycée, Université). En 1976 il obtient une maîtrise en physique avec la première promotion de l'Université guinéenne (Promotion Lénine), mention Excellent. Puis en 1968 une autre maîtrise en Mathématiques, encore mention honorable. La vie lui ouvre alors ses portes et il est successivement professeur, Directeur Régional de l'Education, Directeur de l'Ecole Nationale d'Administration, Doyen de la Faculté des

Sciences Administratives et Juridiques de Donka et Doyen de la Faculté d'Electrotechnique de l'IPGAN etc...

Parallèlement à cette carrière, il mène depuis longtemps une passionnante vie d'écrivain : « Afrique du Sud, le Rendez-vous de la violence », « Colonialisme et Sous-développement en Afrique », « L'avenir de la Guinée entre les mains des Guinéens », « L'épée trahie », sont quelques-uns de ses nombreux ouvrages.

Sur le plan international, Charles-Pascal Tolno donne des conférences, rencontre de grandes personnalités de la culture et de la politique du monde et se montre très attaché à l'Afrique. Elu Président de l'Association des Ecrivains de Guinée le 24 octobre 1985, il va honorer notre pays avec son élection au poste de premier Président de l'Association Pan-Africaine des Ecrivains le 11 novembre 1989 à Accra au Ghana. Poste qu'il occupe encore. Jusqu'à une récente époque, l'homme avait de très nombreux admirateurs et jouissait d'une très grande popularité. Cette popularité s'est quelque peu effritée depuis sa nomination au poste alors difficile de gouverneur de la ville de Conakry puis avec son entrée au gouvernement au poste autrement plus compliqué de ministre de l'Enseignement Supérieur et de la Recherche Scientifique. Son entourage le trouve très autoritaire et quelque peu exigeant. L'homme est depuis ses deux promotions délicates l'un des plus controversés du gouvernement. Il fait la une de l'actualité et de la presse, prend des décisions selon lui incontournables, qui sont pour certains très sévères pour ne pas dire trop dures. A la fois leader d'un Parti Politique de l'opposition, il se présente malgré tout et aussi comme l'un des plus fidèles du Président de la République. On dit qu'il est ambitieux mais on reconnaît unanimement sa grande capacité de travail et son intelligence très vive saluée par tous ceux qui l'ont toujours approché et connu.

Pourtant, sa première déclaration au sujet de la crise universitaire n'a pas été bien accueillie par tout le monde.

Côté familial, M. Tolno est père de 6 enfants dont trois filles. (Kotio, Kwamé, Poutè, Mamie, Mabinty Samou, Elisabeth). « Je ne suis pas ami à mes enfants » parce que je leur consacre un temps trop petit, dit-il ; cependant il tient à l'éducation de ces derniers. Il aime la musique africaine (guinéenne, zaïroise,...) et la lecture. M. Tolno avoue avoir peur de vieillir. « La vieillesse lui prend de l'énergie » confie-t-il. Une énergie dont il aura encore besoin pour casser et gérer ce qui reste de l'une des crises les plus graves de l'histoire de l'université guinéenne depuis sa création. L'opinion le donne comme le ministre le plus dur sur cette question face aux étudiants.

C'est également l'avis de ces derniers. On pense aussi que le succès de ses mesures est certain et qu'il le doit à cette fermeté. L'avenir immédiat de l'université guinéenne en dépend. Tel est en sommaire l'homme que nous avons en face aujourd'hui et qui se prête aux questions de la presse.

Yamoussa Sidibé : Alors M. le ministre, il existe encore pour tout le monde dans le sillage des intellectuels qui n'attendaient depuis longtemps que la consécration de votre œuvre sur le plan littéraire. Pour ceux-là vous êtres un homme qu'on a tant recherché, un cadre populaire dans les milieux d'intellectuels et universitaires. Aujourd'hui, notre confrère l'a dit, vous êtes un homme controversé et impopulaire à l'université. Vous avez agi avec fermeté, trop de fermeté peut être, et voici que votre popularité en a été affectée, atteinte, violentée !

M. le ministre, qu'est ce qui s'est passé ? Qu'est-ce qui est arrivé entre ces deux moments, celui où vous étiez admiré et populaire et celui de la perte de cette popularité, est-ce suite aux décisions dures que vous avez dû prendre pour faire face à la grève ?

M. Charles-Pascal Tolno : Je ne vois pas ce qui explique votre déclaration quand à la popularité ou pas ; mais en tout cas, au niveau de l'université je vois que mes collaborateurs et moi sommes en train de faire notre travail qui n'est pas facile, je le sais. Nous prenons des décisions difficiles je le sais aussi. C'est un métier délicat. Et c'est normal que certains l'approuvent et que d'autres ne l'apprécient pas.

Si certains pensent que le ministre est devenu subitement impopulaire, c'est une manière de voir les choses selon eux. Et alors ils sont libres de le faire aussi comme ils le veulent. Mais dans une analyse lucide et sereine nous ne voyons pas de raison de croire que nous pouvons être décriés parce que nous faisons le travail qui justifie notre présence là où nous sommes. Dans tous les cas nous sommes décidés aujourd'hui encore plus qu'hier à faire en sorte que l'université soit un centre d'enseignement et d'éducation, c'est-à-dire le lieu où on travaille sur l'esprit pour développer la vertu, pour créer le progrès et non celui où on développe la violence pour décharger des humeurs fragiles et compliquées. Notre seul objectif est de remettre les étudiants au travail et de les éloigner des troubles qui dérangent tant de situations. Il faut savoir que nous ne sommes pas là pour créer des difficultés et des problèmes aux jeunes qui viennent pour apprendre. Nous ne les détestons pas et leur reconnaissons le droit à vouloir améliorer leurs conditions de vie et de travail. Ce que nous n'acceptons pas c'est la forme qu'ils mettent à leurs demande et action, c'est-à-dire la violence.

Yamoussa Sidibé : M. le ministre, dans son dernier numéro le Journal Horoya a écrit ceci, je cite, concernant l'université bien sûr : « Après la tempête c'est le calme ». Est-ce que vous partagez cet avis ?

*Charles-Pascal Tolno :*Ce n'est pas évident que de façon rapide, aussi rapide qu'on aurait souhaité, le calme revienne. Je souhaite qu'on y arrive dans les jours à venir ou même dans les mois à venir, je pense que c'est normal, cela est conforme à la profondeur de la fissure que nous avons plus ou moins observée. Et finalement, c'est ce que chacun veut. Je souhaite qu'il n'y ait plus à vous dire, au cours d'une prochaine rencontre qu'il y ait encore des hésitations à répondre rapidement oui à votre interrogation... Nous sommes sur le terrain, il y a encore des rancœurs. Notre travail actuel c'est de faire en sorte que les étudiants d'une même classe se donnent la main pour sourire, pour danser, pour chanter lorsqu'on est content et surtout pour étudier, non plus pour gifler le voisin ou pour le blesser au couteau.

Ibrahima Cissé (AGP) : Monsieur le ministre, j'ai deux questions à vous poser et qui sont en fait, en rapport avec le développement que vous venez de faire.

La première c'est que les gens en parle comme pour dire – pourquoi le président de l'AEG, Président de l'Association Pan-Africaine des Ecrivains, directement ou indirectement, a conduit l'armée dans le campus ?

Charles-Pascal Tolno : Le rôle d'un ministre n'est pas de dire à ceux qui ont des galons sur les épaules, c'est-à-dire les forces de l'ordre, d'aller briser sa matière d'œuvre, l'université, ou de leur dire poussez-vous je vais faire à votre place votre travail.

Les ministres du monde entier protesteraient les premiers avant les étudiants ou avant leurs parents, si une telle démarche était vraie. Mais dans le cas présent, je peux affirmer que le Ministre n'a pas fait ce que vous craignez.

Le chef du département, qui vous parle en tout cas, est loin de cette supposition. Et vous pouvez en être convaincus. Par conséquent, ne vous souciez pas des rumeurs que je sais non fondées. Le ministre n'est allé nulle part. Il a donné des instructions précises pour qu'une mission ponctuelle et tout aussi nette soit accomplie. Le reste ce sont des imaginations, des constructions dénuées de tout fondement. Ceux qui ont déclaré cela ne vous ont pas dit la vérité. Ils ont sans doute exprimé ce qu'ils souhaitaient voir à la place de ce qui est. Mais entre leur rêve et les faits il est normal qu'il y ait un fossé pour ne pas dire un abîme.

Les cadres de l'administration universitaire concernés avaient autre chose à faire dans le même temps, celui d'éteindre la grève, au moment où l'armée accomplissait sa part de la mission sur le campus. C'est tout ce que je peux vous dire pour le moment.

Ibrahima Cissé (A.G.P) : M. le ministre, vous avez dit tout à l'heure vous-même qu'il n'y a pas un calme tout à fait plat à l'université ; et c'est juste parce qu'il y a quelques jours encore, les étudiants s'affrontaient à l'arme blanche. Est-ce que vous pouvez nous dire quelles sont les dispositions concrètes que vous avez prises pour désarmer justement ces étudiants-là ?

Charles-Pascal Tolno : On dit d'ailleurs trop de choses sur le fait qu'à l'université des groupes d'étudiants armés sont prêts à s'affronter, à se blesser. Là-dessus des conflits ont été réels. Mais je pense que là encore il y a de l'abus dans le propos. Trop de choses inexactes sont dites pour rien ou juste pour perturber ce que nous construisons. Ce que nous avons constaté effectivement sur le terrain c'est que quand en majorité des étudiants sont rentrés pour reprendre les cours, certains sont restés dehors. Disons que depuis le 1er mars les étudiants en grande majorité sont là et travaillent, contrairement à la déclaration verbale de ceux qui souhaitent que les choses se passent d'une manière différente. Nous avons laissé le soin à ceux qui sont sur le terrain de jouer d'abord la carte de la souplesse et ils sont en train de faire quelque chose.

Nous souhaitons que les étudiants se conduisent maintenant de la bonne manière face à ce problème. Ils ont pris des armes, au mépris des règles interdisant le port de celles-ci sur le campus. Ceux qui, désormais n'obéiraient pas à l'interdiction seront purement et simplement mis à la disposition de leurs parents. Cela correspond à un licenciement pur et simple, une décision irrévocable. Et, c'est peut-être cette fermeté qui fait que des personnes pensent qu'on a vite fait de prendre des mesures radicales. Nous devons apprendre à notre jeunesse à retenir que sans la fermeté on ne peut pas construire l'avenir de façon viable.

La vie est pour les jeunes et pour toute la société une formation continue. Et puisque nous les formons il faut leur apprendre à faire des choses solides, même au prix des mesures les plus difficiles, comme la perte de la popularité pour revenir à ce que vous ou un autre journaliste a dit tantôt. Il faut qu'on retienne qu'il faut être strict pour mieux indiquer le bon chemin. C'est pour cela que former un caractère n'est pas un travail facile. C'est par ce chemin que d'autres sont passés pour construire de grands Etats, pour bâtir de puissantes nations. Il ne sert à rien de plaisanter quant il y a à décider sur des questions essentielles. Donc si, pour revenir à ce cas concret, quelque part on tolère le port d'armes, fusent-elles blanches, et à l'université, c'est un mauvaise signal pour tout le monde. Ce serait l'expression d'un échec de notre travail.

Et maintenant d'autres mesures consistent à savoir s'il n'y a pas une catégorie d'éléments récalcitrants et qui, globalement, n'aimeraient pas suivre la nouvelle route. Si certains ne tiennent pas compte des dispositions en vigueur, eh bien nous sanctionnerons. Donc des mesures sont en cours qui passeront à la fouille systématiquement. Je vous apprends que maintenant on fouille les étudiants à l'arrivée dans les salles pour savoir s'ils n'ont pas quelque instrument interdit sous la veste. On va aussi fouiller les cabines et systématiquement. Tenez vous tranquilles. Ce qui doit être vu le sera. Si nous découvrons quelqu'un avec ce qui est interdit, je répète qu'on le rendra à sa famille sans compter que l'intéressé peut être poursuivi en justice. Je ne vois pas d'arbitraire en cela. Il s'agit de garantir la sécurité des autres.

Yamoussa Sidibé : M. le ministre, dans votre livre « Colonialisme et sous-développement » vous écrivez quelque part qu'entre le discours politique et la réalité il y a un fossé. Aujourd'hui les étudiants reprochent au pouvoir public qu'il ne fait que des promesses depuis 4 ans. Qu'est ce qu'aujourd'hui concrètement, immédiatement, votre département, représentant l'Etat, compte faire en faveur des étudiants pour satisfaire leurs revendications ?

Charles-Pascal Tolno : Je ne sais pas si ce que vous déclarez et un propos des étudiants ou si c'est vous qui le dites. Si c'est vous qui l'affirmez, je l'accepte; mais si ce sont les étudiants qui le disent ils ont tort. Ce qui est certain c'est que l'Etat ne peut pas faire l'idéal qui n'a été réalisé nulle part. Pour moi, je suis aujourd'hui au ministère guinéen de l'Enseignement Supérieur, si je peux vivre comme un ministre américain ou si je peux être dans les conditions matérielles d'un ministre français, ou allemand, je ne demande pas mieux. Mais si je le demande sachant l'écart des moyens est-ce que je serai raisonnable ? Si les étudiants disent que l'Etat n'accède pas à la totalité de ce qu'ils demandent, ils ont raison. Mais s'ils déclarent que le pouvoir est sourd, ceci n'est pas vrai. Et c'est là que constamment nous leur avons proposé de rester raisonnables dans leurs revendications. Il n'y a pas que vous dans les calculs de l'Etat, leur avons-nous dit. Ce dont les étudiants sont obligés de tenir compte, c'est que la Guinée est un pays africain au cœur du Tiers-Monde, une nation accablée de difficultés économiques de tous ordres. Ces difficultés vous les connaissez peut-être mieux que moi, vous qui êtes de la presse ; vous qui allez un peu partout. L'analphabétisme et la pauvreté sont là. Les secousses sociales liées au besoin ne sont pas rares. Les problèmes à résoudre sont multiples...

*Yamoussa Sidibé :*Qu'en pensez-vous Monsieur le ministre ?

Charles-Pascal Tolno : Pour parler franchement, imaginez que nous sommes, vrai ou faux, comme le publient certaines statistiques un des trois pays les moins alphabétisés du monde entier. C'est cruel. Nous estimons que lorsque dans ce contexte quelqu'un a su échapper au fléau de l'analphabétisme pour aller à l'école primaire, puis secondaire, jusqu'au niveau de l'université, il est déjà plus qu'un privilégié par rapport à l'homme de mon village ou du vôtre qui n'est jamais allé même un seul jour à l'école pour s'asseoir sur un banc. Si l'étudiant qui a déjà son baccalauréat complet par rapport à mon frère du village oublie cette position privilégiée pour demander quelque chose qui tient dans les bonnes mesures il a raison. Parce que l'homme veut toujours que sa situation d'aujourd'hui soit qualifiée par rapport à celle d'hier, et il souhaite que celle de demain soit réellement meilleure à celle d'aujourd'hui. Ceci est humain. Si l'étudiant, c'est-à-dire quelqu'un qui a assimilé les circonstances dans lesquelles le monde vit aujourd'hui, et sachant que l'intéressé a fait la géographie, l'histoire, la philosophie et les lettres, s'il a fait la biologie et le reste, il doit connaître le monde dans lequel se trouve la Guinée. Il doit savoir l'univers dans lequel se trouve l'Afrique. Situer la Guinée dans ses problèmes économiques, sociaux, politiques par rapport à l'ensemble africain, par rapport au tiers-monde, est un devoir pour l'homme cultivé que nous formons à l'université. C'est ce que chacun doit savoir.

Et en tenant compte de ce qu'il est privilégié, il ne peut pas demander à vivre tel qu'on vit sur le campus de l'université de Paris X ou à Harvard ou à Cambridge, ce n'est pas pareil. Les étudiants doivent se contenter d'une série de choses, tenir compte du fait que s'il demande trop à l'Etat et à supposer que celui-ci cède, ils empêchent le gouvernement de scolariser davantage. C'est là une sorte d'injustice qu'il faut éviter. L'intellectuel est à mon avis celui qui sait faire la part des choses. Et savoir faire la part des choses, c'est un des traits caractéristiques du cadre. Si donc pour conclure les étudiants estiment que ce qui est déjà fait n'est pas suffisant et que le pouvoir est sourd alors je dis et je persiste qu'ils n'ont pas raison.

Suite du reportage réalisé par Issiaga Konaté :

Issiaga Konaté : Après plus de 5 mois de grève, l'université de Conakry se cherche toujours. Et l'intransigeance du gouvernement et des étudiants aura été la cause de la perpétuation de cette crise universitaire. Les négociations ont été bloquées, chacune des parties ne voulant pas perdre l'appât ; l'obligation faite aux étudiants de retirer leurs fiches d'inscription auprès des chefs de quartier les a radicalisé dans leur position. En effet et de tout temps, les négociations et autres tractations se sont toujours déroulées dans les couloirs du département de l'Education ou au Rectorat. Et puis, cette décision de supprimer le comité de coordination pour engager des pourparlers avec personne .... Finalement les attentes des revendications des étudiants ont été noyées alors que, et on le sait, pour toute négociation, il faut des représentants des groupes d'individus dont les intérêts sont en jeu. Côté coordination des étudiants, l'esprit de négociation n'a pas toujours prévalu, les rares concessions faites par l'Etat ont été rejetées. L'Etat qui déclarait son incapacité à résoudre immédiatement toutes les revendications des étudiants. Il est vrai que nulle part la plate-forme des revendications n'est satisfaite à 100%. Finalement un dialogue de sourd est instauré entre les deux parties et la déclaration radio-télévisée du ministre a jeté l'huile sur le feu.

L'objectif recherché étant la reprise des cours, ne serait-ce que par une minorité, une stratégie qui a créé le mouvement de grève est cassé. D'un côté le front dit de la reprise des cours composés au départ d'une minorité et qui a grossi par la suite, estimait que le minimum des revendications ayant été satisfait l'heure était venue pour la reprise des cours. De l'autre côté, les appels dirigés par le comité de coordination dissout. Un comité officiellement supprimé. Plusieurs chances ont été manquées pour le succès des négociations mais ni le ministère de l'Enseignement Supérieur, ni les étudiants n'ont réussi à les saisir. La société civile et les parents d'élèves ont aussi observé une indifférence notoire. Conséquence de ce laxisme, la dégradation des relations entre étudiants, les violences et affrontements sanglants sont devenus courants. Les étudiants sont munis de toutes sortes d'armes blanches. Les alentours du campus sont devenus le théâtre d'une véritable guérilla. Excédés par leurs camarades qui avaient repris le chemin de l'école, les étudiants du front de la reprise et aujourd'hui, alors que la grève semble finalement cassée, les étudiants du front de la reprise disons-nous attaquent leurs camarades qui étaient dehors. On peut appeler cela règlement de compte ou vengeance. Ainsi les étudiants sont agressés, parfois poignardés sous les yeux des forces de sécurité dans l'enceinte même de l'université. Constat, les futures élites du pays, qui seront chargées demain de gérer la vie nationale ne veulent plus se tolérer. La tension est encore vive dans le campus ou des habitudes de maquisards se développent au sein des étudiants et apparemment, on ne voit encore aucune réaction de la part de l'Etat allant dans le sens du désamorçage de la crise. Mais pendant ce temps, la situation continue à pourrir. Pourtant, et il faut le dire, les campus scolaires et universitaires africains sont actuellement secoués ; certaines universités ont même été fermées. Quoi qu'il en soit, c'est l'image de notre enseignement supérieur qui s'est davantage dégradé pendant ces derniers temps. C'est peut-être une année blanche que nous allons vivre. On se demande d'ailleurs pourquoi l'Etat n'a pas fermé l'université jusqu'à présent. Quel que soit la réponse à ces questions la réalité est que la perpétuation de cette crise pourrait être considérée comme un échec du ministère de l'Enseignement Supérieur et de la Recherche Scientifique. Ce ministère qui croyait résoudre la crise par des coups de rigueur a-t-il entre ses mains les meilleures armes de ce combat ? En attendant c'est l'image de notre université qui continue à péricliter.

Yamoussa Sidibé : Pouvez-vous Monsieur le ministre nous commenter ce reportage ? Quel est, en d'autres termes, votre point de vue sur ce que nous venons d'entendre ?

Charles-Pascal Tolno : J'estime que cette manière de présenter le problème n'est pas juste. Le journaliste a dit ce qu'il à voulu dire. Je ne sais pas s'il est allé effectivement à l'université pour voir si elle est en train de se comporter comme nous venons de l'entendre, si réellement elle périclite. Nous ne sommes pas d'accord avec ce que nous venons d'entendre ; et lorsque nous disons que nous ne sommes pas d'accord, c'est pour présenter ce qui est vrai. Nous vous proposons en même temps d'aller voir les choses sur place.

Le département n'a pas cherché à résoudre le problème de l'université par des coups de menaces. Nous croyons avoir dit aux jeunes ce qu'il fallait rappeler ; aux professeurs ce qu'il fallait leur dire. Notre université doit être une force réelle, une vérité en marche. Elle doit vivre correctement. Nous avons appris à nous méfier de la presse parce que souvent elle dit sans fondement ce qu'elle veut entendre et non ce qui est. Lorsque cela arrive elle contribue plus à jeter l'huile sur le feu qu'à éteindre les flammes qu'elle voit en petites dimensions.

Les gens à un moment donné nous ont montré le sentiment qu'ils étaient prêts à dire librement des choses facilement vérifiables comme étant une contre-vérité. C'est vrai que l'université a eu depuis plusieurs années et sans cesse de gros problèmes. Il y a eu ce qui a été gâté, tout le monde le sait. Mais est-ce que celui qui parle « des rares actions de l'Etat », je le cite, sait exactement de quoi il parle ? Est-il allé aux sources de l'information pour savoir le niveau de ce que l'Etat a fait ? Je vous regarde en face et j'attends une réponse sur ce qui est dit. Ce que je vous rapporte quant à moi est véritable tout de suite, pas demain mais dès notre sortie de cette salle.

Les étudiants avaient demandé ce qu'ils voulaient avoir avec une plate-forme revendicative qui n'a pas changé depuis plusieurs années. Celle-ci a toujours tourné autour d'un certain nombre de points : augmenter les prises en charge pour ceux qui avaient la bourse pleine et la demi-bourse. Améliorer les laboratoires, équiper les campus au maximum, avoir des professeurs plus qualifiés. Ce sont là des aspirations justes, légitimes. Mais le niveau de la requête est-il conforme aux réalités nationales ? Aux possibilités de l'Etat ?

Dans leurs requêtes ils n'ont jamais souligné les acquis progressifs qui étaient vrais. Ils n'ont jamais parlé des étudiants qui n'avaient rien avant et qui étaient très nombreux d'ailleurs et qui ont quelque chose aujourd'hui ; ceux-là flottaient, quand il y avait des cas de grèves. Ils suivaient le mouvement mais n'étaient pas du tout bénéficiaires des bources qui avaient été demandées. Ils avaient voulu un élargissement de tas de choses en leur faveur, par exemple pousser un peu la moyenne de ceux qui peuvent être bénéficiaires de la demi-bourse. Ceux-là étaient nombreux dans l'ombre, sans être concernés par ce combat qui profitait à un petit nombre de personnes. C'est un élément capital. Autre aspect important : on a demandé l'équipement (les laboratoires, le matériel de couchage et tout). On a demandé la qualification des professeurs. Les étudiants sont allés jusqu'à dire que leurs formateurs ne sont pas au niveau qu'il faut. Je ne vois pas sur quoi ils fondent ce jugement.

En tant qu'Etat nous faisons un effort que je sais essentiel pour donner un enseignement adapté et aux professeurs une surformation soutenue ; c'est ce que la Guinée peut dans les conditions actuelles de notre développement, dans notre coopération avec les grandes universités étrangères où nous envoyons des enseignants pour le post-universitaire et pour des stages.

Les étudiants ont présenté cette revendication très souvent, et des réponses positives de la part de l'Etat ont suivi. Nous avons dû souligner de façon ramassée l'ensemble des efforts fournis par nos prédécesseurs parce que ce n'est pas l'actuel ministre seulement qui prétend faire tout. A chaque pas dans nos démarches vers la résolution des problèmes, je vois la marche effective et distinguée des prédécesseurs que je respecte tous et que je loue pour cela. Faisons la part des choses. Ces hauts cadres avaient commencé l'effort et quand il fallait récapituler au moment où nous arrivions au ministère, nous avions défini ce qui était selon nous, réalisable. Ce qui était fait et ce qui restait à accomplir.

Je pense que l'Etat commence à faire un travail supplémentaire qui doit être reconnu. Et pour le moment les étudiants ne vous ont pas dit qu'ils n'ont pas, tous, de nouveaux acquis. Ils mangent librement et perçoivent des bourses. On ne peut pas ne pas relever ces actions réelles. La presse ne semble pas déterminée dans le sens de nous aider à faire passer le vrai message. A tout cela il faut ajouter que, pour le complément d'équipements demandé, l'Etat a donné 4 milliards de francs guinéens disponibles sans délai. Cela permettra d'améliorer l'état des campus. Je puis vous dire aussi qu'on est en train de renouveler tout, de mettre tout à neuf. A la place des matelas mousse ordinaires il y a actuellement autre chose de mieux, on installe déjà les matelas pneumatiques modernes à ressorts, avec des lits neufs, des draps de qualité. On change aussi la vaisselle au restaurant pour remettre là aussi presque tout à neuf. Cela coûte de l'argent à l'Etat comme vous le voyez. Et, sachez que même sans la grève le gouvernement ferait ce qui se fait pour mettre les jeunes dans les conditions de bien travailler. A eux de nous retourner cela en effort sur les bancs, par des études sérieuses, par de bons résultats à la fin de l'année.

Pour la source de l'information, demandez aux étudiants de bonne foi, et pas à ceux animés d'autres motifs, pour savoir ce qui a été fait jusqu'à maintenant. Des choses ont changé. C'est un plan du gouvernement.

Parlons maintenant des équipements de laboratoires. Pas plus tard que ce matin nous avons reçu la firme allemande chargée, avec la GTZ, de ce volet, c'est-à-dire des laboratoires à l'université pour un investissement important. Nous sommes également à quelques jours de la pose de la première pierre d'un immeuble devant abriter la bibliothèque de l'université, avec 3 niveaux pour une valeur d'environ 6 milliards de francs guinéens. L'appui de différents bailleurs de fonds nous permettra de réaliser ce projet au plutôt.

Le gouvernement ne réagira jamais quoiqu'il fasse pour ceux qui veulent qu'on s'occupe tout de suite de toutes leurs affaires. Même si on donnait à chacun de certains étudiants une chambre aussi grande que cette salle l'effort ne répondrait pas à leur volonté, soit parce qu'ils visent autre chose, soit parce qu'à l'université de Guinée ceux-là ne méritent pas d'être là... Je puis annoncer aussi qu'un plan en vue de la mise en œuvre de l'autonomie des universités est en cours. Je le soutiens fermement avec l'Etat et les résultats seront bientôt à votre portée.

Issiaga Konaté : M. le ministre, je ne reviens pas sur les critiques déjà faites ; seulement je dis que j'ai été sur le terrain. Je ne voulais pas faire une situation de tout ce qui a été cité par vous. Ensuite, je reviens à présent sur la question, tout en précisant que l'élément de reportage, qui vient d'être présenté à été fait avec les avis des étudiants et de certains professeurs. Donc nous n'avons pas imaginé ou affirmé d'emblée ce qui se passe. La question que je pose maintenant porte sur la reprise des cours. Les cours, aux dernières nouvelles ont effectivement repris sur le campus de l'université de Conakry et à ce sujet je vais vous demander : après quatre mois de grève, est-ce que valider l'année en cours ne serait pas une manière d'entacher la crédibilité des diplômes de l'université de Conakry aux yeux des observateurs ?

Charles-Pascal Tolno : Valider une année c'est quoi faire ?

Issiaga Konaté : Vous connaissez, M. le ministre et mieux que moi de quoi il s'agit. je n'en doute pas.

Charles-Pascal Tolno : Alors si vous voulez croire que valider une année universitaire c'est retenir qu'elle est complète dans le contenu de l'enseignement prévu pour cette durée, alors j'aimerais vous rappeler que ce type d'analyse est aujourd'hui de plus en plus rare au titre de ce qu'on fait dans les filières. On travaille par module. Vous avez dit dans votre reportage de tout à l'heure et vous m'avez tranquillisé qu'au lieu d'aller voir ceux qui nourrissent les étudiants ou qui gèrent les questions des bourses ou d'autres personnes directement concernées par les revendications, vous êtes allés dans un seul camp ; donc, on comprend la dynamique de vos déclarations. Vous êtes excusé pour le reste, puisque tout est clair pour nous. Avez-vous rencontré le rectorat ? Le centre des œuvres universitaires ? Les doyens des facultés ?...

Issiaga Konaté : Avec votre permission M. le Ministre, je précise ceci : j'ai bien dit, que nous ne sommes pas allés voir que des étudiants. Nous avons même écouté des professeurs ; une première précision.

Charles-Pascal Tolno : Vous êtes allés voir les encadreurs aussi ? Les professeurs sont aussi des encadreurs. Mais ils donnent surtout des enseignements. D'autres cadres sont plus au contact des dossiers dont je viens de vous parler. Les avez-vous interrogés ? Je voudrais clore le débat avec vous, pour passer à d'autres sujets, que si l'enfant insiste et donne des ordres à son père au lieu de solliciter, dans ce cas il cesse d'être l'enfant. Il oublie sa place. Et c'est de cette façon que les sociétés commencent à se dégrader. Ainsi on va droit vers la confusion.

L'enfant devient alors le père et l'ordre des choses change. C'est le monde à l'envers. Or notre rôle n'est pas de bâtir un monde à l'envers. La volonté d'un enfant ne saurait être celle de changer l'ordre des choses tel que Dieu l'à voulu. Lorsqu'il agit ainsi, dans ce cas, à nos yeux, il est déjà perdu. Je ne souhaite pas que nos étudiants se conduisent de cette inacceptable façon. Notre fermeté n'est pas du tout une agressivité mais une option qui vise à faire de nos étudiants des hommes normaux sur la route de l'esprit bien fait, pour construire un avenir sûr, serein et porteur de vraies richesses dans les valeurs effectives afin qu'on puisse en être fier. Nous croyons être sur ce chemin et nous avancerons avec le peuple, le gouvernement, les familles, les encadreurs…

Yamoussa Sidibé : M. le ministre, vous avez réussi à faire reprendre les cours à l'université mais depuis leur reprise, il semblerait que les réunions des alliances, même des groupes de travail se font sur des bases ethniques. Alors qu'est-ce que le département envisage de faire pour réconcilier les étudiants ? Pas seulement les désarmer mais pour les réconcilier entre eux afin qu'ils s'acceptent les uns les autres ?

Charles-Pascal Tolno : Ceci est une tâche urgente, je le sais. Le tribalisme est un danger. L'université ne sera pas le centre où on va développer le rêve de faire renverser la société guinéenne. Tant que nous serons à notre poste, nous ferons des efforts en nous appuyant sur la bonne volonté pour impliquer tout le monde dans la recherche des solutions aux problèmes du pouvoir central, de l'autorité, de la bonne volonté des pères et mères, de la bonne volonté de la société elle-même. Personne n'a le droit d'aller à l'université pour faire de celle-ci le creuset du développement des mauvaises orientations qu'on ne voit nulle part parce que contraires à la force des communautés organisées. Chacun de nous doit le refuser et travailler fermement en faveur de la cohésion nationale...Le tribalisme doit être combattu et vaincu.

Yamoussa Sidibé : M. le ministre, avant de continuer un autre reportage

Reportage de Ibrahima Kalil Diakité journaliste à la radio diffusion guinéenne :

Depuis 1987, la situation est tendue sur le campus de nos universités. Les malaises dont les causes principales sont de trois types (matérielle, organisationnelle et pédagogique) se manifestent sans cesse.

D'abord les raisons matérielles qui se traduisent par l'insuffisance de locaux, par l'insuffisance de bibliothèques, de laboratoires et autres installations techniques. L'université de Conakry par exemple, conçue à l'origine pour 1.500 étudiants en compte aujourd'hui 5.000, soit plus de 3 fois sa capacité réelle. Ainsi nous avons une bibliothèque quasiment asphyxiée, il reste à savoir si la rénovation atténuera les besoins avec bien sûr des ouvrages qui répondent aux intérêts intellectuels des étudiants. Toutefois le grand espoir réside dans le projet de bibliothèque à trois niveaux promis par la République Islamique d'Iran. Alors que nous attendons que cela soit, les normes architecturales du restaurant universitaire attendent à leur tour d'être revues par rapport à la clientèle car si le couvert y a été sensiblement amélioré par vos efforts personnels, Monsieur le ministre, par contre le garnir est une véritable épreuve d'endurance.

Au plan organisationnel et pédagogique, l'éducation ne maîtrise pas le flux des lycéens candidats à l'entrée à l'université, ce qui devrait être la conséquence d'une politique de planification et de gestion rigoureuse, et le recrutement se trouve être livré à l'improvisation et au hasard, étant donné que la part des cellules d'orientation, de dispatching est arbitraire ; et ce sont les étudiants qui en font le frais. Toujours au plan pédagogique, l'insuffisance de professeurs titulaires rend la formation aléatoire pour certaines filières. C'est le cas à titre d'exemple des facultés de Droit et Sciences Economiques, de Médecine et de Pharmacie. La première ne dispose même pas du tiers de professeurs nécessaires. La seconde est tenue par des professeurs vacataires disponibles les après-midi seulement. Toutefois les efforts de l'Etat ont été solides ces dernières années. On peut citer la rénovation et l'extension de certaines institutions d'enseignement supérieur, la négociation de missions d'enseignement venues de grandes universités étrangères, la mise à niveau à l'étranger de plusieurs professeurs comme vous l'avez dit, le renouvellement et l'actualisation des contrats des expatriés. C'est le cas des ressortissants de l'ex-Union Soviétique qui tiennent les facultés techniques et d'ingénieurs. C'est sur ce cas d'ailleurs que l'Etat débourse aujourd'hui près d'un million et demi de nos francs par professeur et par mois.

Il faut aussi noter que l'institution des bourses d'entretien a accru les charges de l'Etat et nos compatriotes étudiants à l'étranger perçoivent de façon presque régulière les compléments de bourse ; un luxe que seule la Guinée continue de s'offrir selon les responsables du service des bourses extérieures. Cet investissement aussi coûterait par an plus d'un million de dollars. Le perfectionnement de nos enseignants aurait pu se poursuivre dit-on si les accords culturels avec l'étranger n'étaient pas en dépérissement : encore les difficultés financières ont amené à une réduction sensible du budget d'investissement dans le secteur de l'enseignement. Mais, au-delà de ces contraintes inhérentes à la conjoncture économique internationale, les efforts d'innovation et de rénovation pédagogiques n'ont toujours pas suivi. Les institutions ont été démobilisées, d'autres se sont vues attribuer de nouvelles vocations sans évaluation efficiente des ressources humaines, logistiques et techniques, et donc sans prospection de la demande future. L'engorgement des institutions d'enseignement supérieur est encore sans solution. Les efforts de conciliation des intérêts intellectuels et la vocation professionnelle sont finis. Les étudiants attendent plutôt une qualification vendable sur le marché de l'emploi. l'innovation pédagogique serait de créer un partenariat d'université. Pire, la politique universitaire reste encore le fruit de la cogitation des cabinets ministériels ou bureaucratiques.

L'heure n'est-elle pas venue d'élargir aux collectivités décentralisées et déconcentrées la réflexion sur l'enseignement parce que face à la crise, il ne suffit pas de faire plus, il s'agit maintenant de faire autrement ? En attendant comme le dit un haut fonctionnaire de l'éducation, la crise est un signe des temps, il faut l'accepter, et savoir la gérer dans la sagesse et le dialogue. Vous êtes sur cette voie Monsieur le ministre, et c'est pour cela qu'il est certain que l'espoir est né. Le succès de votre politique suivra. Telles est notre conclusion. »

Yamoussa Sidibé : M. le ministre, le reportage est réalisé par Ibrahima Kalil Diakité de la Radio, pouvez-vous nous commenter le développement de notre reporter ?

Charles-Pascal Tolno : Je pense simplement que les journalistes lorsqu'ils regardent vers l'université, ils y vont avec le sentiment que là-bas il n'y pas de gestion systématique ; qu'on y travaille artisanalement. Je ne sais pas s'ils veulent sous–estimer les cadres qui y sont. En tout cas vous ne devez pas dire qu'on y fait les choses de façon hasardeuse et avec improvisation.

Quelle preuve avez-vous de cette déclaration ? De toutes les façons votre reporter à soulever des tas de sujets qui appellent une réflexion. Mais des tas d'autres choses sont soulignées qui sont, déjà examinées. Le débat de ce soir n'est pas un affrontement entre la presse et notre département mais une occasion de faire la lumière sur ce que les uns veulent et sur ce que peuvent les autres. A la presse de livrer les points de vue au peuple de Guinée, sans déformer les réalités. Sans jeter de l'huille sur le feu. Nous avons compris le message. Il faut surtout éviter de dire et redire la même chose en utilisant des tournures légèrement différentes.

Ibrahima Kalil Diakité : Merci M. le ministre. Je crois que vous n'avez pas vu le sens de notre reportage. Le reportage était plutôt une réflexion d'ensemble. C'est pour cela qu'on peut avoir l'impression que nous nous répétons.

Charles-Pascal Tolno : C'est pourquoi je vous pose la question de savoir si vous avez une preuve à certaines affirmations qui sont peut-être vraies ? Je pose la question parce que plusieurs points soulevés par votre reportage ont déjà reçu de larges éléments de réponse au cours de la première partie du débat... D'autres sont des vérités qui nous interpellent tous : vous, les autres et nous. Les problèmes que vous posez ne nous échappent pas. Nous y pensons et cherchons des réponses.

Ibrahima Kalil Diakité : Oui, mais j'en viens justement M. le ministre. Excusez-moi de vous couper la parole.

C'est vrai j'ai dit que mon reportage porte sur une réflexion d'ensemble sur la situation de l'enseignement supérieur d'une façon générale. Je suis remonté au début de mon reportage jusqu'en 1987 pour dire que si effectivement la volonté de l'Etat a été assez présente sur le campus, il est clair que les efforts d'adaptation de l'université aux réalités présentes n'ont pas toujours suivi ; et c'est ce que je voulais démontrer. Je n'ai pas dit aussi que tout est lié à l'improvisation, j'ai parlé du système de l'enseignement d'une façon générale. Et vous n'êtes pas sans savoir que les derniers bacheliers admis à l'université n'ont repris les cours en première année qu'en janvier. Alors que les premiers orientés qui se trouvent en deuxième année avaient déjà commencé les cours un à deux mois avant ces derniers. Comment est-ce que vous expliquez cette situation ?

L'université n'a pas de places; vous avez 1.500 places disponibles, alors qu'actuellement nous comptons 5.000 étudiants. Est-ce que c'est ce qu'on appelle la planification et la gestion des entrées à l'université ? Je vous remercie Monsieur le ministre?

Charles-Pascal Tolno : Je dois dire que les mots improvisation et hasard sont de vous : de votre reportage. Je ne les ai pas inventés. J'estime que c'est une manière pour vous de ne pas prendre en compte avec respect les difficiles efforts que fournissent ceux évoluant sur ce terrain comme formateurs et qui, d'après ce que je sais, travaillent dans des conditions pas faciles non plus, mais systématiques et logiques ; dans tout ce qu'ils font on les voit sur la route du salut. On ne peut pas aller dans une maison sans preuve. Pour une fois aussi moi je reprends et prêtez-moi le terme que vous aimer, pour dire que vous travaillez ici en prenant le risque de passer à côté de ce qui est. C'est dire que les gens du terrain de l'université ne seraient pas contents de s'entendre juger ainsi. Heureusement que ce n'est pas moi qui fait directement ce travail. J'estime que vous parlez d'une manière libre, ce que je respecte, mais sans tenir compte des facteurs du devoir accompli, ce que vous pouvez éviter. Sans tenir compte aussi de ce qui précède comme explications aux difficultés, surtout en ce qui concerne la question des places sur les campus. Il faut comprendre que tout le monde a des difficultés dans son métier. J'ai expliqué cela tout à l'heure. Notre rôle, c'est d'ouvrir l'université au plus grand nombre possible de personnes, c'est là un premier aspect, et deuxièmement nous souhaitons un enseignement valable et scientifiquement acceptable. Comme vous le voyez, les textes commandent des contraintes de tous ordres. Il faut s'y plier, ou les appliquer de façon raisonnable en restant des hommes. Et vous comprenez ce que je veux dire. Presque tous les niveaux de l'école ont aujourd'hui des problèmes d'effectifs.

L'université dont vous parlez, celle de Conakry, a été faite pour le chiffre que vous avez rappelé, 1.500 places, mais pour des temps liés aux raisons d'hier, nous devons gérer les réalités d'aujourd'hui. C'est vrai que l'année dernière il y a eu des difficultés de capacités, mais cela arrive partout. Vous voyez bien que l'ordinateur est fait par les hommes et si par erreur ou par moment de fatigue vous donnez à l'ordinateur un ordre ou un chiffre plutôt qu'un autre, il vous sort des erreurs par rapport à votre attente. Cela est inhérent à notre nature d'êtres humains. C'est pareil à l'enseignement Pré-Universitaire. Ce département qui fournit les bacheliers ne fait pas un travail de routine. Ce qui est arrivé une fois ne saurait être une coutume comme on dit.

D'autre part, nous savons que plus la population estudiantine augmente, plus nos problèmes deviennent épineux. Et, ce n'est pas parce que le cadre de formation que nous avons effectivement est, dépassé que nous devons réduire les effectifs. En plus, si les contraintes logiques des effectifs nous y poussent, nous ne sommes pas tenus de loger tous les étudiants. Combien d'universités font face au même problème dans le monde ? Là on met tout le monde à l'externat.

Notre rôle en ce que nous avons dit, à savoir tenir la juste mesure et ne rien négliger, reste de rigueur. Je vous rappelle qu'en plus de l'université de

Conakry le campus de Kindia est prêt à recevoir des d'étudiants. Nous sommes en train de tout mettre au point. Après Kindia, ce sera le cas d'autres lieux. Nous nous préparons à faire un autre campus à Conakry. Donc le gouvernement tient compte des problèmes de capacité d'accueil qui se posent à notre université. Nous avons simplement des difficultés à régler tout, tout de suite. Mais nous avançons.

Je suis d'accord avec vous lorsque vous dites qu'aujourd'hui les maîtres mots de la vie politique c'est l'économie de marché, c'est la gestion... Mais cela ne doit pas être synonyme de réduction des bonnes mesures sociales. Vous êtes allés à l'université comme le voisin et moi. J'estime et je répète que c'est là un privilège pour lequel il faut louer Dieu. Les autres aussi pouvaient envoyer leurs enfants à l'université. Car qui refuserait un tel avantage ? Ce n'est pas parce que les sociétés privées ou d'Etat qui marchent tant bien que mal, qui fonctionnent dans le pays ne vous demandent que dix économistes par an que nous nous n'allons former que dix économistes à l'université. Notre pays évolue. Son économie doit progresser au profit du plus grand nombre de citoyens et nous formerons ceux qui ont la vocation de se former en tant qu'économistes. A nous de créer ensuite l'emploi. Si nous formons d'ailleurs les jeunes dans leur contexte, dans leurs réalités, ils doivent pouvoir faire en sorte qu'eux-mêmes contribuent à trouver la solution à leurs difficultés, s'ils sont bien formés. En effet dans la formation à laquelle ils ont droit, nous devons introduire l'art de se prendre en charge. L'indépendance s'assume dans des comportements divers. Le chômage tape aujourd'hui à toutes les portes. Mais l'effort le bloque, la réflexion l'étouffe. Chaque fois qu'un problème se présente, les cadres convenablement formés se penchent là-dessus et trouvent nécessairement sa solution. Nous marchons à la vitesse de notre temps et selon la volonté et les perspectives définies par notre peuple. Nous voulons ouvrir des créneaux et des possibilités à tous ceux qui veulent avoir la force morale d'avancer, à tout ceux qui sont doués dans ce cadre et gardent la foi.

Yamoussa Sidibé : M. le ministre nous tendons vers la fin de l'émission. Est-ce que sur la crise de l'université vous avez encore un message que vous n'avez pas encore livré ?

Charles-Pascal Tolno : Je souhaite au nom de mes amis ici présents, que vous soyez vivement remerciés pour être venus. Vous laborieux représentants de la presse, chercheurs et porteurs du message... Mais, avant de vous dire le mot de la fin je constate non loin de vous que le journal « Horoya » n'a rien dit encore. Doit-on penser que ce journal est satisfait sur toute la ligne par l'ensemble du débat ? Ou peut-on encore lui donner la parole ?

Alhassane Souaré du journal « Horoya » : Je voudrais seulement poser deux questions ?

Nous constatons que depuis quelques années les crises persistent à l'université. Le moment est venu où il faut en finir définitivement avec ces agitations. Faut-il satisfaire définitivement ces exigences posées par les étudiants ? Ou alors leur dire que ces exigences ne peuvent pas être satisfaites ?

Charles-Pascal Tolno : Je crois que c'est une manière de résumer que vous m'appelez à faire là par votre interrogation ? Puisque nous avons eu depuis toujours à proclamer et à demander aux étudiants d'être de leur temps, dans le contexte vrai de leur pays, agissant pour leur milieu. S'ils sont de leur temps, dans le contexte socio-économique de leur pays et donc pour leur milieu, il faut d'abord retenir que l'université c'est le lieu où l'esprit se développe au service de l'homme et de la nation. On ne saurait dire qu'il y a des recettes particulières pour arrêter de façon définitive les grèves ou les protestations des étudiants. C'est même agréable de voir la jeunesse souhaiter- mais raisonnablement – un mieux être. Quand un jeune sait qu'il doit manifester parce qu'on ne l'écoute pas, finalement il s'oriente vers l'option d'une grève. La grève c'est juste pour montrer à tout le monde qu'on a besoin de quelque chose et qu'on doit être écouté. Mais, il faut d'abord que l'intéressé prenne le temps et les forces morales nécessaires pour poser clairement le problème en tenant compte de ce qui est possible et de l'avis des autres. Ce n'est pas sur ce qu'une tierce personne a pu lui dire dans l'oreille que l'étudiant doit fonder son jugement et sa démarche.

D'autre part, un acte de grève est un choix libre et personnel d'abord, puis collectif ensuite. Personne ne doit obliger le voisin à suivre les yeux fermés. Jouer à une arme blanche pour si peu de chose est un fait moral grave. C'est l'expression du mépris de la liberté des autres.

Yamoussa Sidibé : M. le ministre votre dernier mot.

Charles-Pascal Tolno : Mon dernier mot, est de vous saluer et vous dire merci pour être ici ce soir. Aidez-nous à passer le message correct de l'université au sein du reste de la population. Je dis message correct parce que j'ai entendu aujourd'hui des propos difficiles, par moments. Faisons tous ensemble ce qu'il faut pour que des gens ne sautent pas sur certaines déclarations « incendiaires » avant d'avoir vérifié ce qui se passe sur le terrain. La presse doit accepter de coopérer avec le département pour rester dans le travail qui doit être le bon et le sien dans l'intérêt de tous. J'espère que vous allez travailler dans le sens d'une assistance réelle à l'université pour résoudre les nombreux problèmes que vous avez soulevés. Et je n'oublie pas que certains journalistes ont gardé le sens de l'équilibre de notre pays et ont serré la vérité de près. S'il y a des erreurs vraies de notre côté, dites-le aussi. Nous ne cherchons pas des éloges, nous sommes à la recherche de la cohésion qui construit. C'est là l'intérêt de la presse libre. Le pays doit en tirer profit.

Yamoussa Sidibé : Vous n'avez pas été aidé par la presse ?

Charles-Pascal Tolno : La presse nous a aidé mais pas toute la presse.

Ibrahima Kalil Diakité : M. le ministre avec la permission du réalisateur, j'aimerais que vous me donniez votre plan d'innovation pédagogique à l'université. Est-ce que vous avez un plan pour remettre l'université dans les normes ?

Charles-Pascal Tolno : Vous m'avez demandé le mot de la fin et vous revenez sur de nouvelles questions. Nous pensons que pour nous, d'abord en tant que département ministériel, notre rôle n'est pas que de résoudre une crise. C'est pour cela que plusieurs personnes avaient souhaité qu'on fasse une conférence à l'université même sur la question. C'est vrai. Mais si en faisant une telle rencontre au moment où l'université était dehors, on l'aurait consacrée à la solution des problèmes liés à la crise. Nous avons pensé qu'il fallait attendre d'abord un instant et après faire une telle conférence. Cette réunion donnerait la bonne réponse à votre question. L'université, comme toute réalité au service de l'homme, doit évoluer et s'adapter aux circonstances. Il faut réfléchir et dégager des routes à suivre.

Nous prenons bonne note et nous nous engageons à vous donner une réponse par l'organisation de cet autre débat ouvert dont vous serez informés le moment venu.

Yamoussa Sidibé : M. le ministre une toute dernière question. Vous êtes leader d'un Parti politique, est-ce que vous pensez que le gouvernement actuel est un gouvernement d'union nationale ?

Charles-Pascal Tolno : Un gouvernement d'union nationale ! C'est-à-dire ? Précisez ce mot qui circule si souvent ?

Yamoussa Sidibé : Un gouvernement qui regroupe toutes les sensibilités politiques du pays.

Charles-Pascal Tolno : On peut avoir dans un gouvernement des sensibilités. Mais toutes les sensibilités, ce n'est pas facile.

Yamoussa Sidibé : C'est une question que je pose !

Charles-Pascal Tolno : Mais pourquoi vous posez cette question en ce lieu où notre objectif est de parler de la fin d'une grève ? Si vous voulez nous pouvons organiser un autre débat sur cette préoccupation importante d'ordre politique national.

Yamoussa Sidibé : Parce que la question circule aujourd'hui !

Charles-Pascal Tolno : Parce qu'elle circule vous vous y croyez ? Pouvez-vous nous communiquer votre opinion sur le sujet ? Ou nous dire où une telle option a été obtenue ? Si la question circule alors je crois qu'il faut lui donner une réponse calme en choisissant le temps qui convient, sans trop attendre bien sûr.

Yamoussa Sidibé : Mon point de vue compte très peu.

Charles-Pascal Tolno : Je crois que votre avis est important. Vous exercez un métier où on peut entraîner des vues sur une voie ou sur une autre. Vous connaissez la force de la presse dans notre monde d'aujourd'hui. Monsieur le réalisateur, il y a des termes sur lesquels les gens jouent aujourd'hui sans raison. Ils veulent que des choses se passent qui ne se passeront certainement jamais en Guinée. Mais ils n'arrêtent pas d'en parler. Tant que des choses ne sont pas, tant que la vie ne tournera pas dans le sens qu'ils souhaitent, ces personnes seront mal sous leurs peaux.

Yamoussa Sidibé : M. le ministre vous avez déjà entendu cette question ?

Charles-Pascal Tolno : Mais je l'ai entendue. Je ne réponds pas et je ne la mets pas sur un plateau aussi urgent que celui-ci. Dans un débat si important, destiné à expliquer ce que nous faisons pour la paix à l'université, je ne vois pas pourquoi compliquer notre mission commune. La vôtre et la nôtre sont liées.

Yamoussa Sidibé : Merci M. le ministre. Nous vous souhaitons bonne chance dans votre entreprise qui vise à ramener le calme à l'université.

Mesdames, Mesdemoiselles et Messieurs, c'est la fin de cette émission. Merci de votre attention- Bonsoir.

Cette conférence de presse eut lieu au Palais du Peuple à Conakry dans la salle des actes. Les représentants de toute la presse nationale et la presque totalité des cadres de l'éducation nationale étaient au rendez-vous.

7. Une réunion de concertation

Avec l'aide des uns et des autres notre département, après avoir maîtrisé le dossier des grèves, décida d'organiser une rencontre de cinq jours, du 24 au 28 septembre 1992, pour débattre des questions à court, moyen et long terme de notre ressort. C'étaient les « Journées nationales de concertation sur l'Enseignement Supérieur et la Recherche Scientifique ». A l'ouverture de cette réunion nationale, le 24 octobre 1992, l'honneur me revint de prononcer le mot introductif et le 28 octobre celui qui précéda le discours de clôture prononcé par le Président Lansana Conté en personne.

A ces occasions j'avais pu dire mes sentiments à chaud, d'abord pour dégager le contexte du débat, donc pour l'introduire, et ensuite pour donner le mot de la fin axé sur la demande de pardon à notre peuple suite aux désagréments causés par les grèves successives de l'université depuis plusieurs années :

- Introduction du débat

La mission de l'université est de contribuer à intégrer harmonieusement l'action de l'homme aux mouvements universels. Cela revient à dire qu'elle consiste à s'inscrire au nombre des facteurs qui éduquent correctement le citoyen pour mieux le préparer à assumer les missions difficiles ou heureuses des temps bouillants ou calmes qui font le destin des individus et celui des nations à la recherche de la coordination universelle de la vie sur Terre.

Adapter l'être dans ses sensibilités multiples aux mouvements tumultueux ou coordonnés tels qu'on les enregistre partout et tout le temps est un métier de grande portée. Avec la conscience précise de ce fait l'université guinéenne, née peu après l'indépendance, a évolué comme on le sait à travers des pistes compliquées. Mais par endroits ses routes ont été et sont encore faites de charmes incontestables orientés vers le développement national. Au nombre de ses élégances, parfois dans la difficulté, figure ce goût de l'engagement qui a porté à fonder une université dans un pays devenu souverain avec alors moins de dix universitaires formés à l'étranger.

Avec la 2ème République de Guinée, la sauvegarde de l'indépendance et de la souveraineté sont restées au centre des débats de l'université. Mais des changements se sont imposés et ont eu lieu avec un réel bonheur : la démocratie, débarrassée désormais des contraintes punitives de l'ancien dominateur colonial et des abus de certains artisans de l'indépendance, pouvait se renforcer en marchant suivant les contours exigés par la quête de plus de liberté d'expression, orale ou écrite, de plus de liberté d'association et d'opinion.

Economie de marché, coopération au sens propre, libéralisme lucide aussi bien dans le domaine de la presse que dans celui des possibilités de s'associer à qui on veut pour construire la Guinée, tout cela est aujourd'hui une possibilité et donne au Guinéen des motifs de se féliciter d'être ce qu'il est et de ce qu'il peut espérer. Mais les changements portent en eux, comme toujours, les germes de la contestation plus ou moins justifiée. Il en est ainsi parce que quand les voix silencieuses diminuent en nombre, les raisons d'écouter deviennent plus agréables et la logique des évènements qui s'en suivent interpelle les substrats du devoir et la raison d'écouter autrui avec patience. La qualité du travail des formateurs se mesure par la capacité à gérer positivement les moments de bonheur et les secousses. L'enseignant doit tout savoir. Il lui revient de pouvoir sélectionner convenablement, de communiquer patiemment et de soutenir, par tous les moyens, le salut de la patrie.

Il faut reconnaître la solidité de la politique de la 2ème République en matière d'éducation et singulièrement en matière d'enseignement supérieur et de recherche scientifique, c'est-à-dire en matière d'attributs essentiels du développement national. Je sais qu'il n'y a pas de progrès sans formation appropriée de l'homme, sans volonté de donner la priorité non seulement à l'être mais aussi au devoir comme nous venons de le définir, au métier bien compris et bien accompli. Si chacun se met au travail, pour le faire bien dans la discipline, nous n'aurons plus notre liberté dans la pauvreté, mais dans le progrès et le développement.

La recherche scientifique, devenue de plus en plus contraignante par la demande de chercheurs du niveau requis, d'équipements sophistiqués et donc de ressources humaines et de matériels de plus en plus coûteux, d'infrastructures qui sortent de l'ordinaire, cette recherche disons nous est tenue en bonne place dans les préoccupations du gouvernement ; et ce, malgré la diversité et le poids des autres engagements du pouvoir public. Mais cette politique n'est pas figée, et le caractère solide de son contenu réside dans sa remise constante sur le podium, au centre de l'analyse. Ceci justifie la tenue des « Journées de Concertations sur l'Enseignement Supérieur et la Recherche Scientifique ».

L'objectif était de revoir le passé de notre université et de la Recherche Scientifique pure ou appliquée, d'apprécier convenablement en la matière les succès et surtout les faiblesses d'aujourd'hui, d'impulser la marche vers le devenir heureux de la Guinée dont le sort est indissociable de celui de l'Afrique et du Monde.

- Mon message introductif des journées nationales de concertation sur l'enseignement supérieur et la recherche scientifique.

« Mesdames, Messieurs, les invités, chers collègues professeurs et encadreurs,

« Voici réunis dans cette salle, comme Etats Généraux, les cadres chargés de se pencher sur le présent et l'avenir de l'Enseignement Supérieur et la recherche Scientifique en République de Guinée, les intellectuels chargés de mettre en œuvre les politiques de notre pays en la matière.

« La mission n'est certainement pas simple, car elle consiste non seulement à rappeler à grands traits le chemin parcouru par notre pays dans deux secteurs vitaux, mais aussi de relever courageusement et systématiquement les imperfections de la route d'hier, les difficultés d'aujourd'hui, pour proposer les lignes les meilleures en vue de la qualification du présent et de l'avenir par le travail bien mené.

« Nous savons qu'il s'agit d'une tâche difficile. En effet, il se passe aujourd'hui trop de choses complexes dans tous les pays et cela, en des espaces de temps trop petits, principalement dans le cadre de l'éducation et de la formation des jeunes.

« Partout, chaque communauté, chaque nation, cherche la qualification dans la recherche du vrai développement mais en relation avec les autres peuples.

« Or, si on veut réellement se qualifier, l'essentiel est de savoir se remettre en cause, d'ouvrir les yeux sur soi-même dans une introspection effective ; cela nous paraît être le meilleur engagement avant de regarder et de juger les autres dans leurs relations avec soi-même. Analyser courageusement et systématiquement l'action dans l'effort, c'est-à-dire dans l'ordre désirable, n'est pas une œuvre aisée.

« Commençons par voir la mission du côté de la recherche scientifique. Entre autres éléments, celle-ci conditionne le développement car, de même que l'université reste au nombre des meilleurs formateurs des agents du développement, la recherche propose des voies dynamiques du progrès.

« La recherche scientifique n'est pas toujours comprise dans maints pays comme cela se doit. L'évaluation des programmes, gouvernementaux ou non, enregistre parfois sur son compte des appréciations inadaptées, impropres, pour ne pas dire erronées.

« On confond l'investissement dans la recherche scientifique, surtout dans les volets expérimentaux, avec les projets classiques, immédiatement liés aux résultats. Alors, au lieu de s'intéresser prioritairement à la recherche pour qualifier la production, les agents s'intéressent plus au fruit immédiat de l'expérimentation qu'à l'essentiel qu'est le fondement scientifique. Tout cela vient de notre précipitation à consommer le fruit avant la maturité. En matière de services du cerveau, la précipitation n'a pas de place, même s'il ne faut pas traîner les pieds en permanence.

« La recherche scientifique en Guinée doit être comprise comme cela se doit, pour déterminer son vrai chemin, afin d'arriver au bon résultat, sans parti pris, sans déranger l'ordre qui mène à l'objectif avec précision.

« Parlant maintenant de l'université et des autres institutions d'enseignement supérieur, commençons par reconnaître que la tâche n'est pas simple non plus. Elle est autrement plus délicate. Les éléments de la matière d'œuvre sont nombreux, variés et souvent exigeants.

« Lorsqu'on fait un recul dans le passé, pour juger le présent, pour définir les pistes du futur, on perçoit à la fois l'immensité du devoir et les contours contraignants des charges de l'Enseignement Supérieur.

« Si le menuisier modèle le bois, le polit pour faire des meubles ; si le poète arrange les mots pour écrire les chansons du cœur ou décrire les beautés de la nature ; l'université elle, continuant l'œuvre de l'école maternelle, primaire, du collège et du lycée, travaille globalement sur l'esprit afin de développer les dynamiques profitables à l'homme total, donc à la nation et à notre espèce.

« Le caractère universel de sa mission, à la fois redoutable et difficile, l'engage non seulement à enseigner des connaissances mais aussi à produire des modèles sociaux valables, attachés au devenir de l'individu, au présent et au futur de la cité, à l'avenir de la patrie et du monde.

« En produisant ainsi des êtres animés de la volonté de changer les mauvais ordres de la vie, c'est-à-dire à former des cadres solides, animés de la force de louer les attitudes positives, l'Enseignement Supérieur se sent concerné par tous les types de bons mouvements au sein de la communauté. Là-dessus, son occupation fondamentale consiste à réduire les options négatives pour développer les bons choix au service de la cohésion et de la consolidation du tissu social.

« On voit donc que, comme la vie elle-même, le travail de l'université est un combat constant qui connaît ses héros et sa liste des maudits. Ces efforts portent les premiers, non seulement à apprécier leur place dans la communauté sociale, mais aussi à lutter sans cesse pour les personnes qui sont prises dans le besoin. L'espèce des seconds est à réduire sans pitié avant d'être éliminée pour le bénéfice de tous.

« La Guinée traverse une phase délicate de sa vie. La notion de parti politique se précise, difficilement mais sûrement ; les libertés individuelles sont défendues. Les opinions se diversifient même si elles ont des difficultés à tenir dans la même sphère d'activité. La démocratie guinéenne est sur la voie de son bon avenir. L'histoire en attend les résultats les meilleurs. Et nous devons nous impliquer tous, calmement, sûrement, pour qu'il en soit ainsi. Sans faute.

« Comme dans toute grande œuvre, il y a des côtés malaisés de la route. Ici, les risques de dérapages sont nombreux. La loi prend lourdement sa vraie place et bénéficie difficilement de sa vraie richesse dans les esprits. Les autres types de héros, ceux de la rue, manœuvrent dans l'agitation, aidés en cela par les esprits qui, en fait, n'aiment pas la Guinée. Que ceux-ci soient Guinéens ou pas.

« Certaines sensibilités, souvent de plusieurs types, visent des objectifs non défendables. Dans l'ensemble du débat, l'université doit prendre clairement le parti de la discipline le parti de la paix, en commençant par se regarder elle-même pour déterminer ses propres imperfections avant d'envisager de les dominer fermement, sans complaisance, avec vigilance. Sans la fermeté, sans la rigueur, on ne peut rien faire de grand et de durable.

« Le campus, au sens effectif de l'université, c'est l'amitié, la fraternité, le dialogue, la cohésion, le débat des idées, la tolérance et surtout l'élévation du niveau moral et spirituel de l'étudiant au service de la nation.

« La jeunesse que nous formons à l'université doit être préparée, comme il faut, à résister aux vices, surtout aux ambitions malsaines, tels que l'argent vite et mal acquis, les positions irrationnelles fondées sur les données de race, d'ethnie, de tribu, de clan, ...Elle doit surtout refuser de se laisser entraîner par ceux des étudiants qui sont faibles devant les arguments de la légèreté morale, devant le matériel ramassé tout de suit et qui sont accessibles au mensonge, à la ruse.

« Certains encadreurs qui, en opposant les étudiants les uns aux autres, en favorisant le jeu du bâton ou du poignard des uns lancés contre les autres, c'est-à-dire des choses jamais vues dans une école organisée, ces maîtres de mauvais chemin, qui incitent les jeunes à la violence, à la discorde, à l'affrontement, n'ont pas leur place à l'université guinéenne.

« Par tous les moyens, il revient à l'encadrement de les en sortir sans hésitation, de façon non négociable, avec fermeté et rigueur, mais sans violence, sans brutalité bien entendu.

« Naturellement, notre objectif au département se veut de coordination solide mais aussi de réelle amitié et de bonne coopération avec l'ensemble des professeurs et administrateurs des Institutions d'Enseignement Supérieur. Toutes nos prières vont sur cette voie pour que nous soit évitée la désagréable obligation de prendre des décisions contre les uns et les autres. Il suffit tout simplement que chacun de nous accepte de faire son travail en tenant compte des règles établies et de la liberté des autres.

« Nous allons œuvrer, tout le temps, sur la route du dialogue et de l'amitié, cela nous permettra, dans la recherche du moindre mal, ou de la meilleure des solutions de préférer proposer à certains des postes plus hauts plutôt que de leur retirer la possibilité de s'amender. Il est urgent de réaliser que les jeunes Guinéens, qu'ils soient sur les bancs à Kankan, Faranah, Manéa, Boké, Kindia ou Conakry, ont le même besoin d'une formation de qualité. Ils doivent occuper la même place dans l'esprit et le cœur des formateurs en commençant par les hommes ayant en charge au département l'organisation de l'ensemble de la profession.

« Cela nous amène à souligner qu'un enseignant qui se reconnaît valable et efficace à Conakry ou Kankan doit accepter d'évoluer ailleurs pour faire bénéficier de sa compétence à la jeunesse, sans attache particulière ou obstinée avec un campus déterminé ou un autre. Je crois même que dans ce cas la signification nationale de sa valeur devrait inciter le bon professeur à s'investir partout et volontairement. Je n'oublie pas que les conditions de travail ne sont pas les mêmes partout. Il est de notre devoir de réduire les différences à cet égard et de mettre les formateurs à l'aise partout sur toute l'étendue du pays.

« Il est utile de relever ces questions en ce lieu, car nos journées de réflexion, sans avoir la prétention de remodeler notre enseignement supérieur et le contenu de la recherche scientifique, n'en sont pas moins animées de la volonté d'aller droit au but, sans scrupule ni complaisance, sans démagogie encombrante ni violence verbale ou physique, ceci parce que nous sommes à la recherche de la qualité du travail pour de bons résultats.

« Je voudrais me convaincre du fait que notre syndicalisme nouveau dans un contexte aussi délicat, doit agir pour sauver les intérêts de cet impératif avant tout le monde. Je me félicite de croire que dans une situation comme la difficile mais passionnante transition politique que traverse la Guinée le syndicat, pour sauver des intérêts subjectifs, ne devrait pas contribuer à faire planer sur la tête de sa société telle une épée de Damoclès, la triste capacité de certains à pousser les jeunes dans la rue pour en faire des engagés malheureux d'un autre type. Le Président Ahmed Sékou Touré ne disait-il pas que « le syndicalisme, comme instrument d'évolution de l'Afrique est celui que nous devons encourager, épauler et aider à se développer. »

« Chercheurs et cadres des universités, le gouvernement de la République de Guinée a toujours compris la priorité des charges qui expliquent votre présence ici aujourd'hui. Et vous comprenez qu'il est avec vous pour vous aider dans votre longue et lourde tâche, car il sait que l'avenir national de l'esprit repose sur vos efforts et sur vos convictions professionnelles. Notre gouvernement croit en vous et espère pleinement voir le succès. C'est pour cela qu'il me charge de vous saluer, de vous exprimer ses bons sentiments vis-à-vis de vous.

« L'Etat s'est déterminé pour une Guinée radieuse et heureuse et cela si les Guinéens le veulent. Ils n'ont pas de raison d'en vouloir le contraire.

« Permettez-moi, Mesdames et Messieurs, de dire toute notre sympathie, celle du département, aux collègues qui ont réussi à manœuvrer sur eux-mêmes pour résister à ce qu'il y a de tentation dans les directions ayant conduit aux crises de l'université depuis deux ans. Ils ont opté pour l'équilibre et pour la paix dans le pays. Voilà qui les porte sur la liste des vrais patriotes malgré la diversité de leurs sentiments politiques, diversité que nous respectons pour marquer notre acceptation réelle de la démocratie et de la marche vers le changement que nous recherchons tous.

« Notre métier d'enseignant a un goût à la fois agréable et piquant. Et c'est précisément là où se trouve la possibilité pour certains d'être des brillants lorsqu'ils réussissent à démêler des brouilles pour asseoir l'ordre intellectuel et la réussite.

« Espérons qu'aujourd'hui et demain, les Guinéens puissent se comprendre pour aider la République à occuper la place qui lui revient dans l'ensemble des nations libres ayant réussi à traverser dans l'élégance des zones de turbulence momentanée pour tenir la route du destin. »

Vive l'université guinéenne
Vive la Guinée

- Mon discours à la fin des journées sur l'enseignement supérieur et la recherche scientifique : Je demande le pardon et la clémence de notre peuple pour les désagréments causés par les étudiants au cours des grèves et agitations successives à l'université. (extrait)

« Depuis trois jours les cadres en poste dans les Institutions d'Enseignement Supérieur et la Recherche Scientifique sont réunis en ce lieu, au Palais du Peuple, pour réfléchir sur les problématiques de l'Université et de la Recherche Scientifique en Guinée.

« La rencontre a enregistré la participation de délégations étrangères venues de plusieurs pays amis, celle de représentants d'institutions internationales, de Guinéens résidant hors de chez nous et travaillant notamment dans le même domaine que nous.

« Sans insister sur les objectifs déjà atteints dans leur travail quotidien, les participants ont choisi de porter prioritairement leurs efforts sur le recensement exhaustif de l'ensemble des difficultés et problèmes qui se posent à eux. Ainsi, ils ont pu élaborer au mieux les méthodes à suivre pour parvenir aux résultats recherchés à travers les méthodologies qui conduisent au succès de la recherche et de la communication des connaissances.

« Des questions techniques ont donc été abordées dans leur rapport avec le fait social et économique, en rapport avec les vues politiques pour le développement programmé.

« Le 20è siècle finit. Dans ses bilans, il inscrira en lettres d'or ce qui aura été fait par la Guinée dans le sens du renforcement des choix démocratiques, dans le sens de l'appui à l'indépendance et à la liberté des peuples, dans le sens des démarches vers le vrai progrès, vers l'unité interne des nations, vers l'unité des Etats agissant dans le cadre des grands ensembles géopolitiques.

« Sur tous ces combats, chers collaborateurs, vous avez atteint des notes fortes dont l'histoire parlera pendant longtemps parce que notre pays a adhéré sans calcul à leur contenu et à leur puissance tel le soldat qui veut avancer avec le reste de la troupe.

« Le plus agréable dans ces approches, c'est le calme de ses dirigeants. Les perturbations, les manifestations de la mauvaise foi et autres agitations passent en nous laissant aussi sereins que solides, le regard imperturbablement tourné vers le devenir de la Guinée, vers les intérêts de l'Afrique, vers les facteurs qui édifient le monde. Nous voulons parler des facteurs qui attaquent les horreurs du présent, c'est-à-dire ceux par lesquels nous prenons position contre la guerre civile ou la guerre tout court, contre la famine, les exploitations brutales des hommes par les hommes, les ambitions destructives de la valeur des nations et pour le dynamisme des communautés sociales.

« Face aux qualités qui retiennent notre attention chez notre peuple et conscients de nos insuffisances, nous nous interrogeons devant les secousses qui affectent actuellement les institutions d'enseignement supérieur, ça et là, particulièrement en Afrique.

« Là-dessus, nous n'hésitons pas à reconnaître que si nos enseignements étaient convenablement et entièrement assimilés par la jeunesse, on arriverait à plus de sagesse sur le campus et il serait hors de question que nos étudiants se livrent aux comportements que nous avons enregistrés ces dernières années ; ceci se produisant parce que tout simplement ils sont incapables de dire non quand il faut dire non et oui lorsque le salut le commande. Or, dans tous les types de bonnes formations on attache toujours du prix à la rigueur lucide et à la bonne mesure. Si la leçon n'est pas comprise, il faut changer de méthode et de pédagogie, car elle doit être assimilée nécessairement. L'équilibre de l'avenir en dépend.

« Est-ce à dire que nous ne faisons pas correctement notre travail de communicateurs du message social ? Est-ce à dire que nous prenons mal notre métier ? Ou est à ce dire que la jeunesse a changé par rapport aux méthodes par nous apprises pour les conduire ? A ces questions nous devons répondre. Et, nous remettant nous-mêmes en cause, nous répondrons par la force de notre travail du présent et du futur.

« Sur le même sujet encore, et loin de vouloir nous justifier, les formateurs que nous sommes avons plutôt un sentiment de culpabilité, le sentiment d'un manque à combler dans notre tâche précise et dans nos méthodes, dans notre pédagogie et dans nos approches éducatives, même si actuellement nous partageons la responsabilité avec les parents et l'ensemble de la société. Ce souci nous conduit à nous remettre donc en question, à réfléchir, à analyser nos méthodes pédagogiques pour faire passer mieux le bon enseignement, donc pour nous engager à mieux faire.

Excellence Monsieur le Président de la République, Mesdames et Messieurs,

« Permettez nous maintenant de parler d'un cas précis. L'année dernière, l'université a bougé dans plusieurs pays pour ne pas dire dans tous les pays, notamment ceux d'Afrique, provoquant des dérapages déplorables en son sein et dans la rue. Chez nous en Guinée la chose a pris des proportions particulières dans la mauvaise direction.

« Nos étudiants sont descendus plusieurs fois dans la rue, se faisant des torts entre eux, dérangeant d'autres personnes par plusieurs formes de troubles. Notre rôle de formateurs nous engage, répétons-le, à nous sentir concernés par ces agitations et de reconnaître que si ce que nous avons à enseigner à la jeunesse était assimilé, les choses se seraient passées d'une manière différente. Ce qui s'est passé n'a jamais rencontré nos sentiments de communicateurs responsables. Cela veut dire quelque part que le succès recherché n'est pas encore à la portée de nos mains.

« Pour cela, du haut de cette tribune, avec votre permission mon Général, et au nom de tout l'encadrement de nos établissements d'enseignement supérieur, je demande pardon à notre peuple, notamment à tous ceux qui, de près ou de loin, ont subi des désagréments suite aux grèves de notre université. Nous sommes responsables et nous nous amenderons. Si ce n'est pas déjà le cas, nous trouverons ce qu'il faut faire, nous rectifierons la marche.

« Nos remerciements vont particulièrement au gouvernement qui, comme nous le savons, ne ménage aucun effort, sous votre conduite, Monsieur le Président de la République, pour que l'Enseignement Supérieur soit renforcé sur sa route vers la qualité et vers la consolidation des connaissances. Les mêmes remerciements portent pour la recherche scientifique qui, est en train de prendre forme et allure pour se hisser au rang de l'attente nationale et internationale. Une attente comportant des impératifs mais fixée sur la route du progrès et de l'avenir.

Vive l'université guinéenne
Vive la Guinée

8- Mes visites dans les institutions d'enseignement supérieur

Après avoir maîtrisé la grève dans l'ensemble des institutions universitaires du pays et cela avec l'appui du gouvernement et celui de toutes les bonnes volontés, j'entrepris de me rendre sur le terrain, dans toutes les institutions d'enseignement supérieur. Je me rendis successivement à Boké, à Manéah, à l'université de Conakry, à Faranah et à Kankan.

A chacune de ces visites j'eus avec les cadres, le corps professoral, les étudiants et autres travailleurs toutes catégories confondues des rencontres détendues et fructueuses. Au cours de ces débats, une analyse critique de la situation fut faite et des décisions prises sur place, au moins pour celles qui pouvaient immédiatement l'être. D'autres étaient soumises à une étude préalable, plus approfondie, pour être prises de façon plus systématique, plus réaliste ; souvent après contact au niveau du Chef de l'Etat et du conseil des ministres.

A tous les stades du mouvement les cadres du département furent intimement associés et leurs compétences mises à contribution. Je reconnais n'avoir pas donné à ces collaborateurs une seule minute pour plaisanter avec notre mission commune. Cela me donna l'occasion de découvrir des disponibilités et des valeurs parfois cachées, avec des dimensions variables, mais des compétences sûres. J'avais pu voir aussi des hommes qui peuvent s'amuser avec des situations sérieuses. Dans ce cas j'avais agi tout de suite et fermement pour rectifier ces conduites inadmissibles. Des affectations urgentes furent décidées pour mettre plusieurs encadreurs où ils gêneraient moins notre travail, où ils seraient soumis à un encadrement de nature à corriger les mauvaises dispositions.

- Visite à l'université Julius Nyerere de Kankan.

En ce qui concerne le débat avec les étudiants, il fut à peu près le même partout. Je crois l'avoir résumé à Kankan à l'université Julius Nyerere. Là le propos fut plus long et plus expressif de ce que je souhaitais dire à l'ensemble de l'université guinéenne, cette institution nationale si souvent perturbée et interrogée mais jamais terrassée. En parlant aux uns et aux autres je savais qu'il fallait déclarer que pour aller vite et bien chacun se devait de reconnaître les torts lorsqu'il y en eut et de corriger les tirs mal dirigés pour ne plus louper les objectifs si précieux que nous recherchons.

Avant l'arrivée de notre délégation à Kankan, et plusieurs jours avant, les services de police de cette localité firent parvenir à Conakry, à la Présidence de la République, l'information selon laquelle à Kankan nous allions sur un terrain de risques, et même de hauts risques. Le renseignement indiquait que tous ceux qui, étudiants ou non étudiants, militaient pour une université en grève permanente, s'étaient organisés pour taper sur notre délégation avec des armes blanches ou autres objets de main. Tout était donc fait pour nous inquiéter ou simplement pour nous intimider.

Etant donné la source de l'information reçue à plusieurs reprises, je ne minimisais rien du tout. Mais il était hors de question de remettre à plus tard cette visite programmée. Il y a des situations dans lesquelles il vaut mieux risquer que de reculer. Dans tous les cas, ne pas sous-estimer les choses cela revenait à examiner tous les volets de la question et à écouter ceux qui devaient parler pour ouvrir la route, ce passage obligé.

Si je ne voulais pas reculer sur un centimètre, je ne souhaitais pas non plus gérer une situation plus grave que les grèves d'hier. Aussi je fus décidé à avancer calmement, fermement et attentivement. Mais avancer sans reculer. Au vu des messages de la police, à nous transmis par les services de la Présidence de la République, je convoquai une réunion du cabinet élargie à tous les responsables concernés. Première mesure de prudence, je décidai de ne pas communiquer le contenu des messages reçus et d'interroger les participants sur ce qu'il fallait faire pour réussir la mission de Kankan et sur la base de ceux qui, par leurs sources, avaient déjà des informations sur d'éventuelles difficultés.

Deuxième précaution, je décidai de parler le moins possible à la réunion et surtout de ne faire-part à personne de ce que pouvait être ma décision finale. En gros tout le monde voulait faire le déplacement de Julius Nyéréré. Les propos les plus amicaux faisaient état de la volonté de plusieurs personnes présentes à la réunion, presque la totalité, de venir subir le sort que Kankan réserverait à leur délégation. En réalité, chacun redoutait fortement ce déplacement. Mais tout le monde était engagé à prendre les risques. La réunion du cabinet avait alors décidé de laisser embarquer pour la capitale de la haute Guinée tous ceux qui, librement, le voulaient. Cela me paraissait singulier. Finalement pour mettre les paroles à l'épreuve ceci fut fait et nous étions nombreux à partir.

Plusieurs véhicules tout-terrain furent préparés et chargés un jour avant mon arrivée par avion le 30 janvier 1993. C'était à bord d'un petit appareil Tupolev, donc de marque russe, appartenant à Guinée Air Service, une compagnie privée guinéenne. Sa mission était de nous transporter sur Kankan mais surtout d'attendre au sol jusqu'à la fin de la mission afin de revenir à Conakry le même jour. A ce niveau tout fut fait comme promis grâce aux bons et amicaux soins du commandant Ibrahima Kouyaté, PDG de la compagnie. Notre délégation à bord était nombreuse mais il y avait aussi des passagers ordinaires.

A notre décente de l'appareil les autorités de Kankan, administratives, universitaires et militaires, étaient là, impeccablement alignées avant la colonne des citoyens venus nombreux à l'accueil. De là à la villa des hôtes de Kankan, ex-villa Syli, tout se passa bien. Sauf une petite panne de la Mercedes Benz privée qui nous transportait. Cet incident fut réglé rapidement. C'était une crevaison d'un pneu arrière.

La villa des hôtes était bondée de personnes, des personnalités religieuses aux représentants des professeurs et étudiants. Quelques minutes après notre arrivée le commandant de la zone militaire, le colonel Sény Bangoura, alias Armée Gauche, me demanda un entretien en privé. A deux, insista-t-il.

C'était pour reprendre l'inquiétude qu'il avait si nous devions aller sur le campus. Je compris qu'il était un des auteurs des messages arrivés à Conakry et dont nous avons parlés. Il n'était pas de mauvaise foi mais avait des inquiétudes. Si quelque chose nous arrivait, il aurait une part des responsabilités à assumer.

Le colonel que je connais bien depuis l'IPC à Conakry où il fut officier instructeur me proposa de recevoir les délégués des étudiants à la villa et de leur y dire mon message qu'ils transmettraient aux autres. Lorsque je lui demandai d'expliquer le pourquoi de cette proposition il la justifia par le fait que selon les tous derniers renseignements, des gens sur le campus auraient été préparés pour tirer sur nous. Je répondis avec respect, calmement mais fermement que notre délégation était là pour aller à l'université et non à la villa de Kankan et qu'il n'était pas bon de venir de Conakry pour rester là.

J'ajoutai que si notre sécurité ne pouvait pas être assurée par l'armée c'était dommage pour nous mais qu'il était difficile d'accéder à sa demande. Ceci dit je pris avec politesse mais directement la route de l'université Julius Nyerere à bord de la Mercedes. Alors à chacun de faire ce qu'il pouvait. J'étais le premier sur les lieux. Sans militaires du camp Soundiata Keïta de Kankan, ni policiers, ni gendarmes. Ils arrivèrent plus tard. C'était un mélange total qui nous suivit. Personne ne s'attentait à cela. Pas même ceux qui pouvaient avoir pour mission d'attaquer notre nombreuse délégation. A la tête de celle-ci je visitai tous les dortoirs, classes, réfectoires, services administratifs, cela dans une véritable marée d'étudiants qui circulaient avec nous. Chacun comme il pouvait. Donc sans ordre spécial.

Le Colonel Seny, le préfet de la place, le chef de cabinet du gouvernorat de Kankan Koundiano Bernard et plusieurs autres fonctionnaires, qui avaient peur il y avait seulement quelques minutes, nous suivaient. Après la confusion l'ordre revint petit à petit et alors tout le monde fut installé chacun quelque part et nous à un présidium bien préparé, bouquet de fleurs et bouteilles d'eau fraîche avec. Jamais mes collaborateurs du département de l'Enseignement Supérieur et de la Recherche Scientifique ainsi que ceux de nos bureaux au Palais du Peuple qui m'accompagnaient n'étaient aussi silencieux. Certains étudiants, en petit nombre, après une très timide tentative de perturbation des débats se rangèrent au sens de l'ordre et à celui d'une discipline qui finit par être totale.

Dès lors tout était beau, nous pouvions parler et nous pouvions entendre à souhait le propos de chacun des intervenants : le recteur, le représentant du gouverneur, lui-même absent, le préfet... Puis ce fut mon tort de parole. Je savais que ce discours, tout le monde l'attendait. J'en étais conscient et heureux ou flatté de pouvoir être là, après tout ce qui était entendu et craint. Voici mon propos délivré à Kankan ce 30 janvier 1993, jour où un courage discret de tous se mêlait à la volonté inébranlable d'avancer, quoi qui arriva.

Extraits du discours

« ...C'est un réel plaisir pour moi d'être aujourd'hui en votre compagnie : car en matière de relations humaines, rien ne vaut le contact direct ; surtout lorsque formateurs et bénéficiaires de la formation sont déterminés à se comprendre pour dialoguer réellement afin de dissiper les zones d'ombre qui pourraient paralyser la formation.

« En Afrique, c'est autour de la calebasse de colas que se font les plus belles et plus grandes concessions. Les phrases les plus agréables, celles capables de calmer les esprits les plus chauds se prononcent sous l'arbre à palabre dont les vertus sont encore intactes dans nos relations sociales.

« Il se passe aujourd'hui dans le monde, dans les Etats-nations, dans les communautés urbaines ou rurales, dans les familles et au niveau des individus, de grands changements, des transformations radicales qui interpellent la vigueur des cœurs vaillants et généreux. La demande de plus de liberté et de plus de fierté pour tous est pressante. La volonté du peuple s'impose aux décideurs des Etats. Pour soutenir le combat de la vérité, les solidarités sont en œuvre.

« Dans l'ensemble de l'analyse et des approches, l'université se reconnaît un éminent rôle positif. Il lui faut chercher et trouver des solutions aux problèmes de l'homme. En somme elle doit soutenir le juste, le vrai, le beau et le salut ; elle doit rapprocher les cultures.

« Notre devoir, vous les apprenant et nous les enseignants est de répondre présent là où il faut démêler les brouilles, là où il faut empêcher le vase de se casser. Et si le vase se brise malgré tout nous devons être ensemble dans les rangs de ceux qui arrangent, au nombre des réparateurs, nous devons être des concepteurs et fabriquants du ciment qui remettra le récipient dans ses formes initiales, avec ses beautés originelles pour contenir des liquides limpides pour le service et le bénéfice de la vie.

« Oui, le monde bouge, il se transforme rapidement ; faisant dans ses mouvements des personnes heureuses et des gens qui à certains carrefours perdent tout, montrant aussi des héros et des maudits. Mais malgré tout, il reste beaucoup à faire pour canaliser les convulsions issues des secousses et pour assumer les charges du progrès vers le développement. En faveur de l'homme qui s'interroge sur son sort et sur l'avenir.

« Nul temple ne formule mieux que l'université ce que commande le devoir des personnes de se donner la main, de s'entendre, de se comprendre au lieu de s'entretuer souvent pour rien du tout ou pour peu de choses.

« Mais dire qu'il se passe tant de choses sur notre terre c'est dire que les pays qui la composent sont tous concernés par ce qui arrive çà ou là. Or il y a pour chaque Etat ou pour des régions données des problèmes propres. Des injustices graves sont commises qui transforment l'être humain né bon, généreux, comme l'a dit l'autre, en révolté prêt à tout briser, prêt à changer fondamentalement l'ordre voulu par Dieu, notre créateur.

« Tout le monde gagne en ce que nous puissions gérer harmonieusement, sur la base de l'esprit de sociétés dynamiques et plus justes, les situations qui déstabilisent l'ordre et les dynamiques constructives.

« L'exemple simple d'aujourd'hui est la tempête liée à la demande de plus de liberté qui déferle sur la planète. Si les choses à cet égard varient d'une forme à une autre, d'un pays à un autre, la quête de paix est universelle. Cette volonté des hommes, chacun doit la gérer à domicile et au mieux. Ceci, puisque nous sommes à l'université de Kankan, nous amène à parler du cas guinéen, et en l'occurrence du cas de la grande ville qui nous reçoit aujourd'hui.

« Notre pays est connu pour son courage dans les grands combats, pour ses initiatives profitables à tous les pays africains. L'indépendance du continent notamment dans sa partie hier de colonisation française vous le savez, n'a pas transité par la Guinée, elle est entrée en Afrique par la Guinée et en force, avec énergie, donc par la porte que notre glorieux peuple a toujours voulue grande et prestigieuse.

« La quête de souveraineté nous a coûté cher, des hommes et des biens matériels ont disparu sur sa route, mais nous avons tenu bon, encore dans l'intérêt des Guinéens et dans celui des non Guinéens d'Afrique et d'ailleurs.

« Les régimes qui ont fait les indépendances ont couru leur temps. On sait ce qu'ils ont laissé des souvenirs positifs ou parfois de non acceptables, de non tolérables. L'essentiel c'est que ce qui a été bâti est un socle solide pour la marche sur la route de l'histoire. Ces cartes ont été jouées dans notre pays, donc avec les faces et les revers. Dans ces circonstances déjà notre université nationale par des efforts concrets, a montré qu'elle était capable de se conduire de manière responsable vers le développement dans un contexte de grands besoins, parfois dans un cadre de crises réelles. Mais nous avons choisi l'indépendance dans la pauvreté. Devenus souverains, nous devons conquérir le progrès pour le développement.

« Aujourd'hui, les mêmes efforts se poursuivent sous la direction vigilante d'un homme de Mars qui se révèle être un vrai produit de son peuple : le Général Lansana Conté, généreux et attentif, dont le patriotisme se passe de commentaire ; il se voit.

« Oui, dès les premiers jours, la Deuxième République de Guinée a exprimé sa volonté de se tenir dans le rang des nations attachées à conquérir le devenir de la nation dans le salut, en lui garantissant toutes les valeurs, toutes les indépendances. Nous devons rester dans cette ligne ; sans jamais la changer car ceci est le meilleur choix pour un peuple qui tient à la gloire des combats de l'histoire, pour un peuple décidé à assumer les options et opinions de son passé.

« Mais ce n'était pas tout, car dans un célèbre discours à Kindia, le Président Lansana Conté a indiqué un chemin tout nouveau au regard de l'évolution des régimes militaires ayant succédé aux systèmes post-coloniaux.

« Il avait mentionné en effet en ce lieu que le développement incontournable de l'Afrique s'inscrivait dans plus de libéralisme pour ses peuples, dans plus d'alternance et donc vers les régimes multipartites recherchés avec énergie. C'était une si grande première que seuls ceux qui connaissent le Général Conté pouvait croire ce qu'il disait. Et des régimes similaires voisins ou pas, pouvaient mal prendre la chose, c'était un choix. Le ton était donné.

« Aujourd'hui, tout le monde peut le comprendre, car de la proclamation, on est passé à la réalisation. La Guinée renforce son système libéral dans l'économie de marché et a adopté une loi fondamentale qui régit la vie du peuple dans tous les domaines. Son application ou sa mise en œuvre a déjà ouvert plusieurs portes vers de meilleurs lendemains pour notre pays dans la coopération internationale. Nous devons, respecter cette loi, sans jamais la violenter.

« Des partis politiques, quarante deux ou plus, donc en nombre visiblement trop élevé, sont créés librement et évoluent sur le terrain. C'est là une série de nouvelles expériences et de nouvelles possibilités. La manière dont tout cela est venu s'inscrit dans les particularités salutaires de notre pays sur la voie des grands commencements (la résistance à la domination coloniale, la lutte pour l'autonomie, l'option pour la réforme des régimes militaires africains s'engageant sur la voie du multipartisme...) et nous condamne à faire ce qui profite à notre pays, c'est-à-dire ce qu'il faut à tout le monde.

« Là-dessus, dans la vaillance des combats, l'université doit occuper sa place dans le débat et jouer efficacement pour gagner. On a dit que des éléments de votre université, formateurs et consommateurs de la formation, étaient à un moment donné manipulés dans des combines politiques, c'était une insulte à cette institution prise globalement. En effet, un homme fier ne se laisse pas manipuler. On peut l'impliquer dans une démarche qu'il voudra toujours bonne, mais pas à son insu. L'être qui maîtrise son cerveau ne saurait être un simple instrument.

« Sur la question je voyais certaines choses mais je ne pouvais croire en cela, car produit de l'université guinéenne, je lui dois trop pour lui prêter de si grandes dérives.

« Quoi qu'il en soit, la mission principale d'une grande école exige que son produit, soit toujours impliqué dans le débat politique, mais d'une manière choisie. C'est-à-dire de la bonne façon et pas n'importe comment.

« On ne manipule pas un vrai intellectuel, car son cerveau est formé pour analyser et choisir librement, correctement. Si l'homme de l'esprit choisit d'une façon valable, il est bien évident que ce n'est pas la violence ou la brutalité qui doivent lui servir de matière.

« Si l'intellectuel, l'ancien pour les formateurs et le nouveau pour l'étudiant, est à l'université, s'il se laisse mener facilement sur la voie que son peuple désapprouvera, alors, sa capacité d'analyse et sa consistance morale ne sont pas suffisantes pour jouer la vraie carte politique et sociale qu'on attend de lui.

« Dans ce cas, son institution n'aura aucune raison de se féliciter de l'avoir eu sur ses registres. En effet, et dans ce cas, sa formation serait dramatiquement incomplète et peut devenir dangereuse. Les demi-mesures sont souvent porteuses de situations conflictuelles, de confusion.

« Faire la politique pour son pays n'est pas une mission facultative, mais un devoir au sens absolu du terme. On le tient de la naissance et on l'assume toute la vie durant, d'une manière ou d'une autre. Et le rôle de l'université est de faire en sorte que les intellectuels n'agissent que sur le chemin de la construction nationale. Cela veut dire que le lieu où le tribalisme, la féodalité, le népotisme, l'esprit de clocher prononcé doivent être décriés, dénoncés et condamnés, est bel et bien l'université, là où on forge les vertus universelles.

« Si le temple en question s'appelle, "Université Julius Nyerere de Kankan", il a des obligations supplémentaires qui résident dans les engagements pour le devoir national et africain. En effet, comme vous en connaissez l'histoire, cette institution a été fondée en 1963 à partir de l'Ecole Normale Secondaire de Dabadou, creuset des pionniers de la formation sur le vif, suite aux contraintes nées du départ précipité et calculé de l'enseignant colonial qui n'avait pas apprécié notre option pour la souveraineté. Et même devenue université, elle gardera longtemps ce statut de Temple des enseignants de premier plan. Ce qui commande à ses disciples de rester sur la ligne des glorieux modèles de départ. Et qui dit modèle, dit bonne conduite en tout au profit du peuple d'abord et de l'homme ensuite.

« Je suis ici pour vous dire des choses précises pour redresser le tort que certains ont voulu installer entre encadreurs et jeunesse universitaire. Je suis ici pour souligner que notre volonté a toujours été et restera de chercher à nous comprendre avec vos maîtres, avec vous, car c'est la seule façon de préparer et de proposer à la société un produit intellectuel valable, consommable, compétitif. Je suis ici pour vous dire que notre fermeté dans la recherche de solutions aux problèmes que nous devons résoudre ne doit pas être interprétée comme la manifestation d'une violence. Si la fermeté survient, elle est momentanée et réglée. Juste pour redresser les mauvais départs. Pour consolider le chemin du futur.

« Je sais, et vos valeureux professeurs le savaient avant moi, qu'on ne peut pas former l'être jeune pour le rendre digne et responsable, respectueux de la parole donnée, de l'ordre, de la loi et de la liberté du voisin, sans un minimum de rigueur, sans une dose appropriée de fermeté dans l'œuvre de formation. C'est un devoir. Notre vœu est de rester amis de ceux que nous préparons pour l'avenir, le leur individuel, celui de la patrie et de l'homme. Mais notre autre exigence sur laquelle nous ne saurions transiger c'est de montrer toutes les bonnes facettes de la vie et pas les mauvaises.

« Votre premier rôle c'est de comprendre cela. C'est de comprendre notre mission. S'il nous revient de ne rien faire avec violence il nous revient aussi d'agir comme il faut sans rien laisser de côté qui, à cause de cela, puisse vous bloquer demain dans la marche vers le progrès et vers la grandeur.

« La Guinée est à vous, nous devons vous apprendre ce que nous voyons être en faveur de la bonne méthode pour pouvoir gérer votre pays, une fois dans vos mains comme il faut, demain. Nous ne sommes pas à nos postes pour vous nuire ou pour vous dire uniquement ce qu'il vous plaît d'entendre, mais pour vous apprendre ce qu'il faut. Si vous êtes sur une voie qui ne convient pas nous vous le montrerons. Et nous devons vous donner l'assurance que dans le métier qui est le nôtre, aucune brutalité ne nous habite. Nous souhaitons que demain, il vous plaise de vous souvenir de nous comme de bons devanciers porteurs de méthodes justes et communicateurs de messages heureux. Aujourd'hui nous sommes déjà très fiers de vous savoir en classe, au travail, au lieu à être sans cesse dans la rue en grève. Ce sur quoi le devoir m'impose de revenir c'est que les cadres que nous formons à l'université doivent être une bonne semence et on ne le dira jamais trop.

« Ils doivent accepter la diversité de nos pratiques économiques, culturelles, religieuses, mais jamais la division des Guinéens. Sur ce chemin le tribalisme, l'ethnocentrisme, le régionalisme qui perturbent le contenu de la jeune démocratie africaine, ne doivent plus habiter les Guinéens. Le travail des cadres issus de nos universités, c'est de combattre sans cesse pour défendre le peuple de Guinée contre ses détracteurs de tous genres.

« Les néo-dominateurs, les mauvais gestionnaires de ses ressources doivent être dépistés et condamnés. Il faut lutter contre les dirigeants égoïstes qui agissent dans leurs seuls intérêts au mépris du bien public. Il faut être contre ceux qui pillent le peuple, le menacent et l'inquiètent du haut de leurs tribunes de chefs. Il faut découvrir et traquer tous ceux qui font le trafic des stupéfiants et détruisent la jeunesse guinéenne.

« L'intelligentsia de Guinée traverse une grave crise liée aux circonstances du moment. Devant le besoin et le fait politique nos intellectuels ne combattent pas assez le régionalisme et l'ethnocentrisme ; ils n'hésitent pas, pour avoir un emploi en ces temps difficiles de chômage ou pour avoir un poste de responsabilité, à démissionner devant l'urgence de protéger les valeurs du peuple ou l'intérêt de la démocratie.

« Cela est un défi que l'université doit relever. Vous devez donner la mesure de votre détermination à ne pas adopter ces conduites. Vous devez rester unis et forts. Vous devez rester Guinéens et de bons Guinéens pour l'Afrique et le Monde qui vous regardent.

« Vous devez également retenir, et toujours, que Julius Nyerere dont votre institution porte le nom est un grand homme. Premier président de la République Unie de Tanzanie, Walimu Julius Nyerere a combattu et combat encore pour les causes justes en Afrique et dans le monde.

« C'est donc un nom qu'on doit matérialiser dans l'expression de la maturité politique et morale de notre continent. En tout cas, pas dans l'agitation, mais dans le calme et la sérénité qui débouchent sur l'équilibre social.

« Nous avons choisi d'être en ce lieu sur instructions du gouvernement de la Deuxième République pour terminer nos visites de travail sur les campus, pour marquer le caractère essentiel de vos engagements sur le plan national, pour vous dire encore qu'en tant qu'enseignants, nous sommes fiers de ce que vous pouvez et que vous devez faire pour la solidité de la Guinée, une, indivisible et forte.

« Mais nul n'oublie aussi que Kankan est un grand centre de l'esprit ; même en dehors de votre établissement. Cela veut dire que Kankan est condamné à recueillir de bonnes palmes sur le chemin de la Guinée allant vers l'unité de ses fils et vers le rejet de toutes les formes d'ethnocentrisme, faut-il le rappeler. Dieu a choisi ce lieu pour faire passer des mots divins parmi ses mille et un messages. Respectons sa volonté en travaillant pour cette option.

« Aussi, le gouvernement, en initiant les données premières du pluralisme politique, a tout conçu en fondant ses espoirs sur vos valeurs et sur votre amour de la patrie, pour les raisons historiques que nous venons d'évoquer.

« Or, ce gouvernement a aujourd'hui des difficultés pour mettre en œuvre sa politique. Les partis politiques deviennent de plus en plus des regroupements tribaux ou régionaux, voire carrément villageois ou familiaux, donc dangereux au lieu d'être constructifs. La récession économique frappe nos produits et les besoins de trésorerie ne peuvent diminuer face à notre désir de servir notre peuple pour aller de l'avant.

« Pour que la Guinée assume ses responsabilités en matière de promotion du pluralisme politique, pour qu'elle donne force et vigueur à son rôle habituel de bel exemple, comme ce fut le cas pour les indépendances ou celui du discours du Général Lansana Conté à Kindia, invitant les régimes militaires à se doter de structures populaires, les Guinéens ne doivent pas plaisanter avec le contenu des mots, ni transiger avec l'urgence de leur unité, condition de tout développement économique, politique et social du monde moderne.

« Alors, le rôle de l'université n'est pas seulement de critiquer la ou les politiques, mais d'interpréter les orientations pour en extraire la substance, c'est-à-dire pour distinguer les bonnes voies des sentiers tortueux et malaisés qui perturbent les chances de l'avenir.

« Le prix à payer à cet égard est important. Il ne se mesure pas en armements ou en argent, comme disait l'autre, mais en vigueur morale, en courage physique pour dire la vérité là où elle doit être dite et en imagination positive de tous les temps pour bâtir les fondements du futur.

« On a dit de certains cadres Guinéens qu'ils ont amassé de l'argent çà et là, pour acheter nos consciences ; cela ne devrait pas nous faire peur, car nous savons que nous en tant qu'idées et consciences ne sommes ni vendables ni négociables, et que ceux qui donneraient leur argent pour acheter une marchandise aussi difficile que l'esprit du Guinéen sont certains de le perdre à sec. Alors ils ne devraient s'en prendre qu'à eux-mêmes et à personne d'autre.

« Ce qu'il nous reste à faire finalement, c'est de nous rassembler autour d'une option solide dans la diversité, en évitant les passions verbales et les excès qui diminuent notre force en tant que peuple croyant, respectueux de l'homme de toutes les conditions sociales dans ses peines comme dans ses succès ou dans ses moments de bonheur. Il est également important de nous garder de certains comportements : passer de bureaux en salons, abandonnant donc chacun son travail pour dire du mal des autres, surtout auprès des chefs pour se faire voir ou pour avoir obstinément des postes qu'on ne devrait mériter que dans la valeur du travail bien fait, voilà qui n'honore pas votre pays.

« On n'a pas besoin d'être de l'ethnie du chef pour le servir loyalement, comme on n'a pas besoin de considérer le clan du chef pour le servir correctement.

« Ces situations courantes doivent nous faire réfléchir, nous de l'université pour y trouver des remèdes radicaux, tant il est vrai que ceux qui se livrent à ce genre de surenchère ne sont rien d'autre que des perturbateurs qu'on finit par découvrir un jour ou l'autre. Dans ce cas, il faut les sortir du groupe qui a le souci d'avancer.

« Avoir des partis politiques en nombre limité ou infini, faisons-le, si c'est la volonté des Guinéens, mais ne détruisons pas la Guinée pour un malheur de plus au compte de l'Afrique, car ce continent a trop souffert. Ayons pitié de nous-mêmes et de nos populations ; penchons-nous sur notre retard dans plusieurs domaines pour réaliser que le chemin du progrès n'est pas celui de la division. Et méfions-nous des concepts et attitudes politiques importés : associations destructives des fraternités, des amitiés et des liens de toutes natures; gouvernements à dominance ethnique et aux notes discordantes tout aussi opposées à l'évolution des Etats.

« L'Afrique n'occupera sa place au soleil que par la force du travail des ses fils. Les universitaires sont concernés en première place dans cette approche.

« En tout cas, le gouvernement guinéen dont je suis ici l'humble messager, tiendra ses engagements jusqu'au bout, et le Général Lansana Conté Chef de l'Etat, Président de la République, le dit toujours. Ici et de cette manière, je répète ce que vous avez déjà entendu plusieurs fois.

« C'est pour cela que l'évolution de l'université est au centre des préoccupations du Président de la République qui, comme nous l'avons dit, compte sur vous pour faire passer la liberté, la cohésion nationale au service de la société guinéenne.

« Le gouvernement, répétons-le, ne ménagera aucun effort pour mettre l'université dans les conditions de travail que celle-ci peut réclamer de façon raisonnable. Sans violence ni passion. Et nous ferions cela même sans demande particulière. Il s'agit ainsi d'une opinion libre et non d'une contrainte dictée par l'agitation des universités tel que cela est aujourd'hui à la mauvaise mode dans les pays qui se détruisent.

« La Guinée se construit et ses bâtisseurs les plus énergétiques que vous êtes, avec d'autres, ne sauraient rester le ventre vide, exposés aux intempéries, c'est-à-dire à la chaleur, au froid, ou bien tenue à l'écart de l'élaboration et de la consommation des technologies du monde moderne. Nous le savions avant d'être ici parmi vous. Nous le redisons pour être en accord avec vous. Nous combattrons pour éviter les mauvaises pistes.

« La Guinée doit occuper sa place dans l'ensemble du monde moderne qui émerge. Elle doit travailler pour le développement. Sur cette voie, repétons-le, l'université doit jouer un rôle clé, une mission prépondérante.

« De votre côté, vous devez donc retenir que rien ne vous sert d'aller en guerre contre qui que ce soit, contre ce gouvernement en particulier ou un autre ; car la Guinée, si elle appartient aux générations anciennes, son destin repose sur votre équilibre spirituel et sur votre détermination d'aller de l'avant, au coudes à coudes serrés, la tête haute, toujours prêts pour l'effort. En tenant haut le flambeau de la liberté et de l'honneur.

« Mettez-vous au travail, comptez sur ce que nous pouvons faire pour vous, et retenez que le Général Conté vous tient en bonne place sur son cœur et dans ses préoccupations quotidiennes. N'écoutez jamais ceux qui dérangent l'ordre et la paix.

Bonne et heureuse année à toutes et à tous ! »
Je vous remercie ! »

Ce message fut prononcé dans un début d'auditoire presque froid. Mais dans un silence total, ceci contre toute attente. Puis on applaudissait à la fin de chaque phrase cardinale. J'étais fier de savoir qu'on comprenait ce que je disais parce que chacun en avait la volonté. Je compris ce jour que le contenu d'un propos peut éteindre de grands feux. Il suffit de savoir attendre et de laisser parler ceux qui, animés d'une indiscipline caractérisée, sautent sur la parole, mais de laisser parler aussi ceux qui ont des positions claires à présenter.

Puis c'était une sorte d'opération "bouche ouverte" qui signifie dans le jargon politique guinéen que chacun peut avoir la parole dans l'ordre et dire ce qu'il souhaite dans l'intérêt de la recherche de solutions aux problèmes soulevés. Les étudiants ont parlé longtemps. Ils étaient nombreux à avoir pris le micro. Je notai toutes les questions et avais donné une réponse aussi claire que possible à chacune d'elles, jusqu'à la satisfaction recherchée par chaque orateur.

Ici, contrairement aux visites dans les autres institutions universitaires, je ne fis aucune promesse. Mais j'avais pris bonne note des sujets qui appelaient une réaction du gouvernement de Conakry. Finalement, la visite commencée dans la fermeté mais aussi dans une certaine confusion s'est terminée par une extraordinaire atmosphérique faite de cordialité et de compréhension entre étudiants et délégation venue de Conakry. Nous nous sommes séparés par des hourras nourris, expression d'un accord général sur les grandes questions qui mirent fin a la réception.

A notre retour à la villa pour un repas le temps était à une véritable fête. Tout le monde était gai, en commençant par nos respectables hôtes de Kankan. On avait craint le pire et voilà que la joie était là. Je n'avais pas pu manger autant que j'aurais dû le faire, car j'avais beaucoup marché, écouté, parlé... Mais j'étais de la fête. J'eus le temps de serrer la main à tous ceux qui souhaitaient me saluer. La mission accomplie, j'étais fatigué mais je pus tenir le retour dans l'avion. Je n'affichais aucun sentiment particulier, mais intérieurement je savais que, nous avions réussi le coup.

Madame Makalé Camara, alors Secrétaire d'Etat aux Affaires Sociales en fin d'une mission de son département à Kankan avait déjeuné avec nous à la villa avant de prendre le même Tupolev que nous pour Conakry. Elle aussi était fière du résultat obtenu sur le terrain et je crois qu'elle fit un bon compte rendu au Président, comme moi. Lorsque le film de la visite fut passé à la télévision plusieurs amis m'appelèrent au téléphone pour me demander si, au moment où la réception et la visite se déroulaient, j'avais conscience du danger qui circulait avec moi sur ce campus. Au nombre des coups de fil, celui de l'Ambassadeur des Etats-Unis d'Amérique.

Ma réponse à tous était la même : ce danger c'est maintenant que j'en prends une réelle conscience mais je n'avais peur de rien outre mesure, car j'étais au travail et je n'avais pas le choix.

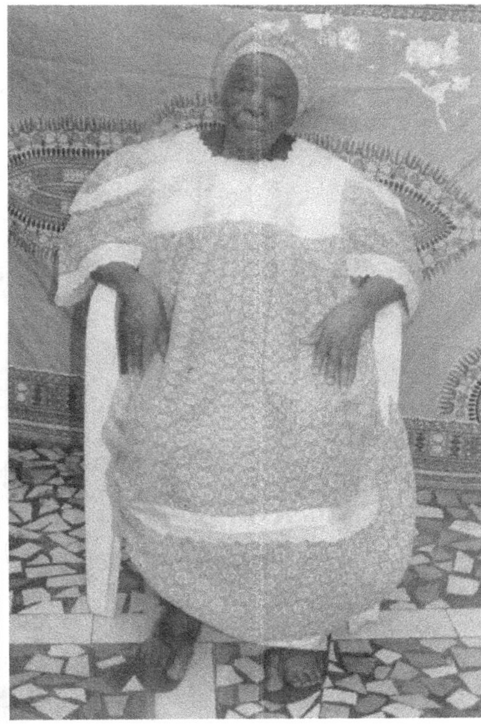

Mon père en 1967

Ma Mère à 108 ans à Conakry

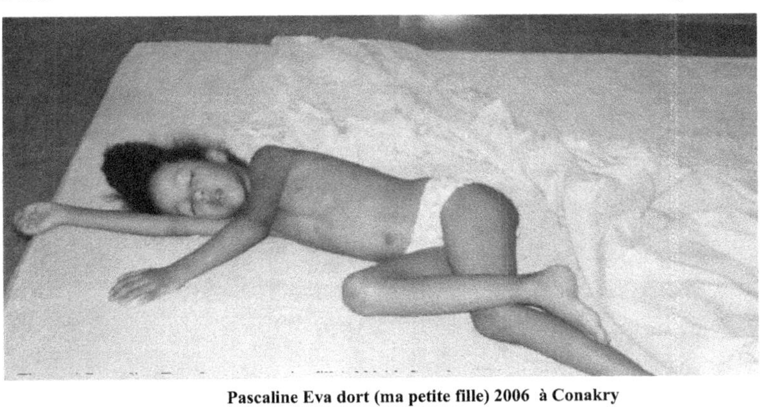

Pascaline Eva dort (ma petite fille) 2006 à Conakry

Soirée dansante le jour de la sortie de la 1ère promotion de l'IPC, la peomotion Lénine 1968

Institut polytechnique de Conakry

Au cours normal de Macenta en 1958

Au cours normal de Kankan en janvier 1958

Mon père et Kotio

A Monrovia en 1963

Ma mère entourée des membres de la famille (Conakry 2002)

A Labé 1970 après la naissance de Mamie (dans mes mains)

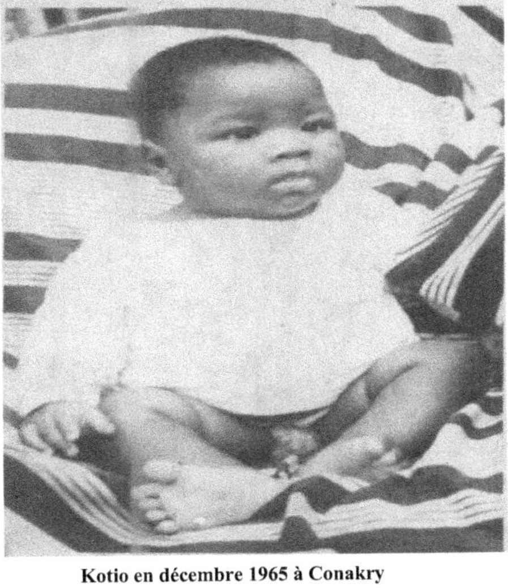

Kotio en décembre 1965 à Conakry

Pascaline et sa tante Tata en 2007 à Conakry

Ma belle-mère Koumba Sobondo retour de la Mecque

Pascaline danse avec sa tante Tata. Conakry 2006

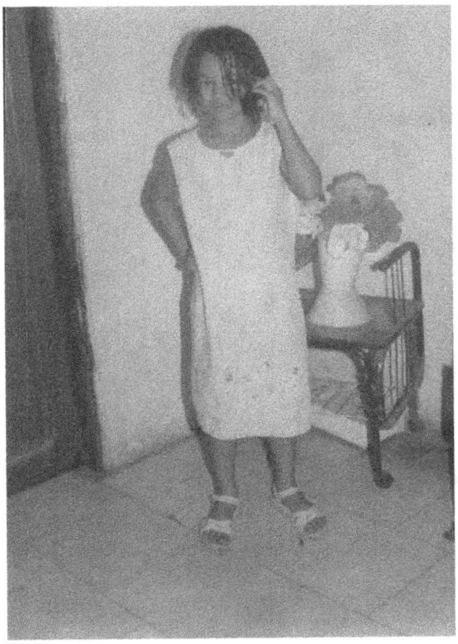

Pascaline au téléphone avec Bebeto son frère à Bratislava

Professeur à Labé 1970

Ma mère, 2ème à partir de la gauche avec sa belle-mère, une cousine et ma fille mamie tenant dans ses mains sa fille de quelques semaines Aïcha

Ma famille en 1994 à Conakry

Ma mère, mon épouse et Koumba Yadou

(Tata) et sa fille Fatoumata Yarie Sidibé. Ma fille Mabinty Tolno

Mon petit-fils Charles Pascal Tolno Junior avec sa mère Diana. Bratislava 14 mars 2000.

Au cours normal de Macenta en 1958 avec des promotionnaires

Doyen de la Faculté des sciences administratives de Donka (FASD) le 30 avril 1977

Avec Breyten Breytenbach, écrivain sud-africain à Accra en 1988

Ma mère, des petits enfants et Aïcha

Mamie à Rabat 1993

Au sortir d'une longue réunion des Forces Vives de Guinée que je préside. Mai 2008

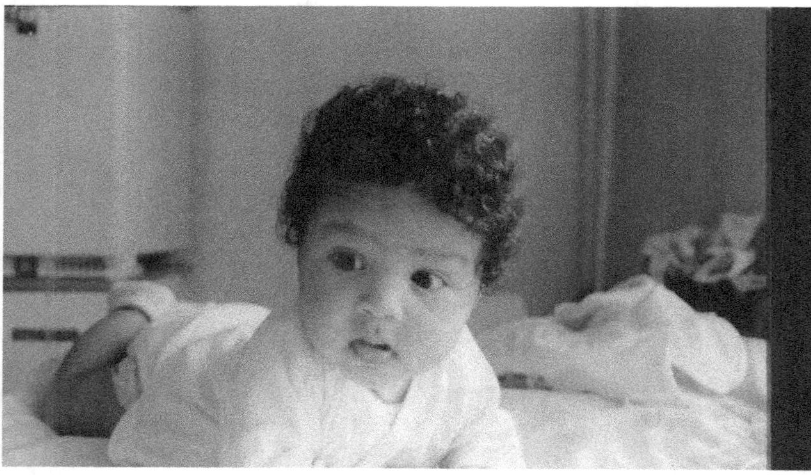

Pascaline Eva à 8 mois. Bratislava 2002

Kotio et son épouse

A Labé 1970

Dans les studios de la BBC à Londres

Ouverture des travaux du Congrès constitutif de l'APAE au Ghana

Avec le Président Félix Houphouet Boigny après une audience en 1989

Avec Berhane, Secrétaire Général des ACP à Bruxelles 1990

Participation et discours d'ouverture du Congrès constitutif de l'Association Pan-Africaine des Ecrivains (APAE) le 9 novembre 1989 à Accra

Après Accra 1989, le Président Lansana Conté me reçoit en novembre 1989 à Conakry

Je préside à Conakry le match international de football entre le Hafia de Guinée et l'équipe du Kenya

Avec sa Sainteté le Pape Jean Paul II à Conakry en 1992

Après la passation des services entre le colonel Kerfalla Camara et moi au gouvernorat de Conakry en 1991

Réception à l'aéroport de Conakry du Président Daouda Diawara de Gambie

Avec Okai à Accra (1995)

Avec le Directeur Général de l'UNESCO Fédérico Mayor. Le 15 avril 1994

Avec Frederic Titinga et Femi Ossofissian lors du 2e congrès de l'APAE à Accra

Réception à l'aéroport de Conakry du Président Nino Viera de Guinée Bissau

Avec Mme Engel et M. Jean Wolf, Bruxelles 1994

Avec Joannes Bexley qui organisa mon séjour à Londres, 1995

A une réception à Novotel Conakry avec mon épouse Namania

Après une réunion de travail au CEDUST à Conakry 1994

Après l'ouverture de l'APAE, Accra ici avec les familles de Okai et M. Salim, Secrétaire Général de l'OUA

Avec Jean Wolf, écrivain belge, Bruxelles 1995

Participants au 2è congrès de l'APAE à Accra

Kotio et amis à la Fondation Afrique Solidarité

Avec des sympathisants à Boké (Guinée) 2006

A Lisbonne avec le prix Nobel de littérature Wolé Soyinka et d'autres écrivains

Kotio et amis à la Fondation Afrique Solidarité

Avec la chanteuse ivoirienne Nayanka Bell, 1995

Le Ministre Charles Pascal Tolno au cours d'une conférence de presse à Prague. A l'arrière-plan le jeune Charles Pascal Tolno Junior, fils de Kotio entre les bras de sa mère Djana

Entouré des petits enfants

CINQUIEME PARTIE

CONTACTS A L'EXTERIEUR DE LA GUINEE

« ...Notre liberté d'homme, notre liberté nationale est solidaire de la liberté des autres hommes et de la liberté des autres nations. Mais cette solidarité d'hommes libres et de pays libres, nous l'offrons d'abord à l'Afrique pour que soit consolidée l'Unité Africaine, sans laquelle aucun peuple d'Afrique ne peut prétendre dominer son destin, ni modifier, de manière fondamentale, les conditions qui entravent son plein épanouissement. »

A. Sékou Touré
« L'expérience guinéenne et l'Unité Africaine » P.205
Discours du 2 octobre 1958, à 10h 30 devant l'Assemblée Nationale constituante de l'Etat guinéen.

1- Des missions dans le cadre de conférences avec des pays africains.

« Une chose n'est pas juste parce qu'elle est loi.
Mais elle doit être loi parce qu'elle est juste »

Montesquieu
« De l'esprit des lois »

Après la tournée dans les établissements d'enseignement supérieur du pays, je me rendis dans les centres de recherche notamment à l'Institut de Recherche et de Biologie Appliquée de Guinée (IRBAG) ancien Institut Pasteur de Guinée, au Centre de Recherches Scientifiques et Océanographique de Rogbanè (CERESCOR) à Ratoma, au Mont Nimba,... Le constat sur place était clair, les cadres et agents sur le terrain étaient et sont disposés à travailler et à relever les défis pour une recherche scientifique efficiente adaptée au contexte et à nos aspirations.

Et les problèmes soulevés portaient, presque partout sur l'équipement qui se modernise de plus en plus dans presque tous les pays, même ceux en développement. Cela n'était pas le cas en Guinée. Deuxième question, le renouvellement numérique des chercheurs et leur qualification technique. A cela s'ajoutaient d'autres problèmes tous aussi importants appelant des réponses rapides en fonction des moyens de l'Etat guinéen et de sa coopération avec les pays étrangers. Il y avait tant de choses à recenser sur les listes des moyens disponibles (matériel, infrastructures, ressources humaines) et sur le relevé des demandes urgentes, que tenant compte de l'intérêt d'avoir des chiffres corrects dans les universités et d'autres services du département et même de la nation, je décidai de créer un service des statistiques opérationnel au niveau du ministère.

Je créai aussi une bibliothèque générale qui devrait s'occuper de toutes les questions du domaine. Durant mon service à l'enseignement supérieur et à la recherche scientifique de Guinée, je tenais en compte aussi bien les problèmes des universités que ceux de la recherche scientifique. A chaque mission que je faisais, surtout vers les pays développés collaborant avec le nôtre sur ces dossiers, j'avais toujours dans la délégation ministérielle un cadre du secteur de l'enseignement supérieur et un autre de celui de la

recherche et des statistiques. Il fallait donner une impulsion nouvelle aux trois secteurs : à la recherche, à l'enseignement supérieur, aux statistiques.
Je fis plusieurs déplacements à l'étranger et les plus importants, avec une certaine priorité, étaient relatifs aux invitations qui nous venaient des pays où nos étudiants à l'extérieur posaient de gros problèmes aux représentations diplomatiques guinéennes. C'était le cas en Algérie et en Tunisie, dans les pays de l'ex-URSS, à Cuba, en Egypte,...

Les autres sorties se situaient plutôt dans le cadre des conférences internationales de notre cadre. Dans les rencontres de ce type, conférences internationales donc, je me rendis à Abidjan, à Dakar, à Cotonou.

- A Dakar, il y eut une rencontre dans le cadre du BASE (Bureau Africain des Sciences de l'Education, Institution spécialisée de l'OUA) ayant son siège à Kinshasa et dont son Excellence Léopold Sédar Senghor fut le président du comité scientifique international. Ce bureau avait alors pour Directeur général le professeur de linguistique Georges A.G Guédou. Le BASE avait pour la circonstance regroupé à Dakar les ministres de l'éducation des pays de l'Afrique de l'Ouest (Guinée Conakry, Guinée Bissau, Gambie, Niger, Sénégal).
Le Docteur Mohamed Lamine Kaba, alors recteur de l'Université de Conakry m'accompagnait.
- A Cotonou, j'assistai à la conférence ministérielle de l'OUA sur la culture, l'éducation et le développement qui débuta ses travaux le 23 Août 1993 et se déroula les 23, 24, 25, 26 et 27 août. Ibrahima Sankhon chargé des bourses extérieures et Magassouba Ibrahima de l'UNESCO-Guinée étaient de la mission.

- A Abidjan j'assistai à la conférence du Conseil Africain et Malgache pour l'Enseignement Supérieur (CAMES), en qualité d'observateur car jusqu'à mon entrée aux affaires la Guinée n'était pas encore membre du conseil. Je pris rapidement des mesures pour corriger la situation. Ainsi peu après la mission d'Abidjan je reçus à Conakry une délégation officielle du CAMES pour remplir les conditions qui restaient à mon pays pour être membre à part entière de cette organisation. La mission était conduite par le Professeur Henry- Valère T. Kiniffo, membre associé de l'Académie Française de Chirurgie, Doyen Honoraire de la Faculté de Médecine de Cotonou, alors Secrétaire Général du CAMES.

Rappelons que ce conseil organise par des dispositions académiques appropriées des concours pour délivrer des titres à des ressortissants des pays membres, comme des doctorats, des agrégations...

Est agrégé dans ce concours toute personne pouvant exercer les fonctions de professeur titulaire en lycée ainsi que dans certaines disciplines de l'enseignement supérieur telles que le droit, la médecine, la pharmacie, les sciences économiques. Depuis cette cérémonie plusieurs de nos compatriotes, notamment en médecine, obtinrent ces titres. D'autres s'y préparent activement.

Au cours de la mission d'Abidjan, je rencontrai mon frère André Sonko, alors ministre de l'Education Nationale du Sénégal qui restera depuis un ami et plusieurs autres ministres et personnalités comme Alhassane Dramane Watara alors Premier ivoirien. Je me rendis à cette occasion pour la première fois à Yamoussoukro où les autorités nous proposèrent un programme de visites très détaillé, tel que nous le souhaitions : la cathédrale, l'école technique de Yamoussoukoro, les caïmans à la rivière, la résidence du président Félix Houphouët Boigny.

2- Mission à Tunis

De l'ensemble des visites que j'avais effectuées dans le cadre de ma mission ministérielle hors de la Guinée celle de Tunisie fut l'une des plus agréables.

Je quittai Conakry pour Tunis le 21 avril 1993, et pour des questions de programmes de vol des avions, la route fut longue. De Conakry nous nous rendîmes à Abidjan pour une nuit. Puis ce fut à partir du 22 avril Ouagadougou, Paris, Bruxelles pour arriver à Tunis le 25 avril à 11 h. A la descente d'avion, mon homologue tunisien, le ministre de l'Education Nationale et des Sciences était là ainsi que notre ambassadeur en Algérie et en Tunisie Mamadi Condé qui fut une distinguée figure de la presse (radio et télévision) à Conakry et qui d'Alger fut muté dans les mêmes fonctions à Pékin avant de rentrer comme ministre à la communication et plus tard aux affaires étrangères. Dans le programme qui nous fut proposé, après un repos tout le reste du 25 avril, il y eut des visites nombreuses et variées les 26, 27 et 28 dans des établissements d'enseignement scolaires et universitaires puis des audiences avec plusieurs membres du gouvernement tunisien et enfin des rencontres privées dont une visite touristique dans l'ancienne cité de Carthage où des ruines antiques sont sauvegardées par l'UNESCO, chez l'écrivain Moustapha Fersi, enfin chez le Président de l'Association des Ecrivains de Tunisie.

Pour commencer la série, nous fûmes à l'Ecole Nationale des Ingénieurs de Tunisie, établissement mixte d'enseignement technique d'un excellent niveau où l'accueil fut des plus chaleureux. Ensuite nous avions visité la Faculté de droit et des sciences politiques de l'Université. Là aussi, avec des étudiants moins jeunes que dans le premier établissement, la réception fut calme mais organisée au mieux.

Après ce fut à la Faculté des Sciences Economiques et de Gestion, une visite dans le même style avec une attention et une chaleur égales au cas de la Faculté de droit et des Sciences Politiques. Dans le discours de bienvenue qui nous fut adressée le doyen insista sur la nécessité de travailler pour avoir une Afrique qui soit unique. Plusieurs Afriques, c'est déjà la confusion dira-t-il, avant de proclamer que nous devons jouer bien dans le monde nouveau et contribuer à le changer en notre faveur aussi et pas seulement en faveur des autres. Enfin pour les écoles et facultés la série devait finir par le passage dans d'autres unités. Les doyens des lieux eut pour la délégation des propos aussi aimables et équilibrés que ce que nous avions entendu dans d'autres facultés. Le dernier devait terminer par ce mot « Nous devons être actifs dans le monde qui se renouvelle et nos économies africaines sont tenues d'être responsables si notre continent veut rester dans le train en marche ».

A 14 heures, toujours le 26 avril, c'était l'heure d'un somptueux déjeuner à plusieurs couverts à la Casbah, offert par le ministre de l'Education Nationale et des Sciences. Le cadre du repas était m'a-t-on dit l'expression de la culture et de la force du pays de Bourguiba : peinture, décoration, mobilier particulier…

L'entretien avec les étudiants guinéens était pour la nuit dans la salle de conférence de mon hôtel. Tout fut préparé par l'ambassadeur Mamadi Condé. Les jeunes Guinéens n'étaient pas agités comme on aurait pu le craindre. Ils prirent la parole à tour de rôle, dans le calme. J'avais l'impression qu'ils s'étaient préparés pour que tout se passa bien. Leurs difficultés et propositions de solutions qu'ils voulaient me soumettre le furent avec clarté et précision. Aussi, mon tour de parole ne fut pas long parce que la jeunesse qui m'attendait avait un message qui fut dit clairement. Je commençai par me féliciter pour le bon niveau de la rencontre. Mais si j'étais disposé à dire oui à tout, je pris soin de m'en garder et de souligner qu'une réponse appropriée leur parviendrait par des actes concrets et moins par des mots.

L'ambassadeur Condé qui parla très peu était satisfait lui aussi. La nuit se creusait mais nous ne nous en rendions pas compte. Et tout était comme je pouvais le souhaiter. Mon homologue tunisien qui m'avait tenu compagnie dans toutes les visites n'était pas là. Il nous avait laissé entre nous Guinéens. Mais quand je vis ce qui s'était passé, je voulais bien que la maturité de nos jeunes Guinéens en Tunisie fusse appréciée par quelqu'un d'autre. Surtout par lui qui participait à leur éducation à travers les structures qu'il dirigeait dans son pays à la tête du département de l'Education et des Sciences.

Je fus honoré par plusieurs audiences de haut niveau.
Le 27 avril je fus reçu successivement par :

- Le ministre de l'emploi qui clôtura notre agréable entretien par l'annonce de nouvelles bourses d'enseignement professionnel à la disposition de la Guinée.
- Le Secrétaire d'Etat à la Recherche Scientifique qui s'entretint plus largement avec nous et prit soin de noter toutes nos suggestions avant de conclure que notre coopération scientifique devait se renforcer dans l'intérêt des deux pays.

- Le ministre de la culture qui s'étendit lui aussi sur la coopération à renforcer entre la Tunisie et la Guinée. Avec ce dernier nous avions eu le plaisir d'aborder les questions liées à l'Association Pan-Africaine des Ecrivains, de long en large. Il promit d'être avec nous à tout moment et me proposa de lui écrire.

L'après-midi fut marquée par la signature officielle du procès verbal ayant consigné toutes les activités de notre délégation en Tunisie par mon homologue et par moi-même. Ce document comportait une substantielle augmentation des bourses accordées à la Guinée et le renforcement de la coopération.

La soirée je rendis visite à l'écrivain tunisien Mustapha Fersi dont je fis la connaissance en Corée du Nord en 1987. Depuis je l'ai revu à tous mes passages à Tunis. Cet homme qui est presque un ami n'arrête jamais de parler de Kim Il Sung, Grand Leader Coréen, et en même temps il précise toujours que le Premier Coréen ne lui donne jamais d'argent mais des cadeaux liés à la culture de son pays.

Le salon de Fersi est chargé d'objets de culture de tous les pays qu'il a visités. Il commence à prendre de l'âge mais son énergie physique est intacte. Lui et moi avions pu rencontrer le président de l'Union des Ecrivains de Tunisie Monsieur Métoui Mohamed Laroussi.

Mustapha Fersi était aussi Rédacteur en Chef Adjoint de la Revue Lotus, publiée alors par l'Association des Ecrivains Afro-Asiatiques. Ma première visite en Tunisie se situait dans le cadre de la participation à une réunion de ce association.

Ainsi finissait un séjour agréable à tous points de vue à Tunis que je quittai le 28 avril pour Conakry.

3- Entretien dans un Avion

« Je suis prêt à l'inévitable, si cette oblation permet à l'Afrique d'accéder plus rapidement à la rédemption et à l'auto-détermination »

Nmamdi Azikiwe
Textes politiques, p.69

Nairobi, capitale du Kenya a abrité du 14 au 15 février 1994 la conférence sur la science et la technologie pour le développement en Afrique, sous les auspices de l'UNESCO.

La rencontre qui connut une forte participation des pays membres africains et non-africains se pencha sur plusieurs sujets dont entre autres :

- Le développement des ressources humaines en sciences et technologie en Afrique ;
- Le partenariat industries-universités-scientifiques et instituts de la technologie de recherches sur le continent ;
- Les réalisations de L'UNESCO dans le domaine des sciences et de la technologie en Afrique et, dans ce secteur, les perspectives pour une meilleure coopération internationale.

Au cours de cette conférence, le fonds international pour le développement technologique de l'Afrique fut lancé. L'initiative de ce fonds fut prise par l'UNESCO en novembre 1993 au cours de sa vingt-septième session à la demande des membres africains qui souhaitaient ainsi marquer l'intérêt qu'ils attachent au développement de la science et de la technologie dans leurs Etats. Sur la base d'études internationales on sait aujourd'hui que les taux de croissance économique de la plupart des pays africains n'ont pas varié au cours des dernières décennies alors que le reste de la planète enregistre quotidiennement des percés spectaculaires dans cette croissance.

Les experts attribuent une telle situation à l'absence quasi totale d'infrastructures dans les domaines de la science et de la technologie. Pour impulser un ordre nouveau en générant une nouvelle dynamique dans le secteur, Fédérico Mayor, Directeur Général de l'UNESCO, avait soutenu fermement l'initiative du fonds. Il prit toutes les mesures pour encourager les démarches visant à rectifier les lignes.

L'événement fut marqué aussi par la présentation du rapport mondial sur la science. Tous les ministres des Etats membres chargés de la recherche scientifique, reçurent une invitation à participer à cette réunion capitale pour le développement de notre continent. Le Directeur Générale de l'UNESCO demanda avec insistance à ces personnalités d'entreprendre une sensibilisation dynamique des gouvernements africains, des universités et instituts de recherche ainsi que tous les organismes de développement publics et privés dans le monde pour qu'à terme une solution soit trouvée aux problèmes.

C'est à cette occasion que je fis mon premier voyage dans ce beau pays d'Afrique Orientale dont on parle si souvent pour la splendeur de ses infrastructures et pour son climat. L'opportunité fut des plus intéressantes pour nos occupations gouvernementales. Non seulement elle fut saisie pour élargir nos relations internationales mais elle me permit, avec la forte équipe de journalistes qui couvraient l'événement, de communiquer ma position sur les grandes questions inscrites à l'ordre du jour du débat de Nairobi. Des entretiens se multiplièrent en une ou deux journées particulièrement chargées mais agréables et fort utiles.

Jane Wittaker, membre de la salle de presse de l'UNESCO de nationalité britannique, que je rencontrai pour la première fois, nous fut d'un appui essentiel. Elle établit d'importants contacts entre notre délégation et plusieurs journalistes. C'est à elle, à sa patience surtout, que je dois d'avoir rencontré à Nairobi le journaliste Christian Sotty, chroniqueur scientifique à Radio France International qui anime l'émission « Micro-Méga » des dimanches matins. Dans une brève interview que j'accordai à R F I, Christian Sotty voulut savoir quels sentiments me laissait la rencontre scientifique organisée par l'UNESCO du 14 au 15 février 1994 à Nairobi.

Je répondis alors que c'était plutôt une série de constats qu'il fallait commencer par faire sur la question. En quelques mots j'avais dit que ces constats devraient porter sur le fait que dans la presque totalité des pays africains les problèmes de la formation en général, ceux de la science et de la technologie en particulier, sont à peu près les mêmes, dans la mauvaise direction. Ils sont caractérisés par :

- une formation primaire, secondaire, supérieure et post-universitaire (lorsqu'il y en existe) qui ne cadre pas avec les urgences sur la nécessité d'un développement harmonieux en Afrique alors que nous vivons dans un environnement international dominé par la concurrence en tout, principalement en matière de recherche des intérêts du marché.

- Faute de prendre en compte, dans les dimensions qu'il faut, du fait que le vrai développement ne saurait tenir lorsqu'on ne donne pas à la science et à la technologie la place prépondérante qui leur revient. J'ajoutai que faute d'analyses solides et d'engagements nationaux suffisants les Etats africains se voient presque toujours dans l'obligation de recourir aux talents étrangers si chers ou s'en tenir à une politique sommaire donc insuffisante en la matière.

- L'absence presque partout, dans nos Etats, de politiques dynamiques de ressources humaines au service de la science et de la technique pour le développement ; ceci gênant visiblement les voies pouvant conduire aux résultats visés.

Devant le micro du journaliste j'avais également insisté sur notre accord complet avec les positions selon lesquelles, par des ajustements, structurels ou pas, on ne peut se développer en mettant à l'écart, par des allègements des effectifs des travailleurs, les énergies les plus vives d'un pays, jeunesse à la recherche du premier emploi, renvoi ou abandon de bras valides et de cerveaux de tous les âges à eux-mêmes sans solution de rechange.

J'avais noté aussi que le devoir immédiat des cadres et gouvernements africains comme chacun d'eux le sait, est d'aller à la conquête d'une nouvelle volonté du développement lié à la science et à la technique pour que celui-ci soit effectivement souverain et soutenable à long terme. Que ce travail ne peut être fait qu'en relations bien arrangées avec le reste du monde, c'est- à -dire en dehors des clichés qui ont paralysé hier les contacts humains sur tant de sujets.

J'avais dit pour terminer, qu'au regard de tant de discours bien faits, que nous avons si souvent entendus, en tant de lieux, il devenait de plus en plus impératif d'insister sur le facteur le plus important. C'est- à -dire le travail. Notre devoir est non seulement de le faire, mais de le faire de la meilleure des manières, plus systématiquement, avec plus de force et de méthode. Et c'est à ce seul prix, en passant des mots aux actes, ensemble, en bons rapports avec le monde développé, que nous occuperons fièrement notre place dans l'ordre nouveau qui se construit.

Dans cette perspective, devais-je conclure, l'appui de l'UNESCO est capital. La ferme position de Féderico Mayor, favorable à nos désirs et promesses, doit être prise en compte rapidement et mise à contribution pour la marche vers la liaison université-science-technologie et développement.

Je revenais de cette rencontre internationale de Nairobi au Kenya, quand, dans l'avion qui nous ramenait vers Paris, un membre de notre délégation s'approcha de moi. Il souhaitait m'entretenir des situations graves que traverse l'Afrique. L'occasion lui fut donnée. Après son exposé l'homme que j'avais écouté attentivement voulut savoir ce que je pensais d'une question aussi difficile que le cas actuel des pays africains pris dans la tourmente des crises économiques, sociales, politiques...

Avant de donner une réponse, nécessairement concise, à son interrogation je pris la parole pour faire savoir que plusieurs hauts cadres Africains et non Africains m'avaient souvent tenu un langage du genre. Chacun voulait à chaque fois savoir mon humble avis. Je me suis, à chaque occasion, senti aussi préoccupé par le sujet que flatté par l'attention qu'on me faisait. Préoccupé ! Je le fus réellement et souvent. Je le suis encore car je ne vois pas de solution ni pour aujourd'hui, ni pour demain en dehors d'une conjugaison des efforts au niveau continental. Certains, ai-je ajouté, étaient allés jusqu'à me rappeler qu'en ma qualité de président de l'Association Pan Africaine des Ecrivains il me revenait de prendre l'initiative d'une large réflexion sur les crises en Afrique ou en tout cas d'en débattre rapidement avec certaines personnes.

Dans mon esprit il passe à cet égard une idée, un repentir : l'Association Pan Africains des Ecrivains ! Un long rêve ayant fait un demi siècle d'espoir, une réalité qui fût saluée et honorée, un enfant prometteur pour le succès des combats à venir mais aujourd'hui abandonné par les hommes aux commandes des affaires sur le continent. Cette idée déjà est un thème à débattre, une source de soucis. Est-il sage de soulever d'autres volets de ce difficile chemin vers la cohésion et le développement.

L'homme m'arrêta à ce niveau et me fit savoir que justement l'objet de l'entretien qu'il venait d'ouvrir avec moi était d'arriver à la conclusion qu'il ne faut pas hésiter. Il faillait en même temps l'écouter et continuer intérieurement, sans le dire, à déplorer le sort de l'organisation continentale des hommes de l'encre et de la plume.

Je lui avais alors dit que très souvent j'avais eu envie de m'engager sur une telle voie sans hésiter mais que ma qualité actuelle de membre de gouvernement dans mon pays appelait de la prudence. J'avais à me référer à des avis avant de me prononcer. Et je percevais déjà qu'on pourrait commencer par des acceptations et acclamations mais qu'il ne serait pas facile d'aller jusqu'au bout sans grands obstacles. Je lui avais alors rappelé que nous sommes dans un monde où les questions de personnes jouent un rôle déplorable, que si une telle initiative était louable, elle rencontrerait nécessairement des obstructions détestables.

En effet, je crois connaître nos décideurs sur le continent : un ensemble d'hommes déterminés et combatifs mêlés à d'autres plus difficiles à saisir, combattant pour les seules causes personnelles. Je crois connaître aussi nos partenaires non Africains qui sont pour une part engagés sans calcul aux côtés de nos peuples et pour une autre part ceux qui sont convaincus qu'en Afrique on ne sait rien faire. On ne peut rien réaliser. Là- aussi je n'ai voulu rien dire mais ma préoccupation allait déjà jusque là.

Je repris donc la parole pour informer mon interlocuteur que je me préparais à essayer de poser le problème en haut lieu pour voir comment on pourrait y réagir. Il me trouvait hésitant, pensif et trop lent dans la réaction. Pourtant je faisais un effort pour ne rien laisser percevoir des craintes que je pouvais déjà formuler. Nous avions continué à échanger des vues sur la question pendant plusieurs heures sur la longue route qui relie Nairobi à Paris, notre prochaine escale avant d'atteindre Conakry. J'étais réservé mais convaincu du grand intérêt de ce que nous disions.

Au bout du compte, en acceptant le goût du risque, voici le programme que je pouvais suivre ; une fois au pays :

- Entretenir certains de mes homologues du gouvernement sur le sujet ;
- Elargir des contacts à divers niveaux (mes conseillers, les universitaires, des sages…)

- S'il n'y avait pas d'objection fondamentale, poser le problème plus haut ; au niveau du chef de l'Etat.
- Si tout se passait bien, commencer sans délais les contacts préliminaires pour aller dans le sens de l'organisation d'un important rendez-vous sur le sort du continent africain.

A Paris, je ne dormis pas de toute la nuit. Je venais pour la première fois de dire oui à une personne sur une demande capitale ou à la limite il n'y avait à compter qu'avec Dieu et avec ceux qui font réellement sa volonté sur Terre. Avoir peur d'agir pour nos peuples n'était pas la solution. Mais évoluer avec plus d'incertitude que de certitude était préoccupant, et reste préoccupant. Ne rien faire me paraissait plus grave. A quoi il sert de vivre si on n'est pas capable de s'engager avec les autres sur les routes de l'histoire ...? Si on ne risque pas à la recherche de ce que veulent les hommes et les nations en position compliquée.

A mon retour à Conakry j'avais appliqué rapidement ce programme et les réactions furent toutes favorables à l'organisation d'un forum international sur les crises en Afrique sous les auspices de l'Association Pan Africaine des Ecrivains et sous le haut patronage des Etats. Le premier de ces derniers devant être naturellement celui qui consentirait l'effort de recevoir la réunion et qui payerait un lourd tribut à nos peuples. Comme il y avait eu déjà plusieurs réunions (conférences, séminaires, congrès...) sur les misères de l'Afrique, pour susciter un certain intérêt il fallait de nouveaux appuis et une envergure telle que celle-ci seule suffirait pour décourager de potentiels faiseurs de troubles. Comme j'avais le sentiment que certains de mes conseillers parlaient parfois trop, je réduisis le cercle du débat sur la question. Mais, et parce que déjà engagé, je fis tout de même ce qu'il fallait raisonnablement réaliser pour commencer. Ceux qui furent touchés étaient enthousiastes. Ils montraient beaucoup de détermination et d'énergie. A partir de ce moment toutes mes missions à l'étranger comportaient cet élément dans les contacts.

4- Mission officielle à Bruxelles.

- Visite au siège des ACP (Afrique, Caraïbes, Pacifique).

Peu après j'entrepris une visite officielle à Bruxelles, invité par mon homologue belge et par d'autres personnalités. Mais le séjour finit par concerner des milieux beaucoup plus variés :la Commission Européenne, les ACP, la Bibliothèque Royale, le Gouvernement de la Communauté française de Belgique, la Faculté Agronomique de Gembloux, le tout bouclé par une brillante réception donnée par mes amis Belges de l'Association Royale pour la Presse Europe Tiers-Monde, avec à leur tête mon vieux compagnon Jean Wolf, quotidiennement lié dans son travail à Madame Françoise Engel, Secrétaire Générale de cette association. L'heureuse dimension donnée à la visite était due aux réelles qualités de diplomate de notre ambassadeur à Bruxelles, Mamadou Bobo Camara.

Le 10 avril 1994, nous voici à l'aéroport de Bruxelles, par un vol de la compagnie belge Sabena. A notre descente d'avion l'ambassadeur de Guinée en Belgique était là, impeccablement habillé d'un costume sombre, toujours à l'heure, entouré de ses principaux collaborateurs de la mission diplomatique.

Au cours des dernières années j'ai fait plusieurs déplacements internationaux, en Afrique, en Europe, en Asie, au Moyen Orient et dans le Golfe. Ceci m'a donné l'occasion de rencontrer plusieurs chefs de missions diplomatiques guinéens en poste à l'étranger. Je les ai vus à l'œuvre et ai gardé une idée de la méthode de travail de chacun d'eux.
S'il ne me revient pas de juger leur manière de travailler ou de donner un avis officiel sur leur compétence, j'ai tout de même tiré, pour moi, des leçons. Je me suis fait des opinions sur chacun de nos ambassadeurs. C'est là, je le pense, un droit de citoyen d'une nation libre. Avec les charges que j'ai eues et qui continuent encore aujourd'hui il est important d'apprécier l'œuvre de nos représentants à l'étranger.

Sur l'ambassadeur Camara à Bruxelles, j'ai gardé une excellente opinion. Et c'est avec plaisir que je rends compte ici de mes impressions. Homme discret, vigilant, sûrement intelligent, sachant parfaitement quand il faut parler et quand il faut se taire, et surtout ne se laissant pas faire sur ces convictions établies, il m'est apparu comme étant un bon représentant de mon pays dans la capitale de l'Europe.

A Bruxelles, ses relations sont variées et étendues. Il peut, avec une rapidité imprévisible, établir des contacts importants pour son pays et pour sa mission. Très respectueux des bonnes manières et des règles de son occupation, il est un de ces hommes ayant réellement la volonté de bien assumer leurs responsabilités, mais qu'on ne peut pas conduire sur n'importe quelle route. Pour accomplir sa mission comme il faut, il ne calcule ni son temps, ni ses autres ressources. Je sais qu'à un poste plus détendu, moins lié et plus robuste, il ferait un meilleur boulot et brillerait sûrement plus. Il lui suffit pour cela de résister convenablement à l'intense jeu tribal qui ébranle les pays africains. Chez l'ambassadeur il y a un autre atout qu'on aurait tort de ne pas relever, la qualité des mets que peut offrir, qu'offre toujours avec grand plaisir son adorable épouse. A Bruxelles, je préférais la table de sa résidence aux plats du plus grand des hôtels de classe de la capitale Belge.

C'est à lui que nous devons d'avoir été invités dans ce beau pays où j'avais fait auparavant plusieurs visites de travail, en tant que Président de l'Association Pan Africaine des Ecrivains. Parfois des séjours privés, ou simplement des transits en grand nombre. Mais dans chacun des cas l'ambassadeur était toujours présent à l'accueil. Et tout s'était toujours bien passé étant donné ses relations de choix avec le protocole belge aussi bien à l'aéroport que dans les milieux officiels.

Bobo est toujours dans des tenues de classes, judicieusement choisies, adaptées à son teint, à la blancheur éclatante et uniforme de ses cheveux qui donnent l'impression d'une coiffure blanche solidement posée sur sa tête. On peut penser à un paresseux à le voir marcher quelque peu lourdement mais on ne met pas de temps à comprendre qu'il est diligent, vigilant, actif et laborieux. Un modèle de Guinéen qu'il n'est pas facile de former ou de trouver. Malheureusement. Pour le travail que nous avions à faire en Belgique, on imagine que tout était préparé comme il fallait. Le programme de séjour me fut remis dans sa Mercedes officielle, entre l'aéroport et l'hôtel Président WTC (Word Trade Center) où je suis souvent descendu sur ses recommandations.

Le 10 avril était un dimanche et nous nous sommes reposés. Un cadre du département de l'Enseignement Supérieur et de la Recherche Scientifique de Conakry m'accompagnait, c'était l'Ambassadeur Dirus Doré, anciennement chef de mission diplomatique en poste d'abord à Accra puis à Bamako. Faisant office de conseiller il représentait nos chargés, à notre ministère, des questions de bourses extérieures et de bibliothèques universitaires, tous deux en mission au moment de notre départ de Conakry pour la Belgique. Le lendemain lundi, le vrai programme commença par une visite au siège des ACP. Dans le groupe de nos hôtes de la maison deux hommes dominaient la scène : R.O Marville, ambassadeur de Barbades, président du Comité des ambassadeurs ACP à Bruxelles, qui prit la parole le premier pour nous saluer et situer la mission des ACP dans la recherche des voies du développement et aussi pour louer la Communauté Européenne qui assure l'existence des ACP par un appui technique et financier.

Son propos était, par certains aspects, plein de craintes pour le continent noir. La crainte, dira –t-il, c'est que les pays africains membres des ACP nous font dégager des fonds des caisses de la Communauté Européenne et n'arrivent jamais à remplir les formalités requises pour les débloquer. Nous souhaitons, conclura l'ambassadeur, que les choses changent et qu'à notre niveau on arrête de requérir des fonds pour le simple plaisir de les avoir sur papier et de les retourner à l'envoyeur sans pouvoir les diriger sur le terrain où il y a tant de choses à faire.

Puis le tour de parole revint à Monsieur Berhane, Secrétaire Général des ACP. De nationalité éthiopienne, parlant un excellent français, Berhane est un cadre dont tous les soucis sont tournés vers la qualification du devenir de l'Afrique. Je parle ainsi sur la foi de ce que j'ai entendu dire de lui et, en trois ou quatre rencontres au cours des sommets de l'OUA à Abuja, Dakar, le Caire,... et surtout sur la foi de ce que j'ai perçu en 1990 lorsque suite à mon élection le 11 novembre 1989 à Accra au poste de Président de l'Association Pan- Africaine des Ecrivains, il me reçut au même siège des ACP à Bruxelles. C'était le 25 juin 1990.

J'avais alors passé des instances agréables avec lui. Accompagné comme toujours de notre ambassadeur et de son Premier Secrétaire Thiam Ousmane Tolo, un ancien du Hafia Football Club à Conakry. Tolo était un brillant élément de cette équipe de football qu'il dut quitter suite à un accident sur le terrain. Ses autres qualités, surtout intellectuelles et humaines, en feront un bon diplomate. Pour l' ambassadeur Bobo, c'est un collaborateur dont on ne trouve pas facilement les remplaçants. Je puis le dire pour avoir entendu son jugement.

Mes souvenirs sont encore bons sur les entretiens du 25 juin 1990. Et il me plait d'en parler ici, en quelques mots. Ce matin là à 9h 20, Tolo était donc venu me chercher à l'hôtel Delby, non loin du siège des ACP, où j'étais descendu pour deux jours sur réservation de l'Ambassade.

L'audience était pour 10 heures, heureux que Delby soit à seulement cinq minutes de voiture du Bureau du Secrétaire Général. A notre arrivée ce jour devant le siège des ACP, l'ambassadeur Bobo était déjà hors de sa voiture. Il nous attendait en face du majestueux immeuble où on devait nous recevoir. Toujours égal à lui même, bien mis et à l'heure. J'étais tout fier de lui. Sékou Oumar Camara un ancien compagnon des luttes de l'AEG à Conakry au temps des oppositions stériles sur la légitimité de notre association littéraire guinéenne, m'accompagnait. Ce collaborateur était, dans son milieu en Belgique où il vit depuis des décennies. Il connaît les hommes et les manières de la place. Sa compagnie nous avait facilité tas de choses. Oumar est combatif, courageux et persévérant. Mais il est rarement au bon endroit au bon moment pour se faire une carrière. Cela lui fait des problèmes et certainement des soucis qu'il saura surmonter un jour avec fierté et je le souhaite vivement.

Pour la suite des entretiens tout s'était passé très vite, dans le temps, comme il fallait. Salutations et présentations d'usage des femmes et hommes présents, photographies, échanges de cadeaux, service de boissons légères ou de thé. Berhane est un habitué des bonnes manières. A sa courtoisie s'ajoutent d'un côté sa connaissance étendue des sujets de ma mission, de l'autre une apparence de jeunesse que lui donnent son charme et son élégance éthiopienne. Je sais qu'il n'est pas né avant hier, mais il fait bon le regarder.

Il a l'air discret, simple et peu expansif. En une heure et demie je lui avais exposé l'objet de ma visite : qu'est ce que l'APAE, ses objectifs, ses moyens, toutes les craintes d'un échec que nous portons en marchant pour une entreprise aussi ambitieuse, aussi étendue, en roulant avec une dose d'incertitudes dans les zones du rêve. Et nous le savions. Nous n'avons pas rêvé si longtemps pour dormir, mais pour agir positivement, avec toutes les bonnes volontés au vrai sens du mot.

Lorsque mon hôte prit la parole je compris que ses préoccupations pouvaient rencontrer les miennes. Il s'étendit plus longuement que moi sur les questions soulevées. Nous nous étions rapidement compris et en très peu de temps, une sorte d'amitié de combattants pour une même cause s'était établie. Dans la manifestation immédiate de la sympathie, et suite aux entretiens que nous venions d'avoirs, notre hôte nous proposa de rencontrer à Bruxelles un certain nombre de personnalités attachées à son propre travail. Ainsi notre série de contacts s'ouvrit sur des services spécialisés de la Commission Européenne qui collabore directement avec les ACP. Nous avions eu ainsi un contact fructueux avec M. René André directeur de l'action cultuelle agissant entre la CEE et les ACP.

Il promit d'intervenir dans la réalisation du colloque qui devait se tenir à Conakry en novembre 1990. Il nous proposa aussi et surtout de rencontrer le diplomate Raymond Chasles, Ecrivain, Ambassadeur de l'Ile Maurice à Bruxelles, doyen des chefs de mission ACP, initiateur et Secrétaire Général de la Fondation pour la coopération culturelle ACP-CEE.

En faisant cette proposition Berhane avait ajouté que du 9 au 13 juillet 1990 cette Fondation, en rapport avec l'UNESCO, devait organiser à Paris un séminaire sur le thème : les Industries culturelles au service du développement, en insistant pour que notre association continentale y participa activement. Chez l'homme de culture mauricien, nous avions plusieurs raisons d'être fiers de lui, contents de sa lutte et heureux de voir de grands hommes comme lui, se soucier des difficiles conditions de vie en Afrique malgré les bons aspects de leur situation personnelle.

En effet, après lui avoir indiqué en quelques mots l'objet de notre mission à Bruxelles, le sens des programmes de l'Association Pan-Africaine des Ecrivains et la nature de nos activités immédiates, l'ambassadeur Raymond Chasles, tout de suites adhéra au contenu de notre option. Il s'étendit longuement sur tous les sentiments qu'il nourrit pour l'Afrique avant d'exposer la nature de sa lutte pour l'intégration de ce continent au monde moderne avec la totalité des paramètres qui le caractérisent, avec l'essentiel de ses ressources morales, culturelles, humaines et naturelles. Dans cet exposé il nous parla de la Fondation dont il est initiateur et Secrétaire Général.

Puis, pour être concret, dira t-il, non seulement l'Association Pan-Africaine des Ecrivains sera invitée à Paris pour le séminaire de la Fondation mais celle-ci fera tout ce qu'elle peut pour assister, en l'introduisant où il faut, l'APAE venait de naître. Ainsi par ses efforts les ACP et la CEE prirent part au financement et au déroulement du colloque de l'AEG à Conakry fin novembre 1990. En substance l'ambassadeur avait dit : « J'ai ressenti depuis longtemps l'absence d'engagement de l'intellectuel africain dans les efforts que j'ai menés depuis toujours à Bruxelles. Et, poursuivra t-il, on recycle nos cadres dans les modèles anciens, dans les clichés inadaptés parce que de formation à l'occidentale dans la pluridisciplinarité alors que fondamentalement, l'homme d'Afrique ne sépare pas le juridique du reste. Les orientaux aspirent à un mode de vie dont ils connaissent les tenants et aboutissants. L'Afrique aussi doit déterminer sa route, la suivre et tenir à sa personnalité.

« Plusieurs personnes distinguées qui croient en la valeur de l'imitation servile des modèles occidentaux ont pensé qu'ils ne faut pas parler de culture lorsqu'il y a la désertification et les autres maux de la sorte. Il y a des choses à revoir dans pas mal de démarches. Nous ne pouvons pas nous désintéresser du reste du monde. Nous savons que le passé contient des valeurs positives et des valeurs négatives dont il faut, dans les deux cas, tenir compte. Les Ecrivains ont selon notre analyse, un rôle majeur à jouer soit par l'écriture, soit par l'enseignement dans le sens le plus large. Il est bon que leur voix soit entendue partout, notamment au niveau de l'Europe et de l'Afrique. Je suis réconforté par la formation de votre association qui contribuera sans nul doute à intégrer l'Afrique dans les nouveaux rôles de l'homme de culture.

« On prépare activement la quatrième décennie mondiale du développement et on voit qu'on va d'un échec à un échec. A cet égard il faut favoriser les échanges de valeurs. Dans les retrouvailles avec l'Europe, la vieille Europe va se reconstituer, faire une nouvelle révolution qui s'adaptera aux nouvelles exigences des temps actuels. Il y a dans la pensée collective des peuples des réalités qui correspondent aux changements des siècles et des changements importants. A côté des écrivains il faut parvenir à mettre bien en relief que leurs projets favorisent les développements des sociétés...Les cinéastes ont eu et auront encore plus de soutien par-ci par-là que nous, écrivains, car chez eux, le côté visuel est facilement convainquant. Et le cinéaste tient compte de la nécessité d'une division remarquable du travail sur le plan cinématographique... »

Ainsi nous parlait le diplomate et homme d'Etat Raymond Chasles. Le contact fut des plus heureux, et depuis j'ai gardé par le courrier un contact suivi avec la Fondation et son Secrétaire Général. Son intervention dans les circuits a ajouté un élément de poids dans l'amitié qui s'était déjà créée entre Berhane et nous. Celui-ci nous avait ainsi dirigé vers un homme qui, en un seul contact, s'est révélé être un intellectuel ressource pour l'Afrique dans sa volonté de se voir intégrée aux forces d'aujourd'hui pour ne pas perdre l'avenir. Cette amitié devait se renforcer et continue au moment où j'écris ces mots.

Je sais autant que lui que ce genre de combat ne produit pas les résultats qu'on en attend avec les désirs des combattants. Mais il est passionnant d'en voir lorsqu'on pense au présent et à l'avenir, lorsqu'on jette un coup d'œil sur la difficulté des chemins. Berhane n'est plus aux ACP, victime malgré sa compétence, de manœuvres qu'il connaissait et dont il n'ignorait pas les auteurs. La solidité de ses analyses demeure, la force de ses convictions se consolide avec l'expérience et le temps. Nous attendons de savoir de quelle façon l'Afrique utilisera encore cette source de valeur que d'autres rien que pour avoir sa place, ont essayé de ternir alors qu'ils connaissent les capacités intellectuelles et morales de cet homme.

Nous devrions nous revoir dans un cadre beaucoup plus intime, encore à Bruxelles en 1994, pour parler de choses précises concernant toujours l'Afrique. Il se préparait à partir de son poste en laissant plusieurs combats inachevés hélas ! L'homme ne mourait pas de peine, mais on sentait le regret en lui. C'est toujours désagréable de devoir partir quand on a encore des choses utiles à faire surtout quand on n'est pas sûr de voir se poursuivre une politique plus constructive, plus dynamique, plus garantie. Les chantiers inachevés sont des sources de désastres intérieurs générateurs de perturbations profondes. Mais mon frère Ethiopien, tel que je crois le connaître, résistera et tiendra bon. Je suis sûr de le retrouver un jour sur la route de notre longue aventure commune dans les rêves et actions pour les Africains, mais surtout pour l'Afrique elle-même.

Pour parler de l'Afrique je pense que nul n'a de mandat particulier. Nous sommes tous concernés. Mon frère et moi, nous ne sommes pas des plus grands engagés mais des volontaires humbles, déterminés à répondre présents là où se joue le destin du continent et par extension où se joue encore une partie essentielle du sort de l'homme.

Chaque citoyen, chaque Africain et chaque homme de quelque pays qu'il soit devrait, de cette façon, s'y employer car il y a des problèmes difficiles à résoudre. Notre hôte le savait. Je crois en retenir aussi des aspects précis et forts. Il ne sert à rien d'avoir des convictions sans se prononcer pour en défendre les fondements, sans renforcer les réalités pour tendre vers les idéaux qu'on respecte et qu'on peut proposer aux autres.

Le socle de la valeur tient à la force de la foi. Il le savait avant moi sans aucun doute et avant d'autres. Nous savons tous les deux que sur ce terrain des acteurs plus puissants se sont battus dans le passé, avec plus de risque, pour des résultats souvent malaisés, rarement heureux, mais avec de grandes vertus. Parce que ces hommes se sont battus tout de même on les cite souvent en exemple, et fièrement, pour marquer que s'ils n'avaient pas essayé et joué, notre sort, dans ses aspects acceptables, aurait pu être différent aujourd'hui. Nos résultats pouvaient être insignifiants. Mais on n'a jamais tort de vouloir et d'essayer. Sans nous dissimuler, nous jouerons de la façon la plus habile possible pour ne choquer personne sans intérêt, mais pour avancer tout de même. Le rêve et l'hypothèse sont les fondements de l'invention. Berhane n'oublie pas, comme moi, que ce n'est pas en nous contentant chacun de résoudre ses problèmes personnels que notre continent trouvera la place qu'il cherche au soleil pour ses fils et filles dans la rencontre des idées et dans celle des dynamiques.

Refermons cette parenthèse pour revenir à l'audience du 11 avril 1994 pour rappeler qu'à son premier tour de parole le Secrétaire Général des ACP avait souhaité, après les salutations d'usages, que soit exposé l'objet de la visite de notre délégation ministérielle de trois membres. Ce que je fis avec plaisir parce que justement j'étais là pour cela. Connaissant déjà un certain nombre de choses sur les ACP, je m'engageai directement sur l'essentiel. Et le sujet le plus important était la situation de étudiants guinéens se trouvant dans les pays anciennement de démocratie populaire où des faits politiques de grande envergure et de grande signification politique, économique et sociale, étaient en train de se dérouler. Ils s'y déroulent encore.

Ces jeunes Guinéens avaient un problème. Ils étaient en situation difficile. Certains d'entre eux avaient perdu leurs bourses obtenues dans le contexte communiste. Pour d'autres les changements financiers intervenus sur le terrain africain et dans le pays d'accueil rendaient les bources insignifiantes. Leurs cas étaient réellement difficiles. La nourriture était de plus en plus rare dans un environnement où l'instabilité se mêlait au besoin pour conduire vers la criminalité. Oui ! la criminalité. Lorsque l'homme est confronté à la confusion et au désordre au point de perdre les éléments essentiels de l'équilibre moral et économique il s'attaque à tout, même aux innocents. Nos étudiants furent souvent victimes de cela. Nous en avions perdu qui ne revinrent au pays que dans des cercueils. Alors qu'ils étaient allés à la conquête de la connaissance.

Fallait-il rapatrier les autres ou leur envoyer un renfort financier ? Pour répondre à cette question, notre pays, longtemps lié à ces Etats de l'Est dans une amitié qui doit être reconnue publiquement avait choisi de parler avec des partenaires extérieurs aujourd'hui différents, selon la mode, désormais plus crédibles dont les ACP. La situation était difficile. Mais dans ce contexte presque de péril pour nos jeunes, il faut en tant qu'homme insister sur une vérité. Les démocraties populaire sont en périls ou disparaissent.

Mais le devoir nous commande au carrefour d'aujourd'hui de savoir donner un sens au souvenir. Ne pas reconnaître ce qu'elles firent pour nos indépendances serait plus qu'une ingratitude, ce serait une irresponsabilité dont l'histoire prendrait une mauvaise note. Il est normal, après de nouvelles analyses, de nouvelles réflexions, de choisir de nouvelles routes. Mais il faut savoir se souvenir pour avoir plus de crédit chez les nouveaux partenaires. Nul ne souhaite collaborer avec des partenaires incapables de reconnaître les efforts fournis par l'autre partie en leur faveur. Le tour de la question était délicat et long. Mais nous nous étions mis d'accord sur des principes d'appui simples au regard des procédures des organismes internationaux. Dans le cas présent nous étions d'accord pour agir rapidement en assouplissant certaines procédures car il y avait des impératifs de temps et de précisions pour les choix.

Sur la question des procédures, Berhane avait lui aussi insisté, rappelant les grandes lignes plus haut relevées par l'ambassadeur Marville. A cette occasion le Secrétaire Général des ACP nota qu'effectivement les Etats d'Afrique n'arrivent pas toujours à utiliser les sommes mises à leur disposition par les partenaires européens. Ceci, tout simplement par manque de projets ficelés dans les formes exigées, mais aussi par manque de compréhension entre certains pays donateurs européens et certains Etats ACP. Les premiers veulent imposer des méthodes à eux et leurs experts, les seconds rejettent cette démarche. Les africains qui réagissent ainsi estiment en effet que par ces procédures l'aide ne sert pas à grand choses. Et on en dit beaucoup de choses sans atteindre les résultats escomptés.

Mais devait-il poursuivre, il y a aussi que les projets n'arrivent pas du tout, ou pas dans les formes parce que les ordonnateurs nationaux proposés par les gouvernements africains pour les analyses sont ou incompétents ou inexpérimentés ; et souvent ils appartiennent à des départements variables, selon les pays (Finances, Plan, Coopération, Affaires Etrangères, Commerce,...). En plus ils changent rapidement de postes et n'ont pas le temps de consolider une expérience avant de passer à une autre. Plusieurs d'entre eux méconnaissent carrément les procédures d'usage. Je pris note de ces analyses et promis de rendre compte à mon gouvernement. Ce que je fis en conseil des Ministres dans le rapport de mission.

5- Visite à la Communauté Française de Belgique et à la Bibliothèque Royale Albert 1er

Deux autres rencontres importantes étaient au calendrier pour le même jour : le siège du Gouvernement de la Communauté Française de Belgique et la Bibliothèque Royale Albert Premier.

Avec la Communauté Française de Belgique nous avions eu des entretiens principalement axés sur la coopération universitaire, en particulier dans les enseignements que la Guinée peut tirer de l'expérience belge en matière d'autonomie des universités. Comment cette notion est perçue dans ce pays ? Quels sont les impondérables en matière de gestion propre ? Puis d'autres questions pour compléter le débat. Entre autres les coopérations avec les écrivains guinéens et africains, les relations bilatérales.

Notre délégation était composée de la même manière dans toutes les rencontres. Du coté belge, l'équipe était étendue et dirigée par M. Paul Vankerkhoven qui a écrit des livres et poèmes et avait trouvé un autre intérêt à parler avec moi. Il fut député au parlement européen et occupe actuellement le poste d'Inspecteur Général au Commissariat général aux relations internationales de la Communauté Française de Belgique. J'y avais retrouvé aussi Mademoiselle Laurence Dégoudène attachée au cabinet de Monsieur Lebrun, ministre de l'enseignement supérieur et de la recherche scientifique. Elle avait visité la République de Guinée en 1993 dans le cadre de notre coopération avec la Fondation universitaire Luxembourgeoise sur la création du centre environnemental et de documentation de Labé.

Je l'avais alors reçue au cabinet du ministère de l'Enseignement Supérieur et de la Recherche Scientifique à Conakry. Elle était chargée de mission à la direction de l'administration des relations Extérieures du ministère de la Région Wallonne. Actuellement elle est fonctionnaire aux relations Internationales au cabinet du ministre Lebrun. Sur une autre question Paul Vankerkohven et Laurence Dégoudène se joignirent très tôt à nous dans le cadre de la recherche des voies de l'organisation d'un large débat sur les crises en Afrique. Laurence Dégoudène nous fit parvenir un aimable courrier pour exprimer son souhait de participer au débat sur la situation en Afrique.

Puis nous voici à la Bibliothèque Royale Albert 1er, dans l'après midi vers15 heures. Là, notre hôte était un aimable cadre à la barbe chargée, presque négligée, légèrement grisonnante, 50 ans peut-être, et dont la maîtrise des problèmes de bibliothèque se respecte au premier contact. Il expliquera des tas de choses en la matière et qui sont spécifiques à la Belgique (économie, histoire, géographie, politique…).

Des projets d'accord furent formulés pour la formation de bibliothécaires guinéens et qui devront se préciser plus tard à la fois par la voie diplomatique et par un courrier qui précèderait l'envoi à Bruxelles d'une première équipe de Guinéens. J'y ai attaché un intérêt visible. A notre retour à Conakry un dossier d'application des propositions fut rapidement mis sur pied. Le reste appartenait aux diplomates et au temps.

6- Hôtes de la Commission des Communautés Européennes

Le lendemain, 12 Avril 1990, nous fûmes reçus successivement à la Commission des Communautés Européennes où un déjeuner nous fut offert. A notre arrivée au siège de la CCE, le temps était beau ; du froid teinté d'un soleil visible mais qui ne touchait pas la peau comme sous les tropiques, chez nous.

Les entretiens à la CCE se déroulèrent en deux étapes. D'abord une séance de travail très technique autour d'une longue table sur les points à l'ordre du jour. Elle fut suivie d'une rencontre au bureau de Monsieur Jean Delorme où les conclusions de nos débats furent tirées.

La rencontre des experts se tint à 11h locale, avec, outre notre délégation, Messieurs Riera, chef de la commission Afrique Occidentale et Côtière à la CCE, Armengol Amat, chef de l'unité Formation culturelle et coopération; Hild, responsable géographique pour la Guinée. Comme aux ACP, nous avions parlé principalement de la situation des étudiants Guinéens en ex-URSS et dans les Etats anciennement alliés au géant russe dont Cuba. Nous avions aussi parlé de la Recherche scientifique et du développement de l'Université guinéenne, avant de terminer par des questions de politique générale comme le déroulement des élections présidentielles qui venaient de se tenir dans notre pays.

Les experts de la commission avaient suggéré une intervention dans deux directions : une aide financière directe et une participation à l'opération charters pour le rapatriement des étudiants. Une délégation guinéenne devrait revenir à Bruxelles pour finaliser les positions retenues et mettre en œuvre les conclusions de la réunion que nous tenions. Sur les premiers points les accords furent plus rapidement obtenus sauf sur le problème des élections présidentielles. Les fonctionnaires européens semblaient être unanimes sur le fait que ces consultations auraient pu se dérouler de façon plus transparente, plus démocratique et plus crédible. Ils disaient presque ouvertement que les élections s'étaient déroulées sur un fond entièrement de fraude.

Ils exprimaient ainsi un point de vue, et étaient libres de le faire. Comme je posais des questions certains nous répondirent que leurs avis étaient formulés sur la base de rapports concordants reçus de la Guinée et élaborés sur le terrain tant par leur représentation que par des observations internationaux.

Je repris la version officielle des faits. Et ainsi la séance fut levée quelques minutes avant d'autres débats, devant M. Delorme, chef hiérarchique des hommes en face de nous.

Chez M. Delorme, un compte rendu détaillé des travaux qui venaient de finir fut fait. L'homme nous remercia pour le travail accompli et ne s'étendit que sur le cas des élections présidentielles. Pour tout le reste il était rapidement d'accord avec nos conclusions.

Il insista fortement sur ce qui venait de nous être dit à ce sujet par ses collaborateurs. L'homme avait l'air bien plus chaud que les autres sur la question. Par moment il lui arrivait de lever carrément le ton et de souligner avec une force presque débordante que les Européens auraient dû se dissocier d'un travail de ce genre.... Il avait l'air irrité, presque furieux. De temps en temps son calme revenait et alors il teintait l'atmosphère de la série traditionnelle des formules de politesse ou de protocole dans lesquelles les interlocuteurs dissimulent souvent les vrais sentiments pour plaire et adoucir les humeurs et les tensions. Je repris les faits sur le détournement du scrutin de la façon officielle que je connaissais et ainsi la séance fut levée sur un accord de M. Delorme avec nos conclusions précédentes en ce qui concerne les étudiants guinéens à l'étranger. Ce fut le cas en ce qui concerne aussi le développement de l'université et la recherche scientifique.

Au sortir des entretiens nous fumes invités à un déjeuner offert par la CCE représentée autour de la table par Amat, Riera, Hild.... Nous nous rendîmes pour cela dans un restaurant situé non loin du siège de la commission. Des plats exquis nous furent servis. Au cours de ces moments de plaisir, en tout cas moins tumultueux que les précédents au bureau de nos hôtes, nous avions parlé beaucoup, mangé comme nous le voulions. Bien entendu je n'oubliais jamais la tempête qui venait de faire des traces d'ombre dans les débats. Parfois j'essayais de prendre ma tête entre les mains pour être seul au milieu du monde et cela pour voir le sort des administrations africaines. Si des élections sont frauduleuses, personne ne doit les soutenir. On doit même les empêcher de se dérouler si on le peut pour éviter de déranger inutilement des peuples déjà fatigués. Dans ce cas le dossier s'examine normalement en d'autres circonstances. Et je me rendais compte du fait que ce que je voyais traduisait d'abord notre dépendance financière et économique de l'étranger. Sinon à quel titre on s'accrocherait avec passion aux élections guinéennes au point de taper sur la table ?

Comme j'étais assis au restaurant à côté de Armengol et Amat, je pris sur moi de sonder l'avis de ces cadres internationaux sur ce qui se passait et se passe encore en Afrique avec tant de crises de tous ordres, marquées par la guerre civile, la pauvreté, la misère, un blocage économique incontestable...

Pour continuer je voulus savoir si on ne pourrait pas chercher, à un niveau ou à un autre, à organiser un débat large, indépendant, réunissant des bonnes volontés et au cours duquel des hommes de culture et autres cadres politiques ou de la société civile pourraient se retrouver pour échanger leurs points de vue sur tant de situations difficiles.

Amat me répondit par l'affirmative, sans hésiter. Il ajouta même des idées nouvelles aux miennes pour renchérir, pour emboîter le pas à une telle initiative. Il alla jusqu'à suggérer que la CCE fusse saisie rapidement pour rendre possible sa participation matérielle à l'organisation et au déroulement d'un tel débat qui aurait des chances d'être historique et utile.
Mais, devait-il ajouter, toute requête de participation aux démarches doit partir de la représentation à Conakry ou d'un autre pays africains. Ainsi on serait sûr que l'initiative est bien africaine d'abord.

Comme je ne faisais que tâter un terrain et qu'un entretien de ce type n'était pas au calendrier de ma mission officielle je ne voulus pas que l'échange sur la question s'étende en ce lieu aux autres convives du déjeuner mais je pris bonne note de ce que me disait l'expert européen. Puis sur mon initiative nous avions examiné d'autres sujets. L'atmosphère était détendue et agréable. Les espoirs se donnaient encore libre cours dans notre esprit de visiteurs africains quand nous nous rendîmes compte que d'autres engagements attendaient sur notre calendrier. Ainsi finissait le déjeuner. Mais la journée chargée d'un protocole strict et devait se poursuivre.

7- Réception à la Faculté des Sciences Agronomiques de Gembloux

Le mercredi 13 avril 1994, le programme commença par une visite à la Faculté des Sciences Agronomiques de Gembloux. Cette institution universitaire est le plus ancien établissement d'enseignement et de Recherches agronomiques de Belgique. Fondé en 1960 sous le nom d'Institut agricole de l'Etat, elle est aujourd'hui une faculté des sciences agronomiques de l'Etat à Gembloux qui dépend de la Communauté Française de Belgique. Elle en est un élément de fierté pour la qualité de la formation qu'elle donne et même pour la beauté des lieux. Nous y arrivâmes à 12h, heure locale. Une haie d'honneur des professeurs soigneusement mise en place à partir de l'entrée de la direction de la faculté montrait le sérieux et la chaleur de l'accueil.

Avant d'arriver dans la salle préparée avec beaucoup de soins, pour nous recevoir, un professeur s'approcha de moi, me rappela qu'il a effectué des visites en Guinée et voudrait être considéré comme un ami de mon pays. A la fin de son propos, cet ami de la Guinée, le professeur Léon Mathieu me remit un de mes ouvrages intitulé "l'Université une tribune". Il l'avait acheté à Conakry au cours d'une de ses missions. Il m'en donna un avis élogieux et je conclus avec plaisir ses compliments par un merci.

Nous voici donc installés pour la cérémonie d'accueil dans cette grande salle. Le recteur, Monsieur Claude Déroanne, prononca un long et cordial discours. Dans son tour de jeu, on pouvait percevoir un homme très à l'aise dans sa mission, visiblement gai et aimable. Fort de constitution physique, il donne l'impression d'un ancien athlète qui garde la faculté de manœuvrer très heureusement son énergie physique. Son âge ne lui tient pas compagnie ; ses 50 ans n'apparaissent pas. Il semble n'en avoir que 30.

Des bons mots furent dits à l'endroit de la Guinée et de notre ambassadeur à Bruxelles dont l'intellectuel Belge loua le sérieux. Après la présentation des hauts cadres présents, le tour de parole fut à l'ambassadeur Bobo Camara qui présenta lui aussi notre délégation. Il prononcera de très aimables mots pour les formateurs qui nous recevaient. Puis il me passa la parole. Mon propos fut bref mais je le voulais moi aussi une manifestation des sentiments d'amitié et de reconnaissance que j'éprouvais à l'endroit de nos hôtes et de leurs pays. Je ne suis pas sûre d'avoir rendu ces sentiments comme je le souhaitais. Mais on m'a compris et la force des applaudissements était un élément de preuve. Il n'est pas rare qu'un orateur ne puisse pas tout de suite et entièrement exprimer son sentiment du moment dans le coup de réactions diverses. C'était mon cas. Mais lorsque le message passe entre la salle et l'orateur cela se voit, par des gestes ordinaires et simples traduisant alors la communion de pensée. Je crois que c'était le cas.

Après ces paroles protocolaires mais significatives nous fûmes reçus à déjeuner dans une chambre de type étudiant. Tout le luxe était en place. On voulait peut être nous séduire ou nous émouvoir ; on voulait sans doute nous montrer comment un étudiant doit et peut être traité en pays développé. Je ne peux pas dire que j'avais pu être ému ou séduit. Cela m'arrive rarement hélas ! Mais j'avais compris des choses qui, pour ma tache quotidienne, étaient essentielles. J'aspire moi aussi à des campus bien tenus où on peut donner à manger à un ministre dans une chambre d'étudiant sans se reprocher d'avoir réduit le protocole à la plus petite des expressions d'une telle cérémonie : belle à tous égards jusque là.

Mais j'avais apprécié le cadre et la chaleur de l'atmosphère. Je fus sensible à l'effort fourni pour nous recevoir dans les formes d'usages en ce lieu. Je percevais aussi une leçon discrète sur l'art de vivre des grands étudiants dans des campus modernes. Personne ne me le disait, mais non seulement je comprenais la leçon mais je tirais aussi des conclusions en insistant en moi sur l'idée qu'une grande école se construit progressivement. Elle précise son dessein avec le temps et la valeur des hommes qui marquent son histoire, c'est-à-dire ceux qui la construisit et en modernisent les enseignants. Si c'était un complexe, autant j'en avais le droit, autant il est vrai que les choses sont différentes entre l'Afrique et l'Europe. En tout cas pour le moment. Le séjour de Gembloux se termina par la visite des laboratoires où des étudiants guinéens étaient heureux par surprise peut être de nous rencontrer ou de nous voir alors qu'ils étaient dans leurs blouses. Je crois que la chose était montée en sorte qu'ils fussent à l'écart de toute information sur notre venue au laboratoire. La surprise était belle, aussi bien pour nous que pour nos jeunes compatriotes.

Entre deux passages de la bonne causerie qui se développait j'avais pu glisser à l'oreille du recteur que nous avions l'intention de proposer à des volontés de tous les pays de participer à un débat libre sur les graves crises qui perturbent l'Afrique, ce contient qui sombre économiquement et socialement au moment où les autres peuples passent d'un succès à un exploit. Tous les jours. L'homme approuva l'idée et se réjouit d'une telle initiative. Il me rassura de sa participation intellectuelle personnelle et de celle de son institution universitaire. Je ne voulu pas en dire plus pour les raisons évoquées plus haut. Et plus tard, le recteur tint sa parole en adhérant officiellement et rapidement à ce projet lorsqu'il fut annoncé. Déjà pour suivre ce dossier de près, il proposa deux sous thèmes qui devaient êtres traités et présentés par Gembloux à l'occasion de la tenue de la rencontre des hommes de culture sur l'Afrique. Puis c'était le retour dans la capitale belge.

La route entre Bruxelles et Gembloux était longue pour un programme aussi chargé que le nôtre mais toujours intéressant car on pouvait voir sur le parcours plein de nouvelles choses pour un Africain habitué dans un cas pareil à voir la vraie brousse et rarement des champs à perte de vue. Ce qui avait le plus retenu mon attention, c'était l'immense étendue des champs où on ne voyait que quelques rares personnes, avec des machines faisant presque tout, expression du développement rural dans la symbiose avec la technique et la technologie modernes.

8- Audience chez le Ministre Dehouse

Le même jour nous devions être reçus par le ministre Paul Dehouse, ayant en charge la Recherche Scientifique. Cet entretien devait boucler la partie gouvernementale de mon séjour belge. Plusieurs projets furent formulés au cours de nos entretiens pour aider la Guinée à surformer ses cadres. Ils devraient être mis en œuvre sans délai, dira le ministre. Des rafraîchissements nous furent servis pendant que les entretiens se poursuivaient avec une excellente cadence. Et les résultats furent concluants.

Le ministre nous offrit, pour terminer, un beau cadeau, un vase splendide taillé dans du quartz. Avant de lever la séance. Il nous raccompagna jusqu'à l'entrée de son ascenseur réservé.

9- Le Cocktail des Hommes de Culture Belges en notre honneur.

A 18h 30mn mon ami Jean Wolf avec qui j'avais parlé au téléphone plusieurs fois, et chaque fois longuement, m'attendait à l'Hôtel Président WTC.

J'étais heureux de le revoir. Il me montra le programme d'un cocktail de presse qu'il souhaitait organiser le lendemain à notre honneur avec ses amis Belges de la communication et de la plume. Je n'avais pas grande chose à dire sur sa proposition. J'avais seulement souhaité voir invités des cadres des ACP, de la CCE, des Sénégalais, Maliens, Rwandais, Guinéens et mes amis de la Fondation Universitaire Luxembourgeoise avec en tête Bernard Grousse. Celui-ci pilote du côté belge le projet de centre environnemental et documental de Labé en Guinée. Nous avions donc déjà travaillé plusieurs fois ensemble à Conakry.

Presque tous les invités furent au rendez vous, et à l'heure. Le cadre fut la maison de liaison Europe Bruxelles et l'organisation faite par l'Association Royale de la Presse Europe Tiens Monde. Plusieurs personnalités du monde de la communication, de la littérature, de la diplomatie et de la politique étaient au cocktail qui connut un éclatant succès. A tous les niveaux on y voyait la main habile de Madame Françoise Engel, Secrétaire Générale de l'Association de la Presse Europe Tiers Monde, animatrice de la revue Peuples et Solidarités, paraissant à Bruxelles et qui publie souvent de longs reportages sur les pays du Tiers Monde et d'Afrique en particulier.

Madame Engel est d'une intelligence manifestement vive, perceptible en peu de temps. Sa générosité et ses bonnes dispositions pour la cause des hommes en situation difficile, sous tous les cieux, sont les principaux piliers de sa lutte de tous les jours. Ce sujet l'a souvent inspirée. Et elle écrit beaucoup dans « Peuples et Solidarités » sur le cas des personnes en situation difficile.

Je la reverrai plusieurs autres fois à Bruxelles, à plusieurs autres rencontres de presse après ce premier contact. A toutes les occasions je trouvais la confirmation de ce bon jugement que j'avais porté sur elle dès le premier jour.

Elle travaille toujours, sans le moindre répit. De telles femmes ne revendiquent rien. Elles imposent et obtiennent ce qu'il leur faut. Ce qu'elles veulent, elles l'acquièrent, on ne leur offre pas l'essentiel d'une vie. Elles ont la fierté d'avoir combattu pour y arriver. Madame Engel avait à ses côtés une autre grande dame, discrète, parlant peu, travaillant beaucoup elle aussi et bien aimable, aussi généreuse que Madame Engel. Elle s'appelle Monique Wolf, épouse de Jean, enseignante comme moi.

Je la voyais pour la première fois après en avoir entendu parler chaque fois que j'avais rencontré son époux ou appelé à leur domicile, le jeu du répondeur aidant. Je compris tout de suite son attachement à mon ami Jean qui lui voue en retour, je le sais, un amour total. Dans tout ce qu'elle faisait ce jour on trouvait aisément les raisons, la force discrète et le bonheur inestimable d'un ménage qui marche parce que les intéressés ne sont pas seulement des époux mais aussi de grands amis. Qui se comprennent à demi-mot. Qui marchent ensemble. Chez Jean, commencez par Monique et vous aurez tout, jusqu'aux meilleurs plats. Si Monique est mécontente tout se gâte pour tout le monde. Heureusement qu'elle ne se fâche pas souvent, ce qui est aussi un bonheur pour Jean.

Son mari et moi sommes des amis de longue date. Notre première rencontre remonte à 1986 à Struga en Macédoine, du temps de l'ex-République Socialiste Fédérative de Yougoslavie au sein de laquelle la Macédoine était un des Etats fédérés. Là nous étions tous deux invités aux soirées poétiques qu'on y organisait périodiquement, fort heureusement pour le dynamisme conquérant des poètes du monde entier. Ces occasions permettaient aux poètes de donner libre cours au rêve et à la vision du réel pour changer le mal en ce qui est beau et exprimer dans leur style particulier ce qu'ils veulent dire. Je garde un émouvant souvenir de la grande soirée sur le pont. La première fois où je vis ce Belge, bien en chair, bel homme, il me paraissait trop simplement habillé en ce pays froid, pour un africain comme moi tout au moins. Mais c'était le froid ressenti par un homme des tropiques et j'oubliais que le délégué en face était un européen, habitué au climat tempéré.

Pour le reste je lui trouvais une certaine élégance dans sa chemisette blanche, manches courtes, soigneusement mise sur un pantalon kaki. Sur la figure on voyait l'énergie, la volonté, le désir d'avancer et d'aller partout où vont les hommes, partout où la condition humaine appelle des combattants déterminés sur le front de la qualification de la vie. Ceci me rapprocha de lui depuis cette date. En tout cas j'avais beaucoup appris avec son contact. J'ai de l'admiration, pour ce genre d'hommes, qu'ils soient de mon pays ou d'ailleurs. Bref, Jean était à l'aise ce 14 avril 1994, visiblement en bonne compagnie, avec tant d'invités socialement de sa sorte.

Jean Wolf me fut présenté à Struga par Mademoiselle Jasmina Sopoy, fille du poète Macédonien Sopoy, auteur du recueil de poèmes intitulé « En classe de ma voix ». Elle lui servait de guide parce que parlant français et formée pour ce type d'activités en Macédoine. Mademoiselle Sopoy avait séjourné au Sénégal en compagnie de son père qui y fut ambassadeur de la Yougoslavie du Maréchal Josip Broz Tito. Elle m'offrit un livre du père avec cette dédicace affectueuse : « En signe d'amitié, je vous envoie les poèmes de mon père où vous reconnaîtrez certains motifs de notre très chère Afrique ». Signé Jasmina.

En 1990, j'avais invité Jean Wolf au colloque littéraire international de Conakry sur « Littérature, Paix et Développement » organisé par l'Association des écrivains de Guinée. A l'occasion il s'était dépensé à fond pour le succès de ce forum qui avait regroupé les représentants de 50 pays des cinq continents. A le voir engagé sur cette scène j'avais réalisé une fois de plus la valeur d'un homme universel, luttant sans cesse pour une rencontre effective des cultures de toutes les nations, pour chercher à dialoguer et pour se comprendre avec les autres dans l'intérêt de la vraie civilisation. Pas celle dont les gens parlent toujours tout en faisant du mal aux citoyens des pays différents des leurs.

Jean Wolf, par l'amitié qui s'était établie et renforcée entre nous depuis Struga, m'avait assisté dans le déroulement de cet événement d'une façon fondamentale, pour ne pas dire magistrale, et gratuitement.

Il ne se séparait jamais de sa petite machine à écrire portative, et nous étions partout ensemble dans les couloirs de cette réunion dont il présida plusieurs séances. Il nous arrivait de faire un bureau de fortune sous un manguier ou à une véranda pour éviter d'oublier un passage important du forum entre un hôtel et un bureau ou une salle de réunion. Son action avait alors marqué l'opinion guinéenne et surtout la presse. Plus d'une dizaine de fois la Radio Télévision Guinéenne a diffusé depuis ses discours et messages passées à l'occasion du colloque de Conakry. Des Guinéens me confient souvent et aujourd'hui encore qu'ils ont toujours plaisir à l'entendre ; d'abord par la majesté de sa diction, mais surtout pour la solidité, la logique et la clarté de ses analyses. Il a le mérite de dire la vérité "sans peur des mots" qu'il arrange spontanément, avec une adresse remarquable.

Est-il utile de rappeler que cet intellectuel Belge de haut rang est très attaché à l'Afrique, très proche du monde arabe et de ce qui s'est toujours passé dans les démocraties populaires de l'Europe de Est. Dans ce cadre il a fondé, animé et dirigé pendant longtemps la célèbre revue "Remarques Arabo-Africaines". Jean Wolf a collaboré aussi à plusieurs autres périodiques, ce qu'il fait encore avec le plus grand intérêt de ceux qui le lisent.

En effet, le temps, en tant que âge, ne l'inquiète pas et c'est peut-être cela sa meilleure ressource pour ne pas vieillir. Il fait 10 ou 15 ans plus jeune que son âge. Il a eu le privilège du contact de presque tous les grands combattants africains de notre temps (Nasser, Gowon, Houphouët Boigny, Senghor, Hassan II, Mohamed V,...). Pendant la Seconde Guerre Mondiale, Jean Wolf fut engagé volontaire dans l'aviation de chasse française dès 1939. Résistant déterminé, il fut déporté en Allemagne hitlérienne.

C'est depuis cette époque qu'il devint un grand homme de médias, sachant se démener dans les méandres de la guerre pour rapporter les faits vécus. Courageux reporter de presse, il a toujours éé engagé à défendre la culture de l'homme de tous les pays. On l'a souvent vu au front, pour interroger les hommes en conflits, là où les balles sifflent sans cesse. Dans ses messages il prône le rapprochement des cœurs et des âmes pour louer la paix afin de flétrir la guerre et les comportements querelleurs. Quelqu'un a dit de lui qu'il est un homme libre qui va où il veut, écrit ce qu'il lui plait d'écrire et dit ce qu'il pense. Ce journaliste et historien fascinant est un exemple à proposer à la jeunesse de toute tendance constructive, car on sait déjà partout et depuis toujours que c'est au bout du combat bien mené qu'il y a des bonnes récoltes, avec les fruits escomptés. Et lorsqu'on récolte bien, on se plaît à reproduire la recette et les graines. On se plait à les montrer, à les ressemer.

Ecrivain chevronné, combattant aguerri, toujours muni de la plume et de l'encre, ses armes privilégiées, il a publié notamment : « La résurrection du monde arable », « Un univers en marche », « La guerre des rapaces » (en collaboration avec Claude Brovelli), « La Macédoine déchirée » et tout dernièrement « La vérité sur le protectorat Franco-Espagnol ». Sur ce livre, il m'a honoré le 21janvier 1995 avec la dédicace suivante, citation :

« A mon ami Charles-Pascal Tolno, Ministre de l'Enseignement Supérieur et de la Recherche Scientifique de la République de Guinée, Président de l'Association Pan-Africaine des Ecrivains, en témoignage de très haute estime pour ses éminentes qualités de cœur et d'esprit et son ouverture d'intelligence pour toutes les grandes causes placées sous le signe de la

culture, de la liberté, et d'une meilleure générosité, dont la jeunesse et l'enthousiasme ne faibliront jamais. »

A Bruxelles, le 21 janvier 1995
Jean Wolf.

Vous comprendrez qu'au moment où il écrivait ces mots j'avais déjà quitté le gouvernement de mon pays. Il trouvait ce départ inopportun car il restait encore à ses yeux des «combats interrompus».

Revenons maintenant à ce qui s'était passé à la rencontre de presse du 14 Avril. Face aux journalistes, les interrogations étaient nombreuses et variées. Elles touchaient dans l'ensemble les questions relatives à l'Education et à la Recherche en Afrique. Mais elles portaient aussi sur les domaines de l'écrivain et sur les crises générales qui secouent notre continent, donc sur des volets politiques que les hommes de la presse aiment tant. Jean Wolf avait travaillé avec ses amis deux jours durant pour préparer la rencontre. La presse avait répondu pleinement. Je souhaitais donner mon point de vue sur chacune des questions et les journalistes inscrits au présidium étaient très nombreux. Le temps lui ne pouvait être que très réduit. Il fallait trouver un mot pour chacun des présents.

Je m'étais efforcé de jouer, avec le temps et avec le contexte, la meilleure carte possible. Je voulais surtout donner une analyse nette, reflétant mes vues sur des questions comme le Rwanda où venait d'éclater une guerre civile cruelle et comme le Burundi voisin où une situation similaire avait sévi plus tôt. J'étais aussi fortement tenté de parler de ce que peuvent faire et ne font pas les grands hommes et les grandes puissances. Je voulais surtout saisir cette tribune pour redire aux Africains ce que je sais être leur grande part de responsabilité dans notre infortune courante.

Il vaut mieux le dire en Afrique, je le sais. Mais il est utile de le rappeler en Europe pour qu'on y sache que nous Africains aussi sommes conscients des charges qui nous reviennent. Je voulais dire tant de choses parce que je ne me sentais plus officiel du gouvernement belge. J'étais dans le volet privé de mon séjour. Au milieu des écrivains et journalistes organisateurs de cette soirée je me sentais sorti des arcanes de la politique pour réclamer mes attaches avec le poète et l'universitaire, ceux-là qui sont toujours libres et indépendants d'esprit, près à sauter dans les combats pour le pain et pour la liberté du peuple.

Ma j'avais parlé avec l'ambassadeur Bobo de ce que pouvait être l'orientation générale des interrogations qui m'attendaient face aux micros. Après m'avoir indiqué ce qu'il pouvait deviner sur la base de l'expérience du terrain il m'avait conseillé de m'éloigner autant que possible des grands débats politiques comme le Rwanda, qui était sur les lèvres de tous depuis la veille ou des questions comme la dette africaine, le jeu des grandes puissances...

Tout simplement dira-il parce que nous n'avions pas cela au programme des débats officiels qui justifiaient mon arrivée dans la capitale de l'Europe allant vers son unité et sensible à certains propos. L'Europe est aujourd'hui amie de l'Afrique dira t-il. Mais elle fut colonisatrice. Il y a des choses qu'elle veut entendre et d'autres qu'elle voulait qu'on taise. Je comprenais cette démarche. Elle s'inscrit dans l'excessive prudence qui caractérise le monde diplomatique et qui, par certains aspects, rend ce métier lourd et plein de scrupules.

L'homme nous avait entouré de trop d'attention et avait pris trop soin de nous durant le séjour pour qu'une fausse note vienne tout mettre en veilleuse à la dernière minute. En plus je me disais que des occasions étaient devant nous pour m'exprimer sur les sujets délicats. Je fus donc bref sur toute la ligne. Essayant de répondre à toutes les questions, en ne disant que ce qui arrange les bonnes manières en diplomatie, j'avais joué le jeu de notre ambassadeur. La puissante leçon des relations publiques c'est qu'on ne peut pas tout dire, tout le temps et en tout lieu. Le choix peut être difficile mais il est parfois nécessaire. Il faut pour chaque grande vérité un temps et un lieu.

Autrement dans un cas de ce genre l'occasion était excellente et j'aurais dit tout, dans la politesse et les formes d'usage, mais j'aurais dit quand même tout en comptant sur le caractère combatif et persévérant de la vérité universelle qui me servirait de rempart face à des brisures d'humeur imprévisibles que susciteraient mon propos. J'avais bien envie de parler de la conférence que nous souhaitons préparer sur le destin de l'Afrique. Mais je pris soin de ne pas en prononcer un mot. C'était trop tôt. Il fallait se préparer à le faire comme il faut, avec qui il faut, surtout quand il faut et ou il faut.

Je voudrais terminer l'expression de ces souvenirs par mentionner la rencontre Avec Madame Margaret Perrin, animatrice du complexe RadioTélévision A I T V. Chacun de nous a entendu sa voix à plusieurs reprises dans des reportages de cérémonies à la Commission des Communautés Européennes et aux A C P.

Rien que par la manière de formuler ses questions on perçoit une large connaissance des grands dossiers du monde et surtout l'habileté et la capacité d'en extraire l'essentiel pour faire une synthèse facile à saisir, un condensé adaptable à une situation ou à un moment. Elle manipule les appareils et le micro avec une adresse agréable à voir. C'est cela la maîtrise d'un métier.

Bien entendu il est plus facile de l'écouter que de se voir accablé de questions parfois délicates, devant ses hommes et leur arsenal d'appareils. Pour l'essentiel elle reste très attachée aux principes qui justifient les règles du jeu médiatique qui lui est prescrit. Elle ne déborde jamais. Madame Perrin veut cordialement vous faire dire tout sur ce qu'elle veut savoir mais l'inverse n'est pas évident. Si vous cherchez à l'éloigner des règles de sa mission elle résiste, fermement, avec une égale sympathie, sans transiger, dans toute la forme des bonnes manières.

Elle manœuvre si bien les instants qui lui reviennent qu'on éprouve un réel plaisir à être interviewé par cette dame de talent, roulant adroitement dans ce travail à la fois heureux et malaisé qu'est le journalisme. Entre les collaborateurs de son épique technique et elle, il règne visiblement une harmonie qu'elle entretient si bien que des signes simples suffisent pour ordonner un arrêt d'enregistrement ou une orientation d'appareil. On ne parle presque pas dans ce petit monde bien entraîné d'une équipe de journalistes faisant à nos yeux, du bon boulot. On est toujours fier d'un ensemble qui travaille bien et tourne bien. C'est par là que commence et s'édifie la grandeur des nations et la puissance des peuples à travers le métier de chacun des citoyens.

Malgré le tumulte des préparatifs de la réunion avec la presse, Jean Wolf et moi avions tourné quelques minutes, à l'hôtel, avant la soirée culturelle, pour parler de la possibilité d'organiser sur les crises en Afrique une rencontre sérieuse. Ce serait pour donner à ceux qui le souhaitent la possibilité de s'exprimer sur ce sujet capital, sur une tribune. A cette occasion il m'avait indiqué, dans l'ensemble très large de ses relations un certain nombre de personnalités qui pourraient s'intéresser rapidement à un tel projet. Il nous avait communiqué le contact des anciens ministres Michel Joubert et Edgar Pisani, des ambassadeurs Atilo Godio et autres. Après la rencontre de presse qui avait bien commencé, s'était agréablement déroulée pour se terminer par des applaudissements de tous les côtés, j 'ai dû quitter mes amis directement pour l'aéroport de Bruxelles en route pour Paris.

Là, un nouveau circuit allait commencer avec des personnalités toutes indiquées pour ce que nous pensions réaliser. Ainsi allait débuter un chemin délicat du point de vue du protocole mais passionnant étant donné le charme et la personnalité des hommes qui accepteraient de nous recevoir dans la capitale française. Mais avant tout cela un grand et malheureux feu était déclenché au Rwanda. Au cocktail j'avais cet évènement plein dans la tête même si je me retins d'en parler avec la presse.

10– Troubles au Rwanda

Quelques 24 heures avant la fin de notre programme officiel à Bruxelles j'étais rentré plus tôt que d'habitude à mon hôtel. J'avais donc eu le temps de me reposer et d'ouvrir le téléviseur dans ma chambre, ce que je ne fais pas souvent. Presque par hasard, je pris une chaîne de la RTB (la Radio Télévision Belge) qui diffusait des images macabres sur les atrocités qui venaient de commencer au Rwanda. Il défilait sur l'écran de l'appareil quelque chose de cruel et de haut en barbarie. Tous ceux qui ont le sens de l'humain et qui voyaient ce spectacle, j'en suis sûr, étaient ébranlés partout dans le monde. La presse de tous les pays en fit l'écho et en rendit compte sans cesse. Au Rwanda tout venait d'être déclenché suite à l'assassinat du président du pays Habyarimana dont l'avion fut abattu. Cela ouvrit un triste génocide des Tutsi et Hutu modérés au cours duquel génocide 800.000 personnes périrent.

C'était et ce sera le cas pendant longtemps. Une honte de plus pour l'Afrique où on faisait ce genre de choses à la fin du 20ème siècle. Voilà une fausse note pour le monde civilisé qui dispose de tout pour arrêter des crimes aussi étendus et ne le fait pas dans certains cas, en privilégiant des contextes par rapport à d'autres, selon la région ou selon la mature des intérêts en jeu. Je n'aimerais pas redire ici à quel point je fus choqué et perturbé. Nous en tant qu'Africains, étions déjà mal sous notre peau avec la situation qui prévalait alors lorsque survint cette autre complication. Voilà ce que j'avais pu me dire intérieurement.

Puis je pris sur mon téléviseur la chaîne Française RT2. Les images et commentaires étaient encore sur le Rwanda, toujours aussi tristes et plus barbares. Des innocents étaient en train de périr sous nos yeux, victimes des calculs insensés de quelques politiciens coincés dans des démarches invisibles, victimes de leurs complices aussi qui sont parfaitement conscients des conséquences de leurs alliances. Ceux-ci ont le désagréable plaisir de voir les choses se passer de cette façon parce qu'ils veulent voir tout ainsi, juste pour avoir l'occasion de réaffirmer que nous sommes ce qu'ils ont toujours pu dire sur nous, c'est-à-dire moins que rien, dans le meilleur des cas peu de choses positives face au progrès de l'humanité.

Sur RT2, un journaliste informa que les parachutistes français au Rwanda aidaient les Belges à quitter le pays pour laisser les Rwandais régler leurs problèmes entre eux …. Voilà un avis que je ne partage jamais sur les prétendues évacuations des étrangers des pays où surviennent les difficultés. Malheureusement, mon avis ne pouvait rien changer. On ne quitte pas les amis quand ils sont dans les problèmes. C'est justement dans ce cas qu'on doit leur tenir compagnie, jusqu'au bout. Autrement l'amitié n'est qu'un arrangement pour sauver des intérêts à court, moyen ou long terme. L'histoire montre tas d'exemples où des attachements réels ont été affaiblis par cette analyse parce que souvent tout s'est passé exactement comme cela.

J'avais suivi ces images jusqu'au bout, assis seul dans ma chambre. J'étais, je le répète, durablement choqué par ces tueries sauvages. Mais les commentateurs ont leur logique et leur raison spécifique. C'est à eux qu'il appartient de parler et de juger et pas à ceux qui montrent constamment qu'ils sont incapables d'analyses sages et de faire des choix raisonnables, comme des gens savent le faire malheureusement.

Juste après ce spectacle détestable je sautai sur le téléphone pour converser avec le conseiller qui m'accompagnait dans la mission, l'ambassadeur Dirus Dialé Doré. Il était dans un autre hôtel de Bruxelles. Je lui demandai s'il avait vu à la télévision ce qu'on venait de dire et de montrer sur le Rwanda. Il me répondit par l'affirmative. Avec la froideur de sa voix, par sa langue qui patinait dans sa bouche comme pour bégayer je compris qu'il était tout aussi ébranlé que moi ; peut–être même plus…..Je sais que ceci était contraire à ses vœux opposés au contenu de ses prières, inadmissible pour ses convictions que je crois connaître. Mais je n'eus pas le temps d'un quelconque commentaire avec lui. Je voulais appeler rapidement quelque part d'autre sans perdre une seule seconde. Le temps m'ennuyait. Je me sentais mal sous ma peau. Tout me gênait. Heureusement que j'étais seul. Tout seul dans ma chambre. Seul à subir mon infortune entre ces quatre murs dont le luxe ne me disait rien du tout. Un coin d'Afrique brûlait, et mon cœur avec.

Ce fut d'abord à l'ambassadeur Bobo que je téléphonai, pour lui demander d'appeler le chef de notre mission diplomatique à Paris pour lui dire de bien vouloir arranger pour moi et au plus tôt un rendez-vous avec deux hommes : Jean Louis Roy, Secrétaire Général de l'ACCT et Fédérico Mayor, Directeur Général de l'UNESCO, en précisant que j'arriverai à Paris le lendemain par le dernier vol d'Air France en provenance de Bruxelles. Le dernier vol parce que la journée sera encore chargée de programmes à Bruxelles jusqu'au début de la nuit, avais-je précisé.

L'ambassadeur avec qui je n'avais fait aucun commentaire sur les évènements au Rwanda semblait avoir hésité un peu. Mais j'insistai avec force, en ajoutant qu'il s'agissait de personnalités que je connaissais bien et que si elles étaient à Paris il n'y aurait peut –être aucun problème. Tout pourrait se passer bien. Mon interlocuteur n'était pas optimiste car, connaissant le protocole dans ce genre de requête, la marge de temps dont il disposait pour la manœuvre était moins que rien. Je le savais mais nul n'avait le choix. Il fallait faire pression sur ces grands Messieurs.

Des que j'eus raccroché le téléphone avec lui je me mis moi-même directement sur la même démarche. D'abord j'appelai au domicile de mes relations personnelles travaillant à l'UNESCO et à l'ACCT pour me rassurer que les hautes personnalités que je souhaitais rencontrer n'étaient pas en déplacement hors de Paris. Tout avait bien marché et on me donna la réponse, Jean Louis Roy et Fédérico Mayor étaient bien à Paris. Le peu de temps que je pouvais faire dans la capitale française n'était pas à mon programme officiel. Paris ne devait être qu'un transit. Il commençait à faire tard dans la nuit mais les coups de fils avaient continué à fonctionner. Tout le monde trouvait normal qu'après ce que chacun venait de voir à la télévision les amis devaient communiquer même tard, dans toutes les directions.

Lorsque je joignis Lamine Camara, notre ambassadeur à Paris, il me confirma que son homologue de Bruxelles l'avait déjà contacté et lui avait transmis mes messages. Puis il ajouta que tout se passait bien déjà parce qu'il avait réussi à contacter directement les intéressés, que le premier, Jean Louis Roy, souhaitait prendre son petit déjeuner du 15 avril avec moi à 8h 30, heure de Paris, dans un restaurant japonais non loin de son bureau. Il proposa qu'au cours du déjeuner on examina les sujets que je souhaitais débattre avec lui. Il restait à l'écoute pour la confirmation. Ma réaction pour confirmer le rendez-vous était rapide et oui, ce qui se comprenait.

Et puisque tout devait avoir lieu très tôt le matin et qu'aucun programme n'était mentionné pour cette heure, la confirmation fut donnée aisément pour la date et l'heure proposées.

Quant à Fédérico Mayor il aurait remis un déplacement à l'étranger pour me recevoir à son cabinet le même jour, 15 avril, après le petit déjeuner japonais avec le patron de l'ACCT. En plus de mon audience, je compris qu'il avait un message à me communiquer et que ma proposition allait dans le sens de son attente. Ainsi les rendez –vous étaient pris et chacun savait à peu près de quoi nous parlerions. La nuit fut longue, très longue agitée… J'étais pressé de voir quelqu'un de mon groupe pour reparler de tout, pour partager l'infortune.

Le lendemain matin, très tôt, quelqu'un frappa à ma porte de l'hôtel président W T C. J'étais surpris. Ceci n'arrive pas souvent car d'habitude les visiteurs se font annoncer par la réception de l'hôtel. Et tout de suite je me précipitai sur la clé pour ouvrir. En face de moi, une très jeune africaine que je voyais pour la première fois. Parce qu'elle portait une blouse du personnel de l'hôtel WTC je compris rapidement son rôle. Mais si tôt. C'était inhabituel. Quand je pris soins de la regarder de près je compris qu'elle était furieuse, irritée à fond, avec des larmes aux yeux, prête à les verser.

Je n'eus pas le temps de poser une seule question quand elle m'apprit qu'elle était Tutsi du Rwanda. Puis elle me demanda si j'avais vu à la télévision ce qui se passait dans son pays natal ? Puis, sans attendre ma réponse, elle m'informa que, je cite : « face à l'abus des Hutu de mon pays, notre ethnie (les Tutsi) devra se battre jusqu'à la dernière goutte de sang, tous les Tutsi sont dans l'obligation de se joindre à leurs frères sur le terrain pour se battre, directement ou indirectement ».

Et, poursuivra- elle, ici à Bruxelles, nous avons une réunion importante des Tutsi dès ce matin et c'est pour cela que je suis venue faire mon travail, très tôt, pour être là-bas à l'heure. La nation Tutsi est attaquée, elle doit se battre jusqu'à la victoire. La jeune femme était donc passionnée, et avec ce qu'elle faisait comme scène devant moi je pouvais deviner les excès sur le terrain. Par quels coefficients pouvait-on multiplier sa détermination à se battre contre ses frères Hutu pour établir celle des siens au Rwanda. Et la réciproque ? Quel est le degré de virulence avec lequel les Hutu veulent écraser les Tutsi ? On pouvait voir que le tableau ne pouvait pas être simple, que tout avait des chances de prendre feu et pour longtemps. Alors je la dispensai de faire ma chambre.

Quand la jeune Rwandaise dut me quitter pour aller faire son travail plus loin dans la chambre voisine, j'étais mélancolique, gêné et blessé au fond de moi même. Je me sentais concerné par ce qu'on allait dire sur et contre notre race par ce qu'on faisait là-bas sur des peuples faibles, proches de nous tous et sans défense. Je sais que, comme moi, des millions d'Africains et de non Africains étaient en train de se poser les mêmes questions car le monde entier était à l'heure des atrocités au Rwanda.

Sur toute la ligne la Rwandaise de l'hôtel donnait le sentiment que ce qui se passait au pays était la manifestation d'une haine accumulée depuis toujours et que là-bas, les frères ennemis étaient décidés à se faire n'importe quoi, au nom d'une passion sans intérêt, expression de volontés négatives qui s'affrontent encore aujourd'hui après s'être affrontées dans le passé, chacun sachant parfaitement qu'il ne gagnerait rien au bout du compte. Je savais que pour ceux qui auraient mission de le faire, tout arbitrage serait, sinon vain, du moins dur après quelques jours. A la limite, tout ce qu'il y avait de positif à faire devrait l'être sans délai. D'abord je me mis à croire que nous devrions tous ensemble, sans distinction de continent, de races, de religions, de sexes, protester au nom du droit à la vie qui se violait là-bas au Rwanda.

Dans tous les cas, mon humeur était brisée ma journée était loupée si elle devait s'évaluer en degré de bonnes nouvelles. Je n'avais pas entendu de bonnes choses la nuit à, part les rendez-vous obtenus rapidement. Je venais de vivre un exemple de cette manifestation de la haine virulente qu'on déplore entre des frères et qui déchirent un peuple africain, la nation, les fondements de toute perspective d'unité nationale. On tuait la fraternité du coup et on jetait la raison de vivre au fond des océans. C'était un cas malheureux de plus sur une liste déjà longue de situations désastreuses. Tout va t-il s'arrêter ou continuer ? Et c'était précisément le jour du grand débat avec la presse belge sous la houlette de Jean, Monique Wolf et de Françoise Engel. Ces cadres européens, je les sais très attachés à l'Afrique. Eux aussi, avaient sûrement été choqués hier en voyant les images macabres à la télévision.

Cette manifestation de la presse s'était tout de même déroulée comme nous l'avons rappelé plus haut. Chacun était plus ou moins revenu du choc reçu après les reportages sur les Hutu et Tutsi de chez nous, en Afrique. Après les instants tout de plaisir avec les hommes de culture belges, malgré les nombreuses et délicates questions des journalistes nous étions dans l'avion pour Orly Paris jusqu'au début de la nuit.

Jules Zambo, Secrétaire à notre Ambassadeur à Paris, chargé du protocole, était là strict comme toujours. Mais cette fois-ci il était accompagné de son épouse et d'un autre fonctionnaire. L'ambassadeur lui était attaché à mettre la dernière main au programme chargé du lendemain. Il m'avait donc prié d'accepter les suggestions qu'il me faisait, car devait –il ajouter, à Paris entre un domicile et un bureau ou un autre domicile les distances sont parfois grandes. J'étais d'accord avec lui et avec ses propositions. Tout l'essentiel pour moi était d'arriver à arranger les audiences, à les obtenir et à les conduire comme il fallait.

Le lendemain à 7 h 30, l'ambassadeur était au salon de l'hôtel Princesse Caroline dans le 17ème Arrondissement, non loin de l'Arc de Triomphe, un espace pas très grand mais faisant toujours neuf, donc frais et net. Plusieurs membres du gouvernement guinéen, ceux qui ne sont pas attachés au grand confort des grands hôtels tout au moins, y descendent souvent. Je ne m'y sens pas moins bien qu'à l'hôtel Méridien. Surtout que s'installer pour quelques jours seulement dans un hôtel 5 étoiles n'est pas un exercice qui me séduit.

11- Nouveaux entretiens avec Jean Louis Roy

Arrivés au restaurant japonais, comme indiqué, le Secrétaire Général de l'ACCT était déjà là, attendant à l'entrée de l'immeuble. Puis il nous conduisit lui même au coin où nous devions avoir aussi bien notre entretien qu'un petit déjeuner de grande qualité sur une table choisie et préparée pour nous à cet effet. Il était accompagné de son chef de cabinet, un homme jeune, de grande taille, vraisemblablement un Malien. Ce fonctionnaire me donna l'impression d'un cadre très discipliné pouvant comprendre rapidement ce que veut son chef. Il prenait note de tout et soulignait les passages de l'entretien qui étaient des décisions. Du début à la fin, il n'avait pas fait une seule phrase. Son chef animait le débat et lui enregistrait avec sa plume ce qui se disait.

Quand à moi, j'étais avec notre ambassadeur à Paris, un homme avec qui je me sens bien. Nous avons été des camarades de classe à l'université et avons gardé le plaisir d'oublier le protocole courant pour rester comme des étudiants ; sauf, bien entendu, en public. Et nous savons rapidement situer les lieux où, par rapport au poste ou à la fonction, il faut être normal ou en plaisanterie à volonté. Chacun sachant donc reprendre sa place quand il le faut et respectant la position sociale et publique de l'autre. Nous sommes préparés à comprendre ce jeu. Finalement nous étions quatre sur la table. Le restaurant, quoique de haut niveau, était plein ou presque. En majorité les clients étaient des Japonais. J'avais pu découvrir que eux aussi, dans leur milieu, peuvent parler bruyamment et longuement, ce que je ne pensais pas étant donné leur succès économique et social qui en fait un peuple largement avancé, respecté et admiré. Mais le bruit n'était pas gênant outre mesure. Nous pouvions donc nous entretenir aisément sans indiscrétion.

Nous avions parlé de choses et d'autres. En commençant par les questions les plus simples : des éditions d'œuvres littéraires africaines, de la formation de nos cadres dans les instituts de l'ACCT en particulier à Bordeaux, de l'avenir de l'Association Panafricaine des Ecrivains. Sur tous les problèmes soulevés les avis se rencontraient sans difficulté. Le haut fonctionnaire international était réellement décidé à accepter tout ce que nous lui proposions, surtout qu'il nous savait raisonnables. Il était convaincu que rien ne lui serait demandé de façon opportuniste, ni à la légère.

Le point sur lequel nous avions parlé le plus était naturellement le Rwanda en flamme et les questions du genre. Là aussi nous faisions des analyses presque identiques, comme je m'y attendais. Oui, je n'étais pas à ma première rencontre avec le patron de l'Agence pour la Francophonie et de l'Agence de Coopération Culturelle et Technique. Peu après mon élection à Accra le 11novembre 1989, au poste de Premier Président de l'Association Pan Africaine des Ecrivains, je fus honoré d'une audience à son bureau à Paris le 28 Juin 1990. Nous avions eu alors des entretiens cordiaux et amicaux qui se terminèrent par des échanges de cadeaux.

J'ai aujourd'hui encore précieusement conservés dans un coin de ma bibliothèque les ouvrages qu'il m'avait offerts, gentiment dédicacés. Ces entretiens d'alors dont je garde toujours de bons souvenirs devaient se poursuivre le même jour à 15 heures, élargis à des cadres de la maison ACCT. Ces derniers furent chargés de garder le contact avec nous pour la mise en œuvre des propositions, ce qui, à notre satisfaction, fut pleinement fait. La rencontre de 1990 se termina par des notes de photographies. J'ai encore et précieusement conservées sur moi, les épreuves de ces photographies, expression d'une rencontre agréable. Quelque part d'autre, je rappelle ces moments de plaisir et d'honneur dans l'ouvrage intitulé « La Culture et la Vie », paru aux éditions la cigogne à Lyon en France.

Pendant longtemps ces souvenirs, parce qu'utiles et agréables, résisteront à l'épreuve de l'oubli. Devenu membre du gouvernement à Conakry le 6 Février 1992, Jean Louis Roy m'honora à son tour d'une visite lors d'une mission qu'il effectua du 6 au 8 octobre 1993 à Conakry. J'avais eu tout le plaisir souhaitable en le revoyant, à un moment où nous avions encore des choses précises à nous dire dans le sens de nos soucis communs déjà évoqués à Paris. Nous nous étions entretenus en deux étapes, d'abord à deux, et ensuite avec nos cadres réunis dans mon bureau.

Notre entrevue à deux eut lieu dans le petit salon situé à côté du bureau de Madame Camara ma Secrétaire. Elle était plutôt privée, car en ce moment une sorte d'amitié avait déjà fini de se faire entre nous. Elle se précisait fort heureusement avec le temps et nos collaborateurs des deux côtés, les siens à Paris, les miens à Conakry, en prenaient progressivement conscience. J'en étais fier, j'en suis encore honoré. Je crois qu'il éprouvait un égal plaisir à redécouvrir l'intérêt quelque peu particulier que j'attachais à son contact et à nos entretiens.

Aux cadres du Département de l'Education venus lui serrer la main, le Secrétaire Général de l'ACCT avait dit des mots très aimables. Parlant à cette occasion de la situation en Afrique, un continent qui lui est cher, je le sais, il déplora une fois de plus que l'on impose aux Africains, en même temps, la démocratisation et l'ajustement structurel, c'est-à-dire une double démarche fort difficile pour contribuer à l'accomplissement de la vraie solidarité internationale dont tant de gens ont toujours besoin. Nous avions souligné que cette obligation d'assistance mutuelle était nécessaire, pas seulement en Afrique mais dans le monde, y compris celui industrialisé qui en a aussi besoin. Bien entendu, comme on le sait, ce besoin se manifeste à des degrés divers, selon la diversité des situations.

Ainsi, pour revenir à notre table du petit déjeuner japonais, nous avions abordé le 15 avril 1994 à Paris des questions soulevées dans les causeries antérieures, à Paris, à Conakry,...pour finalement prononcer le mot Rwanda. Deux ou trois jours auparavant il y avait eu en effet, rappelons-le, l'éclatement des affrontements en cette terre d'Afrique Centrale où on avait déjà déploré d'autres cas difficiles du genre, sans oublier évidemment les longues guerres civiles en Angola, au soudan, au Libéria, au Tchad,...sans oublier surtout les réfugiés et leur indescriptible douleur.

Chacun de nous avait dit, et très largement, ce qu'il pensait de la situation. Par plusieurs aspects ce que nous examinions n'engageait pas des gouvernements, ni des institutions. Nous étions entre amis, libres comme d'autres, de dire ce que nous pensions des grands dossiers internationaux et surtout de ces questions brûlantes qui secouaient le continent africain et le secouent encore. Mais partout on sait aujourd'hui le poids de la pauvreté et de la misère, celui de la maladie et de l'analphabétisme, celui des fossés qui se creusent partout entre les hommes et entre les pays, entre riches et pauvres.

Très rapidement, nous avions retenu que ce qui arrive sur le continent noir déclenche toujours des commentaires et des déclarations à plusieurs niveaux, souvent des rencontres internationales sont initiées sur des sujets aigus. Mais pourquoi va-t-on toujours de mal en pis malgré tout ? Au lieu de s'améliorer les choses se gâtent sempiternellement et tout le monde le sait aussi. Est-ce à dire que les analyses qui se font au cours des rencontres sont inadaptées ou rétrogrades ? Ou simplement inutiles. Dans tous les cas, avions-nous dit, il y a toujours, quelque part, un élément ou des parties de la machine qui ne tournent pas. Quelque part quelqu'un ou des gens n'assument pas leurs responsabilités. A qui il revient d'agir au plus tôt ? Sans doute à tous les responsables de tous les pays, à tous ceux qui ont en charge l'éducation et la formation des hommes pour qualifier la vie des peuples, à tous ceux qui manipulent les moyens publics avec maladresse et sans souci.

Chacun sait que pour aimer son pays, sa famille,....il faut trouver des raisons d'y vivre. S'expatrier n'est pas une solution mais une complication des charges ; cela déstabilise les pays qu'on quitte mais aussi la nation hôte où l'intégration est difficile au-delà d'une certaine limite. Pour permettre aux enfants du peuple de se sentir mieux chez eux et de rester chez eux il faut y créer les conditions d'une vie meilleure. Cela ne peut être obtenu que par l'effort, par le travail. Là-dessus qui doit faire quoi ? Quand faut-il agir au mieux ? Comment faut-il procéder pour y parvenir ? Quels moyens faut-il mettre en œuvre ? Sur ces questions des intellectuels ont des avis. Il est utile de créer un cadre pour les écouter, pour les associer au débat, avec des règles claires tenant compte de la diversité des personnalités, des pesanteurs administratives et des dynamiques de l'environnement international. En mettant ensemble leurs expériences et leurs idées des débuts de solutions peuvent apparaître.

C'est à ce niveau de l'entretien que je pus faire une suggestion visant à créer un tel cadre de concertation élargi et constructif. Mais, avais-je ajouté, là aussi il faut des volontés fermes pour démarrer. Le cadre d'échanges ainsi créé doit être traité convenablement pour ne pas louper l'objectif. Il consisterait à essayer d'interroger d'autres voix silencieuses où peu exprimées dans le contexte d'une rencontre aussi étendue que possible sur tant de misère et de désaccords en Afrique. Ce forum pourrait être organisé au niveau des hommes de culture, des hommes politiques et autres décideurs et permettrait d'enregistrer des propositions, libres, indépendantes et efficaces, y compris sur leur mise en œuvre.

Mais il s'agirait uniquement d'animateurs qui l'accepteraient de bon cœur et s'y impliqueraient effectivement en dehors de tout propos provocateur. Cette précision était essentielle car autour de la table, chacun de nous quatre savait que nous vivons tous dans un environnement où on accepte facilement les propositions, sans souci de tenir toujours les paroles, un monde où les analyses les plus valables sont souvent bloquées par des intérêts particuliers finalement source de nombreux désaccords. Je compris tout de suite l'intérêt de souligner que cette proposition n'était pas de moi seul, que plusieurs intellectuels, écrivains, universitaires, experts des institutions internationales, hommes publics de certains autres niveaux, africains ou non-africains, avaient déjà vu la situation de cette façon et avaient avancé une telle idée. Effectivement, plusieurs d'entre eux m'avaient déjà écrit ou avaient eu des entretiens avec moi à ce sujet à diverses occasions, et ce, depuis novembre 1989.

L'Afrique se porte mal depuis longtemps. Chacun de nous le sait. Allons-nous nous contenter de constater cela et de ne rien faire d'autre ? Mon hôte et moi avions des vues plus dynamiques que cela. Nous étions pour une action rapide et positive, dans toutes ses bonnes dimensions. Donc, sur le principe, nous étions rapidement d'accord pour entreprendre des démarches en vue de l'organisation d'une réunion solide. Chacun ferait ce qu'il peut en fonction de ce qui cadrerait avec ses charges publiques et avec ses dispositions personnelles. Mais chacun de nous savait aussi qu'il ne serait pas facile de réaliser un tel programme, connaissant l'environnement dans lequel se développent les idées constructives dans leurs relations avec les nombreux intérêts qui s'affrontent toujours, à propos de tout et partout. Or il faut irréductiblement bâtir la fraternité universelle et surtout africaine.

Le Secrétaire Général de l'ACCT promit de faire ce qui serait possible à son niveau aussi bien en tant qu'homme de culture qu'en sa qualité de premier responsable technique de l'ACCT dont l'une des missions est de rapprocher les cultures variées qui composent l'espace francophone. Il souligna aussi que pour une question de forme c'est aux Africains qu'il appartient d'initier les démarches et à leurs amis de par le monde de leur emboîter ensuite le pas. "Pour ma part, je suis à votre disposition", devait-il conclure.

Jean Louis Roy, est un homme de parole et de cœur. Je ne suis pas mieux placé que d'autres pour le dire mais j'en ai eu des manifestations certaines. Les Africains le savent. Et ce qu'il venait de dire en quelques phrases était une position aussi solide que nette, un choix avec lequel on peut compter toujours. Sur ces notes d'espoir et de confiance réciproque notre causerie prit fin avec la promesse de nous revoir au plus tôt, pour suivre le grain qui, une fois semé, germerait à partir de nos espérances et de nos hypothèses.

Au sortir du petit déjeuner, je proposai aux deux cadres, venus à la table de notre côté, un certain nombre de choses à retenir rapidement. Il fallait par exemple dans un programme de cette nature serrer de près le facteur "hommes de culture et bonnes volontés" ayant librement quelque chose à proposer dans le sens de la recherche de solutions aux problèmes urgents. Nous avions débattu de choses comme le lieu de la rencontre, le haut patronage, les partisans, le financement,... Nous nous disions le reste de ces mots en route pour le siège de l'UNESCO où nous devions être reçus à 10h 30 par Fédérico Mayor, Directeur Général, selon le rendez-vous de la veille.

12- Mayor m'attendait au siège de l'UNESCO

A la place de Fontenoy, nous étions à temps, les deux ambassadeurs, celui en poste à Paris et celui qui m'accompagnait, et moi. Prêts pour le rendez-vous. Mais là les choses se passèrent avec plusieurs personnes dans le circuit et selon un protocole classique, presque rigide mais agréable à respecter. Nous fûmes reçus au pied de l'ascenseur depuis le rez-de-chaussée par deux cadres de la maison, un asiatique, bien placé qui déclara être en instance de changer de lieu de travail et un Africain. Ils nous guidèrent directement au cabinet du Directeur Général. A l'UNESCO, Madame Jane Whittaker, fonctionnaire à la salle de presse et dont je fis la connaissance en février 1994 à Nairobi, à l'occasion de la conférence sur la science et la technologie en Afrique, était, pour nous assister à sa manière, en contact permanent avec le protocole du Directeur Général.

D'autre part, je savais que Madame Belgrav, assistante personnelle de Monsieur Mayor, était une personne clé du circuit dans lequel nous entrions. Pour mes rendez-vous antérieurs avec son chef j'avais eu plusieurs coups de téléphone avec elle à partir de Conakry et des facilités en ont toujours résulté. Son contact facilite les audiences si elle le veut. Malheureusement, Madame Belgrav était en déplacement ce jour. Mais elle était valablement remplacée dans sa mission d'une part par Madame Pratt et d'autre part par Madame Marie Zaidenbrandt en service au protocole du Directeur Général. Toutes les bonnes manières désirables étaient mises à notre accueil. D'abord nous fûmes installés dans un bureau à côté de celui de Mayor où nous attendrions quelques minutes en compagnie des deux cadres qui nous reçurent à l'entrée de l'ascenseur.

J'avais, je l'avoue, un certain bonheur, pour ne pas dire un réel plaisir à venir dans cette maison. Quelque chose semblait me dire que là est ma maison par vocation ou par option d'autant qu'entre Mayor et moi l'amitié discrète n'en étant pas moins réelle d'une part, de l'autre c'est que la fait culturel m'a toujours fasciné et attiré, à défaut de me passionner. Puis nous fûmes conduits au lieu de l'audience. Le Directeur Général, avec sa grande stature, toujours bien mis, nous rencontra à la porte de son bureau très simplement équipé. Nous échangeâmes les mots habituels d'amitié et de protocole avant de prendre position pour la minute des photographies à côté de tout ce qui symbolise l'universalité de l'UNESCO, une mappemonde énorme, les couleurs de cette institution…

Je commençais à être un habitué de ce lieu et à cet homme de prestige. J'avais déjà été reçu en juillet à la Place de Fontenoy par plusieurs hauts fonctionnaires, à la demande de leur Directeur Général, toujours Mayor qui était alors hors de Paris. C'était le cas avec Malempré, Mamadou Seck alors chargé des Editions à l'UNESCO, ancien ambassadeur du Sénégal à Londres, ancien conseiller culturel du Président Senghor à Dakar, fondateur des Nouvelles Editions Africaines. Puis nous étions allés chez John Kaboré, du Bukina Faso, travaillant depuis 20 ans dans la maison. C'était après la création de l'Association Pan Africaine des Ecrivains. Je sais que M. Kaboré a déjà pris sa retraite. Mais je n'oublie pas l'impression qu'il m'avait faite au cours de notre entretien. Il m'avait dit de très bons mots de mon pays, la Guinée, qu'il connaît bien depuis les débuts de la Première République.

Le 30 juillet 1992 j'avais également été reçu par Fédérico Mayor dans le cadre des programmes de son institution et en ma qualité de Président de la commission guinéenne pour l'UNESCO dont le Secrétaire Général guinéen Ibrahima Magassouba m'accompagnait alors dans le déplacement. Avant de reparler de l'audience d'avril 1994, je voudrais ouvrir une parenthèse pour montrer la liaison heureuse qui peut exister entre des faits, entre les facteurs qui les engendrent et les relations qui déterminent les caractères par lesquels on passe d'un élément à un autre, désirable ou gênant. Ceux dont nous essayons de rendre compte ici sont liés dans l'esprit des acteurs. Ils le sont aussi dans l'environnement changeant et intempestif propre aux temps modernes.

La vie publique pour chaque acteur est marquée de faits ponctués d'éléments qui restent gravés dans la mémoire personnelle des individus et dans celle collective de la société. C'est dans la gestion calme de ces éléments que les peuples donnent la preuve de la maturité, de la maîtrise de leur histoire et celle du rejet des malchances pour le futur. Au nombre des passages que je retiendrais pour longtemps comme essentiels dans la série des problèmes que j'ai rencontrés sur la scène publique il y a la répercussion sur la vie de nos étudiants à l'étranger des grands changements intervenus dans les pays de l'Est européen et leurs alliés, notamment ceux d'Asie et d'Amérique latine avec Cuba en tête de liste.

Ces pays ont en majorité appuyé la Guinée sur la route de la conquête de la souveraineté et l'ont accompagnée dans les combats difficiles qui s'imposaient aux Guinéens. Aujourd'hui ils sont ébranlés. De grosses secousses les perturbent. Ces bouleversements ont rendu la vie de nos étudiants très dure en maints endroits au point que les missions diplomatiques guinéennes dans ces pays en furent secouées, parfois agitées pour ne pas dire investies par des étudiants en proie à l'infortune et au désarroi.

Le gouvernement guinéen en avait des soucis majeurs que je ressentais toujours parmi les premiers préoccupés. Le ministre des Affaires Etrangères, Ibrahima Sylla et moi avions souvent passé des nuits difficiles, accrochés au téléphone pour suivre à distance des agitations à Moscou, à Cuba ou au Caire. Parfois, pour des jours il n'y avait pas de place pour le sommeil dans nos agendas. Il fallait donner des instructions à nos diplomates et suivre de près ce qui se passait à distance, comment des exécutions de programmes complexes étaient conduites. Il nous est arrivé de passer des nuits au salon familial du ministre Sylla à Donka ou chez moi.

13- Autre Conseil des ministres et autre mission à l'UNESCO

Je revois ce lundi matin où aux environs de 10h le ministre des Affaires Etrangères m'appela sur le Penta, téléphone officiel du gouvernement, pour m'informer que nos étudiants venaient d'investir à Moscou, notre chancellerie, bloquant les diplomates dans leurs bureaux et obligeant l'ambassadeur à appeler Conakry pour répercuter de force leur message fait de revendication multiples, à savoir entre autres :

- Le paiement de la totalité des arriérées des bourses depuis 1987 jusqu'au 2ème semestre de 1992 ;
- L'annulation des vols d'un avion Charter affrété de Conakry pour leurs vacances au pays afin de remplacer cette procédure par des billets individuels ;
- L'élargissement du taux des compléments de bourses ;
- L'assouplissement des questions de visa entre Républiques socialistes d'hier appartenant à l'ex-Union Soviétique soit par le paiement des frais de ces visas, soit par le paiement des frais y afférents par les autorités guinéennes aux pays hôtes, soit enfin par des contacts adéquats au niveau des pays concernés dans le but d'obtenir l'annulation de ces visas pour nos étudiants.

Pour terminer son message téléphonique le ministre me proposa de préparer une communication pour le conseil des ministres ordinaire prévu pour le lendemain mardi, comme toutes les semaines.
Dans sa recommandation, il insista sur l'intérêt pour lui et pour moi aussi de travailler en rapport étroit avec le difficile ou insaisissable ministre des finances Soriba Kaba sur la recherche des voies pouvant aller vers les solutions possibles, principalement en ce qui concerne le relèvement du taux des compléments de bourses par les efforts du trésor guinéen et par d'autres bailleurs de fonds.

Je fis ce que voulait Sylla avec d'autant plus d'empressement que la situation se compliquait d'heure en heure à Moscou. L'ambassade ne contrôlait plus rien. Les étudiants avaient investi les locaux de la chancellerie. Ils avaient mis notre pays en scène et le ministre en charge des Affaires étrangères en était très préoccupé. L'accalmie ne devait revenir qu'après une conversation téléphonique longue et peut-être rassurante que j'eue avec le représentant des étudiants qui avaient tout dérangé à la chancellerie. J'avais alors demandé au porte-parole des révoltes d'attendre une visite prochaine que je devais effectuer vers eux. J'avais évité de dire plus pour ne pas promettre à chaud pour rien.

Mais la perspective de ma venue à Moscou et à Kiev pour les rencontrer était pour eux un excellent signe de la volonté du gouvernement de prendre leurs revendications en compte. Dans l'exposé que je fis et qui n'était pas le premier sur le sujet je rappelai au conseil des ministres toute l'histoire depuis la fin du communisme en URSS jusqu'à l'incident présent. Je rappelai notamment que sous le régime des Soviets, des bourses nombreuses étaient accordées à notre Etat par le système politique alors en vigueur dans ce pays et ses alliés. Certaines de ces bourses accordées, par le Parti Communiste furent annulées dans le cadre des changements intervenus. D'autres restaient en vigueur mais ne représentaient pas grand chose pour vivre tant la valeur du rouble était tombée à un niveau inimaginablement bas.

En plus, devais-je ajouter, la situation économique pour les Russes eux-mêmes n'était pas des plus heureuses. Donc aucun appui ne pouvait être reçu pour un étudiant isolé de quelque source que ce soit. Puis je fis des commentaires précis avant de laisser le Président de la République ouvrir le débat sur la question.

Les discussions, à l'image de la situation, furent difficiles, longues, par moments houleuses, surtout que des agitations estudiantines semblables avaient été enregistrées à nos ambassades à Cuba, au Caire et en d'autres lieux aussi. L'action des jeunes de Moscou commençait à faire tâche d'huile. Nos diplomates payaient les frais d'une situation qu'ils n'avaient pas créée. Nous étions tous préoccupés, parfois inquiets. Au nombre des démarches proposées figurait un contact rapide avec l'UNESCO et plus tard avec des institutions de sa catégorie, suivi de visites de travail dans les pays concernés. Je pensais à des méthodes inhabituelles mais nécessaires. Elles devenaient de plus urgentes. Et je n'oubliai pas que plusieurs pays africains étaient dans un cas semblable. Les choses pour leurs étudiants étaient les mêmes, parfois plus aiguës, je respectais leur sagesse et à chaque occasion je ne le cachais pas aux jeunes Guinéens en leur demandant de tirer les leçons nécessaires. L'agitation ne pouvait être la solution, même si une longue attente sans réponse devenait de plus en plus dure.

Un message fut envoyé par le ministre des Affaires Etrangères à notre ambassadeur à Paris, annonçant mon arrivée sans délai pour une rencontre avec Fédérico Mayor. Celui-ci ne négligea aucun volet et prit la communication comme une alerte. Il introduisit une demande de rendez-vous pour moi au niveau du Directeur Général de l'UNESCO. Pour dire le vrai je me demandai s'il y avait quelque chose à gagner dans cette procédure. Hésitant et juste obligé de faire quelque chose pour associer nos idées à celles des autres, je doublai la démarche du ministre des affaires étrangères d'un coup de téléphone à cet ambassadeur pour lui expliquer la complexité de la situation. Je le fis compte tenu de nos relations de promotionnaires au lycée et à l'université et surtout compte tenu du fait que l'intéressé fut longtemps à la tête de la commission guinéenne pour l'UNESCO à Conakry, donc un habitué de cette maison.

Je savais donc qu'il connaissait la structure, son protocole, ses méthodes de travail et sans doute les hommes en poste à la tête des secteurs clés de l'entourage du Directeur Général. A demi-mot, il me comprit et ajouta qu'il suivait de très près ce qui arrivait à son collègue de Moscou, le Commandant Cherif Diallo, avec qui il avait un contact quotidien sur le problème. Lui, à Paris était à l'abri d'une secousse de ce genre. Mais l'intérêt de la Guinée était en jeu à Moscou. Il ne pouvait que prendre l'alerte au sérieux. Mayor répondit positivement à ma demande. Et c'est dans ce cadre que je dus entreprendre ma mission du 30 juillet 1992. Franchement, je le répète, je ne voyais pas beaucoup ce qu'il y avait d'immédiat à gagner. Mais nous n'avions pas le choix. Il fallait tout essayer. Peut-être me disais-je, ma seule venue à l'UNESCO pour parler de ce dossier calmerait tant soit peu les esprits.

J'arrivai à Paris le jour même de l'entretien. Par Sabena, donc via Bruxelles. L'ambassadeur Mamadou Bobo Camara n'était pas au bout du satellite lorsque nous entrions dans les installations de l'aéroport bruxellois.

Je me dirigeai vers les comptoirs Sabena, pour confirmer la continuation sur Paris. J'étais seul de la délégation, les cadres qui m'accompagnaient m'ayant devancé par le vol d'Air France de la vieille. Avant de terminer ces formalités l'ambassadeur était déjà derrière moi. Son petit retard était la répercussion de celui de l'avion à l'arrivée, donc indépendant de sa volonté. Tout était encore fermé au niveau du salon de première classe, le "Président 's Lounge". Nous avions attendu donc comme tout le monde sur les banquettes où un fonctionnaire guinéen, Baldé Souleymane, en service justement à l'UNESCO, sorti du même avion que moi, nous rejoignit.

Sur notre route, une hôtesse de la compagnie Sabena, souriante, nous rencontra. L'ambassadeur, pressé d'être au courant de ce qui se passait au pays, engagea une causerie sur les derniers développements du chemin de la démocratie et du multipartisme en République de Guinée. Et l'ambassadeur, et mon compagnon de voyage de l'UNESCO, et moi-même, sommes tous des Guinéens, mais d'ethnies et de régions naturelles différentes. Je vis à un moment donné que le débat commençait à se colorer de la consonance des visions ethniques comme c'est souvent le cas à Conakry, c'est-à-dire avec cette coloration qui,(hélas !) devient ethnique, presque de la passion partout en Afrique.

Je choisis de ne plus rien dire pour deux raisons. D'abord membre du gouvernement mes avis pouvaient être interprétés et prêtés au gouvernement tout entier, ce qui n'était pas nécessairement la bonne manière. Ensuite membre d'un parti politique caractérisé par des positions indépendantes, comme on dirait chez les autres, on pouvait ne voire que cela, en laissant de côté délibérément la logique des arguments, celle qui m'est toujours chère. L'ambassadeur Bobo et Baldé Souleymane s'étendirent presque trop sur ce débat qui ne me plaisait pas beaucoup. Je n'en rappellerai pas le caractère inacceptable, ni les aspects que je pouvais soutenir.

La deuxième raison c'est que j'étais réellement fatigué. Et à cause de cela, je pouvais dire des choses d'une manière moins bonne que désirable. Je n'étais pas sûr de suivre la rigueur qu'il faut pour rejeter énergiquement les côtés subjectifs et partisans que je voyais dans leurs développements des faits nationaux. En insistant sur ma fatigue je dois dire qu'elle était due au fait que le jour de mon départ de Conakry j'avais travaillé sans relâche de 4h 30 à l'heure de mon embarquement à Gbessia pour Paris via Banjul et donc

Bruxelles. La fatigue était due aussi au fait que l'avion Sabena ne comportant pas de première classe, il y avait à rester presque dans la même position pendant plus de 24 heures en additionnant la position au bureau et celle dans l'avion. Elles étaient similaires.

C'était si difficile qu'à un moment donné, dans l'avion, je voulus dire aux hôtesses de me laisser m'étendre n'importe où sur les moquettes de l'appareil. Je ne fis pas cela pour éviter les interprétations ; mais le chemin était réellement difficile. Revenons au salon de Bruxelles. L'ambassadeur buvait du thé sans cesse, au point qu'à un moment donné il était tombé sur un sachet vide et nous avions trouvé en cela de quoi rire longuement et ainsi, un motif pour les autres de me rejoindre dans mon silence sur les sujets politiques, donc un argument pour parler de la même chose que mes frères à des camps différents, c'est-à-dire la politique en Guinée en 1992. Puis voilà l'heure de nous embarquer pour Paris, Bobo nous conduisit jusqu'à l'entrée de l'appareil et prit congé de nous, avons les bonnes manières qu'on lui reconnaît.

Je voulais rester encore un bout de temps avec lui, tant sa compagnie me plait. Voici Paris, aéroport " Charles de Gaulle ", après une trentaine de minutes seulement de vol. A l'entée du satellite, un seul Guinéen pour me recevoir, Monsieur Fodé Cissé, chargé des questions de l'UNESCO auprès de notre ambassadeur à Paris. Un fonctionnaire des Aéroport de Paris l'accompagnait au pied de la passerelle. Toutes les formes du protocole étaient là comme on sait le faire en France. Les deux hommes me conduisirent dans un spacieux et luxueux salon de la place. Les formalités furent vite faites et nous voici en route pour la ville de Paris. Cissé était au volant tandis que le Français lui n'avait pas quitté l'aéroport. Le jeune Guinéen me rappela que le rendez-vous avec Fédérico Mayor était confirmé pour le même jour 30 juillet 1992 à 16h 30.

Pour l'hôtel je revins où j'étais descendu il y avait deux semaines seulement sur la rue Troyon près de la Place Charles de Gaulle Etoile. Pour un homme fatigué comme je l'étais la première des choses était de sauter dans un lit. Ce que je fis jusqu'à 15 heures. Nous étions au siège de l'UNESCO, Fontenoy, trente minutes avant l'heure de nos entretiens. Cela nous permit de parler avec des fonctionnaires de plusieurs continents réunis là et concernés par le devenir de la culture et de l'éducation dans le monde. Plusieurs d'entre eux sont d'un âge respectable. Leurs expériences étaient visiblement grandes et fructueuses pour les activités de l'UNESCO.

Au nombre des personnes que nous avions rencontrées au protocole du Directeur Général, il y avait un asiatique, et un conseiller, un Malien. Au moment où nous les voyions notre chargé de l'UNESCO cherchait un photographe pour fixer nos entretiens sur papier photo. Et pour cela nous ne pouvions pas connaître qui étaient ces hommes courtois et souriants, assis à côté de nous, non loin des ascenseurs. Au retour de Cissé, il commença par nous les présenter. Puis pour atteindre l'étage où se trouve le bureau du Directeur Général de l'UNESCO nous fûmes dans les ascenseurs énormes de la maison. J'approchai Mayor pour la première fois même si j'étais à ma deuxième à l'UNESCO. J'avais entendu parler de lui à de nombreuses occasions. Et j'étais content de le voir cette fois, physiquement.

Tout de suite il me fit bonne impression : élégant, ouvert, courtois et entouré d'un personnel sachant tourner selon un rythme qui impose l'admiration du visiteur. L'UNESCO est une grande maison qui, comme l'ONU dont elle est une structure spécialisée, a "accompagné l'Afrique " dans les nombreux programmes de prise en charge de l'Education, de la Science et de la Culture, principalement dans les difficultés de l'après colonisation. Du temps de René Maheu déjà , et donc lorsque nous étions encore jeunes étudiants, nous avions pris un heureux goût à lire les documents de l'UNESCO, à en acheter des "bons " qui permettaient aux pays à monnaie non convertible comme le nôtre d'acquérir une documentation variée. Bref à cet âge déjà, le nom de l'UNESCO nous séduisait. Ses méthodes de travail nous attiraient.

L'on se rappelle aussi que l'UNESCO, créée en 1945-1946 comme institution des Nations Unies à pour mission de « contribuer au maintien de la paix et de la sécurité internationales, en resserrant, par l'éducation, la science, la culture et la communication, la collaboration entre nations pour le respect des droits de l'homme et des libertés fondamentales ». Assis devant son premier responsable, tous ces souvenirs me passaient rapidement dans la mémoire et ajoutaient à mon plaisir de faire cette visite.

Pour l'audience, nous avions à dire des choses et d'autres encore. Le principal point était la situation de nos étudiants dans les pays anciennement de démocratie populaire où des faits politiques, économiques et sociaux d'un intérêt particulier étaient en train de se dérouler comme on le sait. Après le mot de bienvenue du Directeur Général, je fis, ce 30 juillet 1992, un exposé succinct et des suggestions sur la question du jour. Mes propositions, préparées d'avance depuis Conakry n'appelaient pas d'interrogations supplémentaires de la part de notre hôte, ni de ses collaborateurs. Je suis sûr que ce jour nous avions apprécié d'avance, et comme il fallait, le sens d'une intervention qui devait être brève pour des raisons de cadre de débat, mais attaché à ne rien laisser de l'essentiel du thème. Visiblement, les hommes qui nous recevaient étaient au courant sans difficulté de ce que nous vivions, de ce que nous avions déjà fait et que nous souhaitions faire avec nos partenaires étrangers. Mayor, reprenant la parole nous le montra à travers ses réponses et propositions. Il avait dit notamment qu'il savait que ce problème était réel pour plusieurs pays du Tiers Monde mais qu'il ne lui avait jamais été soumis en termes aussi nets par un Etat membre. Il fit directement des propositions d'assistance à nos étudiants et chargea une commission de s'occuper de l'ensemble de la question non seulement en Guinée mais aussi dans tous les pays, africains ou non, où elle pose des problèmes similaires. Il nous proposa donc de nous retrouver, avant de quitter la maison, avec les cadres de cette commission.

Les propositions concrètes du Directeur Général furent examinées pour la mise en œuvre des lignes retenues et nos étudiants allaient bénéficier à Moscou et dans les pays anciennement alliés, y compris Cuba, d'une augmentation spéciale de bourse, offerte par l'UNESCO. Avant de quitter son bureau Mayor me rappela qu'il fut lui aussi ministre de l'éducation dans son pays, écrivain aussi, avant de terminer par une plaisanterie « nos routes se ressemblent et voici qu'elles se rencontrent ». Puis il m'offrit un de ses livres de poésie, cordialement dédicacés. Depuis, nous avions gardé des contacts, avec pour mon bonheur, une teinte d'amitié qui ne sera jamais démentie. Et c'est avec plaisir que je voyais que nos collaborateurs des deux côtés en étaient conscients.

Après ce rappel, revenons à 1994, à l'audience du 15 avril. Donc cette dernière fois, en avril 1994, nous avions commencé par rappeler les souvenirs de mes visites antérieures à Paris. Mais très rapidement, car nous avions des choses urgentes et tout aussi utiles à nous dire. Le Directeur Général alla droit au but : sur le Rwanda où l'actualité était tournée avec les journaux, les caméras et tous les reportages qu'on pouvait imaginer décrivaient les confusions, misères, troubles de la conscience humaine. Par extension il en était de même sur l'Afrique avec ses graves crises : la pauvreté, la malnutrition, l'analphabétisme, un retard économique et culturel insupportable pour cette fin du 20ème siècle où le reste du monde se développe en flèche. Jusque là le Directeur Général avait son sourire habituel. Mais en abordant la substance de l'entretien, le sourire disparut rapidement, faisant place à une expression du visage qui montrait le souci et la préoccupation à un niveau élevé.

Mayor rappela alors que la veille il avait exposé ses vues sur ce qui se passait en Afrique et précisément au Rwanda dans une émission sur une chaîne de télévision française. Je n'avais pas vu cette émission mais nos diplomates à Paris m'en avaient parlé. Chacun avait alors compris ce que je savais déjà de l'homme qui parlait : il supporte mal la différence injustement appliquée, le trop grand écart entre les pays riches et l'Afrique dont les Etats s'enlisent de façon dramatique, au vu et au su de tous. Sans réaction appropriée de la part des hommes capables de mettre en œuvre les connaissances et technologies modernes. L'homme reprit, dans cette capacité de synthèse qui marque l'intelligence et la culture, les grandes lignes du débat télévisé de la veille, en insistant sur certaines idées et en levant le ton par moment, non pas pour nous rendre plus responsables des choses que d'autres ou pour nous déplaire mais pour exprimer son refus d'accepter la situation de tout un continent qui chavire, où l'homme se ruine moralement sous les yeux des autres hommes, pourtant ses frères.

Le Directeur Général de l'UNESCO ne déteste vraiment pas l'Afrique et les Africains. A Nairobi, je le vis faire des efforts pour en donner la preuve à la tribune de la conférence sur la science et la technologie en Afrique et aussi avec les artistes de la soirée de clôture de cet événement. Il appréciait les styles de musique du Kenya. Il dansait avec joie, réussissant parfois et dansant moins bien d'autres fois. Dans tous les cas on voyait, on sentait que son cœur tournait au rythme d'un désir de rapprochement entre cet intellectuel du nord et les danseurs d'un Etat du sud. C'est un homme d'une adresse remarquable, dans ses manœuvres publiques, avec comme je l'ai dit un sens admirable de l'analyse bien menée et de la synthèse. Comme le temps d'une audience dans son bureau ne nous permettait pas de revenir sur tout le débat de presse qu'il avait animé, il me fit bénéficier de cette ressource de l'intellectuel de dire beaucoup de choses en peu de mots. Il résuma ses idées avec une clarté qui rendait superflu tout autre détail surtout que nous parlions de choses que je vis tous les jours hélas ! Lui et moi avions déjà débattu de ces crises. Il s'en souvenait et moi aussi.

Le Directeur Général de l'UNESCO insistait sur certains aspects, peut-être pour les autres personnalités qui m'accompagnaient ; il savait mes convictions et je choisis de faire gagner du temps à tous en ne revenant pas sur ce que nous nous étions déjà dit, avec un accord parfait sur presque toute la ligne. Donc de ce côté là j'avais laissé parler mon hôte et l'avais écouté avec un intérêt certain. Sa connaissance des problèmes africains est presque encyclopédique. Mayor peut vous parler de nos problèmes à l'université en Afrique avec la même maîtrise qu'un ministre ayant ce secteur en charge dans son pays. Agissant à la tête de la maison mondiale de la culture je devinais facilement qu'il connaissait aussi les autres continents.

Notre hôte ajouta que ce qu'il avait d'urgent à dire était que pour tout programme vers des solutions de terrain il revient aux Africains d'initier les démarches et que lui, il leur montrerait le caractère universel de sa mission, sa détermination à combattre aux côtés des hommes de tous les horizons lorsqu'ils sont en situations compliquées, sans distinction de religions, de sexes, de races. La puissance de ses bons sentiments pour l'Afrique et pour les Africains se voyait toujours et manifestement.

Il tenait ainsi un langage que Jean Louis Roy m'avait dit quelques heures plus tôt. Par moment je me demandais si les deux hommes, à propos du Rwanda et du reste en Afrique, n'avaient pas eu au préalable des entretiens, c'est-à-dire une série d'analyses concertées, pour harmoniser leur attachement à cet continent qui risque de s'égarer si on ne change pas tas de choses à son égard, si les Africains ne jouent pas mieux pour eux-mêmes.
Lorsque je pris la parole, ce fut pour exprimer mon accord avec lui sur l'analyse qu'il venait de faire et sur la nécessité de faire quelque chose ensemble, les intellectuels Africains devant être en tête comme il a pris soin de le souligner. En réalité je n'avais pas dit grand chose quand à la longueur du propos. Ce n'était pas nécessaire. Mais tout de même j'avais pu insister sur le fait que nous entreprendrions sans délai quelque chose dans le sens d'une importante réunion des hommes de culture d'Afrique et du monde ainsi que toutes les autres bonnes volontés qui partagent les préoccupations que nous étions en train d'examiner.

Reprenant la parole, le Directeur Général de l'UNESCO souligna que personnellement il soutiendrait une telle démarche en précisant que la maison qu'il dirige ne manquerait pas de montrer qu'un tel programme n'est pas étranger à sa mission, ni superflu, même si l'UNESCO n'est pas un grand bailleur de fonds. Pour le suivi de l'idée et d'un éventuel programme M. Kossou, responsables des questions extérieures fut chargé de garder le contact avec nous. Au sortir de notre entretien j'étais désormais fort de deux appuis de poids sur l'idée d'un forum autour des crises actuelles en Afrique : l'ACCT et l'UNESCO. Le lendemain je pris un repos toute la journée à Paris. Le soir je convoquai dans ma chambre à l'hôtel Princesse Caroline l'ambassadeur Dirus Doré qui était descendu à l'hôtel Troyon, juste en face du mien. C'était pour commencer à faire le point de la situation. D'abord le bilan du séjour belge, ensuite ce qu'on pouvait retenir de nos entretiens privés avec l'ACCT et l'UNESCO.

Et la nuit je me mis à marcher tout seul sur la grande Avenue Wagram, allant vers l'Arc de triomphe et revenant dans l'autre sens. Je ne faisais que penser à l'aventure que nous nous préparions à déclencher.

14- Autres contacts à Paris

Dans l'ensemble le déplacement sur Bruxelles doublé de la parenthèse de Paris était positif. Et j'avais ajouté à ces résultats une série de contacts téléphoniques avec certaines personnalités françaises de renom que je connaissais et qui pouvaient s'intéresser au dossier que nous allions ouvrir officiellement à mon retour à Conakry en collaboration avec les hommes de culture du monde.

J'avais appelé notamment à Paris aux bureaux de MM. Edgar Pisani, Michel Joubert, Stéphane Hessel, Michel Dreyfus Schimidt, Bernard Kouchner... Edgar Pisani était en déplacement hors de Paris. Il se trouvait dans un pays arabe d'Afrique du nord. Mais un rendez-vous fut organisé par son secrétariat pour l'ambassadeur Doré que j'avais dû chargé de poursuivre les contacts à Paris et à Rome sur ce projet avant de rentrer à Conakry où des questions urgentes nous attendaient au département.

Le séjour italien de l'ambassadeur fut bref mais il put joindre la FAO, le Vatican et certains hommes de culture. Le ministre Michel Jobert dont le contact nous fut vivement recommandé par Jean Wolf, était à Paris. Un rendez-vous fut pris avec son cabinet pour l'ambassadeur Doré. L'ambassadeur de France, Stéphane Hessel est l'une des personnalités françaises qui m'ont vivement impressionné en un temps très petit par leur puissance intellectuelle et morale. Je l'avais rencontré pour la première fois, mi- février 1994, entre Nairobi et Paris. Nous étions sur des sièges voisins en classe de première dans un appareil d'Air France qui le ramenait du Burundi et du Rwanda où il était chargé de missions spéciales du gouvernement français dans le sens du règlement des problèmes qui y naissaient progressivement et que chacun commençait à redouter pour le Rwanda ou qui finissaient, tout au moins provisoirement, pour le Burundi.

Cet homme en train de prendre de l'âge n'en est pas moins vif, solide et plein d'énergie intellectuelle. J'en ai eu un élément de preuve au cours de la longue causerie que nous avions entretenue tous les deux, pendant plusieurs heures dans l'avion. Il m'avait rappelé au cours de cette intéressante causerie que dans sa longue et brillante carrière diplomatique, l'Afrique a souvent été au centre de ses préoccupations. Il m'avait donné de cette position plusieurs illustrations dont notamment le célèbre rapport qu'il rédigea sous Michel Rocard sur les relations de coopération entre l'Afrique et la France. Ce texte, très clair, fut si véridique que certains grands milieux français ne le voyaient pas d'un œil amical. Selon sa propre interprétation des vérités qui y étaient dites, tout en restant des vérités, risquaient de compromettre certains intérêts. Sa distribution fut d'abord restreinte avant d'être pratiquement bloquée. Sur le sort de son travail, il ne m'avait rient dit. Mais je savais cette histoire comme plusieurs autres personnes.

Il me rappela aussi que pour lui la rupture brutale entre Paris et Conakry, suite au référendum du 28 septembre 1958, aurait pu faire moins de dégâts si le Président Sékou Touré l'avait voulu. L'ambassadeur s'était longuement étendu sur ce désaccord puisqu'il savait que j'étais ministre d'un gouvernement de Conakry et qu'un tel développement avait tout pour m'intéresser, pour être un point inédit d'histoire. Il m'avait rappelé notamment que si certains Français avaient réduit leur amitié pour la Guinée d'autres restaient bien attachés à ce pays qui avait brillé dans l'histoire et restait une terre d'avenir. Le Général de Gaulle savait que l'ambassadeur qui me parlait ainsi était de ceux qui ont toujours porté l'Afrique sur les cœurs et la Guinée en particulier dans leurs bons sentiments. Cette position aurait-elle dicté la désignation de Stéphan Hessel pour une délicate mission en Guinée.

A ce titre il fut, dès 1959, chargé d'un contact spécial d'amitié à Conakry, auprès de Sékou Touré. Ce déplacement aurait fortement contribué à rapprocher les vues des dirigeants des deux pays qui s'étaient perdus pendant si longtemps alors qu'une histoire commune les avait liés pendant tout aussi longtemps, si Sékou Touré n'avait pas fermé toutes les voies du dialogue, selon lui. L'ambassadeur m'avait dit qu'à son arrivée à Conakry pour cette mission rien n'était facile. Toutes les portes étaient bloquées et les esprits aussi fermés au dialogue. Il m'avait dit notamment ceci :

« Au lieu de me recevoir pour écouter mon message, dira-t-il, Sékou Touré, sous l'emprise des siens dont Ismaël Touré, son demi frère, a préféré m'envoyer en tourisme dans le Fouta Djallon. Toutes les formes de la courtoisie et des bonnes manières africaines étaient là. J'en étais fier. Mais l'homme ne m'a pas écouté, et j'ai déploré cela car ma mission aurait pu contribuer comme je l'espérais vivement à détendre les rapports franco-guinéens. Parce que je savais qu'une normalisation de ces rapports arrangerait les deux pays, alors je me mis à insister pour jouer convenablement toute ma carte de ce dossier ; mais je ne pus pas aller plus loin. Sékou était résolu à n'écouter personne hélas !».

L'ambassadeur Stéphane Hessel, en parlant ainsi de la réaction du Président guinéen ne savait peut-être pas que très tôt les dirigeants du pays étaient dans une situation difficile. La notion de complot n'avait pas tardé à envahir la vie sociale et politique. Les gens n'avaient confiance en personne. Ce que firent des responsables français comme Pierre Messmer, Jacques Foccart, et autres, ce que voulaient contre la Guinée les officiers supérieurs français, ... tout cela était connu et appelait une vigilance totale. Tout cela affectait la position du Président et de ses collaborateurs. Ce qui est sûr, c'est qu'au pays du non au Général De Gaulle, deux tendances s'opposaient déjà au moment de la venue en Guinée de Sthépan Hessel pour ne pas dire qu'elles s'affrontaient. Voici ce que retient là-dessus l'historien Sidiki Kobélé Keïta :

« La tendance à analyser le récent passé de notre pays à travers des prismes passionnels est évidente : le prisme de l'adversaire du PDG et celui du militant ou sympathisant du PDG.

« L'objectif de l'adversaire du PDG, n'a jamais varié : essayer de convaincre que le bilan de la Première République est totalement négatif, que tout est à créer, que le choix de la démocratie unitaire a été une erreur monumentale ; que Sékou Touré était naturellement un tyran, un dictateur sanguinaire ; que tous les complots – oui, tous les complots – étaient faux, inventés pour justifier la répression, la liquidation des adversaires politiques (même potentiels), etc. la révolution « zigouilleuse ». Et si l'agression du 22 novembre 1970 était à reprendre, il n'aurait pas hésité à y participer.

« Le militant ou le sympathisant du PDG soutient une thèse contraire. Il affirme d'abord que ceux qui s'accrochent à l'attitude susmentionnée font des douloureux évènements un juteux fonds de commerce indispensable à leur survie. Il remarque que ceux-là ne parlent que de la torture sans aucune allusion aux complots, aux tentatives d'assassinat, aux attentats ; or, la torture n'était pas un phénomène spontané, mais la résultante de ces actes qui sont, par ailleurs, condamnés dans tous les pays.

« Il estime, en outre, qu'on ne peut pas gouverner innocemment, comme l'écrit Jean-Paul Sartre ; que tout régime se défend comme il peut ; que la révolution guinéenne n'éliminait et ne broyait que des traîtres à leur partie ; mais surtout, qu'il est désormais établi que tous les complots – nous disons bien tous les complots que le PDG dénonçait – étaient réels, que la répression était justifiée, le droit du peuple devant être, à tout prix, défendu. Pour lui, seuls ceux qui ont quelque chose à se reprocher refusent tout débat sur les opérations de déstabilisation et se contentent de condamner la pratique de la torture. Il soutient aussi qu'on ne peut avoir milité au sein du front de libération nationale de Guinée (FLNG), du Regroupement des Guinéens à l'Extérieur (RGE), de la Ligue Guinéenne de Libération Nationale (LGLN) et de l'Organisation de Libération de la Guinée (OLG), donc s'être associés aux pires ennemis de la Guinée pendant vingt-six ans et se transformer, comme par enchantement, en censeur de la Première République et en donneur de leçons. Il affirme, également, que rien ne saurait justifier, dans aucune mesure, l'agression contre la Guinée avec la complicité d'une puissance étrangère ennemie, que le peuple a condamné cela et que si une nouvelle agression s'était produite, la répression contre les traîtres aurait été plus terrible.

« Enfin, pour ce qui est des organisations internationales ou des organisations non gouvernementales (ONG) œuvrant pour le respect des droits de l'homme et qui ne cessent de condamner les dirigeants de la Première République, le militant du PDG soutient qu'au lieu de jouer aux pompiers ou de critiquer la manière dont on avait sanctionné les auteurs des différents complots, elles auraient dû, à l'époque, empêcher que les complots n'éclatent. Qui ignorait, se demande-t-il, la détermination des autorités françaises et de leurs potiches guinéennes à liquider le régime et celle tout aussi affirmée du PDG d'en finir avec les opérations de déstabilisation en sévissant contre les traîtres ? Pourquoi n'avoir rien fait, rien tenté alors pour briser l'acharnement aveugle et criminel des ennemis de la Guinée ? Aucune de ces organisations ne s'est attaquée en outre, poursuit-il, aux causes de la répression et encore moins condamné les auteurs des complots, en particulier ceux de l'agression du 22 novembre 1970. Ont-ils même compati aux douleurs des victimes de ces complots ? Le militant du PDG en doute ».

Puis l'ambassadeur m'avait prouvé par un autre élément qu'il était attaché à notre continent en m'informant que malgré son âge il revenait du Burundi et du Rwanda toujours pour contribuer à faire passer les massages de la cohésion entre les éléments du même peuple et entre les nations. Il ne m'avait pas donné de détails sur sa mission mais m'avait indiqué clairement qu'elle était pour arranger le présent, améliorer l'avenir et promouvoir la paix dans tous les pays, en particulier dans les Etats ayant le français comme langue de travail ou comme langue officielle. J'ai gardé de ces instants passés dans le ciel un excellent souvenir. Depuis, le contact ne s'est plus coupé entre Stéphane Hessel et moi. C'est le sens de la proposition que nous lui avions faite d'être avec nous dans le cadre d'une réunion de l'esprit sur le sort difficile de l'Afrique. Sa réponse positive fut rapide. Ce qui ne pouvait me surprendre compte tenu de ce que je viens de souligner et que je savais de lui.

Je voudrais maintenant souligner les circonstances de ma rencontre avec Michel Dreyfus Schmidt, Sénateur du territoire de Belfort en France, Vice-Président du Sénat Français et également Vice-Président du Conseil Mondial des Juifs. C'était le 22 août 1993. J'étais alors en route pour Cotonou au Bénin où j'allais participer à la conférence ministérielle organisée par l'OUA sur la Culture, l'Education et le "Développement. "

L'équipage de l'avion de la compagnie multinationale Air Afrique qui nous transportait entre Abidjan et Cotonou avait indiqué que nous passerions par Lomé au Togo mais que ce serait juste pour embarquer des passagers spéciaux. Quelqu'un de l'équipage me siffla tout doucement à l'oreille qu'il pourrait s'agir d'une partie du groupe qui accompagnait l'ex–président Américain Jimmy Carter à Lomé pour l'observation des élections présidentielles qui venaient de se dérouler au Togo et une autre équipe composée d'observateurs Français venus pour le même scrutin. Nous ne devions retrouver la suite du Président Jimmy Carter qu'à Cotonou, quittant l'hôtel Sofitel pour l'aéroport. Mais le groupe français était bien à l'aéroport de Lomé attendant l'appareil d'Air Afrique qui continuerait sa route sur Paris.

Les radios annonçaient partout que la situation était tendue au Togo et que ceci préoccupait tout le monde. Je voulais à tout moment savoir ce que devenait notre frère Edem Kodjo, ancien Secrétaire Général de l'OUA, écrivain de renom, devenu très actif sur la scène politique de son pays. On nous informera plus tard que Edem Kodjo, leader d'un parti politique ne brillait pas spécialement sur les résultats. Mais il devint Premier Ministre du Président Eyadéma, poste qu'il occupe encore au moment où nous écrivons ces mots. A cause des élections présidentielles qui venaient d'avoir lieu au Togo je crois que plusieurs compagnies aériennes observaient des précautions spéciales de plusieurs manières, le Togo étant dans une turbulence politique intense depuis le début de la vague des nouvelles démocratisations en Afrique.

Au départ de Lomé pour Cotonou, Michel Dreyfus Schmidt, était comme nous l'avons dit à côté de moi, en première classe. Nos sièges se touchaient. Cette rencontre fortuite devait produire des résultats positifs, heureux et qui durent encore aujourd'hui. Le parlementaire français, calme et pensif, venait donc de Lomé où il avait dirigé le groupe d'observateur de son pays venus dans le cadre du scrutin présidentiel du 25 Août au Togo. Après les présentations, l'un à l'autre, je fus le premier à lui demander des nouvelles de ce qui se passait au pays du Général Eyadéma ! Il me répondit très lentement, expression sans doute d'un pessimisme visible lié à la situation qu'il venait de voir au Togo. Il me dira précisément que le groupe de l'opposition avait boudé les opérations et que si Eyadema était sûr de l'emporter, le taux de participation était très faible, surtout dans la capitale où, pour certains bureaux, il n'y avait pas plus de dix votants sur plusieurs certaines de prévus. Les risques d'affrontement, continua-t-il, sont évidents entre les deux parties, à savoir les Togolais favorables au Président Eyadema et ceux de l'opposition.

Le Général Eyadema fut effectivement réélu à 96% des voix exprimées mais avec un taux de participation de30 à 35%. Le 29 août déjà on annonçait la mort d'une quinzaine de militants de l'opposition sur une quarantaine arrêtés pour troubles aux bureaux de vote le 25 août. Le Togo est un modèle spécial dans son genre tumultueux du processus démocratique en Afrique. Nous en reparlons souvent. Aussi me paraît-il important de faire un rappel sur les éléments caractéristiques de ce Etat de l'Afrique de l'Ouest dont la capitale à donné son nom aux accords de coopération entre la CEE et les ACP (Lomé 1, Lomé 2, Lomé 3).

Que peut –on rappeler en quelques mots sur ce pays fertile en péripéties politiques et pourtant jusque là très actif dans la vie internationale ? De nombreuses rencontres à Lomé, célèbres dans le langage des ACP et d'autres sont une des manifestations de son dynamisme sur le plan des contacts internationaux. Le Togo fait une bande d'une centaine de kilomètres de large, étirée du nord au sud sur 600 km. Il est limité au nord par le Burkina Faso (ancienne Haute Volta) et le Nigeria, à l'Ouest par le Ghana (ancienne Côte de l'Or), à l'est par le Bénin (ancien Dahomey) et au sud par l'océan Atlantique à travers le Golfe de Guinée. Sa population de près de 3.500.000 habitants avec un taux de croissance annuel de 2% est, à trois quarts, composée d'agriculteurs Nigéro-Voltaïques au Nord, d'Ewés et Yorubas au centre. Ces Populations pratiquent la culture du manioc, du mais, du mil (principales cultures vivrières) et du cacao, du café, du coton, du palmiste (culture d'exportation.). La seule ressource connue du sous-sol est le phosphate.

Lomé, la capitale est l'unique grand centre urbain.

Portugais, Français, Danois et Britanniques se livrèrent sur ces côtes comme on le sait à une intense traite négrière entre le 16ème et le 17ème siècles. En 1884, des traités de protectorats furent signés entre l'Allemagne et les chefs locaux. Entre 1885 et 1886, des conventions délimitèrent les zones d'influence allemande avec celles de la France et de la Grande-Bretagne. Après la défaite allemande dans la première guerre mondiale, le Togo fut partagé en 1919 -1922 et mis par mandat de la Société des Nations sous le contrôle Français (les 2/3 du pays) et Britannique (la partie occidentale).

En 1946, la partie Française passa sous tutelle de l'ONU, tutelle confiée à Paris qui maintint le territoire dans l'Union Française.

En 1956, le Nord du pays opta pour son rattachement au Ghana où le Dr. N'Krumah était actif et très intéressé par l'avenir du Togo et par une telle option. Sylvanus Olympio, appuyé par le sud du territoire, conduisit le Togo à l'indépendance le 27 avril 1960. Le 13 janvier 1963 très malheureusement le père de cette indépendance fut assassiné et remplacé par Nicolas Grunitsky. Ce fut le premier coup d'Etat africain et son successeur fut renversé à son tour le 13 janvier 1967 par un autre coup d'Etat militaire. Le lieutenant Colonel Etienne Eyadema fut ainsi porté au pouvoir à Lomé. Eyadema, né en 1934 à Pya, près de Lama Kara dans le Nord devint plus tard le Général Gnassingbé Eyadema toujours à la tête de l'Etat. Il assuma son pouvoir sans partage jusqu'aux élections que notre ami Michel Dreyfus Schmidt observa en qualité de chef du groupe français comme nous l'avons souligné plus haut.

Avec Dreyfus Schmidt, je n'eus pas le temps de dire grand chose tant la distance est petite entre Lomé et Cotonou. Surtout qu'un achat de rasoir avec l'équipage nous avait pris un peu des minutes dont nous disposions. Mais nous avions eu le temps d'échanger de cartes de visites et de constater des deux côtes que la situation qui se gâte progressivement en Afrique n'arrange personne, sauf peut-être ceux qui la créent à dessein. J'eus tout de même le temps de remarquer que cet homme avait une connaissance large des problèmes du monde et ceux de l'Afrique en particulier. Il analysait les situations d'une manière qui rendait la causerie intéressante pour nos propres projets futurs. Je ne m'étais pas trompé sur l'idée que j'ai gardée de lui. La suite de nos contacts le prouva. Il aime l'Afrique et les Africains. Il est prêt à se battre pour eux, pour des changements dans les bonnes directions.

En effet, pour revenir à notre récit de la mission de Bruxelles, lorsque, à Paris après nos audiences avec l'ACCT et l'UNESCO, je l'appelai à partir de l'aérogare Charles de Gaulle, il n'était pas à Paris mais à Belfort, en province, où il passe l'essentiel des week-ends, il avait alors réagi à l'exposé que je lui fis comme je m'y attendais ; positivement. Il accepta sans difficulté de travailler avec nous dans toute la mesure de ses moyens et surtout dans la mesure de la disponibilité de son temps. Son calendrier étant, je le sais et vous le devinez, très chargé. C'était donc un homme de culture de plus dans le circuit. J'étais heureux au sortir de ce contact et l'ambassadeur Doré aussi à qui j'avais parlé largement de lui en était tout aussi content.

C'était tout pour cette fois à Paris. Avec le même esprit, le même programme, la volonté d'assurer les mêmes engagements, nous y repasserons à plusieurs reprises. A chaque occasion notre regard et notre action portaient sur ces centres d'intérêt importants. Je revins donc à Conakry, fort des grands contacts et des réponses positives que nous avions enregistrés partout. Au désespoir et à l'incertitude qui me secouaient au départ dans l'avion entre Nairobi et Paris en février 1994 succédaient alors une lueur plus claire et des raisons d'espérer, plus fermes ; même si celles- ci étaient prudentes, car j'ai appris à connaître les hommes ; je crois connaître certains aspects de notre univers et des facteurs qui déterminent son évolution, c'est-à-dire ses aventures.

La leçon que je tire aujourd'hui est que rien ne doit remplacer la prudence et la juste mesure. Etre sûr des gens et des situations est une bonne disposition. Mais attendre de voir ce qui peut arriver est un meilleur choix. C'est là une vérité si souvent vérifiée, rarement démentie et qui sert à des moments difficiles. Ma visite à Moscou et à Kiev telle que annoncée aux étudiants aura lieu elle aussi avec la découverte pour moi de grands changements au pays qui fut le royaume léniniste. Le monde tourne, et beaucoup de choses changent qui montrent que tout est possible. Chacun de nous peut espérer et trouver sa raison de vivre.

15- Mission à Kiev et à Moscou.

Le mardi 15 juin, je quittai Conakry, accompagné de deux cadres, pour Kiev et Moscou via Paris juste pour un transit à l'aérogare Charles de Gaulle, puis via Vienne en Autriche pour deux heures d'attente, le temps de trouver une correspondance, là- aussi à l'aérogare.

Au moment de notre passage dans la capitale Autrichienne il s'y tenait une conférence des Nations Unies sur les droits de l'homme. Notre pays y était représenté par Salifou Sylla, alors ministre de la justice Garde des sceaux. J'avais bien envie d'aller dans la salle de cette réunion qui parlait d'un dossier aussi actuel, aussi urgent, aussi controversé que le droit de l'homme à la vie, à la liberté, au travail,... Mon désir presque sans explication puisque je n'étais pas ministre de la justice, était motivé par le fait que tous les thèmes du débat annoncé sont au menu quotidien de nos préoccupations, nous citoyens, nous enseignants, nous gouvernants ou leaders politiques. Je voulais entendre à chaud et à vif le point de vue des invités de ce forum, apprécier comment les hommes des Nations Unies et les représentants des Etats parleraient de ce qui arrivait en Bosnie, dans le Golfe Persique, au

Rwanda, au Liberia à côté de nous, en Somalie, au Soudan, au Zaïre et pourquoi pas en Guinée et dans le reste du monde, principalement en ce qui concerne la raison pour l'homme de vivre en maîtrisant sont destin à lui dans le respect de celui des autres. Nul n'oubliera que la tache des représentants est dure dans un monde où la violence sévit, où l'argent est roi, où surtout le faible est écrasé ménagement parce qu'il est fragile. Je me disais tout bas que si à une occasion aussi bonne il m'était donnée la possibilité de parler, j'aurais dénoncé dans le respect de toutes les courtoisies désirables mais sans hésitation, la classe des fauteurs de troubles qui se développe sur les continents en se dissimulant par-ci, en criant victoire sur les misérables par-là. Affichant une hégémonie insoutenable par tous les côtes en faisant finalement des malades, des démunis, des exclus, des désemparés sans recours, des morts, cette classe doit être dénoncée et combattue.

Je n'aurais pas hésité non plus à relever que tant de mauvaises situations arrivent parce que nous laissons les coupables faire, soit parce que ces derniers sont nos amis, soit parce qu'ils sont de notre famille biologique ou idéologique ou de nos pays, soit parce qu'ils disent et font ce que nous voulons entendre et voir se réaliser ; soit enfin parce que la douleur humaine ne dit rien à tant de gens. Chacun de nous sait en effet que plusieurs grands Messieurs et de grandes Dames aussi, ne parlent de la faim, de la souffrance et de la maladie que parce qu'ils sont à des postes où il faut le faire. Ils n'ont jamais eu réellement faim, leurs enfants non plus. Leurs petits enfants certainement n'auront jamais faim. Autrement il n'en dirait rien parce que estimant sans scrupule que puisque nous naissons il faut souffrir, gémir et mourir comme dit le héros du roman, sans murmure au risque d'être traité de lâche.

Oui, il faut tenir dans la persévérance et l'effort, chacun de nous le sait. Mais qui ignore aujourd'hui qu'il ne sert à rien de se battre contre ceux qui ont tout pour faire tout ? Et lorsque ceux-là ont le simple mal de tête, ils secouent la terre, remuant les mers et perturbant les âmes pour faire sentir qu'il se passe un fait important pour tous. Lorsqu'ils perdent un membre de leurs familles on se rend compte que finalement eux- aussi ont une idée de la douleur par suite de la séparation d'avec un proche. Pendant que mes deux collaborateurs qui faisaient la mission avec moi marchaient d'une boutique à l'autre, j'étais quant à moi assis dans un coin, assailli par ces idées et admirant aussi le fait que le grand monde qui bougeait sous nos yeux à l'aéroport de Vienne était fort silencieux comparé à ce que ferait un groupement semblable dans un aérogare de cette dimension chez nous par exemple ; chacun faisait ici ce qu'il avait à faire et n'avait pas besoin de dire plus que ce qu'il fallait pour avoir une information ou pour payer une facture.

Ceci était –il la marque d'un certain développement, d'une certaine culture ou l'expression d'une indifférence ? Alors l'attitude contraire produirait-elle chez nous par exemple l'expression d'une absence de développement source d'irritation, d'exclamation inutile ou celle de la volonté de montrer une présence qui n'aurait que cela pour se prononcer ?

Puis nous voici à Kiev, capitale de la République d'Ukraine, après une heure et demie de vol à partir de Vienne, juste en fin d'après-midi. Puisque nous étions invités par les autorités de ce pays chacun de nous s'attendait à une arrivée organisée avec un protocole dans les formes, fut-il simple et modeste. Si notre ambassadeur, le Commandant Chérif Diallo, était là avec quelques Guinéens, du côté ukrainien, nous avions dû attendre trois bons quarts d'heure pour savoir qui s'occuperait de nous, ce que nous fîmes calmement en attendait ce qui était possible. L'ambassadeur avait l'air perdu et des Ukrainiens non liés à notre mission entraient et sortaient de la salle où nous étions installés, sans grand souci des bonnes manières du style léniniste que je connaissais pour avoir visité l'Union Soviétique à plusieurs reprises.

En effet, sous la Première République de Guinée j'avais fait plusieurs missions en URSS comme membre de délégations officielles. L'accueil était toujours plein de pompe et de charme, réglé par des bureaux du puissant parti communiste, vigilant et omniprésent, exécuté par des agents entraînés dans les moindres détails. Nul dans le circuit ne pouvait se permettre la moindre fausse note, et c'était pareil dans tous les Etats de l'Union. Chacun sortait de ce genre d'opérations perdant ou gagnant, ce qui, dans ce dernier cas se traduisait par des récompenses dont l'entrée dans le parti ou dans l'une de ses nombreuses structures.

J'étais alors allé en plusieurs lieux : Sotchi au bord de la Mer Noire, Leningrad aujourd'hui redevenu Saint Petersburg, Erevan en Arménie, Yalta en Crimée, Bakou en Azerbaïdjan, Simphéropol, Sébastopol. Une demi-douzaine de professeurs de l'IPGANC qui nous parlaient si souvent de leur pays, de Kiev, d'Odessa, de Kharkov, venaient d'Ukraine. Le plus célèbre de ce groupe pour son attachement à son pays était M. Belik, un ancien de la 2ème guerre mondiale redevenu enseignant. Un autre non moins célèbre reste le Professeur Dionis Tsitsiliano célèbre physicien de réputation mondiale pour ses travaux en physique nucléaire et qui fut le directeur de ma thèse de physique à la sortie de l'IPC : Théorie du corps noir et physique nucléaire.

Alors en arrivant en Ukraine tel que je voyais les choses, j'étais comme perdu, je ne retrouvais rien de l'enthousiasme d'antan. Les gens étaient plutôt froids. Comme si rien ne les intéressait. Et avant l'arrivée à l'aéroport de la personne chargée de nous attendre à la place de mon homologue Ukrainien, notre ambassadeur se battait par tous les moyens pour que rien ne soit loupé. Je comprenais son malaise et pour l'apaiser je l'appelais de temps en temps, et ouvrais un entretien avec lui sur des sujets variés. Mais à tout moment je voyais qu'il était mal à l'aise. C'est un peu le mal ou le bonheur des diplomates. Face à une délégation d'un certain niveau, ils veulent donner sans faute la preuve qu'ils connaissent le pays où ils exercent et qu'ils maîtrisent leur métier pour défendre les intérêts de leur pays.

A l'arrivée de l'homme que nous attendions l'ambassadeur était comme fortement soulagé. Pas complètement en fait parce qu'il s'attendait à la présence à l'aéroport de Petro M. Talantchouk, mon homologue qui dut se faire remplacer par un autre cadre. C'était inhabituel surtout dans un pays qui sort du communisme pur et dur. En fait ce que nous étions en train de vivre traduisait l'atmosphère d'une tension qui existait dans le pays hôte. Une grève des mineurs et d'autres corporations était en cours dans les villes comme dans le reste des quinze Etats de l'ancienne Union Soviétique. Celle-ci était composée jadis de l'Arménie, l'Azerbaïdjan, la Biélorussie, l'Estonie, la Géorgie, le Kazakhstan, le Kirghizistan, la Lettonie, la Lituanie, la Moldavie, l'Ouzbékistan, la Russie, le Tadjikistan, le Turkménistan, et l'Ukraine. L'on sait que les débuts de l'Union Soviétique remontent à l'année 1917, au lendemain de la Révolution d'Octobre.

Grande région agricole, s'étendant sur une bonne partie du bassin houiller du Donbass et englobant de grandes potentialités hydroélectriques, l'Ukraine fit son entrée dans cette Union en 1922, année à laquelle Staline devint secrétaire général de parti communiste et succéda à Lénine, mort en 1924. Staline élimina ensuite de la direction du parti communiste Zinoviev qui dirigea le comité exécutif de l'Internationale communiste de 1919 à 1926, Kamenev, autre proche de Lénine, et Trotski, fondateur de l'Armée rouge, commissaire du peuple à la guerre de 1918 à 1925 et promoteur de la Révolution permanente.

Staline devint tout puissant, domina la scène politique Soviétique et fut une figure mondiale. Il mourut en 1953. Puis se succédèrent à la tête du pays : Nikita Khrouchtchev décédé en 1964, Léonid Brejnev mort en 1982, Youri Andropov mort à son tour en 1984, Oustimovitch Tchernenko mort en 1985, Mikhaïl Gorbatchev. Ce dernier engagea de profondes réformes connues sous le nom de perestroïka. Elles furent axées en principe sur une plus grande efficacité économique, une démocratisation effective, la relance de la lutte contre le Stalinisme et le désengagement de l'Union sur plusieurs terrains de la lutte de l'armée soviétique à l'étranger, notamment en Afghanistan en février 1989. Il reprit les relations avec Pékin, accepta la réunification de l'Allemagne, le principe d'élections à candidatures multiples. Gorbatchev fut élu à la présidence de l'URSS par le congrès des députés du peuple en 1990. Le rôle dirigeant du parti n'existait plus.

Dans cette évolution, les revendications nationales s'organisèrent dans les 15 Etats. Elles se précisèrent à des dates différentes pour les unes et les autres et menacent aujourd'hui la survie de l'URSS. En août 1991, une tentative de coup d'Etat organisée par des conservateurs procommunistes contre Gorbatchev et ses reformes échoua suite à une résistance organisée par Boris Eltsine, le leader de l'opposition démocratique en Russie. Cette action fut suivie de la reconnaissance, en septembre de la même année, de l'indépendance des pays baltes (Estonie, Lettonie, Lituanie) et de la dissolution de l'Union des Républiques Socialistes Soviétiques. Gorbatchev démissionna en décembre 1991. Suite aux élections et aux suffrages universels qui le portèrent à la présidence de la Russie en 1991, Boris Eltsine prit la direction de son pays qui s'associa à la Biélorussie, à la Moldavie à l'Ukraine, aux républiques d'Asie centrale et du Caucase, à l'exception de la Géorgie, pour créer après la proclamation de leurs Indépendances, la Communauté des Etats Indépendants (CEI).

En août 1991 le Soviet suprême de l'URSS avait proclamé l'Indépendance de l'Ukraine avant son adhésion à la CEI. Les communistes emportèrent les premières élections organisées dans le pays. Mais très tôt des désaccords apparurent entre l'Ukraine et la Russie, chacune des parties restant attachées à ses intérêts principalement ceux se trouvant en Crimée et sur la flotte de la Mer Noire jadis propriété de l'Union et que réclame chacune des parties. La solution de ce problème fut des plus délicates, ce qui exigeait des rencontres fréquentes entre autorités Russes et Ukrainiennes. L'on sait aussi que l'URSS disposait en Ukraine d'un important arsenal nucléaire dont les Américains demandèrent et obtinrent le démantèlement par un accord signé en 1994 par Leonid Kravtchouk, Boris Ieltsine et Bill Clinton .L'accident de Tchernobyl en 1986 avec l'explosion d'un réacteur nucléaire et qui entraîna une énorme pollution radioactive de l'environnement est un aspect de ce potentiel nucléaire soviétique en Ukraine.

Mais si la situation des relations extérieures du pays avec les grandes puissances n'était pas des plus simples, celle intérieure restait, elle aussi peu calme. A notre arrivée à Kiev, des élections étaient en vue pour de nouvelles présidentielles. Des désaccords nés au sein de l'équipe dirigeante sur les grands dossiers du moment étaient visibles. La société tout entière, dans l'apprentissage d'un nouveau régime politique montrait ses insuccès et ses acquis positifs. Bref à notre venue en Ukraine tout était en mouvement, tout se remuait et changeait.

Voilà pourquoi les responsables étaient pris à fond. Et le secrétaire général de l'ONU, arrivé 24 heures après nous dans la capitale ukrainienne avait sans doute comprit cette tension palpable. Il était dans un hôtel juste en face du nôtre. Une rue nous séparait. Et devant cet établissement non loin du parlement on voyait chaque jour des ouvriers en grève qui défilaient dans les rues avec en main leurs outils et portant leurs casques de travail.

Pour la suite, notre séjour ukrainien portait sur des points essentiels, au ministère Ukrainien de l'Education Nationale, des affaires étrangères, à l'académie des sciences, à l'académie de la police, une réunion avec les étudiants guinéens en Ukraine suivie de la visite d'une université de la capitale. Au ministère ukrainien de l'éducation nationale, mon homologue du pays était là, l'accueil était simple mais cordial et amical. Il y eut la signature d'importants accords sur l'éducation nationale de Guinée et les bourses de nos étudiants en Ukraine.

Aux Affaires Etrangères, j'avais une mission particulière qui sortait quelque peu de mon rôle de ministre d'un secteur de l'éducation nationale en Guinée. J'avais reçu instructions du conseil des ministres de représenter mon homologue Ibrahima Sylla des Affaires Etrangères à la cérémonie devant marquer l'ouverture officielle des relations diplomatiques entre l'Etat indépendant d'Ukraine et la République de Guinée. Ce travail fut fait le 18 juin 1993 au cours d'une impressionnante cérémonie.

Prenant alors la parole, après nos hôtes, j'avais eu l'honneur de saluer la marche de l'Ukraine vers son autonomie et sa souveraineté, vers sa nouvelle vie internationale dans laquelle la Guinée s'engageait à jouer un rôle essentiel de pays ami qui n'oublierait jamais l'apport de l'URSS à la lutte pour la consolidation de son indépendance et de sa souveraineté. Parlant de l'URSS, devais-je souligner, on pense toujours au rang prépondérant que l'Ukraine occupait dans cette union des Républiques socialistes et en particulier au travail fait en Guinée par de très nombreux professeurs ukrainiens ayant contribué au démarrage de notre enseignement supérieur à l'IPC. Je rappelai aussi la coopération dans les relations minières, l'usine Nikolaïev qui reçoit la bauxite de l'Office des Bauxites de Kindia (OBK) se trouvant en Ukraine. Et d'autres secteurs où les relations internationales se développent entre les deux pays furent relevés, salués et appelés à se renforcer.

Puis par des signatures d'usage les relations diplomatiques furent ouvertes entre nos deux républiques. A l'Académie des Sciences d'Ukraine notre délégation avait fait l'objet d'un accueil excellent par un protocole de haut niveau, dans la matinée du 18 juin 1993. Le patron des lieux, Boris Paton n'était pas là. A 76 ans, il lui arrivait de commencer à donner les signes du grand âge. Mais ses adjoints et autres lieutenants étaient présents, rodés dans tout ce qu'il y avait à faire. Il y eut des discours de bienvenue, du thé et du café, puis une visite des lieux. A chaque niveau un guide initié pour ne pas dire bien entraîné nous expliquait tout en commençant par l'histoire du point qu'on visitait. On pouvait voir encore les marques de l'URSS avec une discipline et une application sans faille au métier.

Puis ce fut un déjeuner complet. Autour des tables il y avait l'ensemble des travailleurs présents, c'était à peu près l'heure d'une sorte de pause, nos guides officiels des Affaires Etrangères et de l'Enseignement Supérieur d'Ukraine et notre délégation. De temps en temps, quelqu'un de la maison, bien entraîné aussi, se levait pour nous parler de l'ensemble de l'Académie, de son histoire, de sa mission, des acquis et aussi du grand patron absent ce jour, Boris Paton dont on prononçait toujours le nom avec une certaine adoration, un respect très prononcé.

Les activités du Centre de Recherches Scientifiques et Océanographiques de Rogbanè (CERESCOR) de Ratoma à Conakry où nous avons une forte coopération avec l'Ukraine étaient au menu des entretiens. Son Directeur Général le Docteur Sékou Konaté dût rester pour poursuivre les entretiens avec nos hôtes de l'académie des sciences pour toute la journée. Les conclusions du travail fait sur place furent consignées dans le procès verbal final du séjour à Kiev. C'était par des prises de photos, par des échanges de cadeaux et par des salutations cordiales que devait se terminer cette belle cérémonie dont les principaux acteurs me restent encore en mémoire. Il y eut aussi la visite de l'académie de la police de l'Ukraine qui relève du ministère de l'intérieur de ce pays et, là aussi, notre délégation fut bien reçue. Le dernier rendez-vous de taille, après un repos programmé, fut une rencontre avec les étudiants guinéens, bien entendu en présence de nos hôtes ukrainiens et de notre ambassadeur Chérif Diallo à Moscou.

C'était dans une des salles de réunion du ministère de l'éducation nationale. Nos étudiants étaient nombreux au rendez-vous. La salle était pleine à craquer. C'était un privilège pour nos jeunes d'avoir directement en face l'homme en charge de leurs dossiers à Conakry. Il y eut avec eux une sorte de conférence débats avec beaucoup de questions et de contributions de réponses aux interrogations soulevées. Nous avions essayé de notre côté de donner des réactions aussi appropriées que possibles. Tout s'était bien déroulé à la satisfaction de toutes les parties. Le jour même de notre retour une visite nous fut proposée dans des facultés de l'université des sciences économiques et juridiques de Kiev. L'étape suivante fut Moscou où nous arrivâmes le 18 juin 1993 en fin de soirée. Le lendemain, un grand dîner fut préparé dans un espace ouvert à de nombreuses personnes : des diplomates de pays africains, les représentants de nos étudiants en Russie et naturellement beaucoup de Russes de plusieurs catégories. Mon homologue russe et ses cadres étaient là. Chacun pouvait manger les plats de son choix et la liste était longue.

Nous étions à hôtel Ukraina, un établissement moyen de Moscou où on pouvait voir des changements par rapport à la vie sous le régime léniniste. Certaines choses avaient changé dan le bon sens, d'autres dans une direction moins heureuse. Les différents signes se voyaient au restaurant, dans le comportement du personnel. Et surtout, surtout, on avait dehors une foule de mendiants, principalement de très jolies dames qui se livraient à cette hideuse pratique, une conduite qui débouchait et débouche toujours sur le scandale de la prostitution, chose que nul ne pouvait imaginer du temps de Brejner par exemple. Ceci était impensable sous le régime bolchevique en général.

Avant de quitter Moscou nous avions eu un entretien serré avec les responsables du ministère russe de l'éducation nationale dont le chef du département lui-même. La réunion avec les officiels Russes eut lieu le 21 juin 1993 au ministère de l'Enseignement Supérieur et de la Science appelé Comité d'Etat pour l'Ecole Supérieur et la Science. Dans son mot de bienvenue le ministre russe prit soin de redéfinir en détails les nouvelles conditions de la coopération de son pays avec l'étranger en matière d'enseignement supérieur et de la recherche scientifique. Il insista surtout sur deux facteurs : - la gratuité des bourses d'enseignement pour les étudiants étrangers ne peut plus continuer ; - la situation économique en Russie est difficile et cela affecte tout ce qui se fait, à l'intérieur comme à l'extérieur, dira-t-il. Je compris le message et m'y attendais. Mais le Guinéen que je suis, fut obligé de comprendre et de se souvenir aussi. Hier n'est pas si loin.

Dans mon propos réponse, je commençai par faire un bref rappel et l'historique des relations entre l'URSS et la République de Guinée née du vote historique du 28 septembre 1958. Je soulignai que les temps étant difficiles partout la Russie et la Guinée devaient le savoir et s'adapter chacune à sa manière. C'est le sens de notre présence à Moscou, avais-je ajouté- J'insistai particulièrement sur le devoir de mon pays de ne jamais oublier que l'URSS avait joué un rôle prépondérant dans la consolidation de notre indépendance et surtout dans la naissance de notre université nationale dont la première promotion de fin d'Etudes prit le nom de Lénine. J'exprimai ensuite la volonté de la Guinée de poursuivre et de renforcer la coopération avec la Russie. Ceci n'est pas seulement un devoir de mémoire, mais surtout le plaisir de lier le présent au passé. Après ces allocutions une commission conjointe Russie – Guinée fut mise sur pied qui prépara des documents à soumettre à la signature des deux ministres.

Un déjeuner fut offert en notre honneur par les officiels russes à l'hôtel Prague avec au menu des spécialités russes, des gelées, du poisson, de la viande et des fruits importés comme la banane, l'ananas,... Nous avions eu aussi une visite touristique en compagnie de Mme Marina qui représentait mon homologue russe et Mme Olga pour interpréter. Nous avions ainsi admiré le Mont Lénine, les alentours du Kremlin, des cathédrales anciennes, ...Une dernière rencontre eut lieu avec nos étudiants. Ceux-là même qui avaient investi la chancellerie deux mois plus tôt. Ce débat fut très long. Il eut lieu à la chancellerie de notre représentation diplomatique à Moscou. Y étaient conviés tous les étudiants se trouvant dans les pays de la Communauté d'Etats Indépendants (CEI) créée comme on le sait et je le répète en décembre 1991 par les républiques de l'ancienne Union des Républiques Socialistes, Soviétiques.

Les points inscrits à l'ordre du jour avec nos étudiants étaient les suivants : le nouveau régime des bourses en CEI, l'avion Charter, la question de l'augmentation du taux des compléments des bourses, les stages, la sécurité des étudiants face à la montée du racisme dans ces pays, la représentation des étudiants au niveau des villes, le payement des bourses. Je pris soin de laisser tout le monde parler, en notant l'essentiel pour préparer mon tour de parole. L'ambassadeur Chérif Diallo, prit la parole aussi à plusieurs reprises. Il craignait un dérapage qui ne se produisit pas. Lorsque je donnai une réponse précise à chacune des questions tous les murmures et mouvements d'indisciplinés disparurent progressivement. Les mesures qui furent annoncées pour calmer toute la situation était la source d'un soulagement qui se voyait. Nous avions terminé tous par manger ensemble, étudiants, diplomates guinéens et délégués venus de Conakry.

Toutes les craintes qui pouvaient nous habiter cédèrent la place à l'entente et à une sorte d'amitié qui me rappelait ma visite à l'Université Julius Nyerere de Kankan. C'était finalement agréable d'avoir fait ce déplacement. L'ambassadeur en était plus heureux que tout le monde, lui qui fut mal sous sa peau lorsque les étudiants investissaient les bureaux de la chancellerie.

SIXIEME PARTIE

UN ENGAGEMENT INACHEVE

« Tant qu'un peuple ne sera pas politiquement libre, les autres ne lui accorderont pas le respect qu'il mérite. Il est impossible de parler de l'égalité des peuples sous tout autre rapport. Un peuple qui n'a pas son gouvernement à lui ne peut pas dans ses relations avec d'autres peuples, s'attendre aux mêmes égards dont jouissent les habitants des Etats souverains et indépendants. Il vaut mieux être libre de se gouverner, bien ou mal, que d'être gouverné par qui que ce soit. »

Dr Kwamé N'Krumah

Autobiographie de Kwamé Krumah

Page 11, 1960

1- L'ardeur pour un colloque sur l'Afrique

« La vie ne compte que parce qu'on a fait quelque chose de positif avant de mourir »

Proverbe Kissi

Au cours de mes déplacements hors de Conakry, en Afrique comme hors du continent, j'ai toujours eu à débattre avec certaines personnes de la situation des crises permanentes qui secouent l'Afrique, et ceci principalement à partir de mon séjour au Kenya dans le cadre de la conférence de l'UNESCO sur l'Afrique. C'est en effet à partir de ce moment que je commençai à envisager, avec ceux qui s'y intéressaient, l'organisation d'une rencontre de haut niveau, sur les crises en Afrique. Il s'agissait de faire un tel travail en République de Guinée avec l'Association Pan -Africaine des Ecrivains mais avec les Africains et amis de l'Afrique qui s'impliqueraient volontairement. Comme j'étais alors membre du gouvernement de mon pays et souhaitant organiser un rendez-vous d'un haut niveau, et l'APAE, et nous-mêmes, initiateurs, ne devrions être que des vecteurs d'un message.

Le niveau des participants devrait être celui de femmes et d'hommes assez forts pour imposer le respect des démarches à convenir pour changer la donne sur le terrain et améliorer la vie en Afrique. Concrètement on pourrait ouvrir le débat sur la pauvreté et la misère, les désaccords entre les fils d'un même pays, les incompréhensions entre nos Etats et le reste du monde auquel nous fournissons tant de matières premières essentielles et qui, transformées là-bas, nous reviennent difficilement et trop chères. Si notre continent recule au moment où le reste de la planète progresse sans cesse, ceci est inacceptable. Et donc, se retrouver autour de la question ne peut être une conférence de plus comme certains avaient pu l'affirmer et le craindre.

Les participants devraient être les sages d'ici et d'ailleurs qui ont des expériences et connaissances du terrain, donc des personnalités incontournables, même si ces cadres n'avaient pas toujours réussi à contenir les problèmes. Les plus indiqués dans cette catégorie nous paraissaient être les chefs d'Etats, anciens et en exercice qui pouvaient trouver un intérêt à une telle initiative. L'autre catégorie pouvait être la classe des écrivains et celle combien étendue des intellectuels et universitaires, anciens ou en activité; c'est-à-dire ces autres personnalités de l'esprit qui pensent toujours à l'homme dans la bonne direction, pour le porter à réaliser que la vie vaut d'être vécue et qu'elle peut être belle malgré les mélanges inévitables avec des goûts pas toujours agréables.

Sur ce, les premiers cadres approchés pour réfléchir sur les premières idées proposèrent l'organisation d'un colloque international sur le thème central : «L'Afrique et la démocratisation, le rôle de l'intellectuel et du sage». Le projet ainsi consigné prendrait en compte, en vue d'une réflexion et de débats profonds, les problèmes qui sont à l'origine des crises. Le mercredi 20 avril 1994 à 12 h, je rencontrai le chef de l'Etat guinéen, le Général Lansana Conté. Je lui expliquai en détails ce à quoi nous, un certain nombre de personnes avions pensé. Je précisai que pour une telle affaire, à un tel niveau, il lui revenait de prendre l'initiative au nom de ce pays souverain qu'on appelle la Guinée, celle du non au Général de Gaulle, celle des bons combats de toujours pour l'homme et pour l'Afrique, celle de la reconquête des indépendances africaines dont elle a porté le drapeau.

Le Président réfléchit un petit instant et me répondit par un oui total, un accord sur toute la ligne. Comme j'attirai son attention sur les moyens financiers, la disponibilité des hommes, la célérité des communications et les contacts afférents au programme, le Général me répondit qu'on ne réalise pas de grandes choses sans risques, que lui croyait personnellement que ce colloque donnerait à la République de Guinée une dimension renforcée à notre pays sur la scène nationale et internationale et avant de nous demander de travailler avec qui il faut pour faire les premiers jets du programme. « Je suis prêt à tout faire, dira-t-il, pour la réussite d'une telle conférence, jusqu'à financer de ma propre poche, s'il le faut, à titre personnel, certains volets ».

La rencontre de ce 20 avril fut donc bonne et j'en fus réconforté. Le même jour, fort de cet accord, je commençai à rencontrer des Guinéens qui, à mes yeux, avaient une bonne expérience des questions internationales et surtout africaines. Une équipe de réflexion et de suivi fut mise en place.

- Bah Jules, Galéma Guilavogui, Mouctar Diallo, Docteur Sikhé Camara, Maître Paul Louis Faber, tous anciens ministres et déjà autour de moi depuis longtemps comme conseillers au département ou au titre de l'Association Pan Africaine des écrivains, furent contactés, un à un d'abord, puis réunis. Ce fut également le cas pour mes autres conseillers en particulier ceux qui furent chefs de missions diplomatiques guinéennes à l'étranger comme Dialé Dirus Doré, Fodé Lamine Touré. Cette équipe et d'autres personnalités préparèrent le document demandé par le Général Conté et qui lui fut soumis rapidement.

- Je contactai aussi, certains bien avant, les membres du Conseil Exécutif de PAWA, terme par lequel nous désignons couramment l'Association Pan Africaine des Ecrivains dans sa signification en anglais (Pan-Africain Writers' Association). Je leur indiquai à chaque fois, que si une telle réunion sur l'Afrique avait lieu dans le cadre de PAWA, ceci ajouterait à notre bilan une note distinguée et hautement positivement. De ce côté il n'y eut pas de problème. Tout le monde était d'accord. Les petites hésitations de Okai à Accra n'eurent pas d'effet. Au cours d'une réunion du conseil Exécutif à Accra encore, il se rallia à la majorité et, on pouvait avancer. Faire le colloque avec PAWA enlèverait à l'évènement un quelconque caractère gouvernemental. Mais il pouvait être présidé par toute grande personnalité.

Puis une autre rencontre avec le Général Conté, cette fois je fus accompagné de certains des conseillers en charge du dossier pour demander au chef de l'Etat si nous pouvions commencer à contacter les personnalités étrangères. L'accord fut encore immédiat. Il nous demanda de lui soumettre, par le Secrétaire Général de la Présidence de la République, les lettres à adresser aux anciens et actuels chefs d'Etats étrangers à titre personnel. Alors je pouvais commencer à parler de tout à mes collègues guinéens. J'avais pris soin de préparer le Président à la rencontre générale avec les ministres, je savais, d'expérience, que là certains n'hésiteraient pas à freiner tout.

Le vendredi 22 avril 1994, très tôt le matin je rencontrai le ministre des Affaires Etrangères, Ibrahima Sylla, pour lui parler du colloque et lui expliquer ce que je m'étais déjà dit avec le Président de la République. En principe il ne trouva pas d'inconvénient majeur, fut d'accord avec nous. Mais exprima des réserves sur les objectifs à atteindre et insista aussi sur la modestie pour ne pas dire la petitesse de notre parc. Automobile, sur une situation égale pour la capacité d'accueil des hôtels de la capitale. Dans tous les cas il me demanda de garder le contact avec lui. Et pour que cela circulât bien il mit Falilou Bah, son chef de protocole, à notre disposition pour passer aux nouvelles tous les matins à notre département. J'avais compris ce que je devais savoir plus tard qu'il avait parlé avec le Président et que celui-ci lui avait donné consigne de mettre toutes les ambassades guinéennes à contribution pour que chacun à son poste fasse ce qu'il lui revenait de faire dans le sens de soutenir toutes les démarches.

Je rencontrai aussi les ministres Assifat Dorank Diasseni alors ministre de la jeunesse et de la culture et René Fassou Loua ministre de l'emploi et de la fonction publique qui m'aidèrent souvent à affiner la réflexion, puis d'autres aussi qui se montrèrent très intéressés, en tous cas en privé. A l'extérieur je relançai plusieurs hommes de renom avec lesquels j'avais déjà parlé au cours de mes missions: Jean Wolf en Belgique, Stéphane Hessel, Michel Dreyfus Schmidt, Jean Louis Roy, Féderico Mayor, et d'autres en France. Je pris contact par téléphone avec plusieurs grandes personnalités que je connaissais déjà dont des chefs d'Etat africains et des universitaires. Partout l'initiative fut saluée et acceptée.

Le mardi 26 avril 1993 à 14 h 30 je reçus un coup de téléphone du Congresseman américain Blackwell qui, contacté là-bas par un des nôtres, me parla longuement du projet de colloque et m'indiqua comment il voyait la participation de l'Amérique. Il voulait en fait que la communauté noire américaine ne fut ni oubliée, ni laissée en position insignifiante. En réalité il voulait l'avoir en tête de peloton. Le 1er mai, en pleine fête du travail, je m'entretins, au téléphone encore, avec le Général Amadou Toumani Touré, ancien Président du Mali qui, non seulement donna son accord, mais se tint prêt à venir à Conakry avant tout le monde pour participer à la phase préparatoire de cet important rendez-vous qui, selon lui, pourrait être historique.

Dans une lettre qu'il me fit parvenir peu après, le 6 juin 1994, le Président ATT écrira notamment :

« J'adhère à l'idéal qui est à la base de cette rencontre internationale, pour débattre d'un sujet d'actualité aussi important et brûlant que "Le destin actuel de l'Afrique" qui nous interpelle tous.

« J'ai hautement apprécié que vous fondiez tant d'espoir sur ma modeste personne. Vous pouvez d'ores et déjà compter sur ma participation et mon appui ».

J'eus des contacts au téléphone avec plusieurs autres personnalités et qui me firent parvenir des courriers par la suite pour adhérer au projet et le soutenir fermement. C'était le cas pour Edem Kodjo ancien Secrétaire Général de l'OUA, Premier Ministre de la République Togolaise, Stephane Hessel, l'Ambassadeur Yasuski Kurokochi du Japon à Berne en Suisse, le Président Aristides Peirera de Cap Vert,… Je fais ici une mention spéciale de la Banque mondiale dont je fis les premiers contacts du Président, Lewis Preston, à Abuja, au sommet de l'OUA et de Lafourcade que j'eus au téléphone plusieurs fois. Les deux personnalités nous tranquillisèrent quant aux soucis financiers. Nous en avions parlé au moins un an avant.

Pendant que nous faisions tout cela, l'évolution positive des choses se poursuivait en Afrique du Sud. L'on sait qu'en 1990, le Président blanc du pays Frederic De Klerk mit en route une politique d'ouverture vers les populations noires par la légalisation des organisations anti-apartheid dont l'ANC et le PAC, la libération de Nelson Mandela en détention à perpétuité depuis 27 ans, les négociations directes avec l'ANC, l'abolition de la ségrégation raciale dans les lieux publics, la levée de l'état d'urgence. Malgré son immense prestige, après sa libération, Mandela n'enleva pas à Oliver Tambo la présidence de l'ANC, se contentant de rester Vice-président de 1990 à 1991, c'est-à-dire à la mort de Tambo. Puis il devint Président du mouvement et prit une part active à la démocratisation du pays que réalisait De Klerk. Mandela obtint le prix Nobel de la paix en 1993. Et en avril 1994 à l'issue d'élections multiraciales et démocratiques, les toutes premières du genre en Afrique du Sud, il fut élu premier Président noir du pays anciennement sous le joug de l'affreux apartheid. Suite à cet évènement, je fus heureux d'être dans la délégation guinéenne à l'investiture du Président Mandela prévue à Pretoria le 10 mai 1993. Le Général Conté me demanda de parler du colloque aux hommes de son rang en son nom et affectueusement. Il s'agissait de ceux qui seraient à Prétoria.

Dans l'avion de la compagnie Air Afrique qui nous amenait à Johannesburg, je revis l'ancien Président du Benin Emile Derlin Zinzou que je connais bien et qui avait déjà une parfaite maîtrise du dossier du colloque comme son ami et frère Moktar Ould Daddah. Il y avait aussi dans l'avion Ablassé Ouédraogo, ministre des Affaires Etrangères du Burkina Faso qui avait une égale connaissance du projet de colloque et m'avait déjà écrit lui aussi comme le Président ATT. L'investiture du Président Mandela eut lieu effectivement à Pretoria le mardi 10 mai. Ce jour, très tôt le matin avant les grandioses cérémonies qui eurent lieu toute la journée tous les délégués étaient conviés à un petit déjeuner aux dimensions d'un cocktail géant. Le contact était donc libre avec des personnalités présentes. Ainsi j'eus l'honneur de parler avec les Présidents Abdou Diouf du Sénégal, Sani Abacha du Nigéria, Yacubu Gowon, ancien président du Nigéria, Walimu Julius Nyerere de Tanzanie et d'autres encore. Ces entretiens furent ouverts, presque amicaux et les promesses pour le colloque encourageantes.

Le Président Yacubu Gowon dont je fis la connaissance sous la Première République de Guinée me tira dans un coin, me rappela les instants agréables qu'il passa avec nous à Faranah où il vint pour deux jours avec le Président Sékou Touré. Je savais que là (j'y étais comme directeur régional de l'éducation), nous étions en contact sans protocole, avec Gowon aux soirées théâtrales et dansantes organisées pour son séjour. Il était simple, donnant libre cours à sa jeunesse, jouant et dansant comme nous, avec nous, fumant beaucoup les cigarettes blondes qui lui étaient servies sans cesse par son entourage. A Pretoria il me montra un intérêt chaleureux pour la rencontre dont je lui parlais. Inséparable dans cette salle du Président Abacha, il me demanda de lui écrire sans délai dès mon retour à Conakry et de lui faire parvenir l'invitation par la présidence de la République Fédérale du Nigéria qui la lui transmettrait.

Je parlai aussi, comme je l'ai dit, très longuement avec Julius Nyerere qui était sur la liste des sages devant piloter la rencontre. Il me posa de nombreuses questions et comprit qu'il s'agissait d'un évènement historique. Alors, il donna son accord pour tout et s'engagea à travailler dès ce jour avec nous. Il attendait la lettre d'invitation du Président Conté mais il nous demanda de commencer dès ce jour à l'impliquer pleinement. Il nous communiqua tous ses contacts et désigna quelqu'un de sa délégation pour le suivi. Nous avions des gens au travail sur le programme en France, aux Etats-Unis, en Afrique, au Japon. Partout les résultats étaient tous encourageants. Le volet recherche des moyens financiers, confié à une dynamique équipe dirigée par Madame Fatoumata Binta Diallo, en service à la CEDEAO, fonctionnait bien. Tout le monde avait des craintes de ce côté. Mais les offres fermes qui arrivaient ne justifiaient plus ces méfiances.

Notre frère Docteur Hamid Algabid, Secrétaire Général de l'Organisation de la Conférence islamique à Jeddah fut parmi les premiers à se manifester sur ce plan. Dans une lettre que je reçus de lui il écrivit. « Je vous remercie du choix porté sur ma personne afin de faire partie du conseil des sages du colloque. C'est avec plaisir que j'accepte l'honneur qui m'est ainsi fait. Je tiens à vous adresser à vous-même et aux membres de votre groupe d'action mes vives félicitations pour cette brillante idée de réunion des intellectuels et penseurs en vue de réfléchir sur le devenir de notre continent. »

Notre équipe de Paris nous fit savoir que de sources diplomatiques il lui était signifié que M.Raymond Barre ancien économiste, ancien Premier Ministre Français (de 1976 à 1981) et ancien ministre de l'économie et des finances (de 1976 à 1978) avait des idées sur la résolution des problèmes en Afrique et qu'il souhaitait saisir l'occasion du colloque pour s'exprimer. Au total tout était prêt pour avancer vers le but. Et notre problème maintenant était de recentrer les participations et de cerner l'essentiel du débat au mieux. Il fallait limiter au maximum le nombre des participants. Des personnalités comme Gowon, ATT, Edem Kodjo, Walimu Julius Nyerere, Mayor, Jean Louis Roy, Amid Algabid, Raymond Barre et d'autres grands hommes ne pouvaient que rehausser de leur présence une telle rencontre et leur seule participation pouvait ramener à l'ordre les facteurs de difficultés en Afrique.

D'autres hommes de renom pouvaient attendre pour une question d'organisation. Le tri était difficile mais il était incontournable. Ceci n'était pas tant lié à la remarque d'Ibrahima Sylla qui pensait que nous manquions d'hôtels en Guinée. Mais surtout pour la qualité du débat devait être au niveau requis. De toutes les façons j'avais déjà dit amicalement à Ibrahima Sylla que toutes les grandes personnes que nous avions en vue savaient avant lui et moi que ceux qui vont au front pour la lutte en faveur du peuple en situation difficile n'y viennent pas avec leurs climatiseurs et le luxe qui les distinguent des autres humains que nous sommes.

2- L'espoir s'en va

Le 12 mai 1994, je revins à Conakry ; et le 13 je me dirigeai à la présidence pour voir l'autorité et rendre compte de ce qui, au cours de la mission, avait pu être fait dans le cadre de nos préoccupations communes sur le colloque. Le compte rendu fut fait dans les moindres détails. Et pendant que je naviguais dans les mots et phrases mon illustre hôte ne m'interrompit pas. Pas un seul mot. Ecoutait-il réellement en fait ce que je disais? Ou avait-il son esprit loin de l'exercice auquel je me livrais ? Quand je finis mon aventure orale le Général se limita à me dire d'aller prendre un petit repos et de revenir le voir rapidement.

Au sortir de l'audience un fonctionnaire bien placé au Palais des Nations m'apprit que pendant mon absence, alors que j'étais en Afrique du Sud, beaucoup de grands messieurs avaient parlé au Président de notre projet de colloque. Et, selon ce qu'il croyait savoir, ce n'était jamais pour faciliter notre travail ou pour nous aider. Il me demanda d'écouter le Général et de le revoir un peu plus tard. Qu'il aurait des choses utiles à me dire. Le caractère froid de mon entretien avec le locataire du Palais des Nations, en total contraste avec la chaleur avec laquelle nous avions pris l'habitude de parler de ce projet, était un signe révélateur de ce qui avait pu se passer à Conakry pendant notre mission en Afrique du Sud. Quand je revis le Général, le 20 mai, il parla presque seul, très longuement, pour me dire en bref qu'il fallait surseoir à tout sur le colloque. « Il faut, soit arrêter ce programme et ne plus en parler, soit le réduire à sa plus petite expression possible, c'est-à-dire ne rassembler à Conakry à cette occasion que quelques écrivains et pas plus », me dira-t-il.

Il essayait de me prouver qu'il fallait ceci dans l'intérêt de la République. Entendre cela de la bouche de celui qui m'avait donné tant d'énergie morale pour avancer, n'était pas agréable. Je pris tout mon sang froid pour constater le fait, prendre acte des tournures que prenait le dossier et me retirer de la plus courtoise des façons. Le plus grave c'était que cette fois j'étais accompagné de deux de nos grands conseillers, Dr Sikhé Camara et Elhadj Fodé Lamine Touré. Le problème pour nous tous qui avions tourné tant avec la foi au cœur et en remuant terre et ciel c'était de trouver comment faire un tel compte-rendu aux nombreuses équipes qui travaillaient sans relâche en Guinée et hors de chez nous. Il fallait leur dire exactement le contraire de ce qui nous rassemblait de puis des mois.

Croyant connaître l'homme en face je savais qu'il était inutile de réduire l'évènement à une quelconque petite dimension. Il fallait simplement aller vers une annulation pure et nette de tout ce que nous avions fait. Mais pour ne pas donner l'impression que nous prenions trop mal le virage je répondis au Président que nous travaillerions avec ses proches conseillers pour lui faire de nouvelles propositions en tenant compte des instructions reçues pour réduire le volume du colloque. Après l'entretien avec le Président, je me dirigeai vers Nabi Youla, alors son conseiller personnel, donc un de ses plus proches collaborateurs. Quand je fis le résumé de notre entrevue, il avait l'air surpris, réagissant comme s'il ne savait rien de ce que nous venions d'entendre. Il me proposa d'aller me reposer quelques jours et de revenir le voir.

Mes deux amis et moi avions tiré les premières leçons et pouvions deviner les noms de ceux qui avaient tout cassé. Mais ces cadres qui m'accompagnaient pouvaient se rappeler que plus d'une fois je leur avais dit que dans la Guinée d'aujourd'hui il faut toujours attendre de voir la fin de toute entreprise. Lorsque je revis mon informateur du 13 mai, il me donna la liste de ceux qui avaient joué contre nos convictions, nos efforts, donc contre notre travail et qui se réunissaient souvent pour venir entretenir le Général. A peu de choses près sa liste correspondait à celle que nous avions en vue. Il était apparu qu'un certain clan dit clan de l'entourage du Président avait piloté cette démarche.

Tous les conseillers du Palais étaient sur la liste ; des membres du gouvernement aussi (hélas). Même certains de ceux qui nous avaient aidés à monter des aspects essentiels du colloque. Si je fus surpris par des noms, d'autres avaient ce type de manœuvres dans tout ce qu'ils faisaient, toujours.

Le 22 mai le Président me rappela pour reparler du colloque. Il avait assoupli légèrement sa position en me demandant de m'enlever sur la liste des participants que les chefs d'Etats... Mais nous avions déjà eu les ailes cassées comme on dit. L'ardeur n'y était plus. Je ne pouvais que lui dire oui, mais au niveau des collaborateurs le découragement était là, et les choses se compliquaient. Nos paroles deviendraient peu de chose devant des hommes de si grand renom qui croyaient que nous pouvions être sérieux et qui préparaient déjà leurs textes pour intervenir à la conférence. Celle-ci était prévue pour les 28, 29, 30 et 31 juillet 1994 à Conakry.

Le jeudi 6 juillet, très tôt, Naby Youla me demanda de le voir. Il me déclara être inquiet pour ma santé compte tenu de la fatigue accumulée en 4 mois de travail intense pour le colloque dont le dossier était désormais dans des difficultés et que lui-même ne voyait pas comment tout cela pouvait finir.
Le 7 juillet le même Nabi Youla m'informa que le ministre des Affaires Etrangères, Ibrahima Sylla, avait donné instructions à toutes nos ambassades par un télex afin que, chaque chancellerie informât les personnalités invitées du report sine die du colloque. Tout était donc clos de cette façon. De grands espoirs avaient disparu. Et je compris aussi que sur l'affaire et dès le début, deux groupes travaillaient avec le Président. L'un en faveur du programme, l'autre opposé. Pourtant je voyais le Chef de l'Etat tous les deux jours sur sa demande pour parler de cette rencontre.

Côté gouvernement, plusieurs semaines avant, des rumeurs, comme il en circule tant chez nous, faisaient état d'un remaniement ministériel imminent. Cela ne devait surprendre personne car dans notre Guinée de la Deuxième République comme sous la Première on remanie le gouvernement en fait à un rythme exceptionnel. La durée de vie d'une équipe dépasse difficilement deux ans. Le jeudi 18 août 1994, un décret fut publié qui portait le nombre de provinces (ou gouvernorats) de 5 à 7 : Labé, Kankan, Kindia, Boké, Mamou, Faranah et N'Zérékoré. Cet acte fût suivi d'une mini restructuration du gouvernement ajoutant la Culture à l'Enseignement Supérieur et à la Recherche Scientifique. Le même jour je présidai un important conseil de cabinet sur les grands services de la Recherche Scientifique dont principalement l'IRBAG et le CERESCOR.

Vendredi 19 août, un conseil des ministres extraordinaire élargi au Conseil Transitoire de Redressement National (CTRN) fut convoqué au Palais du peuple. Le CTRN jouait alors le rôle transitoire de Parlement guinéen. Le soir, les nouveaux gouverneurs furent nommés sur les 7 provinces : Kindia (Eugène Camara), Labé (Mamadouba Bangoura), Mamou (Ousmane Kaba), Faranah (Fassou Claude Kourouma), Boké (Alpha Ousmane Diallo),

N'Zérékoré (M.Diallo), Kankan (Sidi Sissoko), Conakry (Ousmane Camara dit Américain). Le 20 août 1994 à 10 h au Palais du peuple (Salle du 28 Septembre) je présidai une conférence de presse à mon titre de Président du Parti du Peuple de Guinée (PPG). L'objectif de cette réunion avec les médias était de communiquer le point de vue du PPG sur la manière pour la presse de conduire sa mission. Plusieurs organes étaient là : la Colombe, l'Essor, La Nouvelle République (UNR), l'Evènement de Guinée, l'Indépendant, le Lynx, RFI (France), l'Agence de presse de la Corée du Nord, l'Agence Guinéenne de Presse (AGP), l'Agence Reuter, la BBC, la RTG. La rencontre dura 2 h et 12 mn.

Mardi 23 août 1992, le conseil des ministres n'eut pas lieu. Il aurait pu être le dernier de notre équipe au gouvernement qui fut la plus réduite de toute la série montée par le Colonel puis Général Lansana Conté depuis le 3 avril 1984. En effet dans la soirée à 19 h 45, le gouvernement fut profondément remanié avec plusieurs sorties et un nombre presque égal de nouveaux venus. J'étais alors dans mon bureau avec mon dernier garçon Faya M'Bawa Tolno dit Poutè qui me servit de chauffeur toute cette journée du mardi. Et je fus au nombre de sortants.

3- La Problématique de la pauvreté et de la misère en Guinée

- La Guinée, un pays à paradoxes : un Etat bloqué.

La République de Guinée vient de loin dans les temps et dans l'aventure des nations. Dans les puissants combats pour l'homme et pour la liberté, elle s'est toujours distinguée par des choix musclés et positifs. De grands hommes de notre histoire ont toujours dit non à la domination étrangère et ont eu raison de prendre une telle position. Plus près de nous, la lutte pour les indépendances a révélé les Guinéens comme étant un peuple des grands instants. Non au Général de Gaulle et Guinée de la souveraineté nationale sont synonymes. A la fin des années 50 tout africain digne de ce nom était fier de la République de Guinée. Sékou Touré, principal artisan de cette option, était un symbole et un modèle à respecter. L'histoire de tout un continent s'est articulée sur le courage des Guinéens. En tout cas ceci était vrai avec ceux qui n'ont pas œuvré pour freiner la reconquête de la dignité et de l'honneur de l'homme d'Afrique par ses valeureux fils.

Sur un autre plan, la Guinée est bien dotée par la nature. Elle a tout pour assurer son développement souverain, pour réaliser sa liberté non pas dans la pauvreté mais dans le progrès et le développement. Ce pays est, dit-on, le château d'eau de l'Afrique de l'Ouest parce que tous les grands cours d'eau de cette sous région y prennent leurs sources. Elle bénéficie aussi d'une pluviométrie hors du commun. La terre est essentiellement arable, cultivable et fertile. Le sous-sol est doté de ressources minérales extraordinaires, variées et gigantesques qui font dire toujours et partout que la Guinée est un scandale géologique. La République du Non à de Gaulle est bénie, disent les pays voisins. On y exploite de l'or par centaines de tonnes, du diamant aussi, de la bauxite, bientôt du fer et du pétrole. Enfin, hier dans les écoles de l'Afrique Occidentale Française (AOF) et aujourd'hui dans les universités étrangères pour ne parler que de celles-là les Guinéens se sont montrés comme de brillants élèves et étudiants.

Le paradoxe dans cela c'est que cette nation des victoires historiques dans les luttes en faveur de l'homme et de la dignité, la Guinée qui a ouvert la porte des indépendances en Afrique hier de colonisation française, ce guide historique qui promettait tant dans la marche vers le pouvoir du peuple par le peuple n'arrive pas à asseoir une démocratie valable comme ses citoyens pouvaient l'espérer. La démocratie n'existe ici que dans des discours embellis sur le seul papier. L'unité nationale est à construire ou à refaire si on prend en compte les brefs acquis de la Première République en la matière. Le tissu social s'est déchiré, le tribalisme et l'ethnocentrisme jouent leur pire rôle contre la cohésion nationale. Résultat, le pays manque d'eau, d'électricité, et de beaucoup de choses essentielles que peut produire le travail cohérent et coordonné. La croissance qui n'est pas synonyme de développement piétine et s'embrouille, la dynamique économique et le progrès ne sont que de lointains rêves. Le pays recule et n'avance pas du tout malgré la force des ressources et des promesses sur le terrain. Les gouvernements changent à un rythme tel que tout le monde finira un jour ou l'autre par occuper un poste ministériel ou d'ambassadeur.

La Guinée semble avoir perdu la partie dans la lutte pour la force qui édifie l'essor et pour un avenir meilleur des Guinéens. Elle est bloquée. Dans une telle situation, il faut trouver les responsables du mal et le soigner au plus tôt. C'est de cette façon qu'on peut montrer que ce territoire est habité par des populations renfermant des intelligences capables de construire l'Etat dans un environnement international de plus en plus complexe où on ne se fait pas de cadeaux, mais où chacun joue d'abord pour ses intérêts. A l'école de tout pays on apprend à calculer et à résoudre des problèmes d'arithmétique, de géométrie, d'algèbre,... d'abord élémentaires puis de plus en plus difficiles au fur et à mesure qu'on avance en âge et en classes. L'intelligence s'exprime dans ce cas par la capacité à résoudre des équations difficiles. On y apprend à mettre de l'ordre dans les données, donc à les arranger comme il faut pour trouver ce qu'il faut démontrer. Il en est de même des problèmes économiques, sociaux et politiques. La Guinée ne peut pas continuer à s'enliser dans le marasme économique et ses fils ne peuvent pas ne pas arrêter de dire qu'ils peuvent travailler correctement avec les facteurs extérieurs. Que se passe t-il dans ce beau pays aujourd'hui assailli par la pauvreté, la misère et la corruption ?

Après l'indépendance acquise le 2 octobre 1958, suite au vote négatif des Guinéens à la proposition de Communauté Franco-africaine qui leur était faite par le Général de Gaulle, le pays vint à la souveraineté nationale dans une situation difficile. La France ne s'en était pas retirée de bon cœur, et le peuple a dû faire face à des pressions venues de nombre de pays industrialisés alliés de Paris, mais de pays africains voisins aussi. La France ayant fait tout ce qu'elle pouvait pour coincer l'économie du jeune Etat indépendant coupa ses fils en deux clans : ceux irréductiblement attachés au succès de l'indépendance et le groupe ayant accepté de collaborer avec l'ancien colonisateur pour y créer des problèmes. Cette fracture avait fait que le pouvoir guinéen de la Première République était toujours préoccupé par la consolidation de la souveraineté. Le pays et le gouvernement vivaient une situation d'alerte permanente qui ne favorisait pas le développement malgré la volonté de croissance affichée au sommet avec des plans de développement, un triennal et un quinquennal avec des initiatives agricoles. Il n'y eut pas de véritables grands investissements étrangers, mis à part des engagements miniers comme à Fria, Kamsar, Kindia avec l'Office des Bauxites de Kindia (OBK).

Mais là aussi un phénomène était déjà apparu, l'influence dans les affaires de l'Etat de relations familiales et de clans qui se déclaraient plus ou moins proches du Chef de l'Etat. Mais Sékou Touré, Saifoulaye Diallo, Lansana Béavogui, trio qui menait le jeu, ne semblaient pas accessibles outre mesure à cela. Bien entendu, les personnes qui gagnaient dans l'affaire ne démordaient pas non plus pour autant. Elles résistaient et persévéraient. Donc la coopération ayant succédé partout ailleurs à la colonisation entre nouveaux Etats et pays industrialisés fut ici faible ou piégée. Sous la Deuxième République, des donnes d'hier ont changé. Mais d'autres se sont maintenues et aggravées. Alors, quelles sont ces situations qui ont paralysé et bloquent la République. En dégageant, même sommairement, les mobiles de ces situations et leurs principaux acteurs, on pourrait répondre au moins en partie à la question de savoir qui est coupable de quoi.

La République du 3 avril 1984 est plus ouverte sur les investissements et programmes économiques internationaux et avec cela l'omniprésence de l'étranger dans l'ensemble des affaires. Mais comme dans les autres pays africains certaines difficultés sont récurrentes : des conflits ethniques criards ou qui parfois ne disent pas leur nom, des guerres civiles ou celles aux frontières, une démocratisation toujours soulignée mais plus incertaine et plus porteuse de violences que réelle, les gouvernements regardent avec une dose d'impuissance une économie nationale qui s'effondre et entraîne l'appauvrissement des populations sans bouger vraiment.

L'économie active tourne sur deux volets :

a)- Le secteur privé subdivisé à son tour en économie de traite et en secteur privé informel
b)- l'économie aux mains de l'administration publique.

L'économie de traite est entre les mains des sociétés étrangères qui passent le gros de leur temps à monter des arrangements avec les représentants de l'administration publique, c'est-à-dire ceux du pouvoir, qui sont en contact avec elles. Dans ces accommodements l'Etat perd énormément par le fait du mauvais choix de ses administrateurs. On y voit des exonérations des taxes douanières anormales avec des corruptions où pour peu d'argent net qui va dans la poche des administrateurs, l'Etat perd gros. Là, l'argent sonnant passe vite contre des écritures de procédure plus longue en faveur du pays. C'est également dans ces secteurs qu'on infiltre à différents postes de responsabilité des hommes sans formation, sans la moindre compétence, simplement parce qu'ils sont liés d'une manière ou d'une autre aux représentants de l'Etat. Alors on les commet à toutes les petites et immorales besognes parce que ne pouvant faire qu'un tel travail. Et on appelle cette manœuvre l'africanisation des cadres. Les investissements devant provenir de ce secteur pour aller à l'Etat sont réduits à leur plus petite portion. Donc la société étrangère fonctionne et est presque seule bénéficiaire des activités qui se développent sur le territoire national.

Le secteur privé informel se fait à l'insu de l'Etat, mais c'est là où la corruption ronge le commerce, à tous les niveaux et où le contrôle des prix échappe le plus cruellement à l'administration publique, surtout lorsque nationaux et allogènes (Libanais, asiatiques) s'en mêlent sans distinction.
Tout s'y passe sans ordre dans un monde où le développement et le progrès sont fondés sur les principes, sur leur rigueur et leur respect. On dit même que parfois les gens fixent les prix en fonction de l'ethnie du demandeur. Si l'acheteur est de l'ethnie du vendeur, il payera moins cher, suivant cette logique. Dans le cas contraire le prix grimpe.

L'économie se trouvant sous la coupe de l'administration est servie par les rentes produites par les exportations des matières premières agricoles et surtout minières. Comme nous l'avons déjà souligné, l'Etat guinéen tire de très grosses ressources de l'exploitation minière. Les quantités d'or et de diamant qui sortent du sous-sol sont extraordinaires. La bauxite qui, à Fria et Kamsar produit de l'alumines et est exporté sous forme brute de minerai à partir de Kindia (Débélé), le fer du Mont Simandou à Beyla, sont parmi les plus grandes réserves minières du monde. On dit parfois que faute d'un contrôle sérieux une partie seulement de ces ressources atteint les caisses du trésor public, le reste, parfois la plus grande partie, étant détournée de plusieurs manières par des personnes qui ont un contact direct avec le magot.

Et à quoi sert réellement ce qui arrive dans les caisses publiques ? Souvent on engage cet argent dans des dépenses loin des priorités, loin de ce que demande la mauvaise situation économique des populations. Il s'agit par exemple de construire des édifices de prestige où le peuple ne mettra jamais le pied. Ou alors on oriente cet acquis dans des cérémonies destinées à monter le culte de certaines personnalités, dans des animations ostentatoires et combien coûteuses pour un résultat faible. Aussi, malgré l'apport des mines et des produits agricoles exportables l'Etat est permanemment en grave crise d'argent. Il est toujours obligé de tendre la main à l'étranger pour s'endetter ou pour demander l'aumône. De cette façon on perd une partie de notre souveraineté. En effet un Etat qui s'endette n'est pas libre. On nous dira que même les grands pays industrialisés sont fortement endettés. Ceci est vrai mais on remarque facilement que les termes de la dette ne sont pas les mêmes. Et les exigences de remboursement visiblement différentes.

Ainsi la réalisation des infrastructures sociales comme les hôpitaux, les écoles, les universités, et autres est laissée à l'aide extérieure. Il en est de même des investissements économiques régis par les grands projets comme les infrastructures hydroélectriques, portuaires ou aéroportuaires, des unités industrielles, ou du développement agricole. Et le résultat est présenté comme le fait de la réflexion et de l'action du gouvernement en place qui en réalité ne fait pas de grands efforts.

- Comment travaille-t-on au gouvernement ?

Venons-en aux membres du Gouvernement. Je pense qu'en entrant dans une équipe pour diriger le pays, je pense, dis-je, que les gens viennent avec de la bonne foi au cœur et la volonté de bien faire. Mais ce qui est sûr, c'est que l'environnement qui se crée n'est pas toujours pour les encourager sur le chemin de la défense de l'intérêt public. Plusieurs facteurs se mêlent à cet exercice. Le plus grave est ce dont nous avons déjà parlé et qui a pour nom les clans autour du Chef de l'Etat.

Dans tous les pays du monde, les grands hommes, publics ou privés, sont toujours entourés de groupes proches du Chef. Ce sont des équipes de personnes vigilantes, actives, qui marchent et permettent à la personnalité d'en haut d'être au courant de tout et à temps, parallèlement à ce que font les services de renseignement qui, souvent, embellissent les faits, les habillent et les parfument en fonction de leurs dispositions face au terrain et aux acteurs, avant de les communiquer. Là, les proches ont un rôle important à jouer. Ils aident le Chef. Il n'est pas questions pour eux de s'occuper prioritairement chacun de son image ou de défendre d'abord ses intérêts personnels.

Chez nous ce sont ces groupes qui détruisent tout. A les regarder de près ou même de loin on découvre que ce sont généralement des gens sans compétence, qui veulent tout avaler. Ils méprisent les autres personnes, même celles qui ont le même rang social qu'eux. L'extrême arrogance avec laquelle ils traitent les hommes et femmes, même les plus respectables veut dire qu'ils cachent la médiocrité. Chacun d'eux veut prouver que rien ne passe en haut lieu sans son consentement. C'est pour cela que quelque soit le projet qui arrive au niveau du conseil des ministres, quelque soit son importance dans un service pour la Guinée, si on ne va pas les prier avant la réunion ils le bloqueront. Par cette gymnastique, ils veulent prouver qu'ils sont incontournables sur le plan national.

Ce malaise existait déjà en Guinée sous la Première République, même si aujourd'hui il est plus grave, et est devenu même un véritable drame pour le pays. Surtout que ces clans qui bloquent tout au sommet ne s'acceptent pas entre eux. Ils se combattent en permanence autour du Chef de l'Etat. C'est toujours une lutte des clans. La situation est la même au niveau des départements ministériels et de tous les services publics importants où chaque ministre, chaque chef de service, s'entoure de gens de sa famille, de son village, de sa préfecture ou de ceux qui lui sont proches par la langue. Parfois ils assaisonnent un peu en introduisant de rares personnes étrangères à ces entités et pas plus. Tout se passe comme si chacun venait à son poste pour servir un groupe de Guinéens. Notamment les siens. Les autres ne lui disant rien. Lorsque ceux qui ne sont pas dans ces arrangements se rendent compte des manœuvres, ils se sentent frustrés et ne travaillent plus avec leur cœur et leur foi. La nation ne compte plus. Ce sont les groupes qui se remuent sans marcher réellement.

Il faut noter qu'en Guinée si certains chefs ont réellement le sens du respect des autres et des bonnes manières, plusieurs hommes et plusieurs femmes placés à de grands postes ont un regard peu attentif pour les autres citoyens. D'abord ils sont toujours à 90% du temps en réunion. Alors que de telles activités se tiennent sempiternellement, le pays lui tombe dans le marasme. Il recule malgré toutes les chances que Dieu lui a données. Et on ne peut pas dire d'une équipe gouvernementale qu'elle vaut mieux que celle qui l'a précédé. On dirait que les gens se donnent un mot de passe pour reprendre les défauts de l'ancienne équipe et y ajouter d'autres fautes parfois plus graves. C'est pour cela que le peuple crie toujours. Cela arrive par le fait de ceux qui se prennent au sérieux eux seuls, le reste qui est pourtant l'essentiel étant secondaire.

Depuis le 3 avril 1992 de nombreux partis politiques sont créés et légalisés. Là aussi les facteurs ethnocentrisme et clanisme sont si prononcés que l'ensemble ressemble à un bal masqué. Les gens vont dans les partis politiques de leurs parents sinon ils s'attirent la furie des membres de leurs familles. Les exceptions qu'il y a ne changent pas le fond du tableau, tant elles sont insignifiantes. En plus chacun des leaders se dit être le plus fort, le plus grand, regardant souvent les autres chefs de parti du haut de la tribune qu'il se fabrique dans son imagination. Résultat, les alliances sont difficiles pour ne pas dire impossibles et le parti du pouvoir en tire profit surtout que lui aussi n'a pas de grande considération pour les autres. Il est fort de la puissance financière de l'Etat qui puise directement çà et là pour le servir. Dans un pays où les gens ont soif et faim il est évident que beaucoup viennent applaudir dans ce « grand » parti uniquement pour avoir un peu sans que leur cœur n'y soit. Ils voient l'irrégularité mais se résignent. Cela les choque et ils consomment le mal. Partout la corruption à grande échelle, pourtant interdite par la loi, et à ciel ouvert est là. Les gens ne se gênent même plus. La mendicité l'accompagne et se généralise. Elle diminue les forces morales et humilie le citoyen. La vente des stupéfiants se fait aussi presque à ciel ouvert. Les cadres des services censés assurer le contrôle et la protection de la jeunesse qui est victime de ce commerce font-ils leur travail ? Veulent-ils le faire ? Peuvent-ils le faire ? Ne sont-ils pas eux-mêmes actifs dans ce commerce qui encourage la criminalité et la délinquance ?

- L'école en Guinée

Puisque nous parlons de jeunesse, regardons l'école. Qu'est-ce qu'on y enseigne réellement aujourd'hui. Avec la corruption qui y est entrée par la grande porte un élève ou un étudiant peut ne pas aller en classe plus de dix fois ou cent fois par an et avoir son diplôme à la fin de l'année avec mention. Les classes sont surchargées et avec des salaires de misère certains enseignants ne viennent presque pas à l'école publique, préférant vendre leur service à des établissements privés où les choses ne vont pas beaucoup mieux non plus.

Un très haut cadre de l'Etat m'a raconté l'histoire de son neveu venu le voir pour être recommandé dans un service pour emploi. L'intéressé, titulaire d'une maîtrise en sciences économiques, sorti de l'université avec mention, était incapable d'écrire une demande d'emploi. Forcé par son mentor de faire un projet de demande celui-ci constata qu'il y avait sur le papier à lui présenté autant de graves fautes de grammaire française que de lignes. Là c'est l'image de notre université dont les sortants sont moins bons que les titulaires du Certificat d'Etudes Primaires Elémentaires (CEPE) par lequel on terminait l'école primaire aux premières années de l'indépendance. De tels diplômés de nos écoles professionnelles ou des institutions d'enseignement supérieur sortent par milliers, chaque année. Ils traînent dans la rue. Que faut-il en faire ? Car il faut quelque chose pour eux. Comment résoudre ce problème de gens qui n'ont rien appris, ont les diplômes en poche, mais ne savent rien faire ?

Je pense que la situation de la jeunesse guinéenne d'aujourd'hui doit faire l'objet d'une préoccupation de tous les jours à tous les niveaux. Nos enfants naissent dans et pour un pays bien servi par le Bon Dieu. Mais très tôt ils se heurtent à des obstacles durs. En majorité ils viennent au monde dans des familles pauvres, coincées par mille et une difficultés. Du coup leur éducation subit les conséquences du manque de pleins de choses nécessaires à l'enfant. A l'école les enseignants se plaignent de problèmes épineux dont des émoluments faibles et une formation reçue ne permettant pas de communiquer correctement les connaissances aux élèves. Ceux-ci, face aux maîtres ne sont pas aussi disciplinés que nécessaire pour apprendre des leçons et assimiler bien les enseignements. Les effectifs incroyablement élevés dans les salles de classes excluent un contrôle sérieux du travail par le maître. Or, d'une manière ou d'une autre il leur faut céder les classes aux générations plus jeunes.

Ceux qui ont des diplômes dans ce contexte manquent de beaucoup de connaissances. Pour trouver du travail lorsque les carences sont aussi manifestes, rien n'est simple. Lorsqu'ils en obtiennent ils ne peuvent que faire du mauvais boulot parce que n'ayant pas reçu une bonne formation. Les employeurs pressés de faire quelque chose par la société sont embarrassés, y compris l'Etat lorsqu'il veut arriver à des résultats solides. Quelque soit la porte qui s'ouvre, quelque soit la bonne volonté, le nombre des diplômés sans emplois est énorme. Il ne cesse de grossir. Cette jeunesse à laquelle on a donné une éducation insuffisante et des parchemins de forme, pense naturellement qu'elle doit et peut travailler sur la base de ce qu'elle à appris.

En effet elle doit vivre et faire quelque chose pour les parents qui, lorsqu'ils sont encore de ce monde, vieillissent nécessairement. Donc tout presse de toutes parts. Résultat, la délinquance se développe au galop, la criminalité fait des ravages. Au lieu de participer activement au développement du pays, ceux qui se sentent bloqués s'engagent sur de mauvaises routes. Malgré eux bien entendu. Une situation aussi complexe nécessite une réflexion calme et profonde. Pas dans des conférences inutilement trop nombreuses où les temps de parole programmés pour le plaisir du papier ne permettent même pas une analyse à la mesure des urgences. Dans ces séminaires, les responsables sont plus pressés de dire qu'on a fait quelque chose que de réaliser l'œuvre humaine dynamique qui s'impose. Ce qu'ils font ainsi coûte cher à l'Etat pour rien.

Là-dessus toute la société est interpellée : la famille, l'école, l'université, l'entreprise, les organisations non gouvernementales, le cadre rural d'où nous sommes tous venus... Il ne faut pas croire que ceci est un travail du seul gouvernement et de ses démembrements aux niveaux national, préfectoral, sous-préfectoral... Surtout il faut éviter de tout mettre sur le dos du seul Président de la République ou d'un Premier Ministre, fut-il Chef du gouvernement. Nous savons que le gros de l'organisation de tels dossiers revient au gouvernement parce que c'est lui qui gère les moyens publics. Mais faut-il aussi qu'il y ait des représentants qui pensent sérieusement pour trouver des solutions aux problèmes. Dans tous les gouvernements de telles personnes existent, qui veulent s'efforcer, qui essayent de faire face aux situations compliquées arrivant sur leurs bureaux. Mais combien d'autres ne se soucient pas beaucoup de tant d'interrogations pour ne pas se casser la tête ? Qui se contentent du protocolaire et c'est tout ?

Lorsque les dirigeants de la première catégorie sont plus nombreux autour de l'autorité, les affaires marchent mieux. Si on est dans le cas contraire, c'est-à-dire lorsque ceux de la deuxième catégorie sont omniprésents et aux commandes de tout, alors on ne peut enregistrer que des résultats difficiles et non souhaitables pour ne pas dire que l'échec.

- Comment travaille-t-on dans notre pays ?

Ce que nous faisons de va-et-vient, chaque jour, s'appelle-t-il du travail ? A chacun d'en juger. A chacun de voir ce qu'il fait. Ce qu'on constate c'est que dans le secteur privé, surtout celui se trouvant aux mains des étrangers (banques, certaines assurances, certaines sociétés,...) les Guinéens travaillent effectivement. Là, d'abord ils sont relativement bien payés, ensuite pas question d'impunité ; moindre incartade, moindre absence injustifiée, l'employé est remercié. Alors les gens ne se permettent pas de divaguer pour rien.

Dans le secteur public, celui de la fonction publique, si des fonctionnaires travaillent réellement, la grande majorité qui encombre les rues et les bureaux ne fait pas grand-chose. Il n'y a pas de discipline ; il y a longtemps qu'on n'y parle pas de respect de l'heure et les bureaux sont vides une ou deux heures avant le temps de fermeture. Ce qu'on appelle encore "bureaux" ce sont simplement des parloirs où se créent les plus gros problèmes. On y parle de démocratie, d'économie de marché, de football, de justice, de liberté. Comme nous constatons qu'il n'y a pas de discipline, comment ne pas rappeler le mot du Docteur Kwamé N'Krumah qui écrit « qu'il ne peut pas y avoir de vraie liberté sans discipline ». Si nous voulons être libres, il nous faut travailler pour produire le développement libérateur, celui qui nous mettra à l'abri des contraintes extérieures. De la façon actuelle, comment peut-on construire une nation ? Comment bâtir la liberté que nous avons choisie devant le colonisateur, même dans la pauvreté ? Alors qu'en fait nul peuple ne peut repousser la liberté, ni choisir la misère au-delà du slogan. En parole nous sommes tous pour une Guinée qui soit à sa place dans le 21ème siècle. Nous aimons la liberté. Nous respectons la dignité, la nôtre et celle des autres. Mais rien de tout cela ne peut être une vérité en dehors du travail bien compris, bien fait, à temps et qui donnera la vraie indépendance, le progrès réel et le salut de notre peuple.

Nous sommes dans un environnement sale et pollué. Aucun peuple, aucune nation ne peut vivre librement et se faire respecter chez lui et à l'étranger sans la liberté politique et sans un minimum de propreté de l'environnement dans lequel il vit, celui du corps et de l'esprit. Quand on voit nos villes comme Conakry et celles de l'intérieur on a l'impression que l'insalubrité s'impose à nous. Or pour être propre nous n'avons pas toujours besoin de l'apport de l'extérieur, en argent ou en matériel technique. Les bras et mains que Dieu le Seigneur nous a donnés, c'est d'abord pour nous laver et pour faire propre autour de nous. Partout, ceci est une vérité banale. Ailleurs on trouverait bizarre qu'on dise qu'il faut être propre, vivre dans un milieu propre.

Nous n'oublions pas que dans les grandes nations les pouvoirs publics sont tenus d'organiser et de gérer les ordures ménagères. Je crois qu'ils dégagent les moyens pour cela parmi les priorités. Je suis sûr et certain que les personnes qui viennent chez nous à partir de villes propres où on lave les rues, où la notion d'amas d'ordures sur les chaussées ou les carrefours n'existe pas, ces étrangers, disons-le, perdent une bonne part du respect qu'ils veulent nous faire, surtout que pour balayer chacun devant sa case et ne pas jeter les ordures n'importe où, on n'a pas besoin d'aller à l'université. Prendre en compte l'éducation de la jeunesse et ne pas plaisanter avec les ordures, voilà des priorités parmi les priorités. A tout cela s'ajoute l'attention toute particulière qu'il revient à l'Etat de faire au secteur de la santé. Il est également banal de dire que si on n'est pas en bonne santé on ne peut rien faire de constructif. On perd le temps de réfléchir et de bâtir. Mais regardons nos structures sanitaires ! publiques ou même privées ! leur gestion, notamment leur entretien, cela laisse à désirer. Pourtant y travaillent des Guinéens qui ont tout vu ailleurs et qui peuvent reproduire les bonnes manières chez nous. Le problème c'est que personne ne se révolte pour proposer une démarche.

Il y a tant de choses déplorables à dire encore. La liste est longue. Alors si tout ce que nous venons de rappeler est exact or c'est vérifiable rapidement, tout le temps, partout, comment un pays peut-il avancer dans un tel contexte ? Les responsables du recul ou du blocage de la Guinée sont tous ceux qui voient tant de mauvaises situations sans faire l'effort qui s'impose pour corriger les orientations destructrices. Evidemment on peut dire que c'est au gouvernement qu'il revient de prendre les mesures. Mais quel gouvernement ? En a-t-il les moyens techniques et moraux ? Il y en a tellement que nous sommes finalement tous responsables. Les gens ne se disent-ils pas que celui du gouvernement ou d'un service public important qui veut s'attaquer au système tel qu'il existe perdra immédiatement son poste. Les autres le combattront. Or le problème se pose à tous les Guinéens, il faut arrêter de reculer. Il faut remettre la Guinée sur les bons rails même si on sait que les nombreuses personnes qui gagnent dans ce désordre ne laisseront pas faire de bon gré que la République souveraine de Guinée bouge dans la bonne direction. En prenant des mesures réfléchies on peut régler le problème de la pauvreté et arrêter la misère.

SEPTIEME PARTIE

DES TROUBLES A CONAKRY ET VISITE PRIVEE A WASHINGTON

1- Difficiles journées des 2 et 3 février 1996 à Conakry

« Le peuple a perdu confiance. Son désarroi l'incline à la résignation ; il risque de l'inciter à la colère »

Jacques Chirac.

A la fin du mois du janvier 1996, je me rendis à Guékédou et Tomandou pour des raisons ordinaires de famille, en compagnie de Kotio. En deux jours nous y avions travaillé beaucoup pour aider dans la mise en ordre des petites infrastructures familiales. Le 1er février nous avions quitté Tomandou pour Conakry après quelques heures passées à Guékédou. Nous avions roulé toute la nuit sans difficultés majeures sur le véhicule. Comme d'habitude, je dormis beaucoup pendant que nous roulions. Mes compagnons étaient heureusement calmes et j'en profitai au maximum. Vers 10 h 30, le vendredi 2 février, nous étions au village mère de Sanoya. Avant d'atteindre le célèbre barrage du km 36, nous avions rencontré une foule de piétons venant dans notre direction, sortant de la brousse, un peu en désordre.

Ces femmes, enfants et hommes étaient descendus de leurs véhicules au barrage du km 36 situé à quelques cent mètres de là. Des militaires fortement armés les y avaient obligés, ayant reçu ordre de ne pas laisser circuler les véhicules aussi bien dans l'un que dans l'autre des deux sens. Une mutinerie venait de se déclencher dans la ville de Conakry à partir des garnisons. Et les militaires, selon ce que nous disait un passant dans notre langue, avaient déjà occupé l'aéroport et les points stratégiques de la ville, y compris tous les carrefours sur la nationale 1 qui va vers Kindia. Le gentil homme nous avait donc suggéré de faire demi-tour et d'attendre un peu dans le village de Sanoya. Avant cette attente je demandai au chauffeur de nous conduire au barrage pour voir les choses de mes propres yeux. Ce qui fut fait rapidement.

La ligne du passage coupé était faite d'un important nombre de militaires et paramilitaires dans des tenues différentes traduisant la diversité de leurs corps : armée, gendarmerie, police, douane. Des parachutistes, des soldats d'infanterie, policiers et autres douaniers, peuplaient donc ce monde agité, difficile à contrôler. Chacun des militaires était muni de son arme et de beaucoup de munitions. Ils donnaient partout des ordres aussi secs que menaçants. Par moment, on avait l'impression que si ceux tenant des radios à l'oreille veillaient sur quelque chose, d'autres avaient pris un bon coup avant de sortir dans la rue. Tous transpiraient et agissaient d'une manière inhabituelle, comme surexcitée. Plusieurs autres dizaines de véhicules étaient dans notre cas, bloqués. Nous avions dû reprendre la route de Coyah. Mais pas pour aller loin. Juste dans un petit point de vente boissons légères où quelqu'un nous reçut avec amitié ! Là je redécouvris un ami d'enfance avec qui je fis l'école primaire à Nongoa et qui travaillait il y a deux décennies dans une usine de tissus, située à quelques deux cents mètres de là. Ce dernier me présenta à un jeune militaire en tenue treillis qui venait de se joindre à nous dans la salle de vente, une pièce sombre du lieu. Il voulait acheter à boire ou en tout cas se détendre. Peut –être avait –il trop marché !

Le jeune militaire, pourtant calme, beaucoup plus serein que ceux que nous venions de voir au km36, parlant un français impeccable, nous expliqua un peu ce qui se passait. Il s'agit, dira-t-il, d'une réaction militaire traduisant un mécontentement de longue date, pour plusieurs raisons. Mais la goûte d'eau qui a fait déborder le vase est une question de salaire. Depuis le mois de novembre il à été prévu une augmentation de notre salaire qui devait entrer immédiatement en application selon les termes de la décision. Mais jusqu'à ce jour nous ne voyons rien. Et on nous rabâche toujours à l'oreille qu'il n'y a pas d'argent dans les caisses de l'Etat. Au même moment où on parle ainsi les membres du gouvernement actuel se font plus gourmands que tous leurs prédécesseurs. Nos ministres construisent des châteaux et pour leurs familles et pour leurs maîtresses qui roulent dans des véhicules les plus luxueux présents dans la sous-région.

Savez-vous, poursuit le jeune militaire, que nous militaires nous vivons comme des cochons dans des baraquements pires que dans des prisons. Nos enfants sont entassés les uns sur les autres. Pour les polygames les épouses n'ont pas droit à une intimité restreinte avec leurs maris. Nous mangeons n'importe quoi et le désespoir est le lot quotidien des membres de nos familles. Certains se demandent même si ce n'est pas une malédiction que d'être militaire sous le régime actuel ayant pourtant un général à sa tête. Les hommes en uniformes savent que plusieurs autres citoyens du pays ont de nombreux problèmes. Le peuple souffre et nos chefs s'en moquent ; le Président et ses ministres actuels en tête. Voyez ce que mange le Guinéen moyen puis par déduction vous saurez ce que peut avoir dans sa marmite le pauvre dont la catégorie sociale est si garnie.

Depuis qu'on a commencé à nous parler de politique, poursuivra- t- il, des partis politiques sont là et on n'y comprend rien : des institutions républicaines et de tout ce qui encombre nos esprits on ne comprend rien non plus. Les gens d'en haut parlent et ne font que parler. Ils sont seuls à comprendre leurs formules. On dit même que le Président de la République a pris tout l'argent de l'Etat pour envoyer dans son parti qui le téléguide comme un enfant. Il fait tout cela pour être sûr d'être réélu lorsqu'il ne lui sera plus possible de tricher comme cela a été le cas aux dires de tout le monde au cours des dernières élections présidentielles et législatives. Dans les casernes on estime que ceux qui ont semé la plus grande pagaille dans le pays sont, entre autres, le ministre de l'Intérieur organisateur de toutes les tricheries dans les élections présidentielles, législatives et communales, le gouverneur de la Banque Centrale qui a ouvert les caveaux de la BCRG au parti du Président.

Bref pour plusieurs raisons les militaires sont mécontents, et savent que ceux qui ont porté ce Président au pouvoir sont responsables de l'ensemble de la situation. Pour terminer, devait- il conclure, je vous apprends que les magasins des armes et munitions ont été cassés et les militaires se servent librement pour sortir dans les rues. Notre ministre, le colonel Abdourahamane Diallo, est en otage entre nos mains, poursuivra le bidasse. Nous avons refusé de toucher notre salaire du mois de janvier tant que tout n'est pas régularisé. Au moment où je vous parle des unités militaires sorties des casernes depuis 9 heures se dirigent vers le Palais des nations pour parler avec le Président. Il doit nous écouter et comprendre que nous sommes au courant du gaspillage qu'il fait avec l'argent de l'Etat qu'il croit lui appartenir en propre. L'homme était encore en train de continuer son récit quand on vint nous signaler que certaines voitures pouvaient poursuivre leurs routes, que le barrage était levé. Il continuait toujours à parler aux autres personnes présentes quand nous nous, avions quitté la boite pour notre Land Cruiser.

Nous nous sommes quittés ainsi sans que je ne pus placer un mot. J'avais des questions à poser, des éclaircissements à demander sur son récit. Je voulais savoir en particulier d'où il venait ? Quelle était sa mission en ce lieu en plus de la boisson qu'il achèterait puisqu'il était resté si longtemps qu'en temps de si grave crise on comprenait mal la suite. Par moment, je me demandais si notre homme n'avait pas pour mission de sensibiliser une partie de la population dans le but de susciter un soutien à l'armée en cas de besoin. Nous avions donc repris la route pour Conakry. Mais arrivés au même lieu, c'était pour constater que la circulation était toujours prise et que les véhicules restaient stationnés dans des files interminables. Non loin de là, des tirs d'armes à feu se faisaient entendre partout surtout du côté de la ville.

Finalement nous fûmes obligés de revenir sur nos pas, cette fois pour continuer à Gomboya jusqu'à 12 heures. Là, par les émissions de Radio France Internationale, nous avions appris qu'une mutinerie se développait dans la ville de Conakry, que le ministre de la Défense, le Colonel Abdourahamane Diallo, venait d'être limogé immédiatement par le Président Conté, que les magasins avaient fermé et que l'aéroport était pris par les mutins. Je compris que la situation était plus sérieuse que l'idée que j'en avais. Lorsque le jeune militaire parlait, je croyais qu'il voulait nous provoquer pour nous faire parler, pour nous tirer le ver du nez, comme on dit.

Revenus sur nos pas, nous devions comprendre que le passage était toujours fermé, mais que les véhicules ayant des militaires à bord pouvaient circuler. Nous avions profité du passage d'une telle occasion pour glisser de l'autre côté de la barrière. C'était une chance car nous pouvions être violentés, arrêtés,... Mais nous avions réussi à continuer, sans difficulté, jusqu'au marché d'Enta, non loin d'une station d'essence. Là de nombreux autres véhicules, surtout de transport en commun, étaient encore arrêtés et des militaires en nombre beaucoup plus important mélangeaient tout sur la route. Certains tiraient en l'air comme pour signaler qu'il était en train de se passer quelque chose d'important. Par moment on voyait transporter des blessés par balles perdues, disait- on, vers un centre médical... La panique était générale et le marché fermé.

Nous avions continué à suivre notre véhicule de fortune, un minibus ayant son militaire à bord qui brandissait une kalachnikov, sans cesse. Ce dernier tenait son arme hors du bus, la balançait en signe de victoire et tirait de temps en temps. L'ensemble du spectacle était un véritable psychodrame. Nul ne peut être fier de voir ce genre de scènes se dérouler dans son pays. Mais il fallait s'y résoudre sans autre solution. Au marché de Kissosso le nombre de militaires était encore plus important aux points d'arrêt qui devenaient de plus en plus serrés, distants les uns des autres de seulement quelques dizaines de mètres. Décidément l'armée était dans la rue. Comme nous savions que l'aéroport était occupé nous avions pris la transversale T3 pour rejoindre la dorsale qui relie Sangoya au carrefour Le Prince. Sur cette voie, les barrages étaient redevenus très distants les uns des autres mais avec un élément nouveau, on y fouillait les véhicules en ouvrant les coffres. En plus les hommes ici semblaient plus furieux que ceux rencontrés jusque là. On tirait partout, dans la ville, et la population perplexe regardait la scène, embarrassée ou dépassée. Malgré tout, notre véhicule, une Toyota Land Cruiser ancien modèle, ne fut pas fouillé, sans doute parce qu'il n'y avait pas de coffre à ouvrir. Pour voir l'intérieur il suffisait de regarder à l'arrière.

Plus tard, quelqu'un nous informa que la fouille avait pour objectif de découvrir d'éventuels dignitaires en fuite. La chasse aux membres du gouvernement était au programme. Elle pouvait commencer à tout moment. Finalement notre groupe atteignit Donka, et nous arrivâmes à la maison vers 14 heures. On nous y attendait si anxieusement qu'à notre entrée dans la cour tout le monde avait poussé un cri de joie. Immédiatement après notre descente dans la cour de la famille, je demandai qu'on levât le volume de la radio pour me permettre de tout suivre. Les balles sifflaient de plus en plus fort. Même de plus en plus près de nos domiciles. Heureusement que les civils n'étaient pas visés directement. Par endroit la radio nationale, la RTG, cessait d'émettre puis reprenait avec de la musique guinéenne.

Entre temps quelqu'un qui ne déclina pas son identité dira à la radio qu'un comité de salut public venait de prendre le pouvoir. Que les institutions et le gouvernement étaient dissouts... Puis on ne devait plus rien savoir de ce comité. Mais pour beaucoup de personnes, le coup d'Etat était consommé surtout que le dit comité avait diffusé son message une seconde fois.

Vers 14 heures, un chant en l'honneur de l'armée guinéenne en langue maninka fut mis sur les antennes. Les Guinéens, habitués à des coups militaires, réussis ou manqués, savent qu'une telle musique dans un tel contexte signifie que l'armée guinéenne est en train d'accomplir quelque chose pouvant aller vers un coup de force comme le 3 avril 1984 ou comme le 4 juillet 1985 avec le coup du Colonel Diarra Traoré, ou encore pour en arrêter un, comme ce fut le cas le 22 novembre 1970, lorsqu'une agression portugaise endeuilla Conakry et ses banlieues, sous la Première République.

Et ce sentiment devint absolu lorsque cette musique fût suivie d'une autre, toujours militaire et ininterrompue. Mais le vendredi 2 février il n'y eut pas de musique militaire, par contre l'hymne à l'armée longtemps entendu fut suivi d'un message radiotélévisé du chef de l'Etat, le Président Général Lansana Conté qui avait dit notamment :

- Que deux délégations de l'armée avaient été reçues par lui au Palais des nations pour discuter de la situation ce même vendredi.

- Qu'à la lumière des entretiens il estimait que les militaires dont il avait accepté les revendications devraient rejoindre les casernes, arrêter de tirer des coups de feu et avaient reçu ordre de s'exécuter immédiatement.

- Qu'une tentative de récupération du mouvement des soldats était active au niveau de certains officiers supérieurs désireux de prendre le pouvoir par la force.

- Qu'il demandait aux soldats dont la mutinerie était liée uniquement à la seule augmentation de salaire de ne pas se laisser faire par ces officiers.

- Que le comportement de ces derniers serait traité autrement par lui, ajoutant qu'un char avait tiré dans un quartier paisible de Coronthie faisant huit morts.

Apres l'adresse du chef de l'Etat, qui fut reprise une multitude de fois à la radio et à la télévision, les tirs d'armes à feu se multiplièrent, devenant beaucoup plus nombreux et plus variés : pistolets, armes légères du soldat, canons, roquettes,.... Il en fut ainsi toute la journée et toute la nuit. Au début de la nuit on apprit encore par RFI que le Palais de Nations était en flamme et brûlait après des coups de canon. Vers 22 heures, la radio et la télévision arrêtèrent leurs émissions. Elles reprirent le samedi dans la matinée avec de la musique militaire ininterrompue entrecoupée des louanges à l'armée guinéenne. Au même moment des coups d'armes lourdes étaient entendus du côté du Palais des Nations, siège de la présidence de la République, alors qu'on tirait aux armes légères partout jusqu'à côté de nos domiciles.

La nouvelle de l'incendie du Palais m'avait presque rendu malade. Je connaissais l'immeuble et sa valeur. C'est le meilleur édifice que nous ayons en Guinée. J'étais irrité au point que j'entrepris de m'y rendre la nuit pour voir tout de près. La famille voulut me retenir mais en vain. Je m'y rendis à pied sur la route principale pour voir les flammes accomplir leur besogne inacceptable...Vers la mi-journée du samedi on apprit que le chef de l'Etats avait été contraint de sortir de sa retraite du Palais des Nations pour aller à une réunion au camp Alpha Yaya Diallo, dans un véhicule militaire, disent certains, dans une ambulance déclarent d'autres.

Un certain capitaine Fodé Vivace Sylla ajouta que les tirs sporadiques devaient impérativement s'arrêter et que les militaires et paramilitaires devaient rejoindre chacun son unité pour recevoir de nouvelles instructions.
Le même communiqué indiquait qu'une réunion entre le Président et tous les hommes en uniformes était prévue au camp Alpha Yaya Diallo le dimanche 4 février dans la matinée. Le texte était suivi d'un appel aux véhicules sapeurs pompiers de l'aéroport, des garnisons militaires, du port autonome et

du gouvernorat de la ville de Conakry à se rendre au Palais des Nations pour l'extinction des flammes qui ravageaient encore cet édifice historique.

L'accord signé par le Président, en bloc, portait, entre autres conditions, sur :

- L'augmentation immédiate de la solde des soldats ;
- L'approvisionnement des camps en denrées alimentaires ;
- L'impunité et la non poursuite des mutins ;
- La réorganisation du ministère de la Défense et de l'Etat – major des armées.

Après le communiqué présenté par le capitaine, les tirs s'arrêtèrent effectivement et c'était seulement après cet appel que l'accalmie fut amorcée dans la cité. Alors nous pouvions sortir de nos maisons sans risque de ramasser une balle " perdue ", ce que chacun avait fait pour aller voir la vérité sur les dégâts. Elle était troublante. Après la mort de plusieurs personnes et des blessés graves une autre perte grave elle aussi était la destruction du Palais des Nations. Je m'y rendis vers dix huit heures trente minutes le samedi 3 février. La maison avait encore de la fumée par endroit. J'étais choqué par ce que je voyais. Par moment je me posais la question de savoir comment expliquer une telle action de l'armée. Mais le spectacle le plus gênant était cette foule de militaires et de petits galopins des quartiers qui s'étaient rués sur ce qui restait de meubles, machines, tapis et autres objets. J'avais vu des militaires tirer en l'air pour se frayer du chemin avec des charges sur le dos, direction le quartier. Certains d'entre eux, étaient accompagnés de leurs enfants et d'autres proches. Mais j'en avais vu aussi avec des camionnettes pour charger leur butin.

Aucune garde du lieu n'était assurée ; chacun faisait ce qu'il voulait. C'était triste et lamentable. Tout cela donnait une idée du désordre qu'il y a dans le pays, mais surtout celui de la misère qui peut aller jusqu'à porter les gens à se conduire de cette façon pour améliorer leurs conditions de vie. Pour cela j'étais à la fois furieux et mélancolique. Cette scène qui se déroulait pendant que l'illustre Palais des Nations brûlait était –elle l'expression d'une haine accumulée contre le Président ou celle d'une grave maladie de notre société qui, u jour, irait très loin ? Quand je revins à mon domicile, j'étais coincé entre plusieurs sentiments. Et, je me redisais ce que je savais déjà, à savoir qu'en Afrique nul n'est à l'abris de ce genre de troubles, qu'une fois le processus déclenché, il peut aller n'importe où de toutes les manières possibles. Il peut aller loin, jusqu'à la guerre civile. Et au bout du compte, personne ne gagne plus que les autres. Ce qui est sûr, c'est que tout le monde perd. Moralement, matériellement,...Face à la communauté internationale l'Afrique ronge son crédit et ses valeurs.

Mais il n'y avait pas que le Palais des Nations comme perte. Des commerces, des magasins, des parcs automobiles, avaient été pillés ou incendiés. Les magasins de riz avaient été pris d'assaut et vidés sans exception. Des stations d'essences brûlées et du carburant pris gratuitement de force dans presque toutes les stations par des militaires... Tous les véhicules de l'Etat furent arrachés à leurs usagers pour passer aux mains des soldats qui s'en servirent à volonté pendant la période des troubles. Tous les véhicules neufs avaient été enlevés des bases des représentations de Nissan, Peugeot et leurs magasins et bureaux saccagés ou incendiés. De ce côté aussi le bilan était lourd. Chacun se disait qu'après un tel coup aucun investisseur étranger ne prendrait le risque de venir en Guinée.

Lorsque je vis le propriétaire de la société de transport SGTS SOCATUC il pleurait presque. On venait de casser tout dans son garage Méca-Guinée pour lui enlever toutes les pièces de rechange neuves en stock. Il attendait un arrivage de soixante bus de cinquante places pour chaque et son partenaire en France qui avait tout suivi des événements de Conakry lui avait simplement fait savoir que le bateau ne viendrait plus à cause de ce qui se passait en Guinée. J'avais vu des gens pleurer partout dans les coins atteints par les troubles et les expatriés eux prenaient la résolution de préparer leurs bagages, souvent à la demande de leurs ambassades. C'était triste. Sur le plan politique et moral, c'était autrement plus grave. La démocratie ? Que peut-on en penser dans un environnement comme celui-là ? Les processus peuvent-ils être réels, constructifs et prometteurs d'un meilleur avenir ou exprimer seulement une série de mises en scènes pour satisfaire les principes et leurs théoriciens ?

Le pouvoir ? Peut-on l'assumer sans autorité, en étant visiblement lié pieds et mains par des pressions connues ? Parti politique ou armée ? Famille ou collaborateurs ? Les commentateurs internationaux eux avaient déjà lié la scène à des tas de situations du passé. Les correspondants des radios étrangères interrogeaient des militaires et interprétaient leurs sentiments, leurs analyses et leurs explications. Pour certains, ce qui se passait à Conakry était l'expression d'un rejet par l'armée du pouvoir du Président Conté, chacun ayant entendu dire partout que son élection avait été le résultat d'une tricherie manifeste et organisée par son ministre de la sécurité et de l'intérieur.

Des militaires clamaient dans la rue que le Président qui leur avaient tourné le dos ne regardait plus que son parti politique, le Parti de l'Unité et du Progrès qui avait présenté sa candidature et à qui il donne tout l'argent du trésor public sans se gêner, avec les véhicules et autres biens publics. Certains d'entre eux affirmaient même qu'une zone fertile en diamants serait exploitée en permanence au profit du P U P. Et des militaires disaient que tout cela se passait parce que le Président oubliait que si un parti politique se réclame de sa présence au pouvoir il a fallu d'abord, le 3 avril 1984, l'action de l'armée nationale qui lui avait montré les débuts de ce pouvoir tout simplement parce qu'à la mort du Président Sékou Touré il était l'officier le plus ancien dans le grade le plus élevé parmi les militaires en action au moment des faits.

Cette mutinerie avait permis de voir à quel point l'armée était irritée par les jeux du PUP qui ne respecte ni le peuple, ni la loi, parce que soutenu en tout par le Président. Tel était l'avis de la majorité des militaires, notamment les moins gradés. On pouvait se demander pourquoi des bidasses parleraient tant d'un parti politique. Pour eux il s'agirait simplement d'une question d'intérêt et pas de politique pure. Les soldats pensaient sans doute que leur salaires ne venaient pas parce que tout l'argent allait dans les caisses d'une formation choisie par le Président qui ne réussit pas à se mettre au dessus du jeu des partis, contrairement à ses déclarations à la radio, face à tous les Guinéens".

Pour d'autres agences de presse, l'armée se remet aux affaires en Afrique parce qu'elle est toujours là et qu'il faut compter avec elle encore aujourd'hui et demain aussi.

2- Visite à Washington

Après avoir quitté le gouvernement en Août 1994, je pris un repos de quelques jours seulement à Conakry puis j'entrepris de nombreux déplacements à travers l'Afrique et le reste du monde. Certaines fois j'étais invité dans différents cadres notamment des conférences dans l'humanitaire ou pour des réunions culturelles, ou en tant que Président de l'Association Pan-Africaine des Ecrivains. Ce fut la cas en République slovaque, en France, en Grande Bretagne, en Libye, en Iran, en Irak en Belgique, en Australie, en Hollande, d'autres fois c'était simplement en visite privée comme en Côte d'Ivoire, en Guinée Bissau, au Sénégal, en Sierra Léone, au Libéria... Dans ce dernier cadre je fis ma première visite privée à Washington.

J'arrivai à Washington aux Etats Unis le samedi 21 septembre 1996 par un vol d'Air France. C'était à 16h 30mn locale à l'aéroport de Dulles dans l'Etat de Virginie, non loin de la capitale des USA. L'aérogare est tout simple mais visiblement majestueux. Pas d'étages hormis au terminal principal qui en a un. Tout est au sol mais sur une étendue immense comparée à ce que j'ai l'habitude de voir dans plusieurs pays. J'avais tellement entendu parler du caractère tatillon des formalités à l'entrée du territoire américain que je m'attendais à des procédures complexes, variées, avec des agents peu aimables. Et d'office, je croyais ces derniers versatiles et jaloux de leur terre si enviée de tous ceux qui cherchent à y contempler sur place les marques du succès et de la puissance d'une nation à tout point de vue.

Aujourd'hui, en effet, la seule superpuissance dans le monde c'est l'Amérique : les USA. L'effondrement de l'empire soviétique a déjà marqué la fin de la guerre froide. Deux superpuissances se disputaient hier la suprématie. Maintenant il n'en reste qu'une, le pays de l'Oncle Sam. Mais le préjugé sur la jalousie des Américains ne fut pas vérifié sous mes yeux. En tout cas à cette occasion je n'en vis aucune trace, aucune manifestation. Les formalités furent pour moi plus simples et plus rapides que jamais. Et s'il est vrai que les gens ne perdent pas une seule seconde à des rires ou sourires sans intérêt, sachant le snobisme qu'on voit si souvent partout, ce qui donnerait à ceux-là un air quelque peu trop suffisant, ici les gens sont aimables, prêts à servir et à aider les nouveaux venus pour leur faciliter l'entrée chez l'Oncle Sam. J'étais agréablement surpris et c'était déjà le signe d'une visite qui promettait d'être agréable.

Une comparaison : à Paris lorsque j'arrivai de Moscou le 20 septembre 1996, alors que je finissais l'attente dans une longue file devant le poste de formalités l'agent chargé du contrôle des passeports constata que j'avais oublié de mentionner un seul élément de détail sur la carte jaune que je lui remis avec le passeport. Il leva le ton, cria si fort que le monde fut obligé de regarder la scène à laquelle il se livrait et dans laquelle il m'entraînait alors que je ne disais rien comme je ne pouvais rien dire. Puis de la façon la plus irrévérencieuse, il m'intima de quitter devant lui et non seulement de ne rien écrire devant lui sur sa table mais de repartir au commencement de la longue queue. Quelque part il avait raison, mais la méthode, le théâtre qu'il créait pouvait être évité.

Notre vol à bord un immense airbus venait de Moscou. Il était long et la fatigue sûre pour chacun des passagers. Plusieurs d'entre eux furent gênés devant l'inutile énervement de l'agent, à un point tel que certains me proposèrent de prendre leur place dans le rang. Je déclinai amicalement ces offres car je ne voulais pas donner une seconde occasion à l'homme en tenue de la police française de reprendre le théâtre que je sais être trop loin de sa mission. Peut être était –il seulement de mauvaise humeur ce jour. Puis pendant que j'avançais pour la deuxième fois dans le rang je me posais des tas de questions, comparant cet incident à l'extrême délicatesse avec laquelle on reçoit les Français et autres étrangers chez nous et aussi, il faut le dire, à l'amitié avec laquelle des Français nous reçoivent si souvent. Je me disais aussi que sans doute la fameuse affaire des "sans papiers " de l'Eglise Saint-bernard qui venait de se déroule à Paris avait réduit de beaucoup la dose de patience de certains agents. Mais je n'oubliai pas non plus que ceci pouvait être un cas isolé lié au tempérament de l'homme en face, auquel cas je le trouvais chanceux pour avoir franchi tous les difficiles échelons de sa carrière avec ce type de réactions. Finalement tout se passa bien et l'incident ne fut pas plus long. Il ne se renouvela pas lorsque je réapparus devant lui. Il avait eu le temps de se calmer.

A l'aéroport de Dulles à Washington où j'arrivai quelques jours seulement après, je fis attention, comme l'équipage nous l'avait demandé avant l'atterrissage pour remplir les papiers longs et nombreux qu'il fallait présenter aux postes des formalités pour franchir la dernière barrière. Mais malgré tout il restait de tous petits détails, encore une fois des éléments importants pour l'agent. Tout cela arrivait parce que depuis bien longtemps j'avais été aidé dans ce genre de démarches en ma qualité de membre d'un gouvernement. On avait toujours rempli ces papiers à ma place au niveau d'un protocole bien réglé pour une personnalité en service.

Après avoir franchi la ligne jaune pour mon tour de questions j'étais devant un agent jeune, un blanc, apparemment sans la moindre trace de sang noir, très grand de taille avec une mine serrée au maximum, des lèvres sèches telles qu'on les retrouve chez les personnes ayant de grands soucis. Je compris que le souci, c'était la totale concentration de l'esprit sur le travail dont la qualité ne souffre d'aucune complaisance dans ce grand pays. Et contrairement à son collègue Français il prit mon papier incomplet, ouvrir mon passeport pour faire le travail qu'il avait à faire sur mes documents. Ce n'était pas grand chose mais j'étais touché, surtout que pour un truc bien plus petit quelqu'un, comme l'homme que je rencontrai quelques jours avant, aurait pu créer inutilement une scène de théâtre à Paris. Je ne pouvais pas ne pas faire le rapprochement. Ici en tout cas ce jour, les procédures étaient vraiment agréables et personne ne pouvait se plaindre. Personne ne se plaignit à ma connaissance dans le groupe que je voyais.

Puis ce fut l'office des changes de l'aéroport. Je n'avais que des francs français sur moi. L'agent à ce poste était carrément un Noir au sens complet du mot quoique de nationalité américaine. Il parlait l'anglais en arrangeant les tons avec un certain cérémonial dont il n'avait vraiment pas besoin pour ressortir sa nationalité. Elle était déjà visible. Mais malgré ce jeu quelque peu désagréable cet homme fait partie de ces Africains Américains dont l'africanité est une fierté. Je le compris tout de suite. Sur son badge on pouvait lire " Kwamé", c'était son nom. Pendant qu'il faisait mon change je pris soin de lui demander si en plus de ce que ce terme le désigne lui comme son nom, il savait que c'était celui d'un grand homme politique d'Afrique ? Il sourit et me répondit que non seulement lui il savait que c'étai le nom du Premier Président de la République du Ghana mais que tout le monde savait cela aux USA et hors de ce pays. D'autres personnes attendaient pour le change et je n'eus pas le temps de dire plus pour éviter des protestations. Je pris mes dollars et comme je me retirais il me proposa d'éviter les hôtels de Washington. Certains sont aussi propres que d'autres mais avec des prix de chambres très lourds par rapport à d'autres. Ajoutera-t- il.

Au sortir de l'aéroport, je rencontrai un homme ayant l'allure d'un Arabe ou d'un Persan. Comme je lui expliquai que j'étais à Washington pour la première fois il prit ma situation en main, me demanda de le suivre dans les couloires de la battisse puis s'empara d'un téléphone. Il appela le chauffeur de l'hôtel "Days Inn" se trouvant dans l'Etat de Virginie sur la route de Washington. Après environ cinq minutes de circulation on était en face de l'hôtel. Dans le bus rouge de cet petit, mais coquet établissement, j'étais installé seul, avec un chauffeur ayant lui aussi la figure d'un gentil Asiatique. J'appris par la suite qu'il était Afghan.

L'homme avait l'air tout sérieux. De l'entrée à la sortie de son bus nous n'échangeâmes pas un seul mot. Mais il n'avait rien de désagréable. Bien en chair, faisant son travail avec précision et ne s'occupant que de cela, il avait réellement assimilé la leçon de l'Américain moyen s'il n'en était pas un. L'Amérique en effet, c'est la terre du travail bien fait, disent les habitants de ce pays de l'Oncle Sam. C'est la terre où on retrouve toutes les races, des plus sombres aux plus claires en passant par les autres nuances des couleurs de peau et des religions. Ceci est un avantage certain. On est là. Et tout est là, disent les Américains.

A la réception il y avait une jeune femme originaire du Pérou. Très attachée à son travail, elle prit tout son temps pour m'expliquer les conditions d'occupations des chambres et me fit des propositions que je trouvais fort intéressantes. Je les acceptai tout de suite. Je restai dans ma chambre toute la nuit, prenant un repos mérité après un vol de huit heures trente minutes entre Paris Charles de Gaulle et Washington Dulles. Le lendemain dimanche, je vins très tôt à la réception de l'hôtel pour commencer réellement l'expérience de Washington. Mais comme je ne parlais que de la capitale des USA, la dame à la réception, Madame Maroofa Salimi, m'apprit que si je venais bien de l'un des trois aéroports de Washington, j'étais dans l'Etat de Virginie, relativement loin de Washington District de Colombia. Parlant avec plus de précision Maroofa, de nationalité Afghane elle aussi, mère de deux filles, ce qui n'enlève rien à la teneur de son sourire, insista pour souligner que nous étions a environ 75 km de la capitale.

Pendant qu'elle me faisait ces premières leçons de la circulation vers et dans la capitale de l'Etat le plus puissant du monde, je constatai qu'un homme jeune, cheveux blonds et tout blanc de peau, faisait attention à ce qui se disait. Il nous arrêta pour annoncer qu'il était lui aussi en route pour Washington où il allait visiter des musées non loin du Capitole et qu'il y allait en métro. Il me proposa de le suivre et de faire compagnie avec lui. Maroofa trouva l'idée excellente et me demanda de suivre le jeune Américain. Mon nouveau guide sortit une carte de visite et me la tendit en disant " je suis Rodney M. Alfsent" avant de préciser qu'il servait comme haut fonctionnaire dans l'industrie pharmaceutique à Sam Dimas dans l'Etat de Californie et qu'il venait périodiquement à Washington pour se perfectionner dans le maniement des ordinateurs.

En virginie comme dans tous les pays tempérés le temps change avec une extraordinaire rapidité ; ce dimanche le soleil brillait quand j'arrivais à la réception de l'hôtel. Nos 10 à 15 minutes de conversation ont suffi pour que du soleil on vit le dehors sombre comme tout avec un froid aussi fortement marqué. Je décidai de revenir dans ma chambre pour m'habiller de façon plus adaptée. Mais avant de le faire M. Adoney souligna que son temps était si réglé qu'il préférait me prêter son pull tout neuf qu'il tenait dans sa main. Il le sortit aussitôt et me le tendit. J'hésitai un instant parce que je préférai aller rapidement prendre mon pardessus ; mais en quelques secondes je réalisai que l'offre était si spontanée que si je la déclinais l'homme serait confus et peut-être gêné sans compter que je pouvais du coup perdre sa précieuse compagnie car là bas comme dans tous les Etats développés on ne s'amuse pas avec le temps.

Sans plus perdre la moindre minute, nous voici dans le bus rouge de l'hôtel Days-Inn qui nous conduisit au point de départ d'un autre bus mais de transport public. Celui-ci nous déposa à la première station du métro. Le métro de Washington est très simple mais pratique, contrairement à celui de

Moscou ou à celui de Paris, il ne porte pas de décorations spéciales. Presque partout la couleur est celle du ciment blanc. Après un seul changement de station, nous voici à Washington DC. Mais ce n'était pas encore le lieu que mon ami avait en vue. Puis encore un peu de métro et cette fois sans erreur, nous voici non loin du Capitole. Le premier musée devant nous fut est celui de l'armée de l'air des USA. Le bâtiment qui l'abrite est immense et toutes les merveilles de l'aviation américaine y sont représentées. Depuis l'ancêtre de l'avion jusqu'au dernier cri des réalisations aéronautiques. Tous les avions militaires ayant opéré avec distinction dans les différentes guerres (Première et Deuxièmes guerre mondiales, guerre du Vietnam, guerre de Corée, guerre du Golfe …) sont récupérés et exposés en ce lieu.

Toute l'histoire de l'aviation est là, matérialisée par des appareils des différentes étapes. Mais il y a aussi l'histoire et les échantillons des engins spatiaux américains (Gemini, Appolo, Mariner..). Des films sont projetés pour les touristes afin d'illustrer les explications des guides. Mon jeune compagnon admire spécialement les réalisations et exploits de l'aéronautique. A chaque point de la visite du musée son admiration grandissait, elle était manifeste. Parfois il m'avouait carrément qu'il a raté son choix dans la carrière car il aurait dû chercher à être aviateur ou cosmonaute, ou encore ingénieur dans l'aéronautique. Par moments, il faisait des analyses que lui imposait l'impressionnante réalisation humaine contenue dans cette maison tout en essayant de voir un peu ce que coûte chaque élément en somme d'argent, surtout en matière de vols spéciaux.

Nous avions également visité la bibliothèque du Congrès, le Capitole et d'autres lieux célèbres notamment la Maison Blanche. Là nous n'avions pas atteint l'immeuble mais étions dans l'immense jardin de la place. Ce lieu est ouvert à tout le monde pour des visites, des photos et aussi pour y exprimer le désarroi et la perdition. Nous avions vu sur et sous les bancs prévus pour le repos, des africains qui y dormaient. On avait le sentiment qu'ils étaient morts. Leur cas n'appelait pas du tout le désir d'aller en Amérique tant enviée par tant de jeunes désœuvrés de nos pays si on n'est pas sûr d'y vivre bien. Je compris une fois de plus qu'il vaut mieux rester chez soi plutôt que d'aller offrir ce type de spectacle loin de la terre de ses père et mère.

HUITIEME PARTIE

POSTFACE

LE PRIX DU SAVOIR OU L'AVENTURE DE L'ESPRIT

« Un peuple ne mérite l'honneur d'être un peuple, un homme n'atteint la plénitude de sa dignité d'homme qu'à partir du moment où ce peuple, où cet homme perçoivent clairement, l'un et l'autre, et le sens, et la pesée de leur contribution particulière à l'évolution de l'espèce. »

« L'Europe et Nous »
Discours devant le 1er congrès des Ecrivains
Et Artistes Noirs, La Sorbonne, Paris, 1956

Jacques Rabemananjara

1. Intelligentsia et Démocratie.

Rarement le monde a été satisfait des temps qu'il vit. A chaque époque correspondent des réalisations heureuses et des œuvres marquant les motifs de fierté d'une nation. Mais à chaque époque aussi correspondent une foule de situations traduisant des malaises profonds, des déséquilibres sociaux, des inégalités intolérables, des conditions difficiles et complexes dans lesquelles l'habitant de la cité, au sens romain pour celle-ci de communauté politique souveraine, pleure et s'interroge. C'est alors que le désespoir envahit les réalités quotidiennes, étouffant l'espérance et la confiance des gens les uns en les autres. Ainsi, le désarroi et la déception bloquent l'esprit d'initiatives. Quelle dimension peut-on donner à la volonté de développement dans un tel cadre ? Quelle conquête l'esprit peut-il assumer dans un tel contexte quand on sait que la condition première d'une réflexion bien menée est la paix intérieure et la quiétude sociale autour de soi.

Dans ce mélange de raisons heureuses et de motifs multiples de soucis, d'inquiétudes (avec entre les deux positions une longue échelle de cas combinant les éléments de l'une et les aspects majeurs de l'autre) des hommes souffrent et nous interpellent mais d'autres parviennent à se former malgré tout, au gré de circonstances ou de valeurs spécifiques, depuis l'enfance jusqu'à la majorité. Ils maîtrisent les connaissances et deviennent des athlètes de la pensée au service d'idées claires, précises et constructives. Ils forment la race des intellectuels capables de défendre le bien et de protéger la démocratie.

De par la nature de sa formation, l'homme du savoir, l'intellectuel, peut toujours rendre intelligibles les démarches complexes. Il est donc capable de les rendre claires vers la connaissance qui meuble l'action systématique. Mais souvent hélas ! et délibérément, des nuages sont voulus et semés par certaines personnes pour permettre à des manœuvres difficiles à nommer ou à parrainer de faire des routes inacceptables pour la communauté et pour l'individu. Et alors, on se dissimule par-ci, on se décharge sur des innocents par-là, si on ne le fait pas avec des boucs-émissaires conscients de ce rôle qu'on leur fait jouer à dessein.

Dans les nombreuses circonstances de l'existence, pas toujours aisées, chacun de nous cherche des sortes de maîtres de sa conscience, des éclaireurs, des amis sereins avec qui il peut tout dire et tout envisager pour qualifier les conditions de la vie. Chacun de nous attend des êtres du savoir, des « homos sapiens », comme dirait le philosophe, qu'ils aident à comprendre la vie et les multiples contradictions qui compliquent la route de l'aventure humaine, une aventure que, bon gré malgré, nous sommes tenus de vivre avec les autres. Nous sommes tenus de partager avec l'autre le même destin, les mêmes épreuves quand elles s'imposent à nous mais les instants de bonheur aussi. Cette attente est normale parce que les hommes de l'esprit ont été préparés par la société à comprendre rapidement, à concevoir les clés de l'analyse pour asseoir la connaissance des phénomènes et à les approfondir, que ces phénomènes soient sociaux, politiques ou physiques.

Nous avons la même demande vis-à-vis de notre intelligentsia, à une époque où on se demande où va le fils de la femme ? Où va le Tiers Monde ? Où va l'Afrique ? Où va le monde ? Que faut-il faire avec tout ce que nous voyons de désaccords, de conflits, d'incompréhensions, de douleurs humaines, de misère et, il faut le dire, de désordres ? Que faut-il faire avec et dans un monde qui change si vite avec « des bonheurs différents, des perspectives contrastées, des chances inégales de succès et d'échec. » ?

Au vu de tant de problèmes, suscitant tant d'interrogations, créant de si nombreuses zones d'ombre, l'homme d'Afrique cherche toujours son destin et la nation, sans cesse, les routes les moins marquées de périls et d'embûches pour conduire les citoyens de notre continent vers la solution des difficiles équations sociales. Nous sommes d'une couleur de peau qui peut ne pas être celle de la peau des autres. Il faut assumer cela et en être fier. Nous avons des richesses que d'autres n'ont pas. Il faut savoir les présenter aux autres pour gérer au mieux nos valeurs. Et alors, la coopération dans toutes ses formes, s'impose si réellement nous voulons, ensemble, repousser les exclusions pour favoriser les contacts, exprimer et faire notre volonté de vivre ensemble et correctement, aussi bien les difficultés que les ressources agréables, produits de l'effort. C'est seulement de façon collective et coordonnée que nous pouvons faire en sorte que les pouvoirs qui nous dirigent çà et là, acquis de façon souvent discutable, puissent produire des cadres de débats et de gestions en faveur des pays et non des propriétés privées souvent mal gérées et source de conflits armés.

Ceci étant, comment ne pas nous tourner vers nos frères instruits, nécessairement doués d'un courage inné ou acquis, ce qui se comprend ; donc nécessairement doués d'une puissance morale qui nous infuse énergie et espoir ? Et doués aussi d'expériences enrichissantes qu'on ne saurait négliger ou oublier si nous voulons confronter les différentes visions du monde pour en extraire le substrat de la vie communautaire dont rêve le riche mais surtout le pauvre au sens matériel si courant aujourd'hui, si visible dans une Afrique dont les filles et fils cherchent la vie et la raison de vivre correctement. Nous sommes engagés à comprendre ce qui se passe pour éviter d'aller n'importe où, avec n'importe qui, au risque de faire n'importe quoi et pour éviter de terminer par subir demain matin les motifs de notre négligence ou encore ceux de notre paresse intellectuelle. A l'ordre du jour de notre époque il y a un tas de choses importantes ; ces choses sont en nombre si élevé que pour saisir l'ensemble des problèmes qui se posent, cela exige de notre part liberté, conscience et intelligence, calme et mesure ; à des degrés nécessairement variables. Ces vertus se qualifient et se renforcent avec le niveau des connaissances et la nature des relations sociales telles que l'histoire nous les enseigne

Dans cet ordre de pensée, pour ne pas dire dans cette mode, la priorité est aujourd'hui puissamment tournée vers le désir et la nécessité pour les citoyens et citoyennes de participer, mais effectivement, et intelligemment, à la gestion des affaires qui concernent leur sort collectif. Ils souhaitent en même temps la gestion libre du destin personnel de chacun. On aspire partout et sans cesse à un gouvernement où l'accord des gouvernés est donné sur la base d'un choix libre. Qu'en est-il ? Arrive-t-on quelque part à accomplir cette volonté ? Si oui, comment jouit-on de la finalité ? Si non quels sont les obstacles qui se dressent sur la route ? Comment les combattre ? En somme, comment asseoir la liberté et la démocratie dont tout le monde a besoin.

Voilà des carrefours délicats où l'intelligentsia doit venir au secours pour aider à trouver les réponses les plus heureuses aux préoccupations les plus complexes. Depuis toujours, ou en tout cas depuis des temps très anciens, on tient pour évidentes les vérités selon lesquelles « les hommes ont été créés égaux, pourvus par le créateur de droits inaliénables dont le droit à la vie, le droit à la liberté, le droit de poursuivre chacun son propre bonheur selon la voie qu'il s'est tracée en fonction de son sens de la vie. Que les gouvernements ne sont réellement valables que lorsqu'ils sont institués sur la base de pouvoirs justes, non dictatoriaux, non usurpés, que ce soit par la violence ou par la ruse, mais sur la base de pouvoirs acquis par le libre consentement des gouvernés ».

Tout cela concerne une théorie juste, très respectée, toujours enseignée dans les écoles à tous les niveaux, exposée par des acteurs politiques devant des auditoires, donc une théorie admise dans les grands débats de société, et partout. C'est dans ce contexte que viennent en surface une série de termes aussi généraux que précieux comme socialisme, économie de marché, multipartisme, démocratie, démocratisation, dictatures et autres...

Regardons les choses en face. Regardons l'homme dans son aventure où se mêlent bonheur et embûches. Regardons surtout en face l'environnement physique et moral dans lequel nous poussons, quotidiennement, insidieusement ou visiblement, la communauté politique dont nous parlons sans cesse à grand renfort de ces termes philosophiques retentissants qu'il nous faut comprendre pendant que la situation du citoyen se dégrade profondément et à grands pas. Elle se gâte aussi bien à la campagne qu'en ville, sous nos yeux. Elle se détériore chaque jour plus que la veille. Il y a là une complicité que par peur, des gens acceptent mais qui est réelle et variée. L'homme de l'esprit seul peut nous aider à refuser cette situation à condition qu'il soit lui-même armé de tout son courage et de toutes les vertus pour lesquelles nous le respectons et l'admirons lorsque nous ne l'envions pas encore.

Dans la détérioration intense et continue de la vie de tous les jours, le monde voit que la peur étouffe tout. La peur se voit partout ! Elle est devenue pour certains un facteur d'action dans tous les secteurs. Elle agit avec force et incline de nombreuses personnes à la déstabilisation intérieure et à la résignation, donc à adopter une position méprisable pour les maîtres qui enseignent les valeurs théoriquement sacrées mais qui se détruisent sous les yeux des maîtres eux-mêmes. La famille ne dit plus la vérité à l'enfant parce que craignant la réaction de celui-ci. Et la réaction peut être violente, désordonnée, incontrôlable, sous l'effet de manières apprises dehors ou sous l'effet de produits consommés n'importe comment, en n'importe quelle compagnie par l'enfant. Celui-ci, comme dirait l'autre, est « né bon », juste et vertueux mais ne cesse de se détruire au contact de mauvais milieux, au contact de la société qui le transforme de bon en être mauvais, rarement de mauvais en bon modèle.

Le maître d'école ne peut plus exprimer son désaccord avec l'élève paresseux qui refuse d'apprendre ses leçons parce que craignant des attaques imprévisibles dont parfois des coups de bâtons de l'élève ou des élèves, ou encore des agressions de parents souvent bien situés dans la classe sociale, et qui n'hésitent pas à vouloir montrer leur puissance par ce genre de méthodes inacceptables. Là aussi le monde risque de tourner mal. Il faut l'arrêter là surtout ; maintenant et pas plus tard tout en repoussant les violences sur les enfants à l'école. Le travailleur, dans un cadre public ou privé, vit en permanence dans la peur de perdre son poste parce que le nombre des chômeurs grossit sans cesse. Le moindre larcin suffit pour entraîner un licenciement et, avec son cortège de difficultés, la condition du chômeur, alors, se met à son œuvre de tristesse pour réduire les personnalités fragiles et les ronger. Pour cette peur, certaines gens se permettent sur l'homme au travail tout le haut les épaules qu'on peut imaginer.

Il en est ainsi souvent à cause des privatisations des sociétés d'Etat, décisions utiles certes, mais mal engagées, mal gérées, plus génératrices de chômage que d'emploi et cela suite aussi au manque d'initiatives qui ne sont ni promues, ni soutenues, ni encouragées. Il est urgent d'insister sur la volonté et sur le devoir du citoyen ayant reçu une certaine formation d'assurer son indépendance en inventant sa propre liberté face à l'emploi ; en créant l'emploi lui-même par l'effort personnel complété par l'initiative de toute la société. Là, il faut trouver les méthodes et moyens d'accompagner le citoyen.

La politique que nous faisons, censée se pencher sur les grands soucis de tous, à savoir, la santé, l'éducation, l'emploi, la paix, la quiétude sociale, la cohésion, l'équilibre national, parfois l'épargne... est elle-même, et de plus en plus (hélas !) une somme d'éléments de craintes qui écrasent le citoyen et la communauté. Les efforts pour l'amélioration des conditions de vie ne sont pas toujours négatifs. Des progrès substantiels sont faits mais la route qui reste à faire pour parvenir aux objectifs espérés est encore longue, très longue, très complexe. Elle ne doit pas déboucher sur la résignation. Il appartient à l'homme de l'esprit de consolider la résistance à la démission face au devoir qui s'accomplit difficilement parce que ceux qui détiennent les moyens pour travailler sont de moins en moins ouverts. L'amour du prochain est un thème quotidien lorsque les gens sont aux chaînes par des procédés voilés, ne cadrant pas avec les fondements de la démocratie, ce terme si souvent utilisé et si abusivement employé pour rien ou pour peu de choses.

La paix et la quiétude sociale intéressent toute la cité alors que les politiques sont de plus en plus fondées sur la provocation et sur le renforcement des méthodes anachroniques, propres à révolter les hommes. Propres à créer le conflit et l'affrontement. Privilégiant l'ethnie sur les raisons de qualification et de compétence, nombre de personnes optent pour des choix et objectifs sacrifiés sur l'autel des seuls intérêts des acteurs, c'est-à-dire les intérêts de leurs familles, de leurs amis, les intérêts des éléments qui gravitent autour d'eux. Le pluralisme des opinions, en donnant l'impression de l'avoir admis depuis longtemps, est en réalité confus et ne trouve pas sa vraie route ; tout est axé sur la recherche des chemins qui conduiront, à cour terme, à tuer la diversité en politique, dans l'entreprise et à l'intérieur de la société. On agit ainsi juste parce que les personnes qui sont dans les bonnes positions cherchent des résultats pour elles seules, n'importe comment et immédiatement, en affichant le rejet des forces du futur. Le tout vise la longévité de leurs privilèges.

Aux prises avec la peur, chacun des éléments de la société perd chaque jour la nécessaire confiance en l'avenir, le sens du devoir et du devenir, celui des valeurs du lendemain. On sait que certains préfèrent gagner 10 unités monétaires aujourd'hui contre 10 millions d'unités monétaires demain matin, affichant une impatience dramatique. Nous faisons cela tout simplement parce que nous sommes incapables aujourd'hui de dessiner la couleur dont sera teinté l'avenir, tant la foule des réalités difficiles qui se présentent à nous est étendue, comme les couleurs de l'arc-en-ciel. Peu de gens croient en quelque chose de net. Or, pour combattre de bons combats, il faut avoir la foi, respecter le passé et ses héros, tenir bon dans le présent, croire en l'avenir, avancer de façon sereine, sans hésitation. Mais pour avancer sans hésiter il est nécessaire de se sentir élément d'un ensemble cohérent, actif et vigilant et de tout faire pour essayer de marcher vers le progrès avec l'ensemble de la communauté, en acceptant la diversité et les différences.

Comment tenir tout cela en main sans l'appui des intellectuels qui cherchent et écrivent leurs pensées dans les livres, dans les journaux, qui animent les colloques, séminaires, tables rondes et conférences en passant par les meetings qui nous donnent l'occasion de les voir à l'œuvre, physiquement ? Le plus important aspect du rôle de l'intellectuel me paraît être celui de confronter la vérité à d'autres vérités dans le tumulte des analyses nombreuses et intempestives des temps. Confronter la vérité à de nouvelles valeurs n'est rien d'autre que de présenter dans les formes de politesse et d'usages non seulement ce qui est exact mais ce qui favorise le juste, le vrai et le beau pour les bonnes orientations du passé, pour les choix présents et pour les forces qui tiendront et orienteront l'avenir.

Elles sont nombreuses, très nombreuses, les personnes qui déclarent ne pas faire de politique ; qu'elles n'en feront jamais... C'est là une situation difficile, dangereuse et dont le défaitisme est porteur de mauvais germes pour le futur. Et si ceux qui parlent ainsi sont des intellectuels alors la situation devient catastrophique. Parce que tout simplement cela signifie que le socle sur lequel repose l'espérance est ébranlé. Or très souvent, des cadres regardés comme étant des hommes ou femmes instruits nous parlent ainsi. Ils tiennent ce langage. Ceci est une source de désespoir pour l'homme ordinaire. A regarder cet élément de près on finit par se demander si ces personnes cèdent dans un moment de paresse à la facilité ou si elles comprennent le fondement de la mission de la politique, en tant que science ou en tant que forme de l'art ou encore si dans cette activité elles ne voient que l'aspect qu'on appelle « La politique sale ». Celle-ci consiste, on le sait, à dire toujours le contraire de la vérité, à user de ruse pour parvenir à des buts non profitables à la cité, au monde, mais profitables à l'être qui agit, pour son avenir, pour sa vision des choses en se servant de moyens peu propres.

Dans tous les cas on est toujours quelque part. Où tout simplement on est bien quelque part mais on ne veut pas se laisser voir soit parce qu'on est incertain, soit parce qu'on n'est pas encore parvenu à mettre de l'ordre dans les mille et un sens que chacun donne au concept de politique. De toutes les façons, dire qu'on ne fait pas de politique, c'est déjà de la politique. Comment ne pas comprendre les choses ainsi ? Sur ce sujet délicat, il revient encore à l'intellectuel de nous aider à sortir des sentiers touffus pour prendre des routes claires dans l'intérêt de la communauté. Là se trouve le dynamisme et la puissance de sa mission. Mais à la grande condition que l'homme de l'esprit lui-même ne soit pas cet être qui se contente de lire et de lire pour prendre connaissance de la pensée des auteurs, de la manière pour ceux-ci de l'exprimer et c'est tout. Si l'intellectuel manque du courage nécessaire à l'accomplissement de son devoir c'est-à-dire, s'il manque de l'élégance dans l'infortune que commande sa position particulière, alors il y a de quoi s'inquiéter. Si l'homme instruit devient un observateur inactif, passif, il devient un danger pour la société qui lui a pourtant donné tout ce qu'il a.

Si l'homme du savoir s'enlise dans les rouages de l'indécision par manque de personnalité ou par manque d'une logique suffisante dans les analyses, alors, comme nous l'avons dit, il commence par perdre ce qui lui vaut le respect des autres. Dans ce cas, répétons-le, la société aura tout perdu en lui ayant donné ce dont il a généreusement bénéficié. S'il est intéressant que l'homme de l'esprit accomplisse ses vues publiques comme il faut, et seul, le plus grand intérêt réside dans l'association de ses efforts à d'autres bonnes manœuvres pour maîtriser et éteindre les mauvais feux qui dérangent le monde en créant la discorde, le conflit, la guerre, les réfugiés qui peuvent aller de la Tchétchénie à la Guinée.

Nous avons signalé en passant le fait courant aujourd'hui qui consiste à « faire la politique du moment », à dire les mots à la mode même s'ils ne représentent rien de constructif pour le contexte. Des hommes du savoir sont souvent vus sur ce terrain. Voilà qui n'aidera jamais la liberté, ni la paix, ni la démocratie. Or si la démocratie rate sa route, le monde sera dérangé pour longtemps. D'autres par contre veulent assumer la réalité de leur privilège à travers de grandes missions au service de toute la communauté. Que Dieu notre Seigneur les protège et les accompagne vers le succès. Que ceux-là acceptent et accompagnent le pouvoir du peuple par le peuple pour le peuple

Nos prières doivent accompagner leurs souhaits et leur action.

Dans l'exercice de charges publiques que Dieu m'a donné l'occasion d'accomplir j'ai souvent cherché nos intellectuels dans les engagements et les secousses, dans les chants et les danses, sans préjugé, mais sans complaisance sur le jugement de ce que j'ai vu. Au cours de mes nombreuses missions à travers le monde, j'ai ouvert l'œil à fond sur ce sujet. Journalistes et écrivains sont des acteurs que j'ai toujours eu plaisir à rencontrer sur ce terrain. Souvent, c'était beau de les voir. D'autres fois c'était plus difficile. Cela fait partie du charme des relations et des contacts. Autrement on ne distinguerait pas les saveurs. Le doux et l'amer, en passant par les autres.

2- Démocratie et liberté d'expression

Si le déblocage des décennies de restriction subi par les pays africains doit rendre insupportable la discipline élémentaire que requièrent les règles du jeu de la presse libre et la déontologie en la matière, alors, il faut tout simplement dire que les choses risquent de commencer mal pour notre libéralisme. Or les Africains sont réputés pour leur capacité à manœuvrer quand il faut, comme il faut, lorsqu'ils le veulent. Donc, il est important pour mériter cette réputation de pouvoir cibler à temps, les mauvais éléments qui se sont formés çà et là. Faute de quoi leur espèce se développera rapidement, et de façon sûre, les options libérales vraies seront remises en cause un jour ou un autre. Il en sera ainsi tant que les messages seront mal communiqués, donc mal passés.

Parler de démocratie, de multipartisme, de société libérale est une chose facile, assumer les engagements liés au jeu démocratique est une entreprise beaucoup plus difficile. Etre libre d'écrire ce que les journalistes pensent ne doit pas amener certains d'entre eux à mépriser les bonnes manières, combien utiles, pour chacun de nous et surtout dans ce métier précieux pour ne pas dire redoutable. Se donner l'occasion de ne développer que la haine, la jalousie, la passion et la grossièreté est le fait de ceux qui se plaisent depuis toujours dans les manières insoutenables. Une telle conduite ne servira jamais ce qu'il y a de grand et de beau dans le bon service de la communication. Les personnes qui supportent ce type de choses, car nous en connaissons et de très agitées, peuvent être tout sauf des hommes politiques lucides au sens civilisé qui porte les espérances vers les lendemains de succès pour tout un pays.

Nous sommes surs quant à nous qu'on ne badine pas, qu'on ne transige pas et qu'on ne tâtonne pas avec le jeu démocratique, parce qu'il est nécessaire de gérer avec calme et sérénité ce que les régimes dictatoriaux cèdent difficilement aux prix les plus lourds. Pour devenir libéraux et utiles à tous, les animateurs de projets de société doivent faire un effort pour éviter la violence et la grossièreté. Insulter ne saurait être politique au sens positif du terme ; user de violence ne peut porter des voix en faveurs des politiciens qui encouragent la brutalité. Dans les sociétés modernes du grand monde que nous essayons d'imiter, on attaque moins les individus que les institutions et les principes lorsque la presse les désapprouve. Et dans tous les cas on n'insulte pas pour attendre un quelconque respect de la part des autres citoyens.

Dans les vraies sociétés libérales, que nous envions parfois avec maladresse, faute de calme et de mesure, le débat politique n'enregistre pas de grossièreté en tant que telle. Lorsque ceci survient par indélicatesse, tout le monde crie au scandale et proteste. Dans notre société faite de croyants, en majorité monothéistes, nous souhaitons vivement que ce cas ne se produise pas dans les systèmes de communication de notre nouvelle démocratie que nous essayons de bâtir de longue lutte. Les indépendances africaines ont suscité sur le continent et dans le monde un intérêt évident. Conduites avec sérénité et lucidité en plusieurs lieux, elles ont porté très souvent des peuples et leurs leaders sur les puissantes routes du succès. Et malheureusement dans plusieurs cas, d'autres leaders ont choisi des chemins moins heureux, moins bons, ce qui a conduit leurs peuples à payer le prix des mauvais engagements enregistrés pendant que la presse liée arrangeait les mots pour plaire aux systèmes inacceptables et détestables mais déterminés à acheter l'effort de la plume.

Des régimes nouveaux sont venus aujourd'hui à la place des premiers et on se rend compte du fait que les changements parfois violents n'ont pas toujours conduit au pouvoir les meilleurs dirigeants. Bien entendu, des hommes nouveaux se sont fait remarquer et se distinguent encore par leur patriotisme, par leur fermeté et leur résistance aux nouvelles forces qui tentent de remettre insidieusement la liberté aux chaînes pour assurer la couverture d'intérêts personnels. Presque partout, le pluralisme des partis est proclamé, recherché et engagé. La démocratie est vivement acclamée et saluée, la libre entreprise chantée et espérée, la liberté chérie et tenue dans les rêves comme elle mérite de l'être. Mais sur l'ensemble de la toile, les approches n'iront vers le meilleur que lorsque les personnes appelées à évoluer sur les différentes pistes et dans les différents combats seront réellement recommandables. Pour cela la presse doit veiller et signaler le danger quand les feux clignotent au rouge.

Si le tout doit être laissé entre les mains d'hommes dont la moralité est peu enviable ou encore entre les mains de techniciens socialement bien placés, mais ayant une conduite intolérable, alors l'avenir sera des moins radieux. Si en plus une certaine presse doit carrément tourner le dos à l'effort d'aller aux sources de l'information pour communiquer le vrai message issu des faits parce que cette presse est engagée pour des raisons personnelles à soutenir des choses peu convaincantes, alors, s'en est fini chez nous de l'avenir radieux de la liberté, surtout de l'avenir de la presse réellement indépendante et cadrée aux dimensions d'un pouvoir puissant.

Quelque soit le métier considéré, si le communicateur du message se laisse corrompre pour ne pas dénoncer la corruption, réelle, il y a lieu de se demander de quel côté se tourner pour trouver la vérité.. S'il n'y a pas de réponse précise à cette question, il est bien évident que nous n'irons pas très loin sur les routes qui nous montrent l'équilibre et la stabilité à l'horizon. Les forces de la société nouvelle et leurs grands corollaires qui feront du 21ème siècle une époque moins chargée de conflits que la précédente, ont besoin d'acteurs décidés sur la voie de leur indépendance d'esprit et d'une liberté de la presse qui soit sans faille. Sinon comment justifier le courage des journalistes dont la vie est souvent exposée et perdue.

En somme, nous saluons tous la liberté de la presse chère au succès du combat politique, il serait malheureux de nous contraindre à constater que ce sont les gens que l'on croit sérieux mais qui en fait sont peu soucieux du devenir de la nation qui arment les âmes innocentes pour des raisons personnelles ou pour des positions subjectives, fondées sur l'ethnie et sur l'impulsion négative du besoin et du matériel. C'est ainsi que la notion d'enfants soldats brise nos cœurs et assombrit l'avenir de la race humaine. L'enfant c'est la joie, la beauté, la tendresse, l'amour et pas l'apprentissage de la volonté de tuer.

Puissent nos valeureux journalistes résister définitivement a l'ambition inacceptable afin de pouvoir accompagner de leurs talents la barque de la société libérale d'aujourd'hui et de demain jusqu'aux rivages d'où seront pris de nouveaux et bons départs vers les succès que nous propose le siècle qui frappe à nos portes. Le 21ème siècle, ne sera pas celui de la construction et de la culture de l'universel que lorsque la presse est libre et solide nous acceptera d'accompagner les bons combattants dans la grandeur de leur esprit. Nous souhaitons vivement que la démocratie, le multipartisme, le libéralisme correspondent chez nous à des démarches fortes. Là, il faut que des personnes sages, des citoyens qui, en respectant la liberté des autres, puissent savoir exactement où commence ce qu'ils ne peuvent pas faire sans provoquer la discorde. Ces personnes, pour ne pas être collées publiquement, doivent intervenir correctement dans le match de l'aventure de l'homme, au lieu de s'allier au diable pour atteindre des objectifs, marqués par la confusion et le défaitisme.

Il est également utile de souligner que la liberté de la presse doit être recherchée par tous les moyens, par tout le monde, pas seulement par les seuls hommes de la communication mais aussi par tous ceux qui ont à cœur l'avenir de la concorde et de la paix. Cette démarche ne doit pas correspondre dans certaines analyses, au laisser-aller, aux affirmations passionnées dont le caractère de contre-vérité saute aux yeux et que nous rencontrons très souvent dans les colonnes des journaux. Et alors, nos vrais journalistes, compétents comme nous en connaissions de talentueux, pourront résister aux propositions aujourd'hui courantes de vente de l'écriture aux nouveaux parvenus de la fortune souvent mal acquise. Dans ce cas, les hommes animés de mauvaises intentions, comme on en voit dans tous les métiers gêneront moins le développement de la plume libre, objective, loyale et forte, c'est-à-dire la plume opposée au singulier plaisir d'attaquer pour attaquer, ou d'attaquer à la commande.

Notre vœu le plus ardent est que la l'Afrique puisse trouver des athlètes de l'esprit suffisamment armés pour conduire le travail dans tous les domaines allant vers les meilleures approches, sur la route du devenir le plus heureux pour les bons combats. Ainsi, en cas de besoin, la nation pourra se réconcilier sans heurts avec elle-même et avec le reste du monde. Pour arriver à ces vœux, les manipulateurs de l'encre et de la plume qui sont les journalistes et les écrivains, notamment les poètes, doivent se donner la main pour agir en faveur du devoir dans le sens du bonheur pour tous.

3. Néo-domination et rôle du poète dans la conscientisation des peuples en lutte pour leur autodétermination.

Dans la longue aventure de l'humanité, chaque époque se caractérise par des acquis de valeur, par des succès ; mais très souvent aussi chaque communauté connaît des crises et difficultés générales ou particulières qui surgissent sur le parcours. Ceci fait que les hommes de chaque période, en même temps qu'ils éprouvent une légitime fierté pour les réalisations choisies et accomplies par leur époque, trouvent toujours une forme de déséquilibres à la société qu'ils animent.

L'humanité se balance entre le beau et son contraire, entre l'amour et la haine, entre la vie et la mort, la paix et la guerre. Dans cette odyssée, l'injustice est toujours là ; en particulier certains peuples cherchent à être les seuls héros, à occuper le sommet de la grandeur en réduisant d'autres hommes au rang de maudits perpétuels, en cherchant à marcher sur le dos de ces derniers. Or les êtres humains aspirent de la même manière à la vie, à la liberté, à la paix, à la considération, au respect. C'est pour cela que le succès d'une communauté se mesure au degré qu'elle atteint dans la réalisation globale de ces aspirations pour ses membres, en suivant le chemin particulier que lui offre son cadre propre et en même temps, en s'intégrant aux valeurs qui font de l'homme l'être supérieur parmi les créatures.

Puisque, à tous les niveaux, il existe en permanence un vide à combler, dans un secteur ou dans un autre, on est constamment dans une lutte qui ne s'arrête pas ; lutte entre le mal et le bien, affrontement entre les oppresseurs des peuples et les défenseurs de la liberté, combat entre les affameurs des états et ceux qui cherchent les voies du vrai salut à travers le progrès, le développement et la cohésion nationale. Chaque groupe humain travaille pour garantir sa personnalité, pour consolider son authenticité, pour développer ses valeurs pures de civilisations. Le seul mal réside dans le fait que des nations en méprisent d'autres et refusent de respecter celles-ci. Les premières créent du coup une tension regrettable qui affaiblit la solidarité dans la lutte éternelle de l'homme de tous les horizons contre certaines forces de la nature. Cela vide la fraternité de son noble contenu, de sa dimension salutaire, de sa dynamique.

Allons sur un terrain précis

Depuis le 15ème siècle ou avant, l'évolution du monde est marquée, pour quelque période qu'on envisage l'analyse, par des horreurs imposées aux pays envahis et dominés dans le cadre de la colonisation. Ce monde dépossédé de sa personnalité durant des siècles et des siècles, en Asie, en Amérique Latine, en Afrique, se trouve aujourd'hui dans ce qu'on appelle le tiers-monde, ou encore le monde moins les nantis, ou enfin pour être plus précis, le monde des économiquement et politiquement déstabilisés qui risquent d'être des exclus.

La rencontre entre l'Europe et l'Afrique, pour ne parler que de cela, à d'abord été violente. Elle demeure caractérisée, malgré quelques assouplissements, par le conflit, ou par des conflits toujours gagnés par le Nord à la faveur d'une avance technique sur le sud technologiquement en retard. Les fils d'Europe se sont installés sur des territoires réputés faibles, encore par la brutalité mêlée à la ruse, le tout assorti de considérations dont on a rapidement vu et compris la violence des théories, l'urgence des redressements pour que l'homme soit sauvé. Pendant des siècles et des siècles encore, la domination, l'asservissement, le pillage matériel ont régné sur les terres et sur les âmes, entraînant à tous les tournants les aspects latents ou patent, d'une lutte pour le retour à la liberté originelle. Des circonstances particulières ayant imposé les changements incontournables, il y a eu les indépendances avec leurs combattants et leur héros connus ou anonymes.

Le tournant décisif a été amorcé à la faveur des contradictions internes ayant secoué l'Europe elle-même, contradictions nées fondamentalement sur le partage du gâteau constitué par le colonisé et ses biens. Dans cet ordre d'idée on pense tout naturellement aux deux guerres mondiales dictées par l'esprit colonial et par la volonté d'assujettir éternellement les sociétés d'outre-mer, sociétés uniquement vues à travers le prisme grossier des besoins de matières premières et de la main-d'œuvre gratuite. Chacun, à partir d'Europe, a voulu se tailler dans le gâteau, dans la proie, la meilleure part, le meilleur cadre, donc la plus grosse portion. Comme les appétits augmentaient en mangeant, les conflits n'ont pas tardé à éclater. Le monde a subi ainsi les première et deuxième guerres mondiales. Ceux qui ont attaqué à la faveur de leur avance militaire et économique ont gagné tout de suite les premiers combats et ont soumis d'autres nations à la volonté de leur continent. La vapeur n'a pas été facile à retourner. Dans l'une ou l'autre des guerres, la lutte a été longue, dure et meurtrière.

Tous les peuples savent et depuis l'origine des temps qu'il fait mal d'être sous la botte des autres, que la nature humaine s'oppose à la sujétion et que toutes les occasions arrivent à point nommé lorsqu'elles peuvent conduire à la libération. Aussi, ces conflits mondiaux auxquels les Africains et autres sujets ont été obligés de prendre part aux côtes des métropoles ont porté l'effet du « à quelque chose malheur est bon ». En voyant les métropoles se débattre pour juguler l'oppression, les guerres ont permis de renforcer la conviction selon la quelle la domination commande le devoir urgent de se libérer par tous les moyens. L'occasion a accéléré l'action des peuples colonisés qui ont eu le distingué choix de vouloir s'affranchir de la sujétion. Ces peuples ont su montrer le bon chemin et le mérite attaché à un tel choix reste dans les cœurs. Comment ne pas penser entre autres figures illustres comme nos combattants de la liberté dont on connaît les forces et succès sur le chemin de la lutte pour l'indépendance africaine. Et où sont-ils, les engagements des Kwamé N'Krumah, Ahmed Sékou Touré, Patrice Lumumba, Gamal Abdel Nasser et d'autres qui ont donné leur vie pour que l'Afrique vive libre et indépendante ?

Autres exemples dans un autre contexte du même moment :

Le Général de Gaulle a forcé l'admiration du monde parce qu'il a su diriger pour la France l'admirable rejet de la soumission d'un courageux peuple au moment où certains de ses compatriotes se plaisaient dans les arrangements et combinaisons avec l'ennemi de la France en guerre. Pris à travers l'Etat colonial Français, le général peut être vu d'un œil ou d'un autre, mais il restera toujours grand aussi bien dans le cœur des Français que dans celui des hommes d'où qu'ils viennent lorsqu'ils respectent réellement la souveraineté et l'attachement à la liberté de la partie. Konrad Adenauer qui, au moment où la puissance hitlérienne produisait du feu et du sang dans son pays et hors de l'Empire allemand, a eu le courage de dire que le salut de la nation allemande était sur un autre chemin que sur la voie du nazisme et qui, plus est, a combattu pour que l'Allemagne de l'après Hitler retrouve rapidement sa place dans le concert des nations régies par la raison et par l'équilibre social.

Des positions de ce genre ont leur valeur partout. Chaque peuple a, à un moment ou à un autre de son histoire, un libérateur, un conducteur lucide agissant dans le sens des vraies dynamiques de sa société. Et c'est parce que nous en avons eu nous aussi sur notre continent que les Etats Africains ont accédé à l'autodétermination puis à la pleine souveraineté.

Mais l'indépendance théorique était prise sur des territoires saignés, appauvris, presque vidés de l'essentiel humain d'abord avec la traite négrière, vidés ensuite des ressources économiques, du poids moral. Venant ainsi sur des territoires encore convoités par les anciennes métropoles et par leurs associés, l'indépendance n'a pas tardé à revenir dans les guillemets pour prendre des dimensions chancelantes à cause de changements de fond et de forme imposés de l'extérieur, sous la pression de facteurs également extérieurs soutenus par des manipulés locaux. Plusieurs leaders africains ont fait de véritables fautes en se disant être des démocrates tout en tuant la démocratie, en proclamant le respect de la loi tout en méprisant toutes les prescriptions légales lorsque celles-ci doivent s'appliquer à leurs méthodes, en affichant dans le propos la lutte contre le détournement du denier public et contre la corruption alors qu'on les retrouve plus détourneurs de fonds que tout autre personne et plus corrompus que les plus grands corrompus.

On comprend alors pourquoi avec tant d'obstacles il n'est pas facile de trouver une politique valable de développement, sur quelque chemin constructif que ce soit. Ceci est vrai, que les leaders parlent le langage du non-alignement, du capitalisme ou celui du socialisme.

Comme il fallait agir, et face à l'autre monde, les dirigeants de nos Etats ont été obligés de composer avec les forces présentes, en faisant confiance à des hommes, mais ils sont tombés sur des réalités qui n'aiment les Africains que dans les mots et jamais dans les faits. Voilà comment la nouvelle liberté et l'indépendance des territoires du continent Africain ont été insidieusement attaquées ; et voilà pourquoi elles le sont encore aujourd'hui malgré les nouveaux costumes portés par la domination. A travers des options maquillées, à travers l'assistance, à travers l'aide ou la coopération, on nous a montré l'argent d'autrui, l'argent des anciennes métropoles et alliés comme seul moyen de sortir de la misère.

Entre-temps, on a conçu pour nos Etats pauvres des politiques économiques et monétaires internationales visant théoriquement à soigner le mal africain de la pauvreté et de la misère. Les politiques d'aide ou de dettes ont fait leur chemin. FMI et Banque mondiale nous ont donné de l'argent. Comment a-t-il été géré depuis tant d'années. Il y a lieu de se poser cette question car de plus en plus on va de la pauvreté des africains à leur misère, de la misère à la catastrophe. Demain, si des mesures urgentes ne sont pas prises, nous irons de la catastrophe à la dérive, de la dérive au naufrage.

Donc, avec le temps et la mise en place de ces politiques, la situation de l'Afrique s'est aggravée, comme si curieusement les moyens investis avaient plutôt pour objectif d'appauvrir les pays au lieu de soigner le mal. On a en effet investi des moyens d'une main pour reprendre de l'autre main dix, cent, mille fois plus. Dans ce processus, on a également opposé des frères aux frères, des nations aux nations, et il en a résulté les conflits armés meurtriers que nous vivons, avec leurs cortèges de douleur. Au total, voici que l'Afrique est encore déstabilisée, plus que le mal colonial d'hier. Il lui faut de nouveaux combattants, de nouvelles forces, de réelles déterminations pour redresser les jeux et arriver à la nouvelle victoire qu'il lui faut pour prendre la bonne place dans le monde.

Si « aider c'est accompagner chacun sur son propre chemin » alors l'assistance de depuis plusieurs décennies a donné des résultats différents. Elle aurait contribué à assouplir les souffrances du Tiers-monde et notamment celles de l'Afrique. Mais au contraire, chaque jour plus terriblement que la veille, les peuples de ce Tiers-monde presque méprisé souffrent, peinent, crient et meurent de faim, de froid, de maladies parfois trop banales pour les temps modernes. Ces problèmes se posent au moment où d'autres peuples s'occupent maintenant à grands budgets de ce qui se passe sur les étoiles sachant bien que nous sommes avec eux sur la même planète terre. Et on n'a pas besoin de pousser l'analyse plus loin pour établir que les Etats africains contribuent indirectement au financement de ces projets de recherches extra atmosphériques, pendant que les souffrances africaines augmentent quotidiennement. On arrache ainsi à notre région, au mépris des cris de ses fils, ce dont elle a un grand besoin pour subsister, pour tenir sur ses pieds et pour contribuer effectivement elle aussi à la construction des œuvres qui marquent la grandeur de l'homme sur la Planète Terre. Seulement rien de cela ne se fait aujourd'hui sans certains Africains trop égoïstes, presque dangereux pour les autres citoyens. Le dire est une bonne chose mais dépister ces gens de mauvais aloi et les mettre hors des circuits de la gestion publique est une urgence, une meilleure démarche.

Ayant aujourd'hui les yeux plus ouverts, les Africains voient leurs nouveaux oppresseurs et comprennent le vrai sens des différentes orientations politiques et économiques qui leur sont proposées d'un côté comme de l'autre. Donc avec des indépendances aujourd'hui plus théoriques que réelles, le nombre de personnes déterminées à résister aux formes dangereuses, parce que voilées, de l'oppression est chaque jours plus élevé ; la lutte pour la souveraineté se généralise. Il reste aux combattants à s'entendre vraiment, à s'organiser et à coordonner leur action. On parle si souvent de notre unité. Mais plus on en débat, plus nous sommes divisés. Il faut rompre ce cycle et s'engager sur une logique plus positive. Il faut arrêter de dire et de redire la même chose pour rien si nous ne pouvons pas avancer.

Dans un tel contexte, si on reconnaît à l'écrivain ou au poète le droit d'aimer et de chanter l'amour, le droit d'observer la verdure du printemps, celui de décrire la puissance du soleil de midi ou encore le charme tranquille du miroir fait de l'eau qui dort sur le lac on lui trouve un devoir premier, la nécessité d'aider les pays à réaliser à temps qu'ils sont trompés et saignés, lorsque c'est le cas, comme c'est si souvent le cas. Parfois avec la complicité de certains de leurs propres fils devenus consciemment ou inconsciemment des malfaiteurs et de malheureux dirigeants, uniquement accrochés à leurs postes, avec une incompétence qui nous déshonore, on pille les Etats et on accroît notre misère. L'écrivain, dans son œuvre doit découvrir et dénoncer le malfaiteur.

Globalement on voit que l'homme faible et démuni, pauvre et sans recours a des ennemis puissants dont la puissance n'a d'égal que leurs méchanceté et brutalité. Pour les combattre l'homme victime à besoin de partisans et d'associés. Alors petit à petit, il arrive à la conviction qu'un jour il pourra renverser les remparts du diable et occuper la position du salut. L'écrivain et le poète sont au nombre de ses compagnons les plus sûrs, prêts à tout perdre mais déterminés à marcher sur les fronts pour payer le prix de la force et de la liberté pour tous.

Le poète connaît les mots dont il a besoin et dont il possède le sens de l'arrangement pour dire la vérité dans l'ordre, pour formuler simplement, de façon accessible, ce que la cité pense parfois confusément, en tout cas pour se désolidariser des ennemis du peuple, des mauvais politiciens, des complices de la néo-domination. Il lui revient comme à l'écrivain en général, les responsables de son infortune et donc de ses difficultés. L'intellectuel résume ce devoir urgent en disant que l'écrivain doit contribuer à la « conscientisation des peuples en lutte pour leur autodétermination » surtout lorsque cet écrivain est un poète, c'est-à-dire cet être tendre au cœur doux, plein d'amour et de promesse pour l'avenir.

Face au fait colonial qui nous a agités et continue de nous préoccuper, voici comment Aimé Césaire définit le rôle de l'écrivain et de l'homme de culture en général, citation :

« Notre devoir d'homme de culture, notre double devoir est là ; il est de hâter la décolonisation, et il est, au sein même du présent, de préparer la bonne décolonisation...

Il faut hâter la décolonisation, qu'est-ce à dire ? Cela veut dire qu'il faut, et par tous les moyens, hâter le mûrissement de la prise de conscience populaire, sans quoi, il n'y aura jamais de décolonisation ». Fin de citation.

Le poète, c'est le producteur de poésie. Or celle-ci qu'elle soit écrite ou orale est, comme nous l'avons dit, amour, tendresse, recherche de la paix, de l'autodétermination. L'œuvre du poète est le produit de la grâce, le trait d'union entre le particulier et l'universel. Pour cela elle devient une arme de guerre lorsque l'homme est touché et traqué par l'injustice. Alors, et à tout prix, le constructeur de poésies marche derrière la justice, cherche la liberté, meuble le beau et combat irréductiblement pour la paix en refusant de se rendre à quelque idéologie boiteuse que ce soit. Il jure d'aller jusqu'au bout, au besoin sur les océans lointains, dans les grottes sombres,... pour trouver les déterminants essentiels de l'être humain, pour accéder au cœur des hommes en situation difficile en vue d'un dialogue utile avec eux. Cela pour montrer la fraternité même aux plus démunis. La vraie fraternité.

Un écrivain français contemporain a dit ceci, je le paraphrase faute de pouvoir le citer complètement: comme le menuisier scie la planche, la rabote, l'arrange et fait l'armoire, le poète sélectionne les mots, les arrange pour faire la poésie ; et nous ajoutons, pour aider l'homme à se retrouver lorsqu'il s'est perdu, à se réconcilier avec sa mission lorsqu'il y a divorce entre l'être et la conscience, donc pour aider chacun à se remettre en ordre avec soi-même, avec sa famille, avec son peuple, avec le monde.

Le poète est un artisan dont la matière d'œuvre est l'esprit, l'outil la plume, et dont l'œuvre est encore destinée à l'esprit pour être de ceux qui font l'histoire à l'intérieur des rangs de ceux qui combattent pour l'histoire.

Quelqu'un a écrit aussi que « le poète n'est pas un voyageur solitaire », mais – et nous ajoutons encore – un soldat dynamique et vigilant opérant à l'intérieur d'une compagnie décidée à voir la victoire avant de retrouver la base.

Un autre a reconnu que si la poésie se détermine dans une voie différente de celle de la défense de la liberté et de la raison humaine, elle cesse d'être belle et devient contre nature et provoque des chocs. L'écrivain ne combat pas seulement sur le champ de la perdition, sur la voie tracée par les méchants de la terre, par les violentes, les mauvais dirigeants sans pitié, les intolérants ou les sans – cœur. Il travaille aussi pour la consolidation des grandes causes pacifiques, contribue au rapprochement entre les peuples, au développement de la beauté des hommes et de la nature, à la construction des bons édifices.

Pour donner forme et contenu à son œuvre, le poète reste fermement convaincu que c'est seul dans le dialogue, la compréhension, la tolérance, l'acceptation réciproque des acteurs et l'unité des fils de Dieu que nous trouverons le salut vrai et l'avenir précis de l'humanité. Les grands maîtres de la parole, les hommes de la plume, ont constamment fait des efforts, chacun selon son style, selon son tempérament, dans son genre et dans ses manières, pour contribuer à l'instauration d'un monde de paix, de plus de justice, de cohésion, dans le cadre d'un franc dialogue des cultures. Ils ont tous, et toujours, insisté pour que dans l'univers culturel de demain, la notion de monopole de civilisation sélectionnée soit hors de question, que tous les hommes de la Terre soient concernés par le devenir de la civilisation universelle, et que chaque personne trouve sa part et son compte dans le succès du combat commun.

Mais pour que les cultures dialoguent, il faut qu'elles commencent par se reconnaître mutuellement comme valeurs ayant chacune une place dans l'universel. Ceci revient à dire qu'elles ne doivent ni se surestimer, ni s'ignorer, ni se soumettre aux lois de politiques orientées ; mais qu'elles doivent se respecter et s'aimer, pour converser dans la franchise, pour développer les bonnes dimensions de notre nature.

Afin que les civilisations deviennent la civilisation, pour qu'elles profitent ensemble à l'homme d'où qu'il vienne, car c'est cela la finalité, il faut que chacune des cultures ait sa place au soleil comme nous le disions tantôt ; chacune en fonction de la créativité et des efforts de création de ses animateurs. Autrement dit pour que tout cela arrive, il est nécessaire que l'esprit créateur soit repris à l'image des exigences du dialogue des cultures, que l'esprit de suprématie à priori soit écarté définitivement dans les relations humaines et que les personnes qui fondent leur bonheur sur la soumission des autres acceptent désormais de se rectifier pour prendre une plus belle route.

Le citoyen doit être libre, pas seulement dans les mots, mais dans les faits, son autodétermination doit être imposée partout et sa puissance spirituelle doit s'épanouir et rester sacrée. Nul n'accomplira cette mission seule. Ensemble, le succès sur cette voie est certain. Que de chemin à parcourir ! Sur toute la route, le poète, sans prétention inutile, sans se croire sous la peau des grands hommes d'Etat ou des héros, a un mot à dire en tant qu'ami de la vérité et du beau, en tant qu'être souple recherchant le bonheur pour tous. Le rôle de l'écrivain paraît être, dès lors, à la fois un refus et une acceptation. Il correspond au rejet des formes de négation de la valeur et à l'acceptation cordiale des expressions du bonheur, de la tendresse, de la solidarité, de la fraternité, de la compréhension entre les nations.

Et c'est ce rôle qu'il joue lorsque nous le voyons partout, de quelque pays qu'il soit, en train de lutter afin que la dignité et les proclamations en faveur de la souveraineté ne soient pas de vains mots, mais des réalités dynamiques qui, un jour, s'organiseront convenablement pour dire, une fois pour toutes, non aux oppresseurs. Oui à la construction d'un monde meilleur pour les enfants de chaque société. Sur son chemin, long et difficile comme on le voit, le poète a naturellement des ennemis déterminés. Mais là – dessus je m'empêche d'insister car, je sais que comme tout bon combattant, le vrai poète, sans s'engager dans une témérité vaine, n'a pas besoin d'avoir peur, et je crois que c'est là l'un des beaux aspects de ses engagements. Cela lui donne une belle allure et un charme pour lesquels on l'envie.

Certains ne voient en lui qu'un perturbateur, un briseur de situations établies, un opposant aux intérêts, donc quelqu'un à abattre pour que les options subjectives et personnelles soient et restent la seule force des temps. Mais comme il se bat pour la victoire de la vérité, la vérité le protège partout, elle lui sert de garde du corps. Voilà ce que les intellectuels et écrivains africains ou d'origine africaine ont compris. Depuis longtemps donc, ils ont cherché à se regrouper pour mieux combattre en faveur de leurs peuples, hier soumis à la colonisation, ensuite confrontée à la lutte pour l'indépendance. Aujourd'hui ils sont décidés à accompagner leur continent sur la voie de la réelle prise en main du destin des africains.

C'est le sens de la réunion tenue à la Sorbonne en 1956, c'est le sens des combats menés depuis pour parvenir à la création le 11 novembre 1989, à Accra, de l'Association Pan Africaine des Ecrivains.

ANNEXES

« Jeunesse du Ghana et d'Afrique qui m'écoutez, nous avons fait la lumière. Vous devez tenir haut le flambeau de la liberté, celui de l'honneur et de la grandeur que nous défendons.
A ceux qui, pour leurs seuls intérêts individuels, auront, trahi leurs pays et continents dans la marche vers la dignité, nul africain propre, à aucun moment de notre histoire, par une option contre-nature, ne vous hissera au sommet de la gloire. On ne peut à la fois, être traître et héros dans une même cause, dans un même combat »

Dr Kwamé N'Krumah
Premier Président de la République du Ghana.
Meeting à Téma, 1962

« Si un homme commence par la certitude, il aboutira au doute ; mais s'il se contente du doute pour commencer il aboutira à la certitude »

Francis Bacon

Annexe 1

Discours d'ouverture du président Denis Sassou N'guesso au symposium de Brazzaville

En vous souhaitant à tous, au nom du peuple et du gouvernement Congolais, ainsi qu'en mon nom propre, la fraternelle bienvenue en terre africaine et libre du Congo, je voudrais vous dire combien j'apprécie, dans sa portée historique et sur le plan de son sens humain, votre participation active à ce symposium international littéraire contre l'Apartheid. A l'évidence, votre présence et votre engagement dotent mon pays d'une des pages les plus significatives de son existence...parce que c'est l'humanité qui, à travers vous, se rebelle contre une des atteintes les plus humiliantes de ce temps à la dignité humaine,
Nous les évoquons tout de suite ceux de là-bas, héros connus ou anonymes, mais révoltés porte-parole de la conscience blessée, témoins en révolte permanente, voix que rien, même pas l'infernale machine d'oppression,

n'arrivera à réduire au silence., Leur drame qui nous rassemble aujourd'hui, me fait revivre les meurtrissures que j'ai ressenties à l' Ile de Gorée où j'ai pu voir les portes de ce qui fut cet enfer dont les stigmates, cinq cent ans après, continuent d'interpeller la mémoire du monde, de la même entreprise de déshumanisation. Les formes ici ne sont pas essentielles. Refuser à l'homme sa place et sa qualité d'homme, tel est le fond de la question. Même combat ? Oui. Hier il n'y a pas eu que passivité, résignation et soumission, résistance et refus. Aujourd'hui, il y a lutte de tous les jours et de tous les instants. Et me vient à l'esprit ce poème de Léon Damas.
« La torche de résine portée à bras d'homme ouvrant la marche n'a jamais cessé à vrai dire d'être ce flambeau...

transmis d'âge en âge et que chacun se fit fort de rallumer en souvenir de tant et tant de souvenirs. »

Mesdames et Messieurs,
La République Populaire du Congo qui vous accueille a pour ambition d'offrir une terre juste à ceux qui viennent à elle parce que comme une éolienne, l'âme du peuple Congolais vibre à l'unisson des causes justes. Elle s'accorde avec le chant d'espoir de ceux qui luttent pour le droit d'organiser leur vie. Elle demeure poreuse à toutes les détresses qui montent de tous les cercles, de tous les coins obscurs, de toutes les places publiques, de tous les ghettos où l'on torture, où l'on assassine, où l'on humilie parce qu'un groupe d'hommes, au nom d'une race, s'octroie le droit d'opprimer et de léser les autres. Le peuple Congolais, profondément attaché à la liberté, est résolu d'œuvrer pour la paix et l'entente dans le monde.

Dans son musée imaginaire qui est aussi riche de couleurs que l'est l'école de peintres de Poto-Poto, notre peuple place le droit à la beauté parmi les conquêtes qui ont apporté à l'homme un supplément d'humanité.

Ecrivains de toutes les races, nous saluons en vous les voix inlassables, omniprésentes et invincibles de ceux qui sont exclus de parole. Nous vous saluons Ecrivains de toutes les Amériques riches de leur métissage culturel, héritiers de Gabriela Mistral, de Miguel Angel Asturias et autres Jacques Roumain qui ont su faire de vos peuples de nouveaux gouverneurs de la rosée pour que le monde n'ait plus soif des valeurs pérennes auxquelles il aspire.

Nous vous saluons Ecrivains d'Europe dont l'apport à la liberté a sonné le glas pour tant de tyrans et si heureusement bouleversé le destin de tant de peuples.

Si nous devons évoquer Voltaire, Locke, Rousseau, Montesquieu, Marx, qui appartiennent désormais à tous les continents pour ne pas dire à toutes les patries, nous n'oublions pas ceux qui, après la Deuxième Guerre Mondiale, ont été parmi les plus constants dans la défense des peuples noirs entre autres Jean Paul Sartre, Simon de Beauvoir, Boris Vian ...

Nous vous saluons Ecrivains d'Asie, vous qui avez porté si haut et si loin la sagesse alliée au temps et à la finesse.

Nous vous saluons enfin Ecrivains Africains, fils de ce continent martyr à qui on a confisqué la mémoire, séquestré la culture, aliéné l'âme et occulté la civilisation.

Nous saluons toutes les plumes, toutes les pensées de ce continent qui, à travers notre passé comme par le biais de notre quotidienneté ordinaire, ont su réinstaller notre peuple dans sa fierté de peuple libre et créateur.

Avec une attention émue, nous saluons les Ecrivains Sud Africains et Namibiens. Ceux de l'intérieur comme Mariam Tlali, Sipho Sepamla, Moise Maponya, ceux de l'exil comme M. Phalélé, Peter Abrahams, Denos Brutus. Ceux qui se battent dans les rangs de l'ANCou de la SWAPO. Ici Mesdames et Messieurs, je vous demanderais d'observer une minute de silence à la mémoire du poète martyr Benjamin Moloisé et du camarade Benjamin Alex La Guma dont nous avons déploré la mort au lendemain-même de la 8ème conférence des jeunes Ecrivains afro-asiatiques ; réunion au cours de laquelle il s'était vu décerner le grand prix littéraire de la République Populaire du Congo.

Sa longue nuit d'errance, pour reprendre le titre d'une de ses œuvres, a pris fin presque au lendemain de cette rencontre.
Nous rendons hommage aux Ecrivains Afrikaners qui, comme André Brink, Breyten Breytenbach, ont courageusement choisi la cause du droit et de la fraternité. A cet hommage, nous voulons associer les Ecrivains libéraux de langue anglaise : Alan Paton, Nadine Gordimer, ainsi que tous ceux que nous avons omis de citer ; qu'ils soient d'Europe, d'Amérique ou d'Asie. A tous, nous disons merci pour avoir contribué à lever le voile sur l'apartheid et à exprimer à tous les horizons, la dégradation à laquelle ce système condamne et l'opprimé et l'oppresseur.

Nous saluons le geste si riche de signification de Wole Soyinka dédicaçant son prix Nobel de littérature aux peuples d'Afrique du Sud. Nous connaissons la force de conviction et la grande générosité de ce fils d'Afrique.

Dans une de ses œuvres, nous avons souligné des mots qui cernent admirablement les situations vécues en Afrique Australe, je cite : Aux heures de doute grave, il est essentiel de s'accrocher à la réalité des peuples car ils ne peuvent disparaître, ils ne reposent pas sur un à priori discutable, ils existent, fin de citation. Dans le même ouvrage, Soyinka indique que l'homme court le risque de mourir comme réalité chez tout peuple qui se soumet volontairement à ce qu'il appelle l'humiliation quotidienne de la peur.

Mesdames et Messieurs

Plaçons, si vous le voulez bien, ce symposium international contre l'apartheid sous la profession de foi du philosophe Terence qui était africain : Je suis homme et rien de ce qui est humain ne m'est étranger.

A cela je voudrais ajouter toujours avec votre permission cette proclamation de Karl Marx : un peuple qui en opprime un autre ne saurait être libre.
C'est ce penseur qui stigmatisait le danger de ne reconnaître comme valeurs que celles de son monde. C'est lui qui a la notion de différences créatrices, de différences enrichissantes. C'étaient les premiers gestes de l'autopsie de l'ordre nazi et de toutes les intolérances, de tous les sectarismes, de tous les ostracismes qui alimentent le mépris de l'autre.

La conscience internationale meurtrie par les crimes du nazisme a malheureusement oublié la mise en garde de BRECHT : nul ne doit chanter victoire hors de saison, le ventre est encore fécond d'où a surgi la chose immonde, fin de citation. Il avait raison, l'apartheid est là. Pendant que l'attention du monde était absorbée par le 3ème Reich, voilà que déjà, dans l'extrême pointe méridionale de l'Afrique, existait et gagnait en horreur depuis le début du siècle un système de ségrégation raciale qui, objectivement perpétuerait le nazisme. En faisant de l'apartheid une institution, une triste ironie du sort confortée par l'escroquerie intellectuelle on a voulu que les tenants du racisme tentent d'asseoir leurs forfaits sur le socle de la BIBLE.
C'est l'allusion au Dieu Tout Puissant qui les a conduit à la terre promise...L'on retrouve ici comme ailleurs, la logique du pire
L'évêque Desmond Tutu dont l'autorité morale est reconnue du monde entier s'entretenait encore récemment à Lusaka avec Oliver Tambo.

Mais les tenants du régime ségrégationniste s'obstinent, s'encrent dans leur opinion négative. La violence, rien que la violence, toujours la violence.

Mesdames et Messieurs,
Les latins avaient raison de dire : " les dieux rendent fous ceux qu'ils ont dessein de perdre ".
Cependant, l'édifice se lézarde. Les défections se font jour dans les rangs des maîtres. La lucidité, à coup sûr, triomphera car, jamais nulle part, le dernier mot n'est revenu à l'oppresseur. Le peuple d'Afrique du Sud s'est levé pour défier l'apartheid, le système qui a cerné de barbelés sa mémoire, sa culture et son histoire.

Au plan externe, l'action conjuguée de l'Organisation des Nations Unies et de l'UNESCO déclenchée des l'après guerre pour casser les fondements du racisme et susciter la réprobation universelle de l'apartheid n'aura pas été inutile.

De même, l'Organisation de l'unité Africaine, qui n'a cessé de réclamer des sanctions économiques globales et obligatoires contre Pretoria, a enregistré avec une profonde satisfaction l'acte par lequel le Congrès Américain, émanation du grand peuple de ce pays, a manifesté sa solidarité active et concrète avec les peuples victimes de la pire des ségrégations. En Europe comme en Asie commencent à naître des mouvements pour condamner Pretoria et son système.

En dépit des difficultés économiques dont les effets se ressentent chaque jour dans la vie de chacun, l'Afrique a demandé à l'Organisation de l'Unité Africaine d'accroître les moyens d'actions du Comité de libération en direction de l'Afrique du Sud. Porté à la tête de l'O U A par la confiance de nos paires, notre premier déplacement nous a conduit à Lusaka où se tenait une réunion des pays de la Ligne de Front.

A Harare, à l'occasion de la 8ème conférence des pays non alignés, nous avons lancé un appel en faveur de la création d'un fonds de solidarité avec les peuples en lutte en Afrique Australe et les pays de la Ligne de Front, perpétuelles victimes du régime raciste de Pretoria.

Le Fonds Africa est né lors de notre séjour à New Delhi ; petits et grands, l'occasion concrète est venue pour chacun de manifester son soutien à ceux qui subissent. Nos divers périples en Amérique du Nord comme en Europe et en Asie nous ont donné la possibilité d'exprimer à nos interlocuteurs, en même temps que les difficultés économiques du continent, la plaie que l'Afrique porte au flanc, je veux dire l'apartheid dont nous voulons l'éradication immédiate.

Mesdames et Messieurs,
Votre présence à Brazzaville correspond à une de ces périodes où l'histoire ordonne les grandes mutations. Tous les facteurs politiques, économiques et socioculturels se conjuguent pour la fin de l'apartheid, la grande honte de l'humanité.

Les peuples en lutte pour leur libération puisent leur détermination, leur énergie psychique dans le fait culturel, aussi pour préserver leur identité culturelle, pour sauvegarder leur personnalité propre, les vingt mille jeunes de SOWETO s'opposèrent au décret gouvernemental qui imposait l'afrikaans comme langue d'enseignement dans les lycées noirs. La jeunesse, clairement, perçut les enjeux politiques de cette réforme scolaire. Il s'agissait tout simplement de confisquer son avenir, de jeter les bases d'un système renforcé d'oppression culturelle.

Les écrivains ont souvent joué un rôle déterminant dans la préparation intellectuelle des grands bouleversements sociaux. Les hommes de lettres qui ont marqué le 18ème siècle français, ont su préparer le peuple à la grande révolution pour la liberté. Dans une société où domine l'injustice, l'exploitation de l'homme par l'homme, les écrivains ont place aux côtés des opprimés parce qu'ils savent que seule la liberté est garante de créativité et de progrès. C'est une des raisons pour lesquelles en Afrique du Sud où règne l'arbitraire, les écrivains sont assassinés, emprisonnés, à peine tolérés, sinon en exil.

Tout comme de l'extérieur du plus vaste camp de concentration du mode, les poètes comme Dennis Brutus, Lewis N'kisi et tant d'autres ont choisi l'engagement comme l'expression même de leur existence.

Mesdames et Messieurs les écrivains,
Qu'attendent de vous les opprimés d'Afrique du Sud ? Qu'attendent de vous les hommes et les femmes qui, de par le monde, savent que l'apartheid est plaie pour l'Afrique et honte pour tous ?

Rien que vous ne puissiez ni ne sachiez faire ; c'est-à-dire votre devoir d'homme de plume et de culture tout simplement. L'Afrique combattante, l'Afrique de la liberté, torturée, enchaînée, emprisonnée, piétinée, mais debout quand même, demande aux hommes de foi et d'esprit que vous êtes de l'aider à traquer avec davantage de détermination ce système où il est illégal de ne pas être raciste.

L'Afrique vous demande de ne plus laisser le moindre répit à l'apartheid. Un proverbe africain dit : " on ne participe pas à la chasse à l'éléphant en se contentant de voir passer devant sa case le cadavre de cet animal. "
Déjà le poète romantique Lamartine s'écriait : " honte à qui demeure sous la tente pendant que le peuple se bat pour la liberté».
Quand nous voyons dans cette salle tant d'intelligences rassemblées, tant de rêves autorisées pour féconder et pour aiguiser la conscience des hommes, quand nous savons combien certains d'entre vous pèsent surs le plateau de l'opinion publique internationale, nous savons que notre appel sera entendu et une déclaration de Brazzaville sur l'apartheid portée à tous les horizons du monde par vos voix et vos noms serait une construction de qualité dans notre combat commun contre le racisme.

Mesdames et Messieurs,
Le manifeste de l'Un'konto a publié le 16 décembre 1961 une déclaration qui illustre parfaitement la détermination des opprimés à faire front quoiqu'il arrive. Je cite :
" Un moment arrive dans la vie d'une nation où il ne reste plus qu'une alternative : se soumettre ou combattre.
Ce moment est arrivé pour
L'Afrique du Sud. Nous ne nous soumettrons pas, et nous n'avons pas d'autre possibilité que de riposter par tous les moyens en notre avenir et notre liberté ".

La foi est là. La détermination l'exprime avec toute l'éloquence de ceux qui ont fait ce type de choix auquel l'histoire doit ses sublimes gestations. Mais ce combat, vous le savez, Mesdames et Messieurs, les peuples d'Afrique du Sud ne peuvent le gagner tout seuls. Ils ont besoins du concours de tous ceux qui savent que le monde doit être un champ de fraternité.

Ils ont précisément besoin de vous écrivains afin que pénètrent les consciences du monde les voix de ceux qui meurent sous les balles et sous la torture, afin que se lève enfin sur l'Afrique du Sud un matin aux couleurs de justice et de liberté.

Mesdames et Messieurs les Ecrivains.
Vous avez fait le voyage de Brazzaville parce que le martyr de ce peuple ne vous laisse pas insensibles, parce que vous croyez en la justesse des idéaux pour lesquels il se bat.

Convaincu que vous y ferez largement écho aujourd'hui et demain, nous vous disons Mesdames et Messieurs que l'Afrique n'oubliera pas ce que vous avez fait pour l'aider à lever cette lourde hypothèque et à engranger les moisons de la liberté reconquise.

Au nom de cette espérance commune, nous déclarons ouverts les travaux du symposium international littéraire contre l'apartheid.

Je vous remercie
Colonel Denis Sassou N'guesso

Annexe 2

Les 19, 20, 21 et 22 septembre 1956, il s'est tenu à la Sorbonne, amphithéâtre René Descartes, Paris, France le 1er Congrès des Ecrivains et Artistes noirs. 63 délégués de 23 pays plus l'AEF prirent part à cet évènement historique dont le discours d'ouverture fut prononcé par M. Alioune Diop.

Ce fut un évènement de grande portée pour les cultures africaines dans leur marche vers la reconquête de la dignité et de la souveraineté de l'Afrique. Il fut à l'origine de la création de la société Africaine de culture et le point de départ des efforts pour la création d'une Association Pan Africaine des Ecrivains qui ne vit le jour que le 11 novembre 1989 à Accra, au Ghana, pays dont le panafricaniste Kwamé N'Krumah fut le 1er Président.

Le congrès de Paris de 1956 restera toujours une rencontre de référence pour l'Afrique et le monde dans leur quête de liberté vraie. Aussi, c'est un plaisir essentiel pour nous de rappeler la résolution du congrès, la liste des délégués et les éléments de création de la société Africaine de culture.

1- RESOLUTION DU CONGRES MONDIAL DES ECRIVAINS ET ARTISTES NOIRS
PARIS, LA SORBONNE, SEPTEMBRE 1956

Le congrès des Ecrivains et Artistes noirs réuni à Paris les 19, 20, 21 et 22 septembre 1956,

Considérant,

1° que les travaux du Congrès ont dégagé l'immense intérêt de l'inventaire entrepris devant lui eu égard aux diverses cultures noires qui ont été systématiquement méconnues, sous-estimées, parfois détruites ;

2° qu'il lui est apparu la nécessité impérieuse de procéder à une redécouverte de la vérité historique et à une revalorisation des cultures noires, l'ignorance et la présentation erronée ou tendancieuse de cette vérité ayant contribué à provoquer la crise qui atteint la culture noire en elle-même et dans ses rapports avec la culture humaine en général, invite artistes, écrivains, théologiens, penseurs, savants et techniciens à participer à cette tâche historique de faire revivre, de réhabiliter et développer ces cultures afin de favoriser leur intégration à l'ensemble de la culture humaine

Nous, écrivains, artistes et intellectuels nègres, divers par nos idéologies politiques et nos confessions religieuses, avons éprouvé le besoin de nous réunir à cette étape cruciale de l'évolution de l'humanité pour confronter d'une manière objective nos points de vue sur la culture et les étudier en hommes conscients de nos responsabilités devant nos peuples respectifs, devant les peuples coloniaux et semi-coloniaux et devant tous les hommes libres de bonne volonté.

Il nous apparaît indigne d'un intellectuel véritable qu'il hésite à prendre position sur des questions essentiels sans servir l'injustice et l'erreur.
Nous avons examiné nos cultures en elles-mêmes et en fonction des conditions sociales et générales qui les affectent : le racisme et le colonialisme.

Nous estimons que l'épanouissement de la culture est conditionné par la fin de ces hontes du vingtième siècle : le colonialisme, l'exploitation des peuples faibles, le racisme.

Nous considérons que tout peuple doit pouvoir effectivement prendre connaissance des valeurs de sa culture nationale (historique, langue, littérature, art, etc...) et bénéficier de l'instruction et de l'éducation dans le cadre de sa culture propre.

Notre Congrès regrette l'absence involontaire d'une délégation de l'Afrique du Sud.

Notre Congrès enregistre avec satisfaction les progrès accomplis ces dernières années dans le monde, progrès qui laissent prévoir une abolition générale du système colonialiste, ainsi que la liquidation définitive et universelle du racisme.

Notre Congrès engage les intellectuels noirs et tous les hommes épris de justice à lutter pour la création des conditions concrètes de la renaissance et de l'épanouissement des cultures nègres.

Notre Congrès, qui rend hommage aux cultures de tous les pays et apprécier leur contribution au progrès de la civilisation, engage tous les intellectuels noirs à défendre, à illustrer et à faire connaître dans le monde les valeurs nationales de leurs peuples.

Nous, écrivains et artistes noirs, proclamons notre fraternité envers tous les autres hommes et attendons d'eux qu'ils manifestent envers nos peuples la même fraternité.

vecteur de communication de la culture, la paix toujours attaquée par les peuples querelleurs et brutaux, le développement dont la recherche des voies offre à certains l'occasion de vouloir ramener les anciens systèmes de domination, sous une forme insidieuse.

A l'occasion de la cérémonie d'ouverture de la rencontre le jeudi 8 novembre 1990
M. Charles Pascal Tolno, Président de l'AEG a fait le discours introductif qui va suivre, c'était au Palais des Nations à Conakry I :

Monsieur le Président,
Messieurs les Membres du CMRN et du Gouvernement,
Messieurs les Membres du Corps diplomatique et consulaire,
Distingués Hôtes,
Mesdames et Messieurs,

Permettez-moi de vous saluer au nom de l'Association des Ecrivains de Guinée (AEG) et de vous souhaiter la bienvenue dans cette salle, à ce rendez-vous de l'amitié, de la fraternité et des débats autour de « la Littérature, de la Paix et du Développement ».

Sur cette tribune, l'honneur nous sera donné tout à l'heure d'entendre et de suivre le discours d'ouverture de Son Excellence le Général de Division Lansana Conté, Président du Comité Militaire de Redressement National, Président de la République de Guinée, Chef de l'Etat.

Dans l'attente de ces instants aussi agréables que précieux mon rôle à la fois passionnant et redoutable consiste à essayer de situer l'évènement, donc à dire pourquoi cette réunion, et surtout pourquoi ce thème central.

Mesdames et Messieurs, la conférence a été initiée par l'Association des Ecrivains de Guinée, dans le cadre de la réalisation de son programme d'activités. Mais, pour penser à une mobilisation de ce niveau et de cette envergure, il faut compter sur un appui moral et matériel magistral. Ce soutien, nous l'avons trouvé auprès du peuple de Guinée, auprès du Comité Militaire de Redressement National et du Gouvernement, c'est à eux que revient le mérite de la tenue du présent colloque. L'AEG n'est donc que bénéficiaire de dispositions heureuses qui honorent ses membres.

Les remerciements des organisateurs vont aussi l'UNESCO, à la CEE, à l'Agence de Coopération Culturelle et Technique (ACCT) qui promettent de contribuer moralement et matériellement.

En ce qui concerne le contenu du thème central « Littérature, Paix et Développement », je suis sûr, et je le savais avant d'être ici, que tous les hommes de culture présents dans cette salle sont au courant des questions actuelles attachées à la mission de la littérature, à la sauvegarde de la paix et aux difficultés qui empêchent la mise en œuvre d'un développement vrai, harmonieux, juste, débarrassé des techniques inadmissibles d'hier et qui se glissent encore aujourd'hui sur les pistes des dirigeants.

« La littérature se propose de traduire, d'exprimer les préoccupations des peuples telles qu'elles ont existé dans le passé, telles que nous les avons aujourd'hui. Elle situe et insiste sur les valeurs à défendre pour un avenir meilleur. On comprend dès lors que la mission de l'écrivain soit des compliquées dans un monde en mouvement rapide, un monde qui bouge sur des pentes glissantes comme on le sait et où l'homme montre toutefois les prodigieuses capacités créatrices de son esprit, la possibilité pour lui de se relever d'un échec, d'une chute pour poursuivre le chemin, mais où au niveau de certaines personnes, il apparaît des attitudes inacceptables. En effet, l'essentiel du travail de l'homme de la plume est orienté vers la défense des positions constructives, et c'est pour cela que l'œuvre littéraire au sens qui nous intéresse doit être caractérisée d'un côté par la précaution, la patience, la juste mesure en toute chose, l'amour avec ce qu'il a de grand et de beau, de l'autre par le rejet de la haine, de la brutalité, de la trahison, du conflit, autant de comportements qui doivent être décriés et repoussés inconditionnellement.

Adopter une attitude conséquente dans la production de l'œuvre d'art n'est pas chose facile. Et alors, on voit en quoi il est utile que les créateurs, ceux qui sont concernés par cette mission se retrouvent pour communiquer et échanger leurs expériences, leurs méthodes, pour choisir ensemble les voies les meilleurs au profit de la civilisation.

Le Renforcement de la paix est une autre mission permanente, délicate, passionnante, non seulement pour l'homme sage, c'est-à-dire pour l'être intelligent, connaisseur, acteur conscient et vigilant, mais pour l'homme tout court.

Regardons les temps que nous vivons. Des changements impétueux sont intervenus et interviennent partout dans le monde. Des mouvements se sont produits à des vitesses incroyables, remettant en cause des faits tenus pour vrais de façon absolue il n'y a pas longtemps, entraînant des déséquilibres lourds de conséquences.

Des systèmes politiques, économiques, idéologiques et autres se sont écroulés, faisant des victimes et des bénéficiaires du changement. D'autres se sont renforcés très rapidement, produisant encore leurs types particuliers de victimes et de vainqueurs. Dans tous les cas, au commencement et à la fin des situations c'est la race humaine qui est interrogée globalement, dans sa conscience, dans sa profondeur. L'homme rarement glorifié, plus souvent humilié, piétiné hélas, est interpellé à tous les carrefours.

Au résultat, on a pensé à un moment donné que la guerre était rangée définitivement dans les classeurs de l'histoire, même sous sa forme froide ; ce qui revenait à dire que la paix, la fraternité et l'amitié pouvaient désormais se développer sans encombre. Mais à peine ces idées se sont fixées dans nos esprits que les canons ont repris de tonner, de briser l'œuvre de Dieu et les constructions positives. Des appétits nouveaux, égoïstes, barbares et cruels se sont acharnés contre ce qu'il y a de plus illustre, le fils de la femme, pour l'humilier, pour l'avilir toujours, le mépriser aussi, le honnir encore demain.

Et alors, le même homme, traqué toujours par les choix de son semblable est devenu un embarras pour lui-même, pour sa conscience, pour sa propre existence. Il a dû oublier la joie de vivre, perdre le sens de la famille unie, oublier les valeurs qui ont fait la puissance des peuples. Il a dû trouver que vivre est un énorme fardeau plutôt qu'un agréable sentiment. L'enfant a cessé d'avoir un de la nourriture. A la place des jouets on l'a obligé à voir couler le sang de son père et de sa mère victimes de sanguinaires insoutenables qui se spécialisent dans l'entretien de la guerre et de la discorde. De cette terrible façon des nations se sont désintégrées, disloquées, des Etats ont été noyés dans le sang, sous nos yeux, contre la volonté souvent impuissante des personnes soucieuses de l'avenir de la civilisation humaine.

Et comme nous croyons à l'unicité du genre humain, à sa force, si la sagesse l'emporte sur la déraison, il est nécessaire de débattre ensemble de nos soucis communs, aujourd'hui, comme nous sommes tenus de le faire demain et toujours. Le devoir nous commande de vaincre la guerre et de réduire l'esprit de ceux qui cherchent à la provoquer, à l'entretenir.

Le dernier élément du centre d'intérêt de ce colloque est le développement. La finalité pour chaque individu, pour chaque famille et chaque peuple consiste en la qualification du mode d'existence, donc en la recherche des voies du développement.

Chaque société travaille pour améliorer ses conditions de vie, pour se développer. Aujourd'hui la quête permanente de la qualité de vie se heurte pour plusieurs nations, à des difficultés et pose des problèmes. Hier, les politiques de développement concernaient trois pôles : les nations nanties, les pays pauvres et une large zone intermédiaire comportant la série d'Etats dont vous connaissez les caractères douloureux. Pour agir, les leaders politiques ont eu jusque là à choisir des modèles proposés par les expériences communistes et socialistes c'est-à-dire, par des orientations issues des théories de Marx et par les options issues de l'économie de marché, des options fondées sur des théories de la libre entreprise. Entre les deux voies le non-alignement n'a pas encore réussi à dépasser le stade de la recherche des lignes.

Le socialisme et le capitalisme ont entretenu pendant longtemps une guerre froide dure, qui a vidé les encriers de leurs contenus, entretenu des craintes permanentes dans les esprits, alimenté des propagandes passionnées dans lesquelles le monde non développé a eu de gros prix à payer souvent à son insu.

Subitement des changements sont intervenus, presque violents. Et la guerre froide, si elle n'a pas disparu, marque le pas. A Berlin le mur est tombé et l'Allemagne a fêté sa réunification. La tension Est-Ouest cède progressivement la place à la coopération et à la compréhension EST-Ouest. Que reste-t-il du socialisme ? Où sont allées les théories de Marx, Engels, Mao, Lénine. Que sont devenus l'esprit et le jugement de ceux qui y croyaient de façon absolu ? Y croyaient-ils vraiment ? Le capitalisme, dans son rejet du monopole étatique des moyens de production, a-t-il vaincu définitivement ? Si oui, ses détracteurs ont-ils été aussi longtemps des menteurs aujourd'hui sons vergogne ? Les erreurs qui lui étaient reprochées sont-elles devenues magiquement des vertus. Si oui, les politologues auront toutes les peines du monde à fixer de nouvelles idéologies chargées de passion dans les esprits jeunes. S'il y a des nuances à mettre à la réponse, que serons-nous demain ? Le capitalisme a-t-il assuré effectivement la plénitude de l'homme ? Si non le pourra-t-il mieux demain ? Et surtout quelle socialistes et en alliés du capitalisme ? Ceux qui sont à la base des changements ont-ils agi par amour de la liberté, par amour de la race humaine ou dans le souci de réaménager, de renforcer leur contrôle sur les affaires mondiales ?

A ce stade de l'analyse, il apparaît que beaucoup de choses sont à éclaircir, à revoir. Les systèmes, les modes d'application des politiques économiques et militaires, la coopération, bref les relations internationales ont besoin de costumes nouveaux et de contenus renouvelés.

Pour nous résumer, il faut croire que la société dans sa recherche de nouvelles voies, doit se redéfinir pour trouver un avenir juste, acceptable par tous, car la terre nous appartient à tous, la vie est précieuse pour tous. Nous voulons la vie débarrassée des guerres et conflits vaniteux et dévastateurs qui ont secoué les générations passées.

A des tournants semblables de l'histoire, des choix ont été faits sur le dos des innocents. Des continents entiers ont glissé des la proches de nations fortes mais intolérables. Voilà des notes dont le souvenir justifie certaines craintes aujourd'hui encore. Souhaitons que l'homme de la fin du 20e siècle soit plus humain que le tyran d'hier, que ses visées et sentiments soient plus heureux pour ses semblables.

Dans cette perspective, il est clair que notre cas, nous des pays en situation économique difficile, ne risque pas d'être aisé si nous ne marquons pas notre présence par le refus de l'aliénation insidieuse, en réclamant notre place dans les négociations. Mais pour diminuer la peur nous avons besoin, non seulement que l'unité des démunis de la terre ne soit pas un mot, mais que l'unité des citoyens de toutes les nations soit effectives ; que la solidarité soit réelle. Donc que notre maison la planète se reconstruise, se restructure de la meilleure des manières.

Voyez-vous Mesdames et Messieurs, quand après l'orage ou l'épreuve des temps une remise en état du cas s'impose, reclasser correctement les objets exige que les membres de la famille soient informés et soient tous présents pour que chaque chose retrouve réellement sa place, que chaque membre ne confonde pas son lit avec celui des autres.

Nous sommes ici pour contribuer aux efforts visant à faire en sorte que le monde se redéfinisse convenable sous nos yeux, avec la contribution des uns et des autres, pour parler le même langage, faute de pouvoir parler tous la même langue.

Ainsi on éviterait des faux pas au détriment des peuples innocents, peut être paresseux et encombrants pour certains, mais ayant tout de même le droit d'être des humains.

Nous sommes ici pour chérir la fraternité, pour célébrer le travail, chanter la justice et la solidarité. Nous sommes ici, non pas pour prétendre que nous sommes des super hommes capables de renverser des montagnes, mais juste pour dire, et simplement, humblement, que les délégués ici présents choisissent les voies de l'amitié et de la fraternité qui conduiront demain à des options plus humaines, plus fraternelles, plus salutaires. Si nos débats, dans les quatre jours à venir, s'engagent sur cette voie, alors la rencontre de Conakry aura servi à quelque chose.

A tous, nous disons encore une fois bienvenue en terre libre de Guinée.

Vive l'amitié
Vive la coopération internationale.

LISTE DES ABREVIATIONS

ACP : Afrique Caraïbes Pacifique
AEF : Afrique Equatoriale Française
AEG : Association des Ecrivains de Guinée
AFN : Afrique Française du Nord
AGP : Agence Guinéenne de Presse
ANC : African National Congress (RSA)
AOF : Afrique Occidentale Française
BAG : Bloc Africain de Guinée
BASE : Bureau Africain des Sciences de l'Education
BBC : British Broadcasting Corporation
CBG : Compagnie des Bauxites de Guinée
CEE: Communauté Economique Européenne
CEDUST : Centre d'Etude et de Documentation Universitaire Scientifique et Technique
CEI : Communauté des Etats Indépendants
CEP : Certificat d'Etudes Primaires
CERESCOR : Centre de Recherches CTRN : Conseil Transitoire de Redressement National
Scientifique et océanographique de Rogbanè
CPP: Convention Peoplis Party (Ghana)
ENAM : Ecole Nationale des Arts et Métiers
ENI : Ecole Normale des Instituteurs
EPS : Ecole Primaire Supérieure

FMI: Fonds Monétaire International
FSAD : Faculté des Sciences Administratives de Donka
FNL: Front National de Libération (Algérie)
FNLG : Front National de Libération de la Guinée
G8 : Groupe des 8
(Sommet économique de 8 principales puissances mondiales)
IPC : Institut Polytechnique de Conakry
IPGAN : Institut Polytechnique Gamal Abdel Nasser
(Ancien Institut Pasteur de Guinée)
IRAG : Institut de Recherche agronomique de Guinée
IRBAG : Institut de Recherches Appliquées de Guinée
ISSEG : Institut Supérieur des Sciences de l'Education de Guinée
OBK : Office des Bauxites de Kindia
OCI : Organisation de la Conférence Islamique
ONU : Organisation des Nations Unies
OPEP : Organisation des Pays Exportateurs de Pétrole
OUA : Organisation de l'Unité Africaine
OTAN : Organisation du Traité de l'Atlantique Nord
PAC: Pan Africanist Congrese of Azania
PAWA: Pan African Writers Association
PIB : Produit Intérieur Brut
PDG : Parti Démocratique de Guinée
PNB : Produit National Brut
PNUD : Programme des Nations Unies pour le Développement
PPG : Parti du Peuple de Guinée
PUP : Parti de l'Unité et de Progrès
RDA : Rassemblement Démocratique Africain
RDA : République Démocratique Allemande
RFA : République Fédérale d'Allemagne
RFI : Radio France Internationale
RPG : Rassemblement du Peuple de Guinée
RSA : République d'Afrique du Sud
RTG : Radio Télévision Guinéenne
UA : Union Africaine
UE : Union Européenne
UEM : Union Economique et Monétaire
UNESCO: United Nations Educational Scientific and Cultural

Organization (Organisation des Nations Unies pour l'Education la Science et la Culture)
UPR : Union pour le Progrès et pour le Renouveau
URSS : Union des Républiques Socialistes Soviétiques
USA: United States of America

TABLES DES MATIERES

Achevé d'imprimer par Corlet Numérique - 14110 Condé-sur-Noireau
N° d'Imprimeur : 113748 - Dépôt légal : novembre 2014 - *Imprimé en France*

www.ingramcontent.com/pod-product-compliance
Lightning Source LLC
LaVergne TN
LVHW021150061026
849535LV00002B/406